BRUNO BAUMANN

Abenteuer Seidenstraße

TREVIRA
BIG PACK
WÜRTH
ADVENTURE -LUNCH
No problem
OUTDOOR

Vorhergehende Bildseiten:

Khara Khoto – die Schwarze Stadt in der Gobi – gehört zu den eindrucksvollsten Ruinenstädten, die aus der Welt der Seidenstraße erhalten sind. Im Licht der aufgehenden Sonne erscheinen die weißen Chörten wie Segel eines Schiffes, das einsam durch das Wüstenmeer kreuzt.

Verborgen in abgelegenen Höhlen und Nischen haben sich einzigartige Kunstwerke aus dem religiösen Leben an der Seidenstraße erhalten. Diese Grotte im Höhlenkosmos von Dunhuang füllt ein monumentaler Nirvana-Buddha, dessen Antlitz bereits den entrückten Zustand der Befreiung widerspiegelt, während die Umstehenden von tiefer Trauer ergriffen sind.

Wie ein langer gezackter Drachenschweif windet sich die Große Mauer über die Gebirgslandschaft nordwestlich von Beijing.

Die großen Wüsten Asiens – Gobi und Takla Makan – stellten für die Reisenden auf der Seidenstraße die größte Herausforderung dar – ihre inneren Bereiche sind es heute noch. Während an den Rändern längst moderne Verkehrswege die alten Karawanenpfade ersetzten, blieben die darin eingeschlossenen Sandmeere letzte Freiräume, die nur dem Wanderer vorbehalten sind.

Geblieben aus der Zeit der Seidenstraße sind vor allem unterschiedliche Menschentypen, die die Geschichte hier zusammengeführt hat; die Nachkommen jener Völker eben, die diese riesigen Räume einst durchwanderten, sie beherrschten, um sie zu verlieren und erneut wieder zu besitzen.

Neben den Wüsten stellten die Berge die schwierigsten Hindernisse für die Reisenden auf der Seidenstraße dar. Mehrere der höchsten Gebirge der Welt mußten überwunden werden – Karakorum, Hoher Pamir und Tien Shan. Die »Vollendung der Gebirgspracht« nannte der britische Bergsteiger Eric Shipton das Gebiet um den über 7 000 Meter hohen Rakaposhi, zu dessen Füßen die Seidenstraße entlangführte.

Ein einmaliges Ensemble von Medresen – islamische n Schulen – bilden den Registan, den von Timur angelegten Hauptplatz Samarkands. Ursprünglich als Marktplatz konzipiert und mit überkuppelten Bazaren und einer Karawanserei ausgestattet, begann Timurs Nachfolger Ulugh Beg ihn in ein geistiges Zentrum des Islam zu verwandeln. Auf die von ihm begründete Medrese (links) folgte das Spiegelbild Schir-dar (rechts) und schließlich Tella-kari, die »Goldgeschmückte« (Mitte).

BRUNO BAUMANN

Abenteuer Seidenstraße

Auf den Spuren alter Karawanenwege

Mit 267 Farbfotos, 21 Abbildungen
und 6 Karten

Herbig

Bildnachweis:

Lu Yuan Chao (S. 61 unten, S. 62/63)
Helmut Burisch (S. 71, S. 72, S. 73, S. 91, S. 108,
S. 110 unten, S. 112 unten)
Christoph Baumer (S. 154/155, S. 157, S. 159, S. 163)
Eckehard Radehose (S. 254)
Andreas Pracht (S. 255)
Alle übrigen Aufnahmen stammen vom Autor

Sonderproduktion
2. Auflage 2000

Layout und Herstellung: Wolfgang Heinzel
Karten: Eckehard Radehose, München
Satz: Anja Beck
Reproduktionen: PHG, München
Druck und Binden: Westermann Druck, Zwickau
Printed in Germany
ISBN 3-7766-2007-2

Inhalt

Vorwort

Der Geograph Ferdinand von Richthofen (1833–1905).

Als ich Mitte der achtziger Jahre zum erstenmal nach Ost-Turkestan reiste, in die von China beherrschte, aber von Turkvölkern bewohnte, sogenannte »Autonome Provinz Xinjiang«, stand ich auch erstmals am Rande einer der großen Wüsten Asiens: der Takla Makan. Schon damals ließ mich die Neugier Pläne schmieden. Ich wollte wissen, was sich hinter den Dünen verbarg, mich interessierte, wie es im Inneren aussah. Vor allem aber wollte ich unterwegs sein, mich einlassen auf die Erfahrungen, die mir die Wüste verhieß, den Klang der Stille vernehmen, einen Sandsturm erleben, das Gefühl der Angst, der Ausgesetztheit spüren. Es gab also jede Menge Gründe und auch Ideale.

Ich wollte durch die Wüste wandern, eine andere Art der Fortbewegung kam für mich nicht in Frage. Die einzige Möglichkeit, dies zu verwirklichen, erschien mir zunächst in Begleitung einer Kamelkarawane, einer mobilen Oase auf Kamelrücken, die vor allem das lebenswichtige Wasser transportierte. Auf diese Weise hatten Menschen schon immer Wüsten überwunden. Aber die Zeit der Karawanen, denen ich mich hätte anschliessen können, war längst vorbei, deshalb mußte ich mir eine eigene zusammenstellen, mit einheimischen Kamelzüchtern und deren Tieren. Das Unterwegssein mit der Karawane war reizvoll und angenehm, wenn auch nicht die große Freiheit, die ich mir erträumte. Trotzdem konnte ich einer meiner Leidenschaften nachgehen: dem Suchen. Ich lief wie ein Pfadfinder der Karawane voraus, die meiner Spur durch das Gewirr der Wanderdünen folgte, während ich selbst nach anderen Spuren Ausschau hielt – und diese auch fand. Mehrmals stieß ich auf Ruinen von menschlichen Siedlungen; halbverwehte Mauerreste und Holz, das wie ausgebleichte Knochen umherlag. Sie zeigten an, daß in dieser heute so öden Gegend einstmals blühende Oasen existierten. Inmitten der als Todeswüste verrufenen Takla Makan

begegnete ich einem der ältesten Fernhandelswege der Menschheit: der Seidenstraße. »Dem bedeutendsten Band, das es je auf Erden zwischen Völkern und Kontinenten gab«, wie der schwedische Forscherpionier Sven Hedin formulierte.
Im Zuge weiterer Wüstenwanderungen in der Gobi und Takla Makan kreuzte ich immer wieder Zweige dieses uralten Karawanenweges. Berührungspunkte gab es vor allem auch an den Rändern der Wüsten. Hier standen zuweilen noch ganze Geisterstädte, im wahrsten Sinne des Wortes vom Sande verweht, deren Mauern noch immer einen enormen Eindruck vermittelten. Dort aber, wo weder die Kräfte der Verwitterung noch kriegerische Ereignisse, religiöse Eiferer oder abendländische Schatzsucher ihr zerstörerisches Werk vollbrachten, wo in abgelegenen Tälern, von der Zeit in Vergessenheit geraten, in verborgenen Nischen und Grotten Figuren und Bilder überdauerten, dort spürt man noch heute etwas vom Glanz und Lebensgefühl, die die Welt der Seidenstraßen ausstrahlte.
Was ist sonst von der Seidenstraße geblieben? Vor allem Menschen, die Nachkommen jener Völkerschaften, die diese riesigen Räume einst durchwanderten und beherrschten. Geblieben sind aber auch großartige Naturlandschaften, die Wüsten Gobi und Takla Makan, aber auch die Gebirgswüsten des Karakorum, Hohen Pamir, Kunlun und Tien Shan, durch die diese Karawanenrouten führten.
Im Vergleich zu ihrem Alter ist der Begriff »Seidenstraße« sehr jung. Erst im letzten Jahrhundert hat ihn der Geograph Ferdinand von Richthofen in die Wissenschaft eingeführt – jener Richthofen, bei dem ein junger Schwede studierte, der bald darauf durch seine spektakulären Unternehmungen in Asiens Wüsten Furore machen sollte und erst das Interesse der Archäologen auf diese Region lenkte: Sven Hedin.

Bruno Baumann mit seinen chinesischen Partnern Luo Xiaohu und Xu Yuhong auf der sogenannten Marco-Polo-Brücke in Beijing.

Die »Seidenstraße« war jedoch nicht ein einziger Weg, der Europa mit Asien verband, sondern ein ganzes System von Routen, die zu verschiedenen Zeiten benutzt wurden. Diesen Wegen wollen wir nun folgen, nicht entlang der gesamten Strecken, sondern nur in Zentralasien und China. Denn dort haben sich wie nirgendwo sonst, ähnlich wie in Ägypten durch das trockene Wüstenklima konserviert, die Überreste einer glanzvollen Vergangenheit erhalten.

Der Ring aus Sandbergen hatte sich vollkommen geschlossen, die Wüste schien endlos – von Horizont zu Horizont. Nicht das geringste Zeichen verriet, daß es hier etwas anderes geben könnte als Sand, je etwas anderes gegeben hätte. Da öffnete sich ein tiefes kraterähnliches Loch, der Blick glitt ins Leere, fing sich wieder am Boden und erfüllte mich mit Staunen. Vom Grunde leuchteten zwei Seen wie geschliffene Juwelen, die Ufer gesäumt von einem schmalen Band Schilf wie ein Gürtel von grüner Seide.
An einem der Seen gab es eine kleine Lagune, dort stand ein Kloster mit weißen Mauern, goldgelb gerändert, und geschwungenem Walmdach. Kein Windhauch kräuselte die Wasseroberfläche, auf der sich das Heiligtum mit den himmelhoch aufragenden Sandbergen spiegelte.

Ich war auf der Flucht vor der Wüste, weil sie mir keine Basis gegeben hatte; nun hatte ich eine Oase gefunden, in des Wortes wahrstem Sinne. Ein Oase des Geistes zugleich, denn das Kloster war Buddha geweiht, der die Leere predigte, die auch die Fülle einschloß.
Es war der schönste Ort, den ich auf meinen Wüstenwanderungen gesehen hatte. Ich bewunderte die Erbauer, ihr sicheres Gefühl für die Wahl des richtigen Platzes, und ich gedachte der Karawanen der Seidenstraße, die hier rasteten, dann wieder in die Wüste zogen, um in der nächsten Oase anzukommen – oder auch nicht.

Kapitel 1 Sand und Seide

»Dank dieses alten Handelsnetzes erfuhren die Völker voneinander. Heute sind die Seidenstraßen Vergangenheit, doch ihre interkulturell geprägte Lebensphilosophie ist aktueller denn je.«

CHINGHIS AITMATOV,
KIRGISISCHER SCHRIFTSTELLER

Rechte Seite: Bemaltes Terracotta-Kamel aus der Tang-Zeit, das auf seinem Rücken Seide in Rollen transportiert.

Noch ehe sich die Sonne als flimmernder feuerroter Ball über der Wüste erhebt, erwacht die Oase zum Leben. In den engen Gassen, innerhalb der von einem geschlossenen Ring von Wehrmauern geschützten Siedlung, gibt sich eine illustre Gesellschaft ein Stelldichein. Dort sieht man Bauern, Handwerker, fliegende Händler ihrem Tagesgeschäft nachgehen, Bedienstete des Königs hoch zu Roß, Soldaten, fromme Pilger und zerlumpte Bettler. Dazwischen erblickt man seltsame Gestalten mit fremdartigem Aussehen und Kleidung: Kaufleute entfernter Reiche, Abgesandte fremder Fürstenhöfe, Mönche und Priester unterschiedlicher Glaubensbekenntnisse.

In der Karawanserei rüstet ein wohlhabender Kaufmann mit seiner Karawane zum Aufbruch. Auf sandigen Flächen stapeln sich Handelsgüter aller Art: Metall- und Bronzegegenstände, Lackwaren, Gewürze, vor allem aber chinesische Seide, in Rollen gepackt und zu ausgewogenen Lasten verschnürt. Nacheinander werden die Kamele herangeführt, zu Boden gezwungen und beladen. Das Stakkato lautstarker Befehle wird übertönt vom markerschütternden Schrei der Kamele, die sich nur widerwillig die Lasten aufbürden lassen.

Jeder Handgriff ist eingefahrene Routine. Zuerst werden die Tiere gesattelt, dann die Lasten genau austariert und schließlich auf dem Rücken festgeschnürt. Je fünf bis sechs Kamele werden zu einer Gruppe zusammengebunden und von einem Mann geführt. Die Karawane formiert sich. Die schweren Bronzeglocken, die an den Hälsen der Leitkamele baumeln, beginnen rhythmisch zu läuten, als sich der Troß in Bewegung setzt. Wie an einer Schnur aufgefädelt, verläßt die Karawane die befestigte Stadt. Jenseits der Mauern schließen sich Felder an, die durch breite Gürtel schlanker Pappeln vor dem wandernden Sand geschützt sind. Hinter dem letzten Pappelwall beginnt die Wüste, zunächst flach wie ein Billardtisch, mit Kies

und Steinen übersät, dann zeigen sich am Horizont die ersten Sanddünen als gelbgezackter Kamm, während das grüne waagrechte Band der Oase hinter ihnen wie eine Insel im Meer versinkt.
Der Karawanenführer hat seinen Blick fest in die Ferne geheftet, dorthin, wo sich in regelmäßigen Abständen, nur dem geschulten Auge erkennbar, trapezförmige Türme erheben. Sie sind Wegweiser und verheißen gleichzeitig Schutz. Denn auf ihnen sitzen Soldaten, die bei Gefahr nachts durch Leuchtfeuer und tagsüber durch Rauchzeichen Signale an die Festungen übermitteln. Von Zeit zu Zeit gibt es aber noch andere Wegzeichen: stufenförmige Lehmbauten mit Spitzen wie Antennen, die sich in den Himmel recken. Sie erinnern die Vorbeikommenden an den erleuchteten Buddhageist und gemahnen an den wichtigsten aller Wege, den es im Leben zu gehen gilt, an den, der zur Befreiung führt. Die Leuchttürme buddhistischen Glaubens führen die Karawane in ein tief eingekerbtes Flußtal, wo sich eine Felswand erhebt, die mit Hunderten von künstlichen Grotten und Nischen durchsiebt ist. Hölzerne Treppen und Stege führen von einer Höhle zur anderen. Das Innere der vom flackernden Schein der Öllampen beleuchteten Grotten füllen Wandmalereien und Figuren. Mehr als am eigenen Seelenheil ist dem Kaufmann an seiner Karawane gelegen, vor allem daran, daß sie ihr Ziel erreicht. Und wie viele seiner Vorgänger überläßt er dem Heiligtum eine großzügige Spende. Er vergißt auch nicht, die vorgeschriebenen Opfer darzubringen, und er bittet die Mönche, für eine sichere Rückkehr zu beten.
Jenseits des Höhlenklosters gibt es nur noch Wüste, weite menschenleere Räume, die sich nach Westen hin erstrecken. An einer viereckigen Festung, an der auch die Kette der Signaltürme endet, entscheidet sich die Karawane für die südliche Route, den Weg durch die Wanderdünen. Der Kaufmann fürchtet zwar die Gefahren der Wüste, vor allem den schrecklichen Sandsturm Kara Buran, dem schon ganze Karawanen zum Opfer gefallen sind, aber mehr noch fürchtet er Räuber und Wegelagerer und jene unberechenbaren Reiternomaden, die auf der nördlichen Straße lauern. Entschlossen wendet sich die Karawane nach Südwesten. Vor ihr liegt nun das Sandmeer der Takla Makan. Hier gibt es nichts mehr, wovon Menschen leben können, weder Nomaden noch Räuber, hier gibt es aber auch keine Wegweiser, höchstens Spuren, die schon der nächste Sturm verweht, und nicht einmal die Überreste früherer Reisender und die Skelette toter Tiere lassen erkennen, ob man sich noch auf dem richtigen Weg befindet. Wie die Seeleute richten sie sich nach den Sternen, und die nächste Oase ist ihre Küste, die es zu erreichen gilt.
So oder so ähnlich muß sich der Handelsverkehr abgespielt haben, vor mehr als 1 500 Jahren, im Schlüsselstück der Seidenstraßen, im Bereich der Wüste Takla Makan und der sie umgebenden Oasenwelt.
Wir wissen nicht, wann die erste Karawane, mit Seide beladen, sich von China aus auf den Weg nach Westen machte, genausowenig wissen wir etwas über die Frequenz der Karawanen, die auf den Seidenstraßen entlangzogen; nur die Wege kennen wir, die Routen, die sie nahmen, und die Völker, die sich am Seidenhandel beteiligten.
Von Changan, dem alten Xian, führte die Hauptroute der Seidenstraßen westwärts nach Lanzhou, kreuzte den Gelben Fluß und folgte dem Gansu-Korridor, einem steppenartigen Durchschlupf zwischen der Wüste Gobi im Norden und Tibet im Süden, bis Dunhuang an den Rand des Tarim-Beckens. Wenn der Gansu-Korridor durch kriegerische Ereignisse blockiert war, wählten die Karawanen eine nördliche oder südliche Umgehungsroute. Westlich von Dunhuang, am berühmten Jadetorpaß, teilte sich der Karawanenweg in einen nördlichen und südlichen Zweig. Beide Routen umgingen die Takla Makan und vereinigten sich wieder in Kashgar. Von dort aus führten Wege weiter über das Karakorum-Gebirge und durch das Indus-Tal nach Indien bzw. über den Hohen Pamir nach Turkestan und über die Oasen Samarkand, Buchara und Merw weiter nach Persien und schließlich an das Mittelmeer.

Mit Sicherheit wechselten die Waren an bestimmten Punkten ihre Besitzer, denn keine Karawane konnte eine derartig lange Strecke von einem Ende zum anderen zurücklegen. An solchen Umschlagplätzen, wo es große Märkte und Karawansereien gab, wurden die Waren weiterverkauft. Einer der wichtigsten Halteplätze, an denen sich Händler verschiedener Kulturräume begegneten und dabei nicht nur Güter, sondern auch Ideen, Kunststile und Glaubensbekenntnisse austauschten, war der Steinerne Turm. Der griechische Geograph Ptolemäus siedelte den Ort auf halber Strecke zwischen Hierapolis in Syrien und Sera Metropolis, der Hauptstadt des sagenhaften Seidenlandes, an – einer Distanz, die er auf etwa 11 000 Kilometer schätzte. Heute gibt es in Zentralasien drei Orte, die Tashkurgan – Steinerner Turm – heißen, und es ist ungewiß, welcher derjenige des Ptolemäus ist. Wie dem auch sei, sicher ist, daß die Seidenstraßen in Etappen aufgeteilt waren. Chinesische Händler brachten ihre Waren bis Dunhuang oder in manchen Zeiten vielleicht bis zum Lop Nor. Auf den schwierigen Passagen durch das trockene Tarim-Becken, über die Gebirgsbarrieren des Karakorum, des Hohen Pamir und durch Mittelasien zogen die Karawanen der Sogdier und Perser, schließlich besorgten Griechen, Syrer und Juden den Transport auf dem letzten Abschnitt der Strecke bis zum Mittelmeerraum.

Im chinesischen Kernland, also im östlichsten Abschnitt des Fernhandelsweges, reisten die Händler unter dem Schutz der militärischen Macht des Kaisers, die sich wie ein Barometer je nach politischen Verhältnissen ausdehnte oder reduzierte. Hier gab es seit der Zeit des ersten chinesischen Kaisers, Qin Shihuangdi, der die verschiedenen Reiche erstmals einte, gut ausgebaute Wege mit genormter Spurbreite, die mit Wagen befahrbar waren. Spätestens jenseits des Gelben Flusses aber übernahm das Kamel den Lastentransport. Ohne das Wüstenschiff, dem zweihöckrigen Kamel, wären die Trockengebiete Zentralasiens kaum für den Fernhandel zu überwinden gewesen, hätte es in diesem Bereich keine Seidenstraßen gegeben.

Hatte man den Gansu-Korridor hinter sich, kam die Wüste. Gelber, brauner, rötlicher Sand, wie Wellen im Meer vom Wind zu Dünen aufgeworfen, dann wieder zerfallende Gebirge mit scharfkantigem Gestein, an dem sich die Tiere die Sohlen zerschnitten. Schließlich der Schrecken aller Reisenden in der Wüste: ein Brunnen, der versiegt war, Sandstürme, die alle Spuren verwehten, so daß sie vom richtigen Weg abkamen. Dennoch zogen die Karawanen dahin, langsam, geduldig, unaufhaltsam. Stets hielten sie sich an einen bestimmten Zeitplan, mußten sie auch, denn die Wüste bot keine Basis, um irgendwo zu bleiben, keine Rastplätze, um sich zu erholen, die lebenswichtigen Wasservorräte reichten nur für eine bestimmte Zeit. Die Karawane blieb deshalb nicht stehen, wartete auf niemanden. Unerbittlich trieben sie die Führer voran, verfolgt vom Bild der nächsten Oase. Nur dort wurden die Kamele freigelassen, durften nach Belieben weiden. Die Wunden an den Hufen und Rücken konnten abheilen. Mensch und Tier konnten sich hier erholen, Kraft schöpfen. Die Männer überprüften den Zustand der Waren, flickten Stiefel, Mäntel, Sättel und Zaumzeug und reinigten ihre Waffen. Manchmal mußten sie neue Tiere kaufen, um die verendeten und verlorengegangenen zu ersetzen. Dann zogen sie wieder los, bis zum nächsten Ziel, zur nächsten Oase.

Im Sommer waren die Karawanen des Nachts unterwegs, um der unerträglichen Hitze zu entgehen. Fünfzig, hundert, ja bis zu tausend Tiere bildeten einen Karawanenzug, denn die Kaufleute taten sich zusammen, um sich besser gegen Raubüberfälle verteidigen zu können.

Hatte man endlich die Wüsten hinter sich, kamen die Gebirge. Die hohen, oft verschneiten Pässe des Karakorum und Pamir und die engen Schluchten und schwindelerregenden Pfade waren für die Kamele unbegehbar. Hier trotteten die zotteligen Yaks. Auf besonders schwierigen Passagen luden sich die Männer selbst die Lasten auf ihre Rücken. Es galt, reißende Flüsse, schwankende Hängebrücken und furchteinflößende Abgründe auf schmalen Simsen zu überwin-

»Ferner gibt es Kaufleute, sie ruhen nicht mit dem Handel und sind Nutzbringer. Von Ost nach West ziehen sie umher, deine Wünsche bringen sie dir. Zehntausend Schätze, die Wunder der Welt, sind bei ihnen. Gäbe es keine Kaufleute, durchstreifend die Welt, wann könntest du anziehen den schwarzen Zobelpelz? Schnitte die chinesische Karawane das Karawanenbanner ab, woher sollten dann die zehntausend Kostbarkeiten kommen?«

TEXT AUS DUNHUANG

»Es ist ein berauschender Anblick, den ich lange auf mich wirken lasse. Seit Jahrtausenden ziehen dort unten die schwerbeladenen Karawanen der Mai-mai-jen tiefer in das Herz Asiens hinein. Die längste Handelsstraße der Welt ist es, und sie war die wichtigste Asiens, bevor der Seeweg ihr den Rang ablief. Hier hindurch nahmen die kostbaren Seidengewebe des sagenhaften Reiches der Mitte ihren Weg nach Westen, über Steppen, Hochgebirge und Wüsten, quer durch den Kontinent hindurch zu den Völkern des Altertums.«

WILHELM-KARL HERRMANN

den. Die Tiere mußten geführt werden und litten unter Kälte und Nahrungsmangel. Den Männern machte die dünne sauerstoffarme Luft zu schaffen, manche fielen der Höhenkrankheit zum Opfer, von der die Chinesen glaubten, sie werde durch giftige Ausdünstungen von Zwiebeln erzeugt, die im Pamir wuchsen, weshalb sie das gesamte Massiv Tsungling – Zwiebelgebirge – nannten. Waren die Gebirge überwunden, dann zogen sie hinunter in die Tiefländer des indischen Subkontinentes oder über die Steppengebiete des heutigen Usbekistan bis nach Persien.

Die Seidenstraße war aber keine Einbahnstraße von Osten nach Westen, Waren- und Kulturaustausch erfolgten auch in umgekehrter Richtung. Von China brachten die Händler Seide, Porzellan, Teppiche, Jade, Gewürze und Tee und nahmen im Gegenzug aus dem Westen Glas, Edelsteine und Pferde mit. Vor allem aber gab es einen regen Kulturaustausch in Richtung Osten. Schon in der Han-Zeit (206 v. Chr.–220 n. Chr.) erreichte der Buddhismus, aus Indien kommend, die damalige Hauptstadt Changan. Eine Stele aus dem Jahre 781 bezeugt die Anwesenheit nestorianischer Christen in China. Noch früher – bereits im Jahre 631 – erschienen, laut den Annalen der Tang-Dynastie (618–907), Anhänger Zarathustras, des persischen Feuergottes, am chinesischen Kaiserhof. Um dieselbe Zeit existierte auch bereits eine Gemeinde der Lichtreligion des persischen Propheten Mani, die von Händlern aus Mittelasien getragen wurde. Während den drei aus dem Westen importierten Religionen eine erstaunliche Karriere im tangzeitlichen China beschieden war, jedenfalls für eine bestimmte Zeitspanne, wurden die überkommenen chinesischen Lehren wie Daoismus und Konfuzianertum zu keinem Exportschlager der Seidenstraße.

Chinas Beitrag zur Entwicklung des interkontinentalen Fernhandelsweges war mehr irdischer Natur. Das Reich der Mitte produzierte – und zwar lange Zeit als Monopolist – das wertvollste Gut, das man auf den Karawanenstraßen austauschte: die Seide.

Seide – Stoff des Himmels

Seit jeher übt die Seide eine geradezu magische Wirkung aus. Es ist der Stoff, der wohl am besten einem offensichtlichen Grundbedürfnis des Menschen entsprach, nämlich sich zu schmücken und sich vorteilhaft von anderen zu unterscheiden. Keine andere Naturfaser ließ sich so fein verweben, und kein anderes Material ermöglichte eine solche Vielfalt an Farben und Dessins. Damit waren eigentlich schon die Grundvoraussetzungen für den Siegeszug der Seide rund um die Welt gegeben, der bis heute anhält.

Der Ursprung der Seide aber verliert sich im Dunkel von Mythen und Legenden. Wie alle bedeutenden Erfindungen Chinas wurde auch die Seidenherstellung mit dem Kaiser in Verbindung gebracht. Obwohl die ältesten Seidenfunde aus der Shang-Dynastie (16.–11. Jh. v. Chr.) stammen, gilt Xiling, die Gattin des legendären Gelben Kaisers Shihuangdi, der im dritten vorchristlichen Jahrtausend regierte, als erste Seidenweberin Chinas. Denn sie soll bei einem Spaziergang durch die schönen kaiserlichen Gärten auf einem Maulbeerbaum das Schlüpfen eines Schmetterlings aus dem Kokon beobachtet und dabei zwei für die Seidenherstellung elementare Erkenntnisse gewonnen haben: nämlich die Entwicklungsstadien vom Ei des Seidenspinners über die Raupe bis hin zum Schmetterling, und daß der Faden des Kokons, solange er nicht vom schlüpfenden Schmetterling zerrissen wird, endlos ist und sich abhaspeln läßt. Die Auswertung archäologischer Funde von Seidenresten aus dem damaligen Herrschaftsgebiet Shiuangdis ergab ein Alter von etwa 4 750 Jahren, was genau der Epoche der legendären Kaiserin Xiling entsprechen würde.

Xiling war nicht der erste Mensch, der Seide verwendete. Schon zweihundert Jahre zuvor soll Fuxi, ein anderer sagenhafter Kaiser, der zusammen mit Nüwa als mythisches Paar mit ineinanderverschlungenen schlangenförmigen Unterleibern dargestellt wurde, der Erfinder eines Musikinstrumentes gewesen sein, dessen Saiten aus Seidenfäden bestanden. Trotzdem wurde die Kaiserin Xiling zur

Schutzpatronin des Seidenhandwerks und genoß göttliche Verehrung.

Bis in die Gegenwart ruhte die gesamte Seidenherstellung in den Händen der Frau. Von ihrem Geschick, ihrem Fleiß hing das Wohlergehen der Hausgemeinschaft ab und über einen langen Zeitraum hinweg auch Reichtum und Macht Chinas.

Wie lange es dauerte, bis aus der zufälligen Entdeckung des Seidenfadens die chinesische Frau imstande war, ein qualitativ hochwertiges Gewebe herzustellen, ist heute nicht mehr festzustellen. Vergingen dazwischen Jahrhunderte oder nur Jahrzehnte?

In Anyang, einer der Hauptstädte der Shang-Dynastie, die im zweiten vorchristlichen Jahrtausend existierte, wurde eine Ritualaxt gefunden, die in Seidentücher eingehüllt war und deren Spuren erkennen lassen, daß die Seidenweberei zu diesem Zeitpunkt bereits einen beachtlichen Stand erreicht hatte. Exportartikel freilich war sie deshalb noch lange nicht.

Was ist nun chinesische Seide, mit ihren bestimmten, unverwechselbaren Merkmalen? Es ist der Faden, den man erhält, indem man mehrere Kokons des echten Seidenspinners *bombyx mori* auflöst, die Fäden abhaspelt und miteinander zu einem einzigen verdrillt. Einen solchen Faden gewinnt man nur, wenn die Puppe im Kokon getötet wird, bevor sie sich in einen Schmetterling verwandelt, der aus seinem Gefängnis ausbricht und den Kokon durchstößt. Ist der Kokon einmal zerrissen, kann der Faden nur noch wie andere Textilfasern gekrempelt und gesponnen werden. Nur aus einem unzerstörten Kokon läßt sich jener kontinuierliche Faden von mehr als einem Kilometer Länge gewinnen, der als Basis zur Seidenherstellung dient – das ist das erste Geheimnis. Um ein hochwertiges Gewebe zu erhalten, muß der Faden fein, elastisch und zugleich reißfest sein. Das wiederum erfordert eine ganz bestimmte Nahrung. Der Raupe müssen – und das ist das zweite Geheimnis – bis zu dem Zeitpunkt, an dem sie sich einzuspinnen beginnt, frische Maulbeerblätter zugeführt werden. Erst unter diesen Voraussetzungen kann von einer eigentlichen Seidenraupenzucht gesprochen werden. Von den in der Natur vorkommenden wilden Seidenspinnerarten wurde vorwiegend *bombyx mori* domestiziert, weil er die beste Seide gab.

In der Tat verlangt die Seidenraupenzucht besondere Sorgfalt und Aufmerksamkeit. Die Eier des Seidenspinners müssen bei gleichbleibender Temperatur gelagert werden. Wenn die Raupen geschlüpft sind, werden diese auf vorgewärmte Weidensiebe gelegt und zugedeckt. In der Wachstumsphase wird streng darauf geachtet, daß sie weder großen Temperaturschwankungen noch Lärm oder intensiven Gerüchen ausgesetzt sind. Außerdem müssen sie regelmäßig, Tag und Nacht, mit frischen, fein gehackten Maulbeerblättern gefüttert werden. Während dieser Zeit häuten sie sich dreimal, wachsen und vertilgen eine zunehmend größere Menge an Maulbeerblättern – bis zum Zwanzigfachen ihres Eigengewichts. Um etwa drei Kilogramm Seide zu gewinnen, braucht man 30 Maulbeerbäume. Es ist sehr wichtig, daß alle Raupen sich gleichzeitig und gleichmäßig entwickeln. Durch spezielle Techniken ließ sich der Wachstumsprozeß je nach Bedarf beschleunigen oder verzögern.

Sind die Raupen dabei, sich einzuspinnen, bettet man sie auf Siebe aus Reisstroh, was der Herausbildung besonders feiner Kokons förderlich ist. Das Einspinnen nimmt nur wenige Tage in Anspruch. Danach werden jene Kokons ausgesondert, die zur Zucht bestimmt sind und aus denen nach zehn Tagen die Schmetterlinge schlüpfen, die sich paaren, Eier legen und somit einen neuen Zyklus ermöglichen.

Alle anderen Kokons werden in kochendes Wasser getaucht. Dabei wird nicht nur die Raupe getötet, sondern auch der Seidenleim aufgelöst, der die Fäden zusammenhält, so daß die Fäden leicht abgehaspelt werden können.

Ähnlich ausgeklügelt wie die Gewinnung des Seidenfadens waren auch die Webtechniken, die sich in China entwickelten. Die ältesten Webstühle dürften Spannwebstühle gewesen sein, die in der Han-Zeit durch solche

Der *Bombyx mori*, die Raupe des Seidenspinners, beim Fressen von Maulbeerblättern. Nach 35 Tagen, in der sie etwa das Zwanzigfache ihres Eigengewichtes vertilgt, beginnt sich die Raupe einzuspinnen.

Noch bevor die Schmetterlinge ausschlüpfen, werden die Kokons in kochendes Wasser geworfen, wodurch sich der Seidenleim auflöst und der Faden abgehaspelt werden kann.

Jeder einzelne Schritt zur Seidenherstellung war in China ritualisiert und durch genaue Anleitungen und Vorbilder geregelt:

Oben: Das Pflücken der Maulbeerblätter.

Unten: Das Aussortieren der Kokons in solche, deren Seide versponnen wird, während andere zur Aufzucht dienen.

Rom und die Seide

Im Frühsommer des Jahres 53 vor Christi führte Marcus Licinius Crassus, der über das Römische Reich zusammen mit Cäsar und Pompejus herrschte, ein Heer von 42 000 Mann, davon jedoch nur 4 000 Reiter, gegen die Parther, dem stärksten Feind Roms im Osten. Crassus träumte davon, ein zweiter Alexander zu werden, und verfolgte die scheinbar zurückweichenden Parther immer weiter in unbekanntes Terrain. Die kampferprobten Römer sahen sich einem Gegner gegenüber, der sich nie zum Nahkampf stellte, sondern immer wieder aus dem Hinterhalt zuschlug, sich aber sofort wieder zurückzog. Die Ungewißheit, die ständige Kampfbereitschaft und die Taktik des Gegners zermürbten die Moral. Vielleicht ahnten die Soldaten auch, daß sie diesen Krieg nie gewinnen konnten, sie nur den ehrgeizigen Zielen ihres Feldherrn dienten, aber sie hielten trotzdem tapfer den Attacken der Parther stand, die sie vehement unweit der Stadt Carrhae angriffen. Die Römer suchten den Kampf Mann gegen Mann, aber die Parther näherten sich nur soweit, um ihre todbringenden Pfeile abzuschießen, und wichen sofort wieder zurück. Der Himmel verdunkelte sich durch den Pfeilhagel, der auf die eingekesselten Römer niederging. Hinter den Linien hielten die Parther Kamele, die mit Pfeilen beladen waren, die die parthischen Bogenschützen nach jedem Angriff mit neuen Geschossen versorgten. Dann zogen sich die Parther überraschend zurück. Aber das war nur ein Täuschungsmanöver. Denn plötzlich erschienen sie wieder mit frischen Truppen, die sich mit entsetzlichem Geschrei, wie der Geschichtsschreiber Florus berichtet, auf die Römer stürzten. Dabei entfalteten sie buntschillernde Banner, die in der Sonne wie Irrlichter aufleuchteten. Das versetzte die geschwächten und kampfesmüden römischen Legionäre, die derartiges noch nie zuvor gesehen hatten, in Schrecken und Panik. Damit wurde eine der schwersten Niederlagen der Römer besiegelt. Mehr als die Hälfte der römischen Soldaten war gefallen, darunter auch Crassus und sein Sohn, der Rest wanderte in parthische Gefangenschaft.

Die farbenprächtigen Banner aber, die die Legionäre so erschreckten, waren die ersten Seidenstoffe, die die Römer zu Gesicht bekamen. Obwohl diese erste Begegnung mit der chinesischen Seide im Augenblick ihrer bittersten Niederlage alles andere als Liebe auf den ersten Blick war, eroberte die Seide in verblüffend kurzer Zeit Rom. Ob als Beutegut von glücklicheren Feldzügen oder durch den Fernhandel nach Rom gelangt, jedenfalls versetzte Cäsar schon zehn Jahre nach der verheerenden Schlacht von Carrhae die Bewohner Roms durch Seidenstoffe in Erstaunen, die er anläßlich eines Triumphzuges entfalten ließ. Die luxusorientierten Römer fanden bald so sehr Gefallen an diesem fremden Gewebe, daß das Tragen durchsichtiger Seidenkleider nicht nur bei den Frauen, sondern auch bei den Männern in Mode kam. »Das ist jener Seidenstoff«, empörte sich Solini, »durch den die Lust der Verschwendung zunächst die Frauen und nun auch die Männer verführt, eher die Körper zu zeigen als zu bekleiden.« Nicht allein aus sittlichen Gründen, sondern wohl auch infolge des Kapitalabflusses, den der Import der Seide verursachte, gab es in Rom einflußreiche Männer, die die Entwicklung des Seidenhandels voller Sorge betrachteten. Im Jahre 16 n. Chr. verbot der römische Senat den Männern das Tragen von Seidenkleidern. Genützt hat das freilich wenig, denn genußsüchtige Cäsaren wie Caligula oder später Elagabal ließen sich weder durch den Senat noch durch Gesetze einschränken.

So sehr die Seide zur Krönung des römischen Lebensstils beitrug – für diejenigen jedenfalls, die es sich leisten konnten –, so wenig wußte man von deren Herkunft, trotz funktionierender Handelsrouten. »Sie lösen den weißen Flaum von den Blättern, indem sie diese mit Wasser besprengen«, weiß Plinius in der Mitte des ersten nachchristlichen Jahrhunderts über die Seidengewinnung zu berichten. Und selbst 100 Jahre später glaubte Pausanias noch, daß der begehrte Faden aus dem Inneren eines spinnenartigen Wesens komme, das die Serer – die Seidenleute – züchten. Mehr als vage war auch das Wissen Roms über das »Seidenland« selbst und seine Bewohner. Was Plinius über das Volk der Serer schrieb – von Menschen mit rotem Haar und überdurchschnittlicher Größe –, hatte mit den Chinesen nicht das geringste zu tun. Die Chinesen ihrerseits machten sich von den Römern ähnlich abstruse Vorstellungen. Da Qin, das Große Qin, nannten sie Rom und hielten die Bewohner ebenfalls für riesenhaft groß, langlebig und waren sogar davon überzeugt, daß sie wie sie Maulbeerbäume besäßen und Seidenraupen züchteten. Die Versuche der beiden Weltreiche, miteinander direkt in Verbindung zu treten, scheiterten nicht nur an den Distanzen, sondern vor allem auch daran, daß jene Völker, die die riesigen Räume dazwischen bewohnten und vom Seidenhandel profitierten, dies mit Erfolg zu verhindern wußten. So machten die Parther dem chinesischen Gesandten Gan Ying weis, daß die Überfahrt über das »Große Meer« nach Da Qin bis zu zwei Jahre dauern würde und man dabei von einem so heftigen Heimweh befallen werde, daß man daran sterbe. Gan Ying, der zu Land keine Gefahren scheute, brach daraufhin seine Mission ab und kehrte über Persien wieder nach China zurück.

mit Pedalen abgelöst wurden. Schon sehr früh wurden auch verschiedene Verfahren zur Einfärbung der Seide entwickelt. Zunächst waren die Bahnen im ganzen einfarbig gefärbt, dann fadenweise und mehrfarbig, aber erst nach der Han-Zeit kam das Batik-Verfahren auf. Das Luxusbedürfnis der Menschen verlangte nach immer neuen Farben und Mustern, und die Seide erfüllte dieses Bedürfnis. Sie befriedigte und regte gleichzeitig den wechselnden Geschmack der Menschen an und trug damit wesentlich zu einer Erscheinung bei, die wir heute unter dem Begriff Mode kennen. Bekleidung aus Seide diente nicht mehr in erster Linie als Schutz, sondern als Schmuck. Sie verlieh ihrem Träger Glanz und Ansehen.

Ursprünglich war die Seide Privileg einiger weniger chinesischer Fürstenfamilien und natürlich des Kaisers selbst. Sie diente zunächst nur zur Verzierung der Prunkgewänder der Herrscherfamilien, später dominierte sie die gesamte höfische Bekleidungsetikette, wobei bestimmte Farben – wie zum Beispiel Gelb – allein dem Kaiser vorbehalten waren. Nach und nach, wohl auch bedingt durch die steigende Produktion, fand die Seide auch in anderen Gesellschaftsschichten Verwendung, zuletzt erst bei den Kaufleuten, die in der gesellschaftlichen Rangordnung des alten China weit unten – knapp vor den Dienstboten – rangierten. Ihnen, die mit der Seide handelten, sie im Überfluß besaßen, war das Tragen von Seidenkleidern lange verboten. Im China der Han-Dynastie, das im selben Zeitraum zur Großmacht aufstieg wie im Westen das Römische Reich, wurde die Seide zum Wertgegenstand, ähnlich wie Gold, Silber und Kupfer. Sie diente zur Besoldung der Beamten, den Untertanen, um ihre Steuern abzuführen, und schließlich als profitträchtiger Exportartikel. Die Seide wurde sogar zu einer Art Währung, deren Gewicht, Qualität und Preis reglementiert waren.

Schon sehr früh hatten die chinesischen Kaiser die enormen wirtschaftlichen Möglichkeiten erkannt, die in diesem Produkt steckten, und deshalb die Ausfuhr von Seidenraupeneiern und Maulbeersamen unter

Oben: Die Lagerung der Kokons auf Sieben aus Reisstroh.

Unten: Das Abhaspeln und Verweben des Seidenfadens.

Bis in die Gegenwart wird Seide in Khotan auf dieselbe Art und Weise gewonnen, wie sie sich vor mehr als 2 000 Jahren im Osten Chinas entwickelt hatte.

Todesstrafe gestellt. Die Folge war, daß das Geheimnis der Seidengewinnung jahrhundertelang das Monopol Chinas blieb. Die Seide wurde sogar zu einer Leitwährung an der Seidenstraße. Eine Währung, die lange Zeit allein die Chinesen herzustellen vermochten, die noch dazu dem Verschleiß unterworfen war, also geradezu ideale Voraussetzungen für Chinas Wirtschaft bot. Selbst als die Seide längst Rom erreicht hatte und dort zum teuren Luxusartikel geworden war, der mit Gold aufgewogen wurde, hatte man in Europa erstaunlich wenig Wissen über die Herkunft des begehrten Stoffes. Ein scheinbar unergründliches Geheimnis umwitterte Sera, das sagenhafte Seidenland, und damit auch alles, was mit der Seidengewinnung zu tun hatte. Aber dieses Geheimnis konnte nicht ewig gehütet werden.

Die königliche Seidenschmugglerin

Es gehörte zu den Gepflogenheiten chinesischer Außenpolitik während der Han-Zeit, Herrscher ferner Reiche, die China gefährlich waren, aber nicht mit Waffengewalt bezwungen werden konnten, durch die zarten Bande von Zwangsheiraten mit chinesischen Prinzessinnen ans Reich zu binden. Daß diese Art von Verbindungen nicht unbedingt ein Garant für Glück und Harmonie waren, spielte dabei keine Rolle. Für die »Auserwählte«, die nun fernab ihrer Heimat, oft in unwirtlichen Wüsten- und Steppenregionen, einem »Barbaren« als Frau dienen mußte, kam dieses Los einer Verbannung, ja oft einem Todesurteil gleich. In ergreifenden Versen beklagt die Han-Prinzessin Liu Xijun, die dem König des Steppenvolkes der Wusun zur Frau gegeben wurde, ihr Schicksal:

»Meine Familie hat mich verheiratet
auf die andere Seite des Himmels.
In die Ferne hat man mich geschickt,
in ein seltsames Land, zum König
der Wusun.
Eine Jurte ist mein Haus, Filz bildet
seine Mauern,
Fleisch ist meine Nahrung, gegorene
Milch ist seine Sauce.
Ich lebe, indem ich stets an das Land
meiner Geburt denke,
mein Herz ist gemartert.
Ich möchte ein goldener Schwan sein,
um heimzukehren in das Land, aus
dem ich stamme.«

Eine andere Prinzessin, vermutlich aus dem 5. Jahrhundert, wenn man den Chroniken der Tang-Zeit glauben darf, wurde dem König von Khotan zur Frau gegeben. Ihr zukünftiger Bräutigam solle ihr, bevor sich der Hochzeitszug in Bewegung setzte, durch Boten mitgeteilt haben, daß es in seinem Reich keine Seidenherstellung gebe. Die Prinzessin, die verständlicherweise auch im fernen Wüstenkönigreich am Rande der Takla Makan nicht auf den Luxus von Seidenkleidern verzichten mochte, soll nun, in ihrem Haarputz versteckt, die kostbaren Eier des Seidenspinners und Maulbeersamen hinausgeschmuggelt haben. Diesen frühen Technologieschmuggel dokumentiert auch eine in Dandan Oilik, einer Ruinenstätte unweit von Khotan, gefundene Malerei, die der Archäologe Aurel Stein entdeckte und dahingehend interpretierte. Bis in die Gegenwart hinein wurde in Khotan die Seide mit derselben Technik hergestellt, wie sie sich lange vorher in China entwickelt hatte.

Die Seidengewinnung dürfte jedoch im Tarim-Becken schon früher bekannt gewesen sein, beispielsweise in Turfan, wo besonders günstige Bedingungen dafür herrschten. Nach und nach verbreitete sie sich nach Persien und Kleinasien. Im Abendland wird die Seidenraupenzucht trotz allem erst im 6. Jahrhundert bekannt, und zwar in Byzanz, dem Zentrum des Oströmischen Reiches. Kaiser Justinian war viel daran gelegen, die lästigen Perser, die sowohl auf dem Landweg als auch auf dem Seeweg den Seidenhandel beherrschten, auszuschalten, und er suchte nach Möglichkeiten, über das Rote Meer einen direkten Zugang zu den Seidenmärkten an der indischen Küste zu erlangen. Da erschienen an seinem Hof indische Mönche, die behaupteten, das Geheimnis der Seidengewinnung zu kennen, weil sie – wie sie angaben – lange Zeit in einem Land gelebt hätten, das sie Serinda nannten. Nachdem der Kaiser ihnen reiche Geschenke in Aussicht gestellt hatte, begaben sich die Mönche wieder nach Serinda und brachten – in hohlen Wanderstöcken verborgen – Eier und Maulbeerblätter mit nach Byzanz.

Das chinesische Monopol war zwar gebrochen, aber das hieß noch lange nicht, daß chinesische Seide weniger gefragt war. Sie blieb zwar wegen des langen und gefährlichen Transportweges teurer, aber die außerhalb Chinas produzierte Seide erreichte nie dieselbe Qualität wie die chinesische, die auf jahrhundertelangem Know-how basierte – von den Quantitäten ganz zu schweigen.

Es war die Nachfrage nach Seide, die dazu führte, daß aus uralten Nomaden- und Völkerwanderungswegen Karawanenstrassen wurden, die über alle ethnischen, politischen und geographischen Grenzen hinweg Europa mit Asien verbanden, eine Brücke schlugen zwischen Abendland und Orient. Trotz politisch unruhiger Zeiten konnte sich die Seidenstraße als Fernhandelsweg ein Jahrtausend lang behaupten. In dieser Zeit entstanden große Reiche und verschwanden auch wieder. Geschah es, daß kriegerische Ereignisse, feindliche Heere oder klimatische Bedingungen den einen Weg blockierten, dann suchte man nach einem Umweg. So

Nach der Interpretation des ungarisch-britischen Archäologen Aurel Stein soll diese in Dandan Oilik, einer Ruinenstadt unweit von Khotan, entdeckte Malerei jene Prinzessin darstellen die, in ihrem Haarputz versteckt, Eier des Seidenspinners und Maulbeersamen von China nach Zentralasien geschmuggelt hatte.

entwickelten sich die verschiedenen Zweige und Routen der Seidenstraßen, zu Land und zu Wasser. In manchen Zeiten erlangte der Seeweg, die Seidenstraße der Meere – zwischen Indien und dem Mittelmeer – größere Bedeutung, manche Landrouten wurden allein des Handels wegen geschaffen. Der Handel erwies sich als einzige Konstante in einer wechselvollen, manchmal chaotischen Zeit. Er trug dazu bei, die oft gefährdete, nie ganz unterbrochene Verbindung zweier einander fremder Weltkulturen, der abendländischen und der chinesischen, aufrechtzuerhalten.

Gleichzeitig förderte er in Zentralasien eine Kultur, die der Seidenstraße ein unverwechselbares Gepräge gab.

Die Blütezeit der Seidenstraßen lag in den ersten nachchristlichen Jahrhunderten und im Goldenen Zeitalter Chinas, in der Ära der Tang. Einer der Endpunkte war Rom, Ausgangspunkt aber war eine Stadt im Osten Chinas namens Changan, die heute Xian heißt.

Aralsee
KASACHSTAN
Balchaschsee
USBEKISTAN
TURKMENISTAN
Chiwa
Almaty
(Alma Ata)
Bishkek
Issyk Kul
Taschkent
KIRGISTAN
Tien Shan
Pik Pobjeda 7439
Syr Darya
Buchara
Kokand
Osch
Kucha
Aksu
Tschardschou
Samarkand
Ferghana
Torugart Paß
Tarim
Pamir
7132 Pik Lenin
Duschanbe
Kashgar
Mary
TADSCHIKISTAN
7495 Pik Kommunismus
Amu Darya
Khotan Darya
Muztagh Ata 7546
Yarkand
Takla Makan
Keriya Darya
AFGHANISTAN
Hindukusch
Khunjerab Paß
Khotan
Herat
Gilgit
Karakorum
Kunlun Shan
Keriya
Niya
Kabul
8125 Nanga Parbat
8611 K2
Indus
Khyber Paß
Peshawar
Islamabad
Rawalpindi
T
Lahore
Quetta
PAKISTAN
Transhimalaya
6714 Kailash
Kamet 7756
Manasarowa-see
7728 Gurla Mandhata
Himalaya
Wüste Thar
Delhi
NEPAL
8167 Dhaulagiri
Kathm
Agra
Jaipur
Karachi
Indus
Arabische See
Ghaghara
Ganges
INDIEN
N
Indore
0 250 km

Die Routen der Seidenstraße in China und Zentralasien
Hauptrouten
Nebenrouten
MONGOLEI
Gobi
Gashun Gobi
Alashan Gobi
Innere Mongolei
CHINA
Urumqi
Turfan
Hami
Khara Khoto
Datong
Loulan
Lop Nor
Yumenguan
Dunhuang
Jiayuguan
Miran
Altun Shan
Nan Shan
Qaidam-Becken
7723 Muztagh
Golmud (Gormo)
Dulan
Koko Nor
Xining
Lanzhou
Gelber Fluß
Xian
Ngonng Hu
Tibet
Chengdu
Lhasa
Shigatse
Gyantse
Brahmaputra (Tsangpo)
Yamdrok Tso
Himalaya
Everest 8848
Chomolhari 7314
8598 Kangchenjunga
Thimphu
BHUTAN
Brahmaputra
BANGLA-DESH
Kalkutta
DIE SEIDENSTRASSE
Moskau
RUSSLAND
KASACHSTAN
MONGOLEI
Ulan Bator
Alma Ata
Turfan
Istanbul
Buchara
Samarkand
Kashgar
Aksu
Khotan
Niya
Miran
Dunhuang
Lanzhou
Xian
Beijing
Alexandria
Kairo
Baghdad
Teheran
Kabul
Islamabad
IRAN
Tibet
Chengdu
Wuhan
SAUDI-ARABIEN
Riad
Nil
Dehli
Karachi
Kalkutta
Bombay
INDIEN
Golf von Bengalen
Khartum
Addis Abeba
Bangko
Manila
Indischer Ozean

Kapitel 2 Reich der Mitte – Mittelpunkt der Welt

»Mein Kaiser, es gibt auf der Welt nichts, was nicht zu einem anderen in Wechselbeziehung steht.
Wenn wir nur von einem Teil ausgehen, können wir ihn nicht fassen.
Erst aus dem Wissen des anderen kommt uns die Erkenntnis.
Im Lichte der Ewigkeit heben sich alle Gegensätze auf.
Die Achse der Welt ruht dort, wo unser Geist um den Sinn des Lebens schwingt.«

Zhang Quian

Rechte Seite: Da Yan Ta, die Große Wildgandpagode in Xian, stand einst inmitten eines buddhistischen Tempelkomplexes, in dem der Pilgermönch Xuanzang jene Sanskrit-Schriften, die er aus Indien holte, ins Chinesische übertrug.

Das heutige Xian unterscheidet sich auf den ersten Blick kaum von anderen Millionenstädten Chinas. Die Fast-Food-Architektur des modernen China prägt das Antlitz dieser Stadt. Die Wirtschaft boomt. Betonbauten schießen wie Pilze aus dem Boden, umgeben von hoffnungslos verstopften Straßen, weil die Motorisierung fast genauso schnell wächst. Vorbei ist die Zeit, in der ein nie versiegender Strom von Radfahrern das Straßenbild dominierte, verschwunden sind auch die riesigen Plakatwände an den Straßenrändern, auf denen die Führer den vorbeiradelnden Massen ihre Botschaften übermittelten, vor allem aber Parteihörigkeit lehrten. Die alten Götter an den Straßen wurden längst durch neue ersetzt. Sie heißen: Sony, Toyota oder Coca-Cola. Die aus allen Nähten platzende Innenstadt ist von einem vollkommen geschlossenen Mauerring umgeben, der aus den Überresten der alten mingzeitlichen Befestigungsanlage wieder erstand. Nur ein Ort, der eine Wehrmauer besaß, wurde im alten China als Stadt bezeichnet. Die Stadtmauer ist heute begehbar. Hierher kommen Touristen aus den umliegenden Sterne-Hotels, um sich die Beine zu vertreten, und abends sieht man Liebespärchen unter kitschigen Laternen entlangspazieren.

Auch das Wahrzeichen Xians, der Glockenturm, stammt aus der Ming-Dynastie (1368–1644), also einer, gemessen am Alter der Stadt, eher späten Zeit. Bevor das Bauwerk im Jahre 1582 in die Stadtmitte versetzt wurde, stand es im westlichen Teil Xians. Die Glocke wurde im Morgengrauen angeschlagen. Sie galt als Signal für die Wächter, die Stadttore zu öffnen, während der dumpfe Trommelschlag, der bei Anbruch der Dämmerung vom rechteckigen Turm am Rande des Moslemviertels erklang, das Zeichen bedeutete, diese wieder zu schließen. Wesentlich ältere Traditionen hingegen verrät der Grundriß der Stadt. Die rechteckige, schachbrettartige Anlage mit den vier Toren,

大慈恩寺

die in alle Himmelsrichtungen weisen, spiegelt Chinas Konzeption von der Welt wider, als deren Mittelpunkt sich die Kaiser selbst empfanden. Daß Xian bzw. Changan einstmals eine kosmopolitische Stadt war mit einer multikulturellen Gesellschaft, spürt man noch im Moslemviertel, dessen Bewohner bis heute etwas von ihrer Identität bewahren konnten.

Geschäftige Marktstraße in der heutigen Millionenstadt Xian.

In den engen Gassen rund um die Moschee, den niedrigen Häusern mit den bazarähnlichen Geschäften darin und den dampfenden Garküchen läßt sich bereits ein Hauch vom Leben in den Oasen entlang der alten Seidenstraße erahnen. Außer der Moschee findet man in Xian noch Kultstätten anderer Religionen – vor allem daoistische und buddhistische Tempel –, aber sie wirken museal, sind nur noch schwacher Abglanz vergangener Größe. Bedeutungslos ist heute auch die Stadt selbst, jedenfalls wenn man sie mit der Rolle vergleicht, die Changan einstmals in der Welt der Seidenstraße spielte. Mehr als tausend Jahre lang war sie die Metropole Chinas, Hauptstadt von elf Dynastien, der Platz, wo die Routen der Seidenstraßen wie Fäden zusammenliefen, gleichzeitig eine der größten Städte der Welt. In der Tang-Zeit (618–907) lebten in Changan zwei Millionen Menschen auf einer Fläche von über 80 Quadratkilometern. Innerhalb der 36 Kilometer langen Stadtmauern gab es 110 wiederum durch eigene Mauern getrennte Viertel, gewissermaßen Städte in der Stadt. Die gesamte Anlage – jedes Gebäude, jede Straße, auch der Palast des Kaisers – folgte dem Muster eines getreuen Abbildes des Universums und diente somit der Harmonie im Kosmos, die es zu erhalten galt. Um einen Eindruck von der Größe des tangzeitlichen Changan zu gewinnen, muß man sich vergegenwärtigen, daß allein die Hauptstraße der Stadt 155 Meter breit war, während die Prunkstraßen Roms oder Athens es gerade einmal auf zwölf bzw. fünf Meter Breite brachten. Umgekehrt dokumentieren nackte Zahlen auch den unerhörten Niedergang Changans. Bereits vier Jahrhunderte nach dem Sturz der Tang-Dynastie war die Stadt auf ein Sechstel ihrer Fläche zusammengeschrumpft und die Bevölkerung auf unter eine Million gesunken.

Qin Shihuangdi – Herrscher bis in alle Ewigkeit

Während in der modernen Stadt Xian kaum noch Spuren aus der Blütezeit der Seidenstraße erhalten sind, gibt es um so mehr in der Umgebung. Schon der erste Kaiser Chinas, Qin Shihuangdi, der die verschiedenen, um die Vorherrschaft streitenden Reiche erstmals einte, errichtete an den Ufern des Wei-Flusses die Hauptstadt seines Reiches, dort wo sich heute die 30 Kilometer entfernte Provinzstadt Xianyang befindet. Shihuangdi, der aus dem Westen der heutigen Provinz Shaanxi stammte, begründete die kurz andauernde Dynastie der Qin (221–206 v. Chr.), die eigentlich nur aus ihm selbst und seinem ältesten Sohn bestand, der, ehe er noch die Nachfolge antreten konnte, einer Palastintrige zum Opfer fiel. So endete die Herrschaft der Qin, die nach Shihuangdis Wunsch »Zehntausend Kaiser« hätte zählen sollen, in Chaos und Rebellion. Der Name aber lebt heute noch fort, denn aus Qin entstand China, die im Westen gebräuchliche Entsprechung für das Reich der Mitte.

Totz der kurzen Zeit seines Wirkens hat Shi-

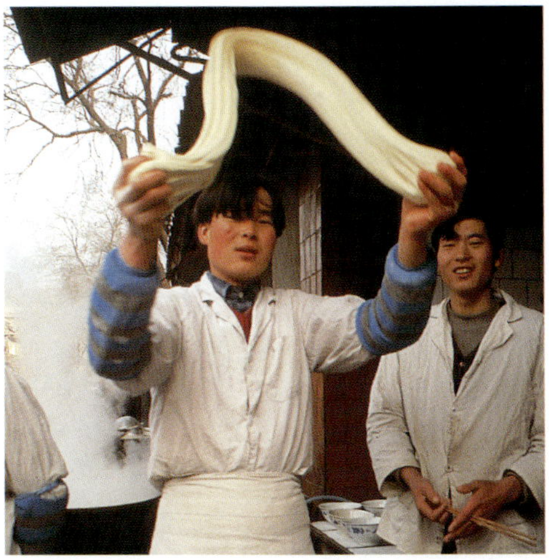

Im Moslemviertel von Xian werden in Garküchen köstliche Langnudeln angeboten. Allein das Kneten des Teiges ist eine Kunst für sich und erinnert an ein Zirkusschaustück.

huangdi mehr als jede andere Herrschergestalt Chinas Entwicklung geprägt, kein anderer ein derartiges Vermächtnis hinterlassen. Er war der große einzelne am Beginn einer Abfolge von Dynastien, einer bewegten aber trotzdem kontinuierlichen Geschichte, die sich, rein machtpolitisch betrachtet, bis in die Gegenwart fortsetzt.
Obwohl Shihuangdis Politik auf Macht ausgerichtet war, die er mit der Schlagkraft seiner Armeen sicherte, und deshalb nicht viel Raum für friedlichen Handel bestand, wurden in seiner Regierungszeit wichtige Weichen für die Entwicklung der Seidenstraße gestellt. Er ließ Maße und Gewichte vereinheitlichen, Straßen mit genormter Spurbreite anlegen und bereits bestehende Befestigungsanlagen im Norden des Reiches zu einem geschlossenen Wall verbinden – aus dem später die Große Mauer wurde. Gegen den erbitterten Widerstand der Gelehrten setzte er eine Vereinfachung der Schrift durch. Alles, was seinen Reformen im Wege stand, eliminierte er rigoros, auch wenn es sich um traditionelles geistiges Gedankengut handelte. So befahl er im Jahre 213 v. Chr., alle Bücher zu verbrennen, mit Ausnahme jener, die medizinisches oder technisches Wissen zum Inhalt hatten. Unersetzliche Originalschriften des Konfuzius fielen diesem barbarischen Akt zum Opfer. Er lieferte damit ein frühes Vorbild für ähnlich traurige Beispiele sinnloser Zerstörungswut, die sich bis in die jüngste Vergangenheit hinein immer wieder ereigneten.
Shihuangdi schuf sich ein Reich, als dessen Mittelpunkt er sich selbst empfand, als Maß aller Dinge, als lebender Gott. In diese Vorstellungswelt paßte nicht der Gedanke von der eigenen Sterblichkeit. Zeit seines Lebens durchstreifte er rastlos sein Reich, stets auf der Suche nach dem Elixier des Lebens. Viel-

»Besser ist's für einen Mann, kämpfend zu sterben, doch wie kann einer die Last der Unterdrückten tragen, während er hilft, die Große Mauer zu bauen? Die Große Mauer ist ohne Ende, sie verläuft 3 000 Li über die Erde.«

Li Taipo

Der Reichseiniger und erste große Kaiser Chinas, Qin Shihuangdi (221 bis 206 v. Chr.)

leicht resultierte seine manische Todesfurcht von den Attentaten, die entmachtete Fürsten und Adlige auf ihn verübten, vielleicht aber ahnte er auch, daß ihm nicht viel Zeit gegeben war. Kurz nach seiner Thronbesteigung, im zarten Alter von 13 Jahren, das Leben vor Augen, dachte er bereits an den Tod und begann mit dem Bau seiner letzten Ruhestätte.

Das Bild, das die chinesische Überlieferung von ihm zeichnet, ist – wie wir heute sagen würden – das eines typischen »Workaholic«. Er soll täglich einen Aktenberg von beschriebenen Bambustäfelchen im Gewicht von 120 Pfund durchgearbeitet haben – wenn er nicht gerade Krieg führte oder weite Inspektionsreisen unternahm. Im Ostmeer, so hatte er erfahren, sollte ein Inselparadies liegen, auf dem das Wunderkraut wächst, das Unsterblichkeit verleiht. Dorthin hatte er seine Flotte entsandt, dorthin wollte er ihr entgegenreisen, um sie hoffnungsvoll zu erwarten. Was er fand, war nicht das ewige Leben, sondern den Tod – erst 49 Jahre alt. Auch für diesen Fall war Shihuangdi vorbereitet. Während der Palast unvollendet blieb, hatte er sich zu Lebzeiten ein monumentales Grabmal bauen lassen, das ihm Macht und Reichtum über den Tod hinaus sichern sollte. Wie Chronisten überliefern, soll sich darin eine Miniatur seines Reiches befinden, mit Städten, Bergen, Seen und mit Flüssen aus Quecksilber. Auf einem der Flüsse soll der schiffsförmige Sarkophag des Kaisers schwimmen, noch immer von Archäologen unberührt. Der Grabhügel ist noch ungeöffnet. Er erhebt sich als künstliche Erdpyramide aus einer Ebene rund 30 Kilometer nordwestlich von Xian. Ein ausgetretener Weg führt zum Hügel hinauf, zu dem Tag für Tag ganze Kolonnen von Besuchern pilgern. Zu sehen gibt es dort freilich nichts, außer einem Rundblick über die umliegenden Felder – ganz im Gegensatz dazu liest sich der schillernde Bericht des berühmten chinesischen Historiographen Sima Qian:

»Die Arbeiter gruben sich durch drei unterirdische Ströme, die sie abschnitten, indem sie Bronze hineingossen, um die Grabkammer zu errichten. Diese füllten sie mit Modellen von Palästen, Türmen und den hundert Ämtern, ferner mit kostbaren Gefäßen und Steinen sowie wunderbaren Raritäten. Handwerker erhielten den Auftrag, auf Eindringlinge feuernde Armbrüste mit mechanischen Selbstauslösern zu installieren. Die verschiedenen Ströme des Landes, der Jangtse und der Gelbe Fluß, und selbst der große Ozean wurden mit Quecksilber nachgeahmt, das eine mechanische Vorrichtung fließend in Bewegung hielt. Oben waren Konstellationen des Firmaments dargestellt und unten das geographische Relief der Erde.«

Die Existenz des Grabes war den chinesischen Archäologen schon lange bekannt, aber ähnlich wie die Geschichte von Troja seinerzeit für eine Legende gehalten wurde, schenkte man auch hier den Überlieferungen keinen Glauben. Ein Irrtum. So blieb es ein paar Bauern vorbehalten, eine der bedeutendsten archäologischen Entdeckungen unserer Zeit zu machen. Im März des Jahres 1974 stießen sie beim Bohren eines Brunnens auf eine ganze Armee von Tonkriegern, die einstmals den magischen Auftrag hatten, den Kaiser für alle Ewigkeit zu bewachen. In der Zwischenzeit sind etwa 6 000 der insgesamt vermuteten 7 600 Krieger ausgegraben und zum Teil in ursprünglicher Schlachtordnung wieder aufgestellt. Schon heute gilt die Terracotta-Armee als achtes Weltwunder – auch was die Vermarktung betrifft. Der Weg zu den Tonsoldaten führt zunächst durch eine Armee von Souvenirverkäufern, in einem Spießrutenlauf vorbei an Marktständen, beladen mit Kopien von Terracotta-Kriegern in allen Variationen – von Miniatur-Ausgaben für den heimischen Elektrokamin bis hin zu zentnerschweren Figuren in Lebensgröße.

Die echte Armee steht heute unter einer überdachten Halle und wird ihrerseits von grünuniformierten Soldaten der Volksbefreiungsarmee streng bewacht, die jedem den Film aus der Kamera reißen, der es wagt zu fotografieren – oder sagen wir fast jedem. Wie immer man das Drumherum auch empfinden mag, steht man einmal den Tonkriegern gegenüber, wird man sich schwer dem

Eindruck entziehen können, den Shihuangdis Armee auch nach mehr als 2 000 Jahren auf den Betrachter ausübt. Kein Krieger gleicht dem anderen, alle haben sie individuelle Gesichtszüge, hier hat also die wirkliche Armee des Kaisers Modell gestanden. An manchen Figuren sind noch Reste einstiger Bemalung zu erkennen. Die meisten wurden ihrer Waffen beraubt. Lanzen, Bogen und Pfeile fielen einem Feuer zum Opfer, ebenso die hölzerne Dachkonstruktion, die einstürzte und die Armee unter sich begrub. Stumm stehen sie da, in alter Ordnung wieder aufgestellt – Lanzenträger, Bogenschützen, Wagenlenker, Hauptleute und Generäle. Dahinter werden weitere ausgegraben. Kopflose Torsi ragen aus dem harten Lehm, daneben abgetrennte Arme und Sockel mit Füßen dran. Manche sind erstaunlich unversehrt geblieben, nur in leichte Schräglage geraten, als die einstürzende Decke sie begrub. Zentimeter für Zentimeter werden sie wieder freigelegt. Wo anders kann man Archäologen bei ihrer Arbeit über die Schulter sehen? Mit dem Ausgraben hat man hier keine Eile, so als wolle man auch Archäologen der nächsten Generation noch ihre Arbeitsplätze sichern. Diese Gefahr dürfte hier allerdings gering sein. Im Gegenteil: Vieles deutet darauf hin, daß Shihuangdis Grabanlage noch längst nicht alle Geheimnisse preisgegeben hat und sich noch manche Überraschung unter dem gelbbraunen Ackerboden verbirgt.

Für all seine Projekte blieben Qin Shihuangdi nur wenige Jahre Zeit. Es scheint paradox: Ihm, der ewig leben wollte, der den Tod so fürchtete, verleiht nun sein Grabmal Unsterblichkeit, wenn auch nicht jene, die er zeit seines Lebens suchte.

Die Terracotta-Armee des Kaisers Qin Shihuangdi unweit von Xian wird bereits als achtes Weltwunder gerühmt, obwohl erst ein Teil der Tonkrieger ausgegraben sind, die den magischen Auftrag hatten, den Kaiser bis in alle Ewigkeit zu bewachen.

Der Weg zu den Tonkriegern des Qin Shihuangdi führt in einem Spießrutenlauf vorbei an einer Armada von Andenkenverkäufern.

Zu den schönsten Bauwerken Chinas gehört Tientan, der Himmelstempel, in Beijing. Er ist die steinerne Manifestation einer Herrschaftsidee, die von einer zentralen Macht ausgeht, in deren Mittelpunkt der Kaiser des Reiches der Mitte stand.

Wudi – Initiator der Seidenstraße

Daß sich nachfolgende Herrscher am Gigantismus Shihuangdis orientierten, ihn sogar noch zu übertreffen suchten, versteht sich von selbst. So ließen sich auch die Han-Kaiser, die vier Jahrhunderte lang Chinas Geschick bestimmten, monumentale Grabanlagen errichten. Aber auch sie hatten das gleiche Problem wie schon zuvor Shihuangdi: Auch sie waren sterblich. Deshalb versuchten sie – ähnlich wie die ägyptischen Pharaonen –, noch zu Lebzeiten Macht und Luxus über den Tod hinaus zu sichern, in Form von Grabmälern als getreue Abbilder ihrer irdischen Paläste, mit Soldaten, Wächtern, Dienern und Konkubinen. Wie in Ägypten blieb auch hier die Grabesruhe nicht lange ungestört. Die meisten Gräber wurden schon bald nach der Beisetzung der Kaiser von Räubern geplündert.

Noch etwas zeigen diese Kaisergräber: In ihrer gesamten Anlage mit dem Hauptraum im Zentrum und den nach allen Himmelsrichtungen hin verlaufenden Nebenkammern demonstrieren sie einen unerhörten Machtanspruch, der bis heute im Begriff *Zhongguo*, Reich der Mitte, im Sinne von Mittelpunkt der Welt, fortwirkt. Schon sehr früh hat sich die Vorstellung herausgebildet, das Reich als Mittelpunkt des Erdkreises zu betrachten, dessen Kultur wellenförmig nach allen Richtungen hin ausstrahlt, sich an der Peripherie abschwächt und an den Rändern von Barbaren umgeben ist. Im absoluten Zentrum stand der Kaiser, der Himmelssohn, dessen Aufgabe es war, die Ordnung im Sinne von Harmonie zwischen Himmel und Erde aufrechtzuerhalten. Diese Ordnung, getragen von der Idee einer zentralen Macht, hat sich mit wenigen Unterbrechungen bis heute in China gehalten. Man muß einmal vor dem Himmelstempel in Beijing gestanden haben, um zu begreifen, was damit gemeint ist. Das runde, auf einem gestuften Sockel thronende Bauwerk ist die zu Stein gewordene Manifestation dieses Herrschaftsprinzips. In der Mitte gibt es einen Platz, der früher nur dem Kaiser vorbehalten war, darüber wölbt sich das Dach in Form einer Himmelskuppel. Hier konnte der Kaiser wie nirgendwo sonst das Gefühl genießen, wirklich im Zentrum des Erdkreises zu stehen.

Aus den Trümmern des Qin-Reiches erwuchs die glorreiche Han-Dynastie. Ein einfacher Bauer, der sich an die Spitze einer Rebellion stellte, hat sie begründet. Es war die Epoche, in der China zur bestimmenden Kraft in Zentralasien wurde und die Seidenstraße ihren Aufstieg und zugleich Höhepunkt erreichte. Nach anfänglichen Schwierigkeiten, aufgrund der Intrigen und Machtkämpfe, die dem Ableben des ersten Han-Kaisers folgten, hatte sich die Dynastie so weit gefestigt, daß Wudi, der sechste Han-Kaiser, daran gehen konnte, sich drängenden außenpolitischen Problemen zu widmen. Vor allem die Xiongnu, ein Nomadenvolk im Nordwesten, bildeten eine ständige Gefahr für das junge Han-Reich. In der folgenden jahrhundertelangen Auseinandersetzung standen sich zwei verschiedene Lebensformen gegenüber, der uralte Gegensatz zwischen Seßhaften und Nomaden. Zweifellos muß sich der chinesische Ackerbauer anfänglich dem Reiternomaden unterlegen gefühlt haben, hilflos und ohnmächtig sah er sich ihren Raubzügen ausgesetzt. Die Angst, in der er lebte, war echt, und sie ließ ihn mit Abscheu auf die »Barbaren« – wie er sie nannte – blicken. Ihr Leben war völlig anders organisiert als das des Seßhaften – mußte es auch sein –, und ihre Gesellschaft orientierte sich an Werten, die dem anderen unverständlich blieben. »Wenn der Kampf gut für sie steht«, schrieb der chinesische Historiker Sima Qian über die Kampftaktik der Xiongnu, »rücken sie vor, wenn nicht, ziehen sie sich zurück, denn sie betrachten es nicht als Schmach fortzulaufen. Ihr einziges Anliegen ist das, was ihnen selbst nützt, und sie wissen nichts von Schicklichkeit und Gerechtigkeit.«

Die Bauernkultur versuchte sich durch Mauern, Bastionen und Festungen zu schützen. Die Nomaden aber waren auf weite Lebensräume angewiesen, die die Bauern zunehmend einschränkten. Die Große Mauer mußten sie erst recht als Provokation empfinden. Sie waren vom Handel mit den Seßhaften abhängig, denn bei ihnen tauschten sie das lebensnotwendige Getreide ein. Wurde es ihnen vorenthalten, mußten sie versuchen, es sich gewaltsam zu holen.

Solange China noch nicht stark genug war, um die Nomadenreiche militärisch zu unterwerfen, versuchte man, sie durch List und eine Diplomatie von Zuckerbrot und Peitsche in Schranken zu halten.

»Die Worte der Chinesen sind immer süß gewesen«, mahnt eine alttürkische Inschrift, »und die Stoffe der Chinesen waren immer weich. Indem sie durch ihre süßen Worte und weichen Stoffe täuschen, lassen die Chinesen, so sagt man, die entfernten Völker in dieser Weise näher kommen. Nachdem ein solches Volk sich aber in ihrer Nähe niedergelassen hat, planen sie ihr Unheil.«

Das Wechselspiel zwischen den Steppennomaden Zentralasiens und den Hochkulturen in Persien, Indien und China einerseits sowie den nach Unabhängigkeit strebenden Oasenkönigreichen im Tarim-Becken prägt den Rhythmus der Geschichte der Seidenstraße. Den Reiternomaden gelang es zwar immer wieder, durch die Vereinigung loser Stammesverbände militärische Macht zu entwickeln und große Reiche zu gründen, aber diese waren nur relativ kurzlebig. Letztlich wurden sie – wie der Lauf der Geschichte deutlich zeigt – zunehmend auf die Verliererstraße gedrängt. Das mongolische Imperium unter Chinghis Khan (1167–1227) war das letzte Aufbäumen einer zum Untergang verurteilten Kultur.

Im Jahre 141 v. Chr. allerdings bildete das Nomadenvolk der Xiongnu eine reale Gefahr für das chinesische Reich. Es war das Jahr, in dem Wudi, der Kriegerische, der einer der großen Herrschergestalten Chinas werden sollte, den Drachenthron bestieg. Im Gegensatz zu seinem Großvater Wendi, einem Philosophen auf dem Kaiserthron, der nach den Lehren des Daoismus, dem Prinzip des Nichthandelns, regierte, verfolgte Wudi eine aggressive Politik. Die Xiongnu waren unter Wendi mehrmals plündernd und raubend ins Reich eingefallen, einmal sogar bis vor die Tore Changans gekommen, und ließen sich nur durch Tribute in Form von Seide und Lebensmitteln wieder zum Rückzug bewegen. Sogar eine Han-Prinzessin wanderte bei dieser Gelegenheit in den Harem des Xiongnu-Herrschers. Um die schmachvollen Tribute zu beenden, vor allem aber, um das Reich nach Westen hin auszudehnen, mußte er die Xiongnu besiegen. Dafür brauchte er eine

Über der Mitte des Tientan wölbt sich eine Himmelskuppel, die dem Kaiser das Gefühl vermitteln sollte, im Zentrum des Erdkreises zu stehen.

Die Xiongnu

»Sie schworen, die Xiongnu
hinwegzufegen, ohne Rücksicht
auf das eigene Leben:
Fünftausend von ihnen,
in Zobel und Brokat,
verloren im Staub die Hunnen!
Beklagenswert ohne Ruhestatt –
ihre Gebeine am Ufer des Flusses:
In den Träumen ferner Frauengemächer
sind sie noch am Leben.«

Tang-Gedicht aus dem 9. Jahrhundert

»Herr, wenn ich Dir Einzelheiten mitteilen würde darüber, wie es China erging, wäre es eine Geschichte von Weh und Leid. Und, Herr, der letzte Kaiser, so sagt man, floh aus Luoyang wegen der Hungersnot. Und seine befestigte Residenz und seine Stadt wurden niedergebrannt. So besteht Luoyang nicht mehr. Jene Hunnen, die gestern dem Kaiser gehörten, haben nun das Land zerstört.« Mit diesen Worten berichtet ein sogdischer Kaufmann an seinen Auftraggeber in Samarkand vom Untergang der westlichen Jin-Dynastie (265–317) und dem Treiben der Xiongnu in Luoyang, der kaiserlichen Hauptstadt.

Zu den frühesten historisch belegten Nachbarn Chinas gehören die Xiongnu. Das nomadisierende Volk altaischer Sprache lebte in der nördlichen Mongolei und Gansu. Sie hatten bereits im 2. Jahrhundert vor unserer Zeit durch Konföderationen ein mächtiges Steppenreich gegründet, das zur großen Herausforderung für das expandierende China der Han-Zeit wurde. Über Herkunft und Traditionen der Xiongnu ist wenig bekannt. Inwieweit sie mit den Hunnen gleichzusetzen sind, die viel später einmal in Europa auftauchen sollten, ist ebenfalls umstritten. Die Herrscher der Xiongnu, die ihre Macht von der Sonne und dem Mond ableiteten, trugen den Titel »Shanyu«.

Zweifellos haben zwei Gruppen der Xiongnu die ebenfalls nomadischen Yuezhi und Wusun aus Gansu vertrieben und sich dort niedergelassen. Nachdem die Han-Kaiser ihre Bündnis- und Beschwichtigungspolitik zu Gunsten militärischer Optionen geändert hatten, gelang es dem Feldherrn Huo Qubing, beide Horden der Xiongnu in Gansu zu unterwerfen und als Tributvölker im Nanshan-Gebirge anzusiedeln. Gleichzeitig wurde die Hauptmacht der Xiongnu nach Norden und Westen abgedrängt. Vor allem jene Horde der Xiongnu, die sich nördlich des Tien Shan-Gebirges im heutigen Kasachstan niedergelassen hatte, bildete eine ständige Gefahr für den nördlichen Zweig der Seidenstraße. Sie wurden erst nach längeren kriegerischen Auseinandersetzungen Anfang des 1. Jahrhunderts in die Schranken gewiesen. Eine vorübergehende Schwäche Chinas nach den verlustreichen Expansionskriegen und der gleichzeitige Niedergang des Parther-Reiches in Mittelasien erzeugten ein Machtvakuum, das eine Kettenreaktion von Völkerbewegungen in der Steppe auslöste und zur Westwanderung der Xiongnu führte. Dabei verlieren sich ihre Spuren. Vielleicht wurden sie von anderen Völkern aufgerieben oder sie sind wirklich – wie manche glauben – als Hunnen vor den Toren Europas wieder aufgetaucht.

schlagkräftige Armee einerseits und Verbündete andererseits. Letztere hoffte er in den Yuezhi zu gewinnen, einem anderen Nomadenvolk, das von den Xiongnu – wie man erfahren hatte – aus seinem angestammten Lebensraum in Gansu weit nach Nordwesten vertrieben worden war. Wie weit freilich, das ahnte niemand. Von Gefangenen wußte man außerdem, daß der Fürst der Yuezhi erschlagen wurde und der Xiongnu-Herrscher nach altem Brauch aus seinem Schädel eine Trinkschale geschnitzt hatte. Sie müßten deshalb, so dachte man am chinesischen Kaiserhof, gegen die Xiongnu tiefen Groll hegen. Mit der heiklen und gefährlichen diplomatischen Mission der Kontaktaufnahme zu den Yuezhi betraute der Kaiser einen Offizier namens Zhang Qian. Im Jahre 138 v. Chr. verließ der Kundschafter des Kaisers in Begleitung einer Eskorte von hundert Soldaten die Hauptstadt Changan. Um »Freiwillige« wie es der Geschichtsschreiber Sima

Qian betont, dürfte es sich dabei wohl kaum gehandelt haben, denn es war von vornherein klar, daß der Weg zu den Yuezhi durch das Gebiet der feindlich gesinnten Xiongnu führte. Jenseits des Gelben Flusses, dessen riesiger Bogen nach Norden das han-chinesische Reich im Westen begrenzte, verließen sie die schützenden Mauern ihrer Heimat, auf denen nachts ständig die Leuchtfeuer brannten. Sie betraten nun eine Welt, von der man nur vage Vorstellungen hatte, in der es keine Spuren von Vorgängern gab, an denen sie sich orientieren konnten. Weder die Geographie dieser Gebiete noch die Bewohner hatten bisher zu Forschungsreisen eingeladen. Doch Zhang Qian und seine Gefährten kamen nicht weit. Bereits im Gebiet der heutigen Provinz Gansu wurden sie von den Xiongnu gefangengenommen. Aber Zhang Qian hatte Glück im Unglück. Wahrscheinlich schien er den Xiongnu lebend nützlicher als in Form einer Schädelschale, deshalb ließen sie ihn, entgegen der ihnen nachgesagten »barbarischen« Gewohnheiten, am Leben. Statt dessen verheiratete ihn der König mit einer »Hunnin«, vielleicht in der Hoffnung, er würde dann, um der Familie willen, freiwillig bleiben. Zehn Jahre verbrachte Zhang Qian bei den Xiongnu, lernte dabei ihre Lebensgewohnheiten wie kein anderer Chinese zuvor kennen, ehe er sich des kaiserlichen Auftrages wieder entsann. Nun zeigte es sich, daß Wudi mit Zhang Qian eine gute Wahl getroffen hatte, der die kaiserliche Treue über die eheliche stellte. Jedenfalls gelang ihm mit einigen Getreuen die Flucht, und nachdem sie »mehrere Dutzend Tage über Steppen und Gebirge« marschiert waren, erreichten sie die Stadt Kokand in Ferghana, einer fruchtbaren Talfurche nördlich des Tien Shan, die heute zu Usbekistan gehört. Dem Offizier Zhang Qian fielen dort die besonders guten Pferde auf, die den chinesischen an Stärke und Schnelligkeit überlegen waren – »Pferde, die tausend Li am Tag zurücklegen«. Nachdem er sich dem lokalen König gegenüber mit einem Yak-Schweif als kaiserlicher Botschafter ausgewiesen hatte, stellte er ihm wertvolle Geschenke in Aussicht, wenn seine Männer ihn zu den Yuezhi brachten. So geschah es. Aber der Herrscher der Yuezhi zeigte kein Interesse an einem Bündnis mit den Chinesen. Mehr als ein Jahrzehnt war seit Zhang Qians Aufbruch vergangen, noch viel länger war es her, daß die Yuezhi von den Xiongnu vertrieben worden waren. Nun lebten sie mit ihnen in Frieden, und sie sahen keinen Grund, dies zu ändern. Von ihnen erfuhr Zhang Qian von weiter westlich lebenden Völkern, von Persien und von einem Lande namens »Lijien«, unter dem mit großer Wahrscheinlichkeit Rom zu verstehen ist. Seine eigentliche Mission aber war gescheitert. Bei der Rückreise geriet er noch ein zweites Mal in die Gefangenschaft der Xiongnu, aber die Wirren eines internen Machtkampfes ermöglichten ihm abermals die Flucht, und so stand er nach 13 Jahren, längst totgeglaubt, wieder vor den Toren Changans. Von den hundert Begleitern, mit denen er losgezogen war, war noch ein einziger übrig.

Der Han-Kaiser Wudi verabschiedet seinen Kundschafter Zhang Qian, der den Auftrag hatte, die von den Xiongnu vertriebenen Yuezhi zu suchen, um ihnen ein Bündnis vorzuschlagen. (Wandmalerei aus den Mogao-Grotten bei Dunhuang.)

Obwohl Zhang Qian dem Kaiser keine Bundesgenossen gewinnen konnte, hatte seine Reise für die Entwicklung der Seidenstraße allergrößte Bedeutung. Aus seinem Munde hörte Wudi zum erstenmal etwas von den fernen Königreichen im Westen, vom hohen

»Der Grenzer schlägt während seines ganzen Lebens nicht ein einziges Buch auf. Aber er versteht es, auf die Jagd zu gehen, ist geschickt, stark und unerschrocken. Im Herbst ist sein Pferd fett, da ihm das Gras der Weiden wunderbar bekommt; doch wenn es galoppiert, wirft es keinen Schatten mehr.«

LI TAIPO

Wert der chinesischen Seide, die auf indirektem Weg über die Xiongnu, die mit den chinesischen Tributleistungen Handel trieben, nach Westen gelangte. Am meisten aber beeindruckte den Kaiser Zhang Qians Bericht von einer wunderbaren Rasse der »Barbarenpferde«. »Im Lande Kokand«, so ließ er den Kaiser wissen, »gibt es hohe Berge. Dort leben Pferde, die man nicht einfangen kann. Man läßt deshalb am Fuße dieser Berge getigerte Stuten frei, damit sie sich mit den Hengsten aus den Bergen paaren. Diese Stuten werfen sodann Fohlen, die einen blutigen Schweiß absondern. Man nennt sie Fohlen vom Stamm der Himmelsrosse.«

Lange Zeit blieben die »blutschwitzenden« Pferde dem Westen ein Rätsel, bis man in jüngster Zeit feststellte, daß es sich dabei um eine Krankheit handelt. Als Folge von Parasiten, die sich bevorzugt auf den Schultern und dem Rücken festsetzen, entstehen kleine Geschwüre, die dann aufbrechen und leicht bluten.

Zwei Jahre nach seiner glücklichen Rückkehr war Zhang Qian bereits wieder zu den Xiongnu unterwegs. Diesmal an der Spitze eines Heeres, mit dem Auftrag des Kaisers, die lästigen Widersacher endgültig zu besiegen. Der Feldzug endete mit einer vernichtenden Niederlage der Chinesen. Zhang Qian, der geschlagene Feldherr, wurde, ungeachtet seiner Verdienste, nach seiner Rückkehr zum Tode verurteilt – das damals übliche Schicksal erfolgloser Generäle. Vielleicht war die Fürsprache einflußreicher Freunde am Hof oder die persönliche Gunst des Kaisers ausschlaggebend, daß man ihn begnadigte. Jedenfalls vergingen nur wenige Jahre, bis Wudi ihn ein drittes Mal nach Westen schickte – zur Abwechslung wieder als Gesandten. Diesmal galt seine Mission den Wusun, einem Nomadenvolk, das westlich von Kokand lebte. Nach chinesischem Informationsstand waren sie erbitterte Feinde der Xiongnu. Daran mochten sie sich aber nicht erinnern, als Zhang Qian bei ihnen auftauchte und ihnen dasselbe Bündnis vorschlug wie seinerzeit den Yuezhi. Auch sie erteilten ihm eine Absage. So blieb ihm nichts anderes übrig, als wieder unverrichteter Dinge den Heimweg anzutreten. Als Geschenk brachte er dem Kaiser einige Dutzend der begehrten »Himmelsrosse« mit. Der Kaiser ließ ihn dafür reich belohnen und verlieh ihm den Ehrentitel »Großer Reisender«. Die anstrengenden Expeditionen aber hatten Zhang Qians Lebenskraft aufgezehrt. Er starb kaum ein Jahr nach seiner Rückkehr.

In der Tat war es das Verdienst des »Großen Reisenden«, das Tor nach Westen aufgestoßen zu haben, und in der Folgezeit kam es zur Expansion Chinas nach Westen, zur schicksalhaften Begegnung mit dem Abendland auf dem Boden Zentralasiens.

Die militärische Auseinandersetzung mit den Xiongnu ging auch nach Zhang Qians Tod weiter. Unter dem Kommando von Huo Qubing, der bereits im Alter von 20 Jahren zum General befördert wurde, gelang der entscheidende Sieg. In der kurzen Zeit seines militärischen Wirkens – Huo Qubing starb bereits im 24. Lebensjahr – trug er wesentlich dazu bei, den für die Seidenstraße so wichtigen Gansu-Korridor zu erobern und die »vier Präfekturen westlich des Huang He« zu begründen. Die Große Mauer wurde bis nach Dunhuang erweitert und die gesamte Strecke mit einem beeindruckenden System von Festungen und Wachtürmen überzogen, die dafür sorgten, daß der Warenverkehr auf dieser Passage der Seidenstraße für fast ein Jahrhundert ungestört verlief.

Wudi träumte nun davon, sein Reich »über zehntausend Li« auszudehnen und vielleicht die ganze Erde unter seinem Einfluß zu bringen. Der Wunsch zeugt zwar von einer gewissen Naivität oder Größenwahn, führte jedoch zu einem unerhörten Machtgewinn Chinas. Im Süden stießen die kaiserlichen Truppen bis Kanton vor, sie eroberten Vietnam und das gebirgige Yunnan, Han-Chinesen kolonisierten die Mandschurei und Teile Koreas. Unter Wudi erreichte China eine Ausdehnung wie nie zuvor und nur noch selten danach.

»Besonders aber liebte der Sohn des Himmels die Pferde von Kokand«, verraten die Hofannalen. Keines seiner Ziele verfolgte Wudi mit einer solchen Besessenheit wie den Wunsch nach Besitz der »Himmelsrosse«.

Jahr für Jahr schickte er Gesandtschaften nach Kokand, aber weder wertvolle Geschenke noch Drohungen konnten die Bewohner dazu bewegen, ihren Besitz herauszugeben. Nachdem ein kaiserlicher Bote ermordet wurde, entsandte Wudi im Jahre 104 v. Chr. eine Strafexpedition unter General Li Guangli, um das aufmüpfige Königreich zur Räson zu bringen und sich seiner Pferde zu bemächtigen. Von den sechstausend Reitern und mehreren zehntausend Fußsoldaten, die der Kaiser Li Guangli mitgab, kamen viele bereits auf dem Weg um, weil es in den Steppen und Wüstengebieten schwierig war, ein solches Heer zu versorgen. Der Rest, erschöpft und ausgehungert, war außerstande, die befestigte Stadt, in die sich der König zurückgezogen hatte, zu erobern. So blieb Li Guangli nur noch der schmachvolle Rückzug nach Dunhuang. Von dort schickte er Boten nach Changan, um vom Kaiser die Erlaubnis zur Rückkehr zu erbitten. Wudi aber befahl der geschwächten Truppe, am Jadetor auszuharren, bis sie Verstärkung erhielten. Kein Opfer schien ihm zu groß, um die begehrten »himmlischen Pferde« in seinen Besitz zu bringen. Mit einem Heer von 60 000 Mann und einem Troß von mehr als 100 000 Lasttieren, die die Versorgung sichern sollten, zog Li Guangli ein zweites Mal gegen Kokand. Etwa die Hälfte der Soldaten erreichte die befestigte Stadt und begann die Belagerung. Da sich die Mauern als uneinnehmbar erwiesen, stauten sie den Fluß, an dem die Stadt lag, und schnitten sie dadurch vom lebenswichtigen Wasser ab. Nach vierzigtägiger Belagerung zwang die notleidende Bevölkerung ihren König, die Pferde herauszugeben und mit den Chinesen Frieden zu schließen. Als Gegenleistung, daß sie die Stadt verschonten, mußte Kokand fortan jährlich ein Kontingent an Pferden dem Kaiser in Changan liefern. Wudi hatte wieder einmal erreicht, was er wollte, allerdings unter gewaltigen Opfern, die die Ressourcen des Reiches erschöpften.

Man fragt sich, ob Wudi die Steppenpferde wirklich so dringend für die Reiterei brauchte, immerhin wurden die Xiongnu auch ohne diese bezwungen, oder ob sein grenzenloses Verlangen danach mehr mit seinem Streben nach Unsterblichkeit zu tun hatte. Einer uralten Prophezeiung zufolge soll ein himmlisches Drachen-Pferd aus dem Gelben Fluß aufsteigen, das auf seinem Rücken eine Tafel trägt, auf der sich der Machtbereich eines Herrschers ablesen läßt. Kein Wunder also, daß Wudi das mythische Drachen-Pferd mit den »Himmelsrossen« in Verbindung brachte, zumal ihm ein Orakel enthüllt hatte, daß diese aus dem Westen auftauchten. Gegen Ende seines Lebens wurde Wudi zunehmend von abergläubischen Ängsten geplagt. Krankhaftes Mißtrauen gegenüber seiner engsten Umgebung vergiftete das menschliche Klima am Hof. Er hielt sich einen ganzen Stab von Magiern, die großen Einfluß über ihn gewannen und deren obskure Projekte er finanzierte. So behauptete einer, er könne Zinnober in Gold verwandeln. Wer von solchen goldenen Tellern speise, würde länger leben als andere Menschen. Ein anderer stellte die Bronzestatue eines Unsterblichen auf. Sie trug einen Kelch, worin sich der Morgentau sammelte, den der Kaiser mit pulverisierter Jade trank. Ein halbes Jahrhundert, fast so lange wie seine gesamte Regierungszeit, ließ er an seinem Grabmal bauen. Obwohl er alles unternahm, um die Begräbnisfeierlichkeiten hinfällig werden zu lassen, fanden diese statt. Weder die Zaubertränke der Alchimisten noch die Wunderpferde, auf deren Rücken er direkt in den Himmel aufsteigen wollte, konnten verhindern, daß er im Alter von 70 Jahren starb und in Maoling, dem vorgesehenen Grabmal, beigesetzt wurde. Der Prunk, der den Kaiser auch noch im Tod begleitete, übertraf alles bisher Gesehene. Wenn man dem Bericht des zeitgenössischen Geschichtsschreibers Sima Qian glauben darf, gab es so viele Beigaben, daß nicht alle im unterirdischen Mausoleum Platz fanden. Davon ist heute freilich nichts mehr zu sehen. Die abgeflachte Erdpyramide ziert nur noch ein schlichtes Monument, das an den Bestatteten erinnert. Von den Gebäuden, Toren und Mauern, die den Grabhügel einst ringförmig umschlossen, sind keine

Maoling, die Nekropole des Han-Kaisers Wudi und seiner Getreuen. Trotz ausgeklügelter Sicherungsmaßnahmen wurden die meisten Gräber geplündert und die Freibauten zerstört, so daß heute nur noch die nackten Grabhügel übriggeblieben sind.

Spuren mehr geblieben. Das einzige, was Archäologen fanden, waren Brandrückstände, aus denen sie schlossen, daß die äußeren Bauwerke des Mausoleums einem Feuer zum Opfer gefallen waren – das Grab selbst ist noch ungeöffnet.

Steinskulptur eines Pferdes, das einen Xiongnu zertritt, in Maoling, der eindrucksvollen Grabanlage des Han-Kaisers Wudi.

Von der Höhe des Maoling sieht man eine ganze Reihe weiterer Grabhügel wie Warzen über die Ebene verstreut. Es sind die letzten Ruhestätten von Verwandten und Freunden des Kaisers, darunter auch das Grab von Huo Qubing, dem erfolgreichen, schon in jungen Jahren verstorbenen Feldherren im Kampf gegen die Xiongnu. 16 grob gehauene Steinplastiken erinnern an die bizarren Felsformationen des Qilian-Gebirges, an dessen Fuß Huo Qubing siegreich kämpfte. Die meisten Figuren stellen Tiere dar, Pferde, Tiger, Elefanten und Ochsen. Eines der Pferde zertrampelt einen am Boden liegenden Xiongnu.

Maoling liegt nur wenige Kilometer westlich der zerstörten Qin-Hauptstadt, während die Han-Kaiser weiter östlich, in der Nähe des heutigen Xian, residierten. Dort hatten sie Changan, die »Stadt des ewigen Friedens« zum neuen Zentrum des Reiches ausgebaut. Eine 25 Kilometer lange Mauer umgab die Stadt, auf deren Hauptstraßen zwölf Pferdewagen nebeneinander fahren konnten. Das Changan der Han-Zeit besaß neun Stadtviertel und insgesamt 106 Straßen. In der Mitte, auf einer fünffachen Terrasse, stand der juwelenbesetzte Palast Wudis. Vor den Toren lag der vielgerühmte Jadepark des Kaisers, ein Miniatur-Abbild seines Reiches, mit künstlichen Flüssen und Gebirgen, Vertreter von Tieren, Pflanzen und Mineralien. Auch die Zusammensetzung der Bevölkerung war vielschichtig. Mit dem Aufblühen des Fernhandels und der enormen Ausdehnung des Han-Reiches kamen viele Fremde nach Changan. Sie brachten nicht nur Waren aller Art mit, sondern auch ihre Götter und Glaubensvorstellungen. So erreichte schon sehr früh die Lehre des Buddha die Hauptstadt des Han-Reiches.

Der Weg des Buddha

»Im Jahre 64«, so berichten die Annalen der Han, »sah Kaiser Mingdi einen hochgewachsenen Mann von goldener Farbe, von dessen Haupt Lichtstrahlen ausgingen. Er forderte seine Berater auf, ihm diesen Traum zu deuten. Sie sagten ihm, daß es in den Ländern des Westens einen Geist mit Namen Fo gebe. Er sei fünf Meter groß und von goldener Farbe. Daher schickte Mingdi einen Gesandten nach Tienchou (Indien) mit dem Auftrag, alles zu sammeln, was er über die Fo-Lehre erfahren könne.«

Daß die offiziellen Hofannalen die Ankunft der fremden Religion nur mit dem Kaiser in Verbindung bringen konnten, ist verständlich. In Wirklichkeit dürfte der Buddhismus schon früher mit China in Berührung gekommen sein, durch indische Gesandte oder im Zuge der militärischen Expeditionen des Zhang Qian und Li Guangli.

Zunächst blieb die Lehre Buddhas auf diejenigen beschränkt, die sie bereits befolgten und von ihrer alten Heimat mitbrachten – auf die Fremden also. Eine Verbreitung unter den Chinesen verhinderte allein schon die Sprachbarriere. Es existierte so gut wie kein buddhistisches Schriftgut in chinesischer Sprache, ganz abgesehen von Experten, die dieses hätten vermitteln können: die Mönche. Zwar berichten die vorher genannten Hofannalen, daß Kaiser Mingdis Gesandtschaft aus Indien Mönche und Statuen mitbrachten und sogar die Sutra, die Überlieferung der Worte Buddhas, auf dem Rücken eines weißen Pferdes nach Luoyang gelangte, aber tatsächlich dürfte die Übersetzungstätigkeit erst ab der Mitte des 2. Jahrhunderts eingesetzt haben. Damals lebten persische Kaufleute in Luoyang, die heilige Schriften besaßen – die Amitabha Sutras – und im Kloster des Weißen Pferdes religiöse Zusammenkünfte abhielten. Das Heiligtum soll bereits zwischen 60 und 70 n. Chr., also in der Regierungszeit von Mingdi, gegründet worden sein und ist somit das älteste buddhistische Kloster Chinas. Einer dieser Kaufleute, An Chuan, begann unter dem Einfluß seines Landsmannes An Shigao, buddhistische Texte ins Chinesische zu übertragen. Aber es dauerte noch mehr als ein Jahrhundert, bis eine nennenswerte Anzahl buddhistischer Schriften in chinesischer Sprache vorlag. Bei Hofe stieß die neue Lehre allein schon aufgrund der morbiden Neugier der Herrscher nach Übersinnlichem auf großes Interesse. Staatskult wurde er erst später.

Im Jahre 311, das Nomadenvolk der Toba, die später die Wei-Dynastie begründeten, hatte gerade Luoyang erobert und den letzten Kaiser getötet, erschien der buddhistische Gelehrte Fo Tuteng aus dem Kuschan-Reich. Kuschan, das aus den Territorien der Yuezhi-Stämme hervorgegangen war und sich als neue Kraft zwischen China und dem Reich der Parther etabliert hatte, war nicht nur Drehscheibe des Ost-West-Handels auf der Seidenstraße, sondern spielte auch in der Verbreitung des Buddhismus eine wichtige Mittlerrolle. Da der Kuschan-Gelehrte erkannte, daß der Anführer der Toba »die tiefen Lehren nicht verstand und nur in magischen Kräften den Beweis für die Macht des Buddhismus zu sehen imstande war, nahm er seine Bettelschale, füllte sie mit Wasser, verbrannte Weihrauch und sprach eine Formel über die Schale aus. Sogleich sprangen blaue Lotosblüten auf, deren Leuchten das Auge blendete.« Was auch immer von dieser Geschichte zu halten ist, Tatsache ist, daß die aus dem Norden stammenden Herrscher der Wei als erste zum Buddhismus konvertierten und ihn zur offiziellen Staatsreligion erhoben. Das führte zu einem sprunghaften Anstieg der Klöster und Mönche. Damals entstanden die prachtvollen Yungang-Grotten, ein buddhistisches Höhlenheiligtum, das bis heute ein beredtes Zeugnis von der Kraft des neuen Glaubens ablegt. Der Funke sprang auch auf den Süden über, dem chinesischen Kernland, wo sich verschiedene Dynastien mit wechselnden Erfolgen bekämpften. Selbst kriegerische Ereignisse verhinderten nicht die Ausbreitung des Buddhismus. In einem Fall erwies es sich sogar als ausgesprochen förderlich. So schickte Fu Qien, der Herrscher der Liang-Dynastie, im Jahre 382 ein Heer aus, um das Oasenkönigreich Kucha am Nordrand der Takla Makan zu erobern. Kucha, das nach dem Fall der Han-Dynastie und dem Zusammenbruch der Zentralgewalt in China rasch an Bedeutung gewann und zu einer Macht im Tarim-Becken aufstieg, provozierte offenbar die den Gansu-Korridor beherrschenden Liang. Es soll aber auch noch einen anderen Grund für den Angriff auf Kucha gegeben haben. In jener Zeit lebte dort Kumarajiva, Sohn eines buddhistischen Mönchs aus Indien und der jüngsten Schwester des Königs von Kucha, dessen Ruhm als Gelehrter bis in den Osten Chinas bekannt war. Ihn wollte der Liang-Herrscher nach Changan »einladen« und setzte dafür ein Heer von 70 000 Fußsoldaten und 5 000 Reitern in Marsch. Nach zähem Ringen gelang es, Kucha einzunehmen, und Kumarajiva folgte als Gefangener dem siegreichen Heerführer Lu Kuang nach China. Auf dem Rückweg erreichte sie aus Changan die Nachricht von Fu Qiens Tod und dem Sturz der kurzlebigen Liang-Dynastie. Woraufhin Lu Kuang sich selbst zum Nachfolger der Dynastie erklärte und von Wuwei aus über Gansu herrschte. Kumarajiva blieb als Gefangener in Lu Kuangs Fängen, der seinen Glauben auf eine harte Probe stellte, indem er ihn nötigte, Wein zu trinken, und ihn zu

»Hier, mitten in der ödesten Wildnis von Nordosttibet, stand ich so zum ersten Mal in meinem Leben vor einem Heiligtum des ewigen Buddha. Es hätte nicht einfacher sein können. Während in reicheren Ländern Völker und Fürsten dem Buddha huldigten, saß hier Prinz Siddharta mit seinen lächelnden Lippen und träumenden Augen mitten in der Armut der Einöde, wo eine kleine mongolische Familie gegen Kälte und Stürme um ihr Dasein kämpfte. In den kommenden Jahren habe ich unzählige Buddhatempel betreten, größer, reicher und prachtvoller als diesen! Aber wie blendend in den Tempelsälen auch die Pracht erstrahlte, nie werde ich diesen ersten Buddhaaltar in dem schwarzen Zeltloch oben in Tibet vergessen.«

SVEN HEDIN

*»Endlose Wüste, fliegender Sand,
glühendes Abendrot;
eine rote Fahne flattert träge am
Kasernentor.
Nördlich vom Tao-Fluß kämpft die
Vorhut nachts
und hat die Tuyu-Hunnen schon
geschlagen.«*
WANG CHANGLING

sexuellen Handlungen mit einer Prinzessin aus Kucha zwang. In den 16 Jahren seiner Gefangenschaft in dieser umkämpften Grenzregion lernte Kumarajiva nicht nur den rauhen Alltag des Soldatenlebens kennen, sondern auch die Feinheiten der chinesischen Sprache. Im Herbst des Jahres 401 gelangte er schließlich an den Hof in Changan, wo er sich »wie ein Vogel mit gebrochenen Flügeln vorkam«, nachdem er gegen seinen Willen eine Hofdame heiraten mußte. Auch stellte er fest, daß er in einem Land sei, »wo es nur wenige gäbe, die tiefe Kenntnisse besäßen«. Dem allerdings konnte er Abhilfe verschaffen. In den zwölf Jahren seines Aufenthaltes in Changan bis zu seinem Tod im Jahre 413 hat er vermutlich über 50 buddhistische Werke, insgesamt mehr als 300 Bände, übersetzt oder neu bearbeitet. Dank seines in Indien erworbenen umfassenden Wissens und seiner sprachlichen Fähigkeiten – er beherrschte Sanskrit, Chinesisch und zentralasiatische Idiome – wurde er zum größten Übersetzer im chinesischen Buddhismus.

Trotz der kolossalen Arbeitsleistung des »Unvergleichlichen Übersetzers« gab es immer noch Lücken im Schrifttum, vor allem aber unterschiedliche, oft widersprüchliche Interpretationen und Lehrmeinungen. Außerdem war durch das rasche Anwachsen der buddhistischen Mönchsgemeinschaften ein gewisser Verfall der Ordensdisziplin eingetreten. Vor diesem Hintergrund muß man die Reisen jener chinesischen Pilgermönche sehen, die nach Indien zogen, um dort entweder fehlende Ordensregeln oder unverfälschte Originalschriften des buddhistischen Kanon zu holen. Indien, die ursprüngliche Heimat Buddhas, wurde zum begehrten Wallfahrtsziel, zum heiligen Land. Viele brachen auf, wenige kehrten lebend zurück. Einer der ersten, der namentlich bekannt wurde und von dessen Reise ein vollständiger Bericht überliefert ist, war Faxian. Er verließ im Jahre 399, noch vor der Ankunft Kumarajivas, zusammen mit vier weiteren Mönchen Changan, folgte der Oasenroute durch das Tarim-Becken, überquerte das Karakorum-Gebirge und erreichte schließlich über die gefürchtete »Hängebrückenstraße« entlang des Indus-Tales das indische Tiefland. Dazu benötigte er sechs Jahre, weitere sechs Jahre verbrachte er dann in Indien, um Schriften zu sammeln, ehe er auf dem Seeweg wieder nach China zurückkehrte. Wenn man bedenkt, daß Faxian zum Zeitpunkt seines Aufbruchs in Changan 60 Jahre alt war und das Reisen unter damaligen Verhältnissen nicht so einfach zu bewerkstelligen war wie heute, kann man ermessen welch »Berge versetzender« Glaube ihn vorantrieb. Im Jahre 404, wenige Jahre nach Faxians Abreise, machte sich ein weiterer Mönch namens Chimeng mit einer Gruppe von 15 Begleitern in Richtung Zentralasien auf. Ihnen folgten noch viele andere, von denen weder Namen noch Spuren überliefert sind, deren zerschmetterte Gebeine irgendwo in den Gebirgen und Schluchten blieben oder in den Wüsten bleichten, die auf dem Weg nach Indien zu überwinden waren. Trotz der Gefahren riß der Strom der Indien-Pilger nicht ab, auch nicht während des 6. Jahrhunderts, einer politisch unruhigen Zeit, in der Intrigen und innere Machtkämpfe China erschütterten. Erst während der kurzlebigen Sui-Dynastie (589–618) war das Reich wieder unter einer zentralen Macht vereint. Die beiden Sui-Herrscher – Wendi und sein Sohn Yangdi – förderten großzügig den Buddhismus. Das bedeutete aber nicht, daß die Kaiser etwa nach buddhistischen Prinzipien lebten und handelten. Wendi, der erste Sui-Kaiser, ließ seinen Vorgänger ermorden und dessen gesamte Familie ausrotten, um an die Macht zu kommen. Der vielfache Mord sollte sich rächen. Er wurde von seinem jüngeren Sohn vergiftet, der zuvor bereits seinen Bruder, den Kronprinzen, zu den Ahnen befördert hatte und als Yangdi den Thron bestieg. Dann nahm er sich seine Stiefmutter als Konkubine und führte ein Leben von unerhörtem Luxus und Verschwendungssucht, die das Reich an den Rande des Ruins brachte. Der Bau des tausend Kilometer langen Kaiserkanals wurde unter härtesten Fronbedingungen vorangetrieben. Allein im Sommer des Jahres 607 sollen nach Schätzungen eine

halbe Million Menschen bei diesem Projekt umgekommen sein. Als der Kanal fertig war, weihte der Kaiser ihn prunkvoll ein: Auf dem 70 Meter langen, vierstöckigen »Drachenschiff« - ein schwimmender Palast mit Thronsaal und 120 Kabinen - segelte er in Begleitung seines Hofstaates und des Harems nach Yangzhou, um sich an der Blüte der Mondwinden zu erfreuen.

Da mutet es wie Ironie an, wenn sich der ebenso despotische wie maßlose Kaiser als Wiedergeburt des weisen Königs Ashoka bezeichnete, der einst in Nordindien einen buddhistischen Musterstaat geschaffen hatte. Vielleicht glaubte der Kaiser, sich durch seine großzügigen Stiftungen einen Platz im »westlichen Paradies« des Buddha Amitabha erkaufen zu können. Unter Yangdi soll es in China bereits 30 000 buddhistische Klöster gegeben haben. Niemals mehr ist es einer anderen Glaubenslehre gelungen, China in diesem Ausmaß für sich zu gewinnen. Aber die Sui-Herrschaft war nur ein kurzes Intermezzo, sie läutete eine der glanzvollsten Epochen Chinas ein, das Goldene Zeitalter der Tang, das drei Jahrhunderte währte. Das Reich der Mitte erlebte in dieser Periode politisch, wirtschaftlich und kulturell seine Hochblüte. Der Handel mit fast allen asiatischen Staaten und insbesondere über die Seidenstraße nach Mittelasien wurde intensiviert. Musik und Dichtkunst blühten ebenso auf wie die Malerei, nicht nur in Changan, der zur Weltstadt ausgebauten Residenz der Tang, sondern auch in den reichen Oasen im Tarim-Becken, wie Dunhuang, Turfan, Kucha und Khotan, den Drehscheiben im Ost-West-Handel. Hinzu kam noch eine erstaunliche Toleranz gegenüber allem Fremden, jedenfalls in der frühen Tang-Zeit, was die Präsenz von Ausländern und deren Religionen weiter förderte. »Als Taizong, der strahlende Kaiser, in Ruhm und Glanz seine glückliche Herrschaft

Der Kaiserkanal bei Suzhou. Ähnlich wie die Große Mauer wurde auch dieses Monsterprojekt unter enormen Opfern der Bevölkerung und finanziellem Aufwand realisiert. Mehr als eine halbe Million Arbeiter sollen dabei ums Leben gekommen sein.

Der Pilgermönch Xuanzang (um 600 bis 664) auf seinem Rückweg von Indien nach China. In seiner Tragekiepe befinden sich jene Sanskrit-Schriftrollen, die er aus dem Lande des Buddha mitbrachte.

Die Große Wildganspagode in Xian erinnert an den berühmten Pilgermönch Xuanzang, der nach seiner Rückkehr aus Indien den Rest seines Lebens als buddhistischer Lehrer und Übersetzer hier verbrachte.

antrat und mit Weisheit und Verstand regierte, kam ein Mann mit dem Namen Aloben, der, aus den blauen Wolken weissagend, die wahren Schriften brachte, nach Changan. Der Kaiser sandte seinen Minister, den Herzog Fang Xuanling, mit einer Eskorte aus, um den Gast in der westlichen Vorstadt zu empfangen und in den Palast zu geleiten. Als die Schriften in seine Bibliothek gebracht worden waren, erkannte er ihren Wert und ihre Echtheit und befahl, daß sie gepredigt und verbreitet würden.«

Dieser Text findet sich auf einem Stein, der heute im Stelenwald von Xian steht. Er bekundet die Ankunft des nestorianischen Christentums in der Tang-Metropole. Gleichzeitig bestanden dort auch Kultstätten der Moslems, Juden, Manichäer, Zoroaster und natürlich der Buddhisten. Obwohl Taizong selbst ein großer Verehrer der überkommenen Lehre des Daoismus war, tolerierte er die fremden Glaubensbekenntnisse, aber hielt sie unter seiner Kontrolle. In seine Regierungszeit fällt auch die Reise des berühmtesten aller buddhistischen Indienpilger, des Mönchs Xuanzang. Trotz kaiserlichem Verbot brach Xuanzang im Jahre 629 von Changan nach Westen auf und erreichte über den Gansu-Korridor das Tarim-Becken. Vielleicht hatte der Kaiser angesichts der bevorstehenden Eroberungszüge, die er gegen die Oasenkönigreiche plante, den Pilgermönch nicht ziehen lassen wollen.

Xuanzang gelang es, die militärische Kontrollstelle am Jadetorpaß zu passieren, auf verschlungenen Wegen schlich er an den mit Wächtern besetzten Signaltürmen vorbei und gelangte nach zahlreichen Wüstenabenteuern nach Turfan, wo ihn der buddhistische König mit großem Pomp und Ehre empfing. Daß seine »Reise in den Westen«, die vom Mönch Huili, einem Zeitgenossen Xuanzangs, aufgeschrieben wurde, reichlich Stoff zu legendenhafter Ausschmückung lieferte, ist nicht ungewöhnlich. Was sie über die Pilgerreisen seiner Vorgänger heraushob, war der literarische Widerhall, den sie in der bekannten Tang-Dichtkunst fand. Damit wurde Xuanzang zur berühmtesten Gestalt des chinesischen Buddhismus.

Überall auf seinem Weg durch das Tarim-Becken wurde der Pilger freundlich aufgenommen. Er fand in den Oasen eine blühende, vom Buddhismus geprägte Kultur vor, mit Klöstern, Tausenden Mönchen und prunkvollen Festen. Den Gastgebern brachte freilich der Besuch wenig Glück, er wurde zum Menetekel unheilvoller Ereignisse, die sich zusammenbrauten. Schon bald nach Xuanzangs Abreise wurden die unabhängigen Oasenkönigreiche nacheinander vom Tang-Kaiser unterworfen. Von seinem Pilgerziel Indien, das er über Samarkand und Bamiyan erreichte, war er enttäuscht. In Gandhara, dem alten Reich des Königs Ashoka, lagen die Klöster darnieder, und die Buddhisten waren selten geworden. In Shravasti, wo Buddha predigte, in Kapilavastu, wo er geboren ist, in Kushanagara, wo er ins Nirvana einging, waren nichts als Ruinen übrig. Eine Renaissance des Hinduismus war drauf und dran, den Buddhismus zum Erliegen zu bringen. »Jetzt bin ich 10 000 Li gereist, um hierher zu kommen. Warum werde ich so niedergedrückt von der Last schlechten Karmas«, soll Xuanzang vor Schmerz über den Verfall der Lehre ausgerufen haben. Nur in Nalanda, der altehrwürdigen Klosteruniversität, studierten noch einige tausend Mönche. Dort hielt sich Xuanzang mehr als ein Jahr auf und kehrte dann mit 650 buddhistischen Texten in 520 Kisten verpackt nach Changan zurück. Er war 17 Jahre unterwegs gewesen, als er im Frühjahr des Jahres 645 in der kaiserlichen Hauptstadt eintraf. Taizong hatte ihm den Ungehorsam längst verziehen und soll ihm – wie die Quellen behaupten – einen triumphalen Empfang bereitet haben. Darüber hinaus soll ihm der Kaiser eine Pagode zur Aufbewahrung seiner Schriften im indischen Stil errichtet haben, die heute unter dem Namen Große Wildgans-Pagode zu den größten Sehenswürdigkeiten Xians zählt. Das 64 Meter hohe Bauwerk erhebt sich inmitten eines Tempelkomplexes, der früher einmal über 300 Mönche beherbergte und das Zentrum der von Xuanzang gegründeten Faxiang-Sekte bildete. Von den ursprünglich 13 Gebäuden des Da Cien Si, dem Tempel der

Der weise »Alte Meister«

»Schafft ein kleines Land mit geringer Volkszahl, wo das Angebot den Verbrauch zehn- oder hundertfach übersteigt. Laßt die Leute ihr Leben wert halten und nicht in die Ferne fortwandern. Obwohl es Schiffe und Wagen gibt, sei niemand, der in ihnen fährt. Obwohl es Rüstungen und Waffen gibt, sei keine Gelegenheit, sie zu entfalten. Laßt die Leute wiederum Rechenknoten knüpfen, ihre Kleidung verschönern, in ihrem Brauchtum glücklich sein.«
So stellte sich Laozi, der Begründer des Daoismus, seinen Idealstaat vor, den man sich nicht größer als ein Dorf vorstellen darf. Was würde er wohl zum heutigen China sagen, das genau das Gegenteil darstellt?
Laozi war ein älterer Zeitgenosse des Konfuzius, aber über sein Leben ist nicht mehr bekannt als daß er Archivar gewesen sein soll, der Opfer- und Weiheschriften verwaltete. Ihm wird die Entstehung des bekanntesten chinesischen Buchklassikers zugeschrieben: »Dao De Jing« – das Buch von der Kraft des Dao. Im Daoismus gibt es kein höchstes Wesen, das man verehrt, statt dessen einen »Höchsten-Seins-Zustand«, das Dao eben. »Das Dao selbst tut nichts, und doch wird alles durch das Dao. Wenn die Fürsten und die Herzöge das Dao wahren können, wird die Welt von selbst verbessert«, lehrte Laozi. Der nur schwer übersetzbare Begriff »Dao« wird oft mit »Weg« oder »Bahn« wiedergegeben, besser vielleicht ist das Wort »Natur«. Dann bedeutet Laozis Forderung nichts anderes, als in Einklang mit der Natur zu leben.
Das bekannteste Zeichen des Daoismus ist das Yin-Yang-Symbol, die polaren weiblichen und männlichen Kräfte, die die Abläufe im Kosmos bestimmen. Erst aus der harmonischen Verbindung von Yin und Yang entstehen die »Drei Schätze« – Jing (Essenz), Qi (Lebenskraft) und Shen (spirituelle Energie) – die wiederum die »Zehntausend Dinge« (Welt) erschaffen, oder wie Laozi es ausdrückte: »Aus eins wird zwei, aus zwei wird drei, aus drei werden die Zehntausend Dinge. Die Zehntausend Dinge haben hinter sich Dunkel (Yin) und streben zum Licht (Yang). Die strömende Kraft gibt ihnen Harmonie.«
In einer Gesellschaft, die in Übereinstimmung mit den Gesetzen der Natur lebt, also zum Dao zurückgekehrt ist, herrscht Ordnung und nicht Unordnung. »Der weise Herrscher«, lehrte Laozi deshalb, »handelt nicht, und das Volk werde von selbst verbessert.« Das Prinzip des »Nicht-Handelns«, das auf das Dao zurückgeht, bedeutet demnach nicht faules Nichtstun, sondern Geschehenlassen im Sinne von Yin.
Das Dao ist ewig und unendlich, folglich ist auch derjenige unsterblich, der es verwirklicht. Das Ziel der Erlangung der Unsterblichkeit wurde zum Kern des Daoismus. Allerdings waren den meisten die dafür notwendigen Bewußtseinschritte zu langwierig, die Lehren des Laozi zu kompliziert, und so gaben sich viele als Daoisten aus, die mit der Herstellung von allerlei »Unsterblichkeitsmitteln« ihren Lebensunterhalt verdienten. Dazu gehörten auch jene Giftmischer am Hofe, die mehrere Kaiser vorzeitig ins Jenseits beförderten. Aber es gab auch andere. So wurde die daoistische Alchimie zur unerschöpflichen Quelle der traditionellen chinesischen Medizin. Auch die Akupunktur fußt auf daoistischem Denken.

Großen Gnade und Güte, ist nur noch wenig übriggeblieben. Mehrfach wurde die Anlage zerstört, zuletzt im Jahre 1954, aber nie ganz aufgelassen. Nur die Pagode hat seit Xuanzangs Zeit überdauert. Weder Kriege oder Religionsverfolgungen noch Erdbeben konnten ihr bisher etwas anhaben. Sie wird hoffentlich auch die vielen Besucher überstehen, die heute täglich in ihr hochsteigen. Gegen Abend, wenn die meisten Besucher wieder gegangen sind und die Andenkenverkäufer ihre Läden schließen, wandelt sich der Ort vom Museum zum Heiligtum. Dann wird er zu einer Oase andächtiger Stille, scheinbar unberührt vom Leben außerhalb der Mauern. Aus einem Nebengebäude tritt ein Mönch, in gebückter Haltung schreitet er den Hauptaltar der Großen Halle ab, auf dem Buddha Sakyamuni umgeben von seinen Schülern thront. Er betet leise und ent-

Vergoldete Buddha-Figur in der Großen Halle des Tempels der Gedeihenden Lehre. Im Vergleich zu früher führt das Heiligtum heute nur noch ein bescheidenes Dasein und wird vor allem von koreanischen und japanischen Anhängern der von Xuanzang begründeten Faxiang-Schule unterstützt.

zündet Räucherwerk. Vor dem Eingang zum Tempel, der nach Süden hin offen ist, gibt es eine mit Asche gefüllte Opferstelle, wo ganze Bündel von Räucherstäbchen brennen. Dort sieht man weitgereiste Pilger wie einst Xuanzang. Sie kommen aus Japan und Korea, um den Ahnherrn ihrer Glaubensrichtung zu ehren, zum Ort seines Wirkens zu wallfahrten. Die restlichen 19 Jahre seines Lebens hat Xuanzang hier verbracht, um die von ihm mitgebrachten Schriften ins Chinesische zu übertragen.

Als letzte Ruhestätte haben seine Schüler für ihn einen anderen Platz auserkoren. Er liegt weit außerhalb von Xian, auf einer Anhöhe über dem Fanchuan-Tal. Hier ist es immer ruhig, nur selten finden sich fremde Besucher ein, und wenn, dann sind es meist Gläubige. Inmitten eines von Mönchen sorgsam gepflegten Hains stehen drei Pagoden. Die größte von allen birgt die Asche von Xuanzang, die beiden anderen von zweien seiner Schüler, die ihn bei den Übersetzungsarbeiten unterstützt haben. Zur Erinnerung an den großen Pilgermönch ließ Kaiser Gaozong im Jahre 669 hier ein Kloster errichten, das unter dem Namen Xiangjiao Si, Tempel der Blühenden Lehre, bekannt wurde. Erst später dürfte jene fünfstöckige Ziegelpagode errichtet worden sein, in der sich heute die Asche Xuanzangs befindet. Während die Tempelanlage auch hier der menschlichen Zerstörungswut zum Opfer fiel, haben die Pagoden wiederum überlebt. Etwa ein Dutzend Mönche beseelen dieses Heiligtum, das von koreanischen und japanischen Glaubensbrüdern unterstützt wird. Sie führen ein beschauliches Leben, das ganz dem Andenken Xuanzangs gewidmet ist. Die wenigen Fremden, die den Weg hierher finden, werden eher als freudiges Ereignis betrachtet denn als störend.

Mit Xuanzang hat die Zeit der Pilgermönche ihren Höhepunkt gefunden. Es gibt zwar noch den einen oder anderen namentlich bekannt gewordenen Nachfolger, aber ab der Mitte des 9. Jahrhunderts reißt der Strom ins heilige Land des Buddhismus ab. Danach war es sinnlos geworden, nach Indien zu reisen, da der Buddhismus in seinem Ursprungsland nach einer blutigen Vernichtungskampagne der Hindu unterging und auch in Westturkestan durch das Vordringen des Islam immer härter bedrängt wurde. Außerdem begannen sich in der späten Tang-Zeit auch in China die Verhältnisse zu wandeln. Die Politik der Kaiser, vor allem aber der konfuzianisch erzogenen Beamtenschaft am Hof gegenüber den fremden Religionen wird von zunehmender Kontrolle gekennzeichnet. Als der Buddhismus zur Han-Zeit im Reich der Mitte Fuß faßte, traf er auf die bereits bestehenden alten chinesischen Traditionen: auf die Lehren des Konfuzius und Laozi. Beide waren etwa um die gleiche Zeit entstanden, im sechsten vorchristlichen Jahrhundert, aber unterschieden sich grundlegend voneinander. Die Götter und Geister solle man wohl respektieren, sie aber in Distanz halten, heißt es in den »Gesprächen des Konfuzius«. Darin drückt sich schon die generelle Haltung zur Religion aus. Das ursprünglich auf einen Kleinstaat bezogene Denksystem des Konfuzius mit der Betonung konservativer Werte wurde während der Han-Zeit erweitert und für die Zwecke der herrschenden Clique instrumentalisiert.

Es mag erstaunen, daß ausgerechnet der abergläubische Kaiser Wudi verfügte, daß nur Konfuzianer Beamte sein konnten und im Jahre 124 v. Chr. eine Beamtenakademie begründete, deren strenges Prüfungssystem bald berüchtigt wurde. Doch erst später gewannen die dort ausgebildeten, als Konfuzianer bezeichneten Schriftgelehrten, jenen Einfluß bei Hofe, der stets einen Gegenpol zu den religiösen Strömungen bildete – wie groß deren Einfluß auch zu manchen Zeiten gewesen sein mag. Aus den Reihen der Konfuzianer kamen auch die schärfsten Kritiker des Buddhismus. Sie geißelten ihn als asozial, weil er der Gesellschaft wertvolle Mitglieder entzog. Die Ehelosigkeit der Mönche und Nonnen erschien den Konfuzianern gänzlich unvereinbar mit dem Pietätsgebot, demzufolge man Nachkommen zu haben hatte, um den Totenkult für die Ahnen durchführen zu können.

Weniger Schwierigkeiten hatte der Buddhismus zunächst mit der Lehre des Laozi. Es gab viele Gemeinsamkeiten. Wie der Buddhismus kannte er keine Bindung an die Familie, erklärte er den einzelnen zum Herrn des Schicksals. Der Daoismus wurde sogar zum Schlüssel für das Eindringen des Buddhismus, der sich anfänglich dessen Vokabulars bediente, um buddhistische Begriffe zu erklären. Erst viel später, als brauchbare Übersetzungen vorlagen, konnten die komplexeren Inhalte der Lehre Buddhas verbreitet werden. Sie drang auch in der Anfangsphase hauptsächlich in die Kreise der Daoisten ein. »Fo«, wie man Buddha nannte, wurde in den Rang eines daoistischen Heiligen erhoben, dessen Gunst zu besitzen vorteilhaft war. Im Laufe der Zeit, als die Anhänger des Buddhismus immer zahlreicher wurden, kam es zu Gegenreaktionen. Dabei war das Ausmaß der anti-buddhistischen Aktivitäten davon abhängig, welche Fraktion bei Hofe gerade die Oberhand hatte und inwieweit die Kaiser mehr zum Buddhismus oder zum Daoismus tendierten.

Zu einer Eskalation religiöser Auseinandersetzungen kam es schließlich im 9. Jahrhundert. Sie gipfelte in der blutigen Religionsverfolgung unter Kaiser Wuzong (840–846), der völlig unter dem Einfluß des Daoisten Zhao Guizhen stand, und richtete sich nicht nur gegen Buddhisten, sondern auch gegen andere Glaubensrichtungen, an erster Stelle Manichäer. Dahinter stand sicherlich auch die Absicht der Daoisten, das alleinige Heilsmonopol im Reich zu gewinnen. Das Spektrum der Repressalien reichte von der Auflösung der Ordensgemeinschaften, Konfiszierung ihrer Besitztümer, Zerstörung der Kultstätten bis zur physischen Vernichtung ganzer Mönchsgruppen. Ihren Höhepunkt erreichte die Verfolgung im Jahre 845, als Wuzong zwei Edikte erließ, denen zufolge sämtliches Klostereigentum in Staatsbesitz überzu-

Buddhistischer Mönch vor der Grabpagode des Xuanzang im Tempel der Blühenden Lehre (Xingjiao Si) südlich von Xian.

Die Lehre des Konfuzius

Meister Kung, wie er in China genannt wird, wurde im Jahre 551 v. Chr. in der heutigen Provinz Shandong geboren. Er entstammte einer verarmten Adelsfamilie, und sein Vater, ein Offizier bei Hofe, starb schon bald nach seiner Geburt. Als Achtzehnjähriger heiratete Konfuzius eine Frau, die oft mit Xanthippe, dem zänkischen Weib des Sokrates, verglichen wird. Er schlug eine Beamtenlaufbahn ein, die ihm allerdings auch keine großen Erfolgserlebnisse bescherte. Lange Zeit mußte er sich mit untergeordneten Posten zufriedengeben. Er war bereits 50, als man ihm endlich die Oberaufsicht über einen Kreis übertrug. Seine Erfolge bei einer Verwaltungsreform brachten ihm schließlich das Amt eines Beraters am Hofe des lokalen Fürsten ein. Als er merkte, daß sein Einfluß wirkungslos blieb, weil der Herrscher nur die Marionette einer ehrgeizigen Hofclique war, zog er sich frustriert ins Privatleben zurück. In den letzten 13 Jahren seines Lebens scharte er ein paar Schüler um sich und besuchte verschiedene Fürstenhöfe. Ähnlich wie Sokrates hinterließ Konfuzius kein Schrifttum. Erst lange nach seinem Tod wurde eine Sammlung von Sinnsprüchen des Meisters unter dem Titel »Gedanken und Gespräche« verfaßt.

Konfuzius lebte in einer Zeit des Umbruchs, der Übergangsperiode vom magisch-orientierten Zeitalter zum rationalen; in einer Zeit des Verfalls der alten Ordnung und Werte und der Entwicklung kleiner Lehnsstaaten. Es war die Zeit, in der man sich Gedanken machte, wie der ideale Herrscher und der ideale Staat aussehen soll. Die ideale Staatsform sah Konfuzius in der Adoptivmonarchie der legendären Urkaiser. Er fühlte sich zutiefst dem Althergebrachten verbunden, den Weisheiten des Altertums, und bezog die rituelle Verehrung der Ahnen in sein philosophisches System ein.

Konfuzius – oder das, was man später als konfuzianisch bezeichnet – ging von der totalen Ungleichheit aller Menschen aus, von einer strengen Hierarchie sowohl im Staat als auch in der Familie. Sie regelte die Beziehungen zwischen Herrscher und Untertan, Vater und Sohn, Mann und Frau, älterem und jüngerem Bruder ... Der Sohnesgehorsam galt als wichtigste Tugend in der von Konfuzius propagierten Großfamilie. Hinzu kam die Vorstellung von der völligen Erziehbarkeit des Menschen zu einem brauchbaren Glied der Gesellschaft. Im Zusammenwirken von gesellschaftlichem Rang und Erziehung sahen die Konfuzianer den idealen Repräsentanten der Staatsordnung. So entwickelte sich später jene Beamtenschicht, die aus Vertretern des Adels und der Großgrundbesitzer hervorging und die seit der Zeit des Han-Kaisers Wudi in einer Eliteschule herangebildet wurde. Mit der ursprünglichen Lehre des Konfuzius hatte diese Staatsdoktrin freilich kaum mehr etwas zu tun. »Regieren soll soviel bedeuten wie den richtigen Weg gehen«, erklärte einmal der Meister einem Minister des Kleinstaates Lu. Aber daran wollte sich kaum einer aus der herrschenden Klasse mehr erinnern.

gehen habe und keine Person unter 40 Jahren im Stande eines Mönchs bzw. einer Nonne sein dürfe. Noch im selben Jahr brüstete sich der Kaiser, 4 600 Klöster aufgelöst, 260 500 Mönche und Nonnen laisiert und 40 000 Kapellen und Einsiedeleien zerstört zu haben. Doch bald ereilte Wuzong ein früher Tod – er war noch keine 32 Jahre alt –, möglicherweise als Folge eines »Unsterblichkeitstrankes«, den ihm sein daoistischer Berater mixte. Sein Nachfolger, Xuanzong (846–859), revidierte zwar die Politik des Vorgängers, aber der Buddhismus in China hat sich von diesem Schlag nicht mehr erholt und gewann nie mehr seine einstige Bedeutung zurück. Nur im Tarim-Becken, in den Oasen entlang der Seidenstraße, hat er sich noch länger halten können, bis er im 13. Jahrhundert schließlich auch dort erlosch, als das Turkvolk der Uiguren zum Islam konvertierte.

Entlang des Wei-Flusses westwärts

Im westlichen Stadtteil Xians, an der Kreuzung Daqing Lu/Zaoyuan Lu, dort, wo zur Tang-Zeit das berühmte Westtor Changans stand, befindet sich heute eine grob aus dem Stein gehauene Figurengruppe. Sie zeigt den Aufbruch einer Kamelkarawane. Ihr Anführer, dessen Blick in unergründliche Ferne schweift, ist Zhang Qian, der mit seinen militärischen Expeditionen im zweiten vorchristlichen Jahrhundert dem Handel den Weg nach Westen öffnete. Wer heute seinen Spuren entlang der Seidenstraße folgen will, braucht hier kein Kamel mehr zu besteigen, sondern den Zug Nr. 143 der staatlichen chinesischen Eisenbahn, der alle zwei Tage über Lanzhou, Jiuquan, Dunhuang, Turfan, Hami bis nach Korla an der Nordroute der Seidenstraße fährt. Ohne Unterbrechung dauert die Fahrt 61 Stunden. Im klassenlosen China gibt es vier Zugklassen: hartes und weiches Sitzen sowie hartes und weiches Schlafen. Wer an einem Bahnhof zusteigt, in dem der Zug nicht beginnt, lernt noch eine fünfte kennen: hartes Stehen. Denn in China sind die Züge meistens voll, deshalb werden in Zusteigebahnhöfen nur Fahrkarten der Klasse »hartes Sitzen« ausgegeben, allerdings ohne Sitzplatzreservierung, was konkret bedeutet, daß es auch keinen gibt. Als mobile Karawanserei empfiehlt sich dann der Speisewagen, wo dem Reisenden einfache chinesische Gerichte angeboten werden.

Der im Süden von Gansu entspringende Wei He durchfließt die Provinz Shaanxi in östlicher Richtung. Die Seidenstraße folgte von Xian aus dem Fluß bis zu seiner Quelle. Parallel dazu verläuft heute die Eisenbahnstrecke. Nach 40 Kilometern erreicht man die Stadt Xianyang. Sie galt als erste Station auf der Seidenstraße, als Tor zu den »Westlanden«, und war für viele der eigentliche Startpunkt. Bis hierher wurden Beamte oder Soldaten, die in die Grenzgebiete abkommandiert waren, von ihren Freunden und Verwandten begleitet. In zahlreichen Versen haben Tang-Dichter den »Abschied in Xianyang« besungen. »Erhebe noch einmal dein Glas, denn westwärts gibt es keine Freunde mehr«, rief ein Literat einem scheidenden Freund zu. Vielleicht gedachte er dabei auch des Schicksals seines Kollegen, des ebenso genialen wie weinseligen Dichters Li Po, der sich, nachdem er bei seinem kaiserlichen Gönner in Ungnade fiel und verbannt wurde, so betrank, daß er beim Versuch, den Mondstrahl einzufangen, kopfüber ins Wasser stürzte und ertrank.

Xianyang, die einstige Hauptstadt des Qin Shihuangdis, ist heute Ausgangspunkt für den Besuch der größten Nekropole Chinas, ein »Tal des Todes« enormen Ausmaßes. Im Umkreis verstreut liegen Hunderte Gräber aus der Han- und Tang-Zeit. Mehrere der bedeutendsten Herrschergestalten haben hier ihre letzte Ruhestätte. Etwa 20 Kilometer westlich des Stadtzentrums erhebt sich der Grabhügel des Han-Kaisers Wu. Nördlich von Xianyang, auf einem 20 000 Hektar großen Areal, wurden 167 Gräber von Familienmitgliedern, Beamten und Generälen des Tang-Souveräns Taizong entdeckt. Das Kaisergrab selbst wurde in einen natürlichen Berg hineingebaut und nicht mehr, wie bis dahin üblich, unter einem künstlich aufgeschütteten Erdhügel. Zu den eindrucksvollsten tangzeitlichen Grabanlagen gehört Qianling, wo nicht nur Kaiser Gaozong, sondern auch seine Konkubine und spätere Kaiserin Wu Zetian bestattet sind. Qianling wurde offenbar von Grabräubern verschont und ist bisher ungeöffnet. Trotzdem ist von den oberirdischen Bauwerken nicht viel übriggeblieben. Der gepflasterte Hauptweg existiert noch. Er wird von 124 Steinfiguren gesäumt, darunter befinden sich auch 61 Statuen von Vertretern verschiedener Völker und ausländischen Gesandten, die dem Kaiser die letzte Ehre erwiesen haben sollen. Bis auf zwei Figuren wurden allen die Köpfe abgeschlagen, aber die eingemeißelten Schriftzeichen auf dem Rücken geben dennoch Aufschluß über Identität und Rang der Trauergäste. Bei den beiden unversehrt gebliebenen Figuren handelt es sich um den König von Persien und einen seiner Generäle.

Wu Zetian, die einzige Frau, die je offiziell

Diese grobe Steinplastik im Westteil von Xian, die den »Großen Reisenden« Zhang Qian als Karawanenführer zeigt, markiert heute den »offiziellen« Startpunkt der Seidenstraße.

Waggon der Zugklasse Yingzuoche – Hart Sitzen – auf dem Bahnhof von Xian.

auf dem chinesischen Kaiserthron gesessen hat, regierte 15 Jahre lang (690–705) und gründete eine eigene Dynastie; ein einzigartiger Vorgang in der zweitausendjährigen Geschichte des chinesischen Kaiserreiches. Obwohl ihre Herrschaft dem Reich Wohlstand und Stabilität brachte, ließ die konfuzianische Geschichtsschreibung kein gutes Haar an ihr. Ihre angebliche Nymphomanie dürfte ebenso erfunden sein – zum Zeitpunkt ihrer Thronbesteigung war sie bereits 66 Jahre alt – wie andere pikante Geschichten, die ihre Kritiker über sie verbreiteten. Mit den Familienmitgliedern, die ihr im Wege standen, ging sie nicht weniger zimperlich um wie andere Kaiser vor ihr, aber die gleichen Verbrechen, die dem hochgeehrten Taizong verziehen wurden, mochte man der Frau nicht vergeben. Zu den Opfern zählte ihr eigener Sohn, Kronprinz Zhanghuai, den man zum Selbstmord zwang, sowie ihre Enkelin, Prinzessin Yongtai und deren Halbbruder Yide. Sie erhielten prächtige Gräber in der Umgebung des Qianling.

Das Yongtai Mu ist heute das bisher größte freigelegte Grab. Es birgt eine Kollektion exzellenter Wandmalereien, die das Leben der Hofdamen widerspiegeln und einen guten Eindruck von der Malerei der Tang-Zeit vermitteln. Bei der Öffnung des Grabes machten die Archäologen einen schaurigen Fund. Sie stießen auf die Überreste eines Grabräubers, der hier sein eigenes Grab gefunden hatte.

Wir folgen den Spuren der Seidenstraße von Xianyang westwärts. Das breite, fruchtbare Talbecken des Wei-Flusses ist heute dicht besiedelt. Die Bauernhäuser sind nur nach einer Seite hin offen. Sie tragen flache, leicht abgeschrägte Lehmdächer, die zum Innenhof hin etwas vorstehen und durch zwei hölzerne Säulen abgestützt werden. Außerhalb der Mauern setzen die Felder an. Jeder Quadratmeter unverbauten Bodens wird landwirtschaftlich genutzt. Die einstige Wiege der chinesischen Zivilisation ist auch heute noch die Kornkammer der Provinz Shaanxi. Aus dem Gewirr uniformer Lehmbauten er-

hebt sich eine Pagode wie ein Leuchtturm. Der schlanke graue Ziegelbau ist von Gebäuden umgeben, deren geschwungene Dächer mit den grün-gelb glasierten Ziegeln schon aus der Ferne erkennen lassen, daß man sich einem Heiligtum nähert. Famen Si ist der bedeutendste Tempel für den chinesischen Buddhismus. Er gehört zu jenen auserwählten Orten, die der indische König Ashoka, der sich die sterblichen Überreste des Buddha gesichert hatte, mit einer Fingerreliquie des Erleuchteten bedachte. Zum Dank an den edlen Stifter nannte man das Heiligtum, das bald zu einer Pilgerstätte ersten Ranges wurde, Ashoka-Tempel. Die Ursprünge der Kultstätte reichen bis in das 2. Jahrhundert zurück, in die Regierungszeit der Han-Kaiser Huangdi und Lingdi. Ursprünglich war die Pagode, die die kostbare Reliquie beherbergt, ein Holzbau, wurde aber nach der Zerstörung in der Ming-Zeit aus Ziegelsteinen neu errichtet. Die Fingerreliquie galt als verschollen. Ein unvorhergesehenes Ereignis führte im Jahre 1987 zu einer sensationellen Entdeckung. Im Zuge von Restaurierungsarbeiten, die der Einsturz eines Teiles der Pagode erforderlich gemacht hatte, fand man eine verborgene Schatzkammer, gefüllt mit wertvollen Spenden: heilige Schriften, Gegenstände aus Porzellan, Gold und Kupfer, Tausende Seidenstoffe – und vier Fingerknochen, von denen einer der echte sein soll. Die Krypta mit dem kleinen Altar, in dem sich die Reliquie heute befindet, übt eine magische Anziehungskraft auf Gläubige und Pilger aus. Allein der Eröffnung im Jahre 1989 wohnten 50 000 Buddhisten aus Japan, Korea, Taiwan, Hongkong und Singapur bei. Seitdem zieht der Ort auch andere Zeitgenossen an, die sich weniger der Lehre Buddhas verpflichtet fühlen, als vielmehr der zweifellos noch älteren Tradition der Straßenräuber. Vor den Toren des Heiligtums haben sich Geschäftemacher aller Art niedergelassen. Da kann eine Tasse einfachen chinesischen Tees schon mal teurer sein als ein mehrgängiges Menü in einem Luxushotel Xians.

Eine breite, von Figuren gesäumte Prunkstraße führt zum Qianling, dem Grabmal des Tang-Kaisers Gaozong und seiner Konkubine und späteren Kaiserin Wu Zetian, unweit der Provinzstadt Xianyang.

Tangzeitliche Wandmalereien aus dem Grab des Prinzen Zhanghuai in der Nähe vom Qianling.

50 Kilometer weiter westlich liegt das für chinesische Verhältnisse als Kleinstadt zu bezeichnende Baoji. Danach verlassen wir die Provinz Shaanxi und betreten Gansu. Aus dem zunehmend schmäler gewordenen Tal des Wei-Flusses erheben sich gegen Norden und Süden sanft ansteigende Hügelketten. Sie sind gänzlich von Terrassenfeldern überzogen, die wie ein riesiges Patchwork aussehen. In diese Landschaft eingebettet liegt die Industriestadt Tianshui. Heute erinnert hier nichts mehr daran, daß diese Stadt einst die Heimat der Qin war, aus der Shihuangdi, der Architekt des Einheitsreiches, hervorging. Zur Zeit der Seidenstraße, als hier die Karawanen durchzogen, hieß der Ort Qinzhou. Aber noch bevor sie die Stadt erreichten, kamen sie an einem Berg vorbei, der aussah, als wäre er mit einem Weizenhaufen bedeckt. Glatte, senkrechte Wände fallen nach Süden und Osten hin ab. Der weiche Sandstein ist mit Dutzenden künstlichen Grotten durchsiebt. Der Maiji Shan ist ein steinerner buddhistischer Tempel. Über ein Jahrtausend lang haben hier buddhistische Mönche und Handwerker, Höhlen und Figuren aus dem nackten Fels geschlagen und die Wände mit Malereien geschmückt. Die höchsten Nischen, der »Pavillon der Sieben Buddhas«, befinden sich 50 Meter hoch inmitten der Felswand. Sie besitzen vorspringende Dächer und waren einstmals mit Gängen verbunden. Darunter blickt ein 15 Meter hoher Buddha Maitreya, flankiert von zwei Bodhisattvas, gütig zu Tal. Ein Teil der Grotten wurde im Laufe der Zeit durch Erdbeben zerstört, andere durch die Kräfte der Verwitterung beschädigt, trotzdem haben sich 194 Höhlen erhalten können mit über tausend Quadratmeter Wandmalereien und Figuren. Sie zeugen nicht nur von der Verschmelzung zwischen Natur und Architektur, sondern auch vom indischen Buddha mit lokalen Stilelementen. Die Gesichter und Figuren in den

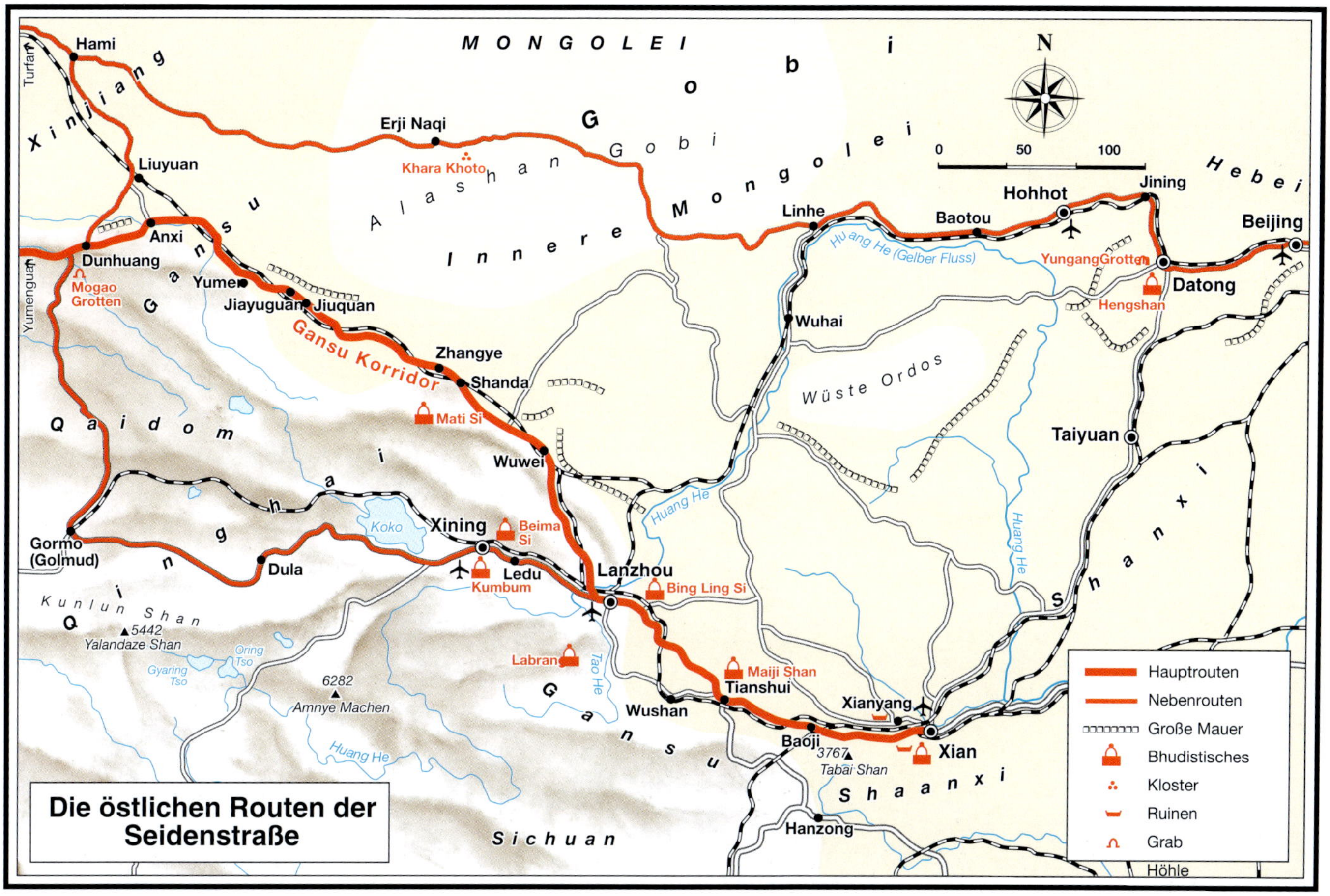

ältesten Höhlen, die aus der Wende vom 3. zum 4. Jahrhundert stammen, zeigen noch deutlich indische Züge, während die Bodhisattvas aus den Grotten der Song-Dynastie, die 700 Jahre später entstanden, chinesisch geprägt sind.

Westlich des »Weizenlager-Berges« verläßt die Seidenstraße die Wei-Ebene und durchschneidet eine mit unzähligen Lößkegeln überzogene Landschaft. Das Zusammenspiel von Wind und Wasser haben hier eine bizarre Landschaft entstehen lassen. Der Löß, der die Oberfläche Hunderte Meter hoch bedeckt, ist gelb, zuweilen rötlich, wüstenhaft trocken, aber extrem fruchtbar, wenn man ihn bewässern kann. Auch der Gelbe Fluß hat sich seinen Lauf durch das Lößbergland von Gansu erzwungen. Hier nimmt er jenen Schlamm auf, der ihm nicht nur seine charakteristische gelbbraune Farbe verleiht, sondern ihn auch zum unberechenbarsten und gefährlichsten Strom Chinas macht. Sobald er die Tiefländer im Osten erreicht, wo er langsam und träge dahinfließt, setzt sich der Schlamm wieder ab, mit verheerenden Überschwemmungen als Folge. Inmitten der Lößberge, in einer schmalen langen Talfurche, liegt Lanzhou.

In einer der Grotten am Maiji Shan befindet sich diese sitzende Figur des Buddha Sakyamuni, dessen ungewöhnlich prunkvolles Gewand noch Reste einstiger Bemalung zeigt.

Folgende Doppelseite: Der eindrucksvolle Maiji Shan, der Weizenlager-Berg, in der Nähe der Provinzstadt Tianshui, färbt sich im Licht der untergehenden Sonne dunkelrot, während die in der Felswand sitzende Gestalt des 15 Meter hohen Buddha Maitreya weiß hervorleuchtet.

Kapitel 3 Die Straßen der Reiternomaden

»Heller Mond der Qingzeit, Grenzstation der Han,
tausend Meilen Marsch, und keiner kam bisher zurück.
Schickt doch den Fliegenden General zur Drachentorstadt:
Dann wird kein Barbarenpferd den Yin-Berg überqueren.«

WANG CHANGLING

Lanzhou, die Hauptstadt der Provinz Gansu, breitet sich beiderseits der Ufer des Gelben Flusses aus, der seine schmutzig-braunen Fluten zwischen dem Häusermeer hindurchwälzt. Oft hängt eine unangenehme Dunstglocke aus Smog über der Industriestadt, deren veraltete petrochemische Anlagen hauptverantwortlich für die enorme Luftverschmutzung sind. Es gibt nicht viele Gründe, in Lanzhou zu bleiben, aber um so mehr, um von dort aufzubrechen. Wie früher ist die Stadt wichtiger Kreuzungspunkt von Verkehrsrouten. Von hier aus gab und gibt es Verbindungen nach Tibet, in die Mongolei, nach Zentralchina und vor allem nach Westen in das Tarim-Becken. Auch der Hauptweg der Seidenstraße überwand in der Nähe von Lanzhou den Gelben Fluß. Unweit der Stelle befindet sich das buddhistische Höhlenheiligtum Bingling Si. Der alte Verlauf der Seidenstraße ist heute kaum noch nachzuvollziehen. Seit im Jahre 1974 ein Kraftwerksprojekt den Fluß staute, sind die letzten Spuren unter den Fluten des künstlichen Sees verschwunden. Nur im Winter, bei niedrigem Wasserstand, läßt sich die Stelle finden, an der früher die Karawanen den Gelben Fluß überquerten. »Die erste Brücke der Welt« haben Reisende hier in chinesischen Schriftzeichen in den nackten Fels geritzt. Die Inschrift weist auf eine Brücke hin, die in der Zeit der Östlichen Jin-Dynastie (317–420) erbaut wurde. Hier kam auch der große Pilgermönch Xuanzang auf seinem Weg nach Indien vorbei. Gewiß machte Xuanzang auch an den Bingling-Grotten halt, die zu seiner Zeit schon legendär waren. Heißt es doch in einer buddhistischen Enzyklopädie des 7. Jahrhunderts: »Wenn man die Fengli-Furt durchquert und den Changyi-Paß erklimmt, so erblickt man im Süden die berühmten Berge der aufgehäuften Steine. Alle Bergzacken ragen dort in den außergewöhnlichsten Formen empor. Wenn man 20 Li gen Süden marschiert, gelangt man zu dieser Felsschlucht. Der Berg-

Rechte Seite: Die quadratische Festung Jiayuguan, die den Eingang zum Gansu-Korridor bewacht, markiert seit der Ming-Zeit gleichzeitig das westliche Ende der Großen Mauer.

Bingling-Grotten. Figur des Buddha Sakyamuni mit der Geste der Wunschgewährung: Die geöffnete, abwärts weisende Hand deutet die Bereitschaft an, das Gewünschte zu gewähren.

Rechte Seite: Riesenbuddha in den Grotten von Bingling Si. Nur der oberste Teil – Kopf und Schulter – der monumentalen Figur ist aus dem Sandstein gehauen, der Rest wurde aus Lehm hinzumodelliert.

wurde ausgehöhlt, und Grotten darin eingerichtet, Steige führen bis zum Wasser hinunter.«

Heute kann man die Grotten nur noch auf dem Wasserweg erreichen, in einer stundenlangen Bootsfahrt über den Stausee. Geblieben ist die Kulisse der ungewöhnlichen Bergformationen, die auch die buddhistische Schrift aus der Tang-Zeit beschreibt. Das Boot gleitet zwischen himmelhoch aufragenden Felswänden durch ein System von Schluchten. Dann tauchen die beiden markanten Zwillingsgipfel auf – das Tor zu Bingling Si. Schon aus der Ferne ist der gigantische, 27 Meter hohe Buddha Maitreya zu sehen. Nur dessen oberster Teil – Kopf und Brust – ist aus dem Fels gehauen, während der Rest aus Lehm modelliert wurde. Eine luftige Holzkonstruktion von Leitern und Quergängen überzieht die Felswand wie ein Spinnennetz. An ihnen kann man bis über die Kopfhöhe des zukünftigen Buddha aufsteigen und von Höhle zu Höhle wandern.

Die Bingling-Grotten, eine Verballhornung des tibetischen Begriffes für »Zehntausend Buddhas«, wurden etwa zur selben Zeit wie jene am Maiji Shan angelegt. Die älteste hier gefundene Inschrift bezeugt, daß die betreffende Höhle im Jahre 420 ausgestaltet wurde. Nach und nach entstanden weitere Grotten und Nischen, ein Teil während der folgenden Wei-Dynastie, die weitaus größte Zahl jedoch in der Blüte der Tang und die letzten schließlich in der Ming-Periode (1368–1644). Viele gehen auf die Initiative begüterter Stifter zurück. Kaufleute, kaiserliche Beamte und Adelige gaben sie einst in Auftrag, in der Hoffnung auf eine Wiedergeburt im westlichen Paradies Sukhavati des Buddha Amitabha. Die edlen Gönner mochten dabei nicht unerkannt bleiben und ließen sich gerne selbst durch Bilder oder Inschriften verewigen. So erfährt man in einer Wei-Grotte aus dem Jahre 520 über den Stifter und seine Beweggründe folgendes: »Qao Ziyuan ließ diese Grotte bauen für seine Majestät, den Kaiser, seine Offiziere, seine verschiedenen Beamten und sein Volk und für sieben Generationen seiner Vorfahren. Mögen sein Vater und seine Mutter und seine Verwandtschaft wiedergeboren werden im Paradies des Westens und alle Lebewesen das Glück finden.« In den Schlußworten kommt einer der Grundpfeiler des Mahayana-Buddhismus zum Ausdruck, der Bodhicitta-Geist, den Wunsch nach Erlösung aller Lebewesen vor die eigene Befreiung im Nirvana zu stellen.

Der Typus des Höhlentempels ist das eindrucksvollste Kulturprodukt der Seidenstraße, das erhalten geblieben ist. Mehr als jedes andere Bauwerk vermittelt es das Lebensgefühl dieser Zeit. In der Verquickung von Alltag und Religion, dem Nebeneinander von Spirituellem und Profanem, ist es den Künstlern gelungen, den Zeitgeist von damals einzufangen und über die Jahrhunderte zu konservieren. Da stehen in einer Reihe neben Gestalten des buddhistischen Pantheons die Sterblichen: Kaufleute, Stifter, Pilger, fremde und lokale Typen, kurz das ganze bunte Völkchen, das sich in der Welt der Seidenstraße ein Stelldichein gab. Selbst die Buddhas und Bodhisattvas sprechen verschiedene Sprachen und tragen »modische« Gewänder. Da sind Gestalten mit schlanken bewegten Körpern, die an indische Tempeltänzerinnen erinnern. In einer Höhle, die zu den frühesten gehört, trifft man jenen asketischen Typus des Buddha, der in China fremd ist und eindeutig nach Indien weist. In einer anderen erscheint ein Jünger Buddhas, barfüßig und mit langen Zöpfen, gleichzeitig trägt er die besondere Art der Bekleidung, wie sie unter Vertretern der »Westländer« üblich ist. So werden die Grotten und Nischen zu Fenstern, die in verschiedene Zeiten und Herkunftsländer weisen – zu einem Bilderbuch der Geographie der Seidenstraße.

Früher hieß das Tal, wegen seiner schroffen und seltsam gezackten Felsformationen, Tangshu-Schlucht der Dämonen. Um sie im Zaum zu halten, hatten fromme Mönche ein Heiligtum errichtet, lange bevor man begann, die Bingling-Grotten aus dem Fels zu hauen. Heute erinnert nur noch eine Inschrift im Stein daran: »In der Schlucht östlich der Grotten (Bingling Si) liegt das Kloster des Vollkommenen Himmels. Selbst

wenn man aufmerksam um sich blickt, kann man nur mit Mühe hingelangen. Oft wird Glockengeläut hörbar, und außergewöhnliche Mönche gibt es dort.«

Durch den Hexi-Korridor

Die Hauptroute der Seidenstraße

In den Gesichtern der Bewohner von Lanzhou, jener Stadt am Beginn des Gansu-Korridors, spiegeln sich verschiedene Völker wider, die die dynamische Geschichte der Seidenstraße hier zusammengeführt hat.

Aus der tiefen Talfurche des Gelben Flusses, die die Millionenstadt Lanzhou ausfüllt, windet sich die Straße hinauf zum Gaolan-Gebirge und mündet dahinter in einen steppenartigen Durchschlupf zwischen der Wüste Gobi im Norden und dem Qilian-Gebirge im Süden: den Gansu- bzw. Hexi-Korridor, wie er heute genannt wird. Dieser natürliche Durchgang bildet eine der Schlüsselstellen der Seidenstraße, ein strategisch eminent wichtiges Bindeglied nach Westen, aber auch eine ständige Gefahrenquelle. In friedlichen Zeiten reisten hier Handelskarawanen und Pilger, in Zeiten kriegerischer Auseinandersetzungen wurde sie zur Einfallstraße von Reiternomaden in das chinesische Kernland. Jahrhundertelang hielten die gefürchteten Xiongnu diese Schlüsselpassage besetzt. Wer den Gansu-Korridor beherrschte, bedrohte nicht nur China, sondern kontrollierte auch die Oasen des Tarim-Beckens. Kein Wunder also, daß der Han-Kaiser Wudi alles daran setzte, um in den Besitz des Gansu-Korridors zu gelangen. In langen, verlustreichen Kämpfen gelang es seinen Armeen, die Xiongnu zu besiegen und den Steppen-Korridor bis nach Dunhuang mit Garnisonen zu schützen. Ein Teil der besiegten Xiongnu wurden innerhalb des Reiches seßhaft gemacht, während andere Stämme weiterhin außerhalb der Grenzen als Nomaden weiterlebten und ein gewisser Unsicherheitsfaktor blieben. Wudi ließ den Gansu-Korridor zu einem gewaltigen Bollwerk ausbauen. Es wurden Festungen, Bastionen und Wachtürme errichtet und die Große Mauer bis nach Dunhuang verlängert, in der Zeit der größten Ausdehnung sogar noch weiter nach Westen, bis zum Jadetorpaß. Die einstige militärische Bedeutung ist selbst heute noch zu spüren. Immer wieder stößt man auf Reste der Großen Mauer, die hier aus Löß geformt wurde. Auf aussichtsreichen Punkten stehen Wachtürme, und sogar eine geschlossene Festung ist nahezu unversehrt erhalten.

Straße und Schienenstrang durchziehen heute den Gansu-Korridor und binden damit »Chinas wilden Westen«, die riesige Provinz Xinjiang, verkehrstechnisch an die Ballungszentren im Osten an. Anstelle der Karawanen von früher bewegen sich heute Lastwagen-Kolonnen westwärts. Sie transportieren Konsumgüter, die Chinas boomende Industrie im Osten des Landes erzeugt. Die modernen Karawaniers sind die Fernfahrer, die anstelle der Zügel der Leitkamele Lenkräder halten. Auch die Wegweiser entlang der Routen haben sich verändert. Wiesen früher aufgeschichtete Kamelgerippe den Karawanen den Weg, so sind die modernen Wegzeichen zwar anders, aber deshalb nicht weniger makaber: Auf Metallstangen geschweißte Autowracks am Straßenrand erinnern die Vorbeikommenden an weniger glückliche Vorgänger. Das Reisen entlang der Seidenstraße ist mit Sicherheit viel einfacher und bequemer geworden; ob es unbedingt sicherer ist, möchte man bezweifeln, angesichts der haarsträubenden Verkehrsunfälle, die man immer wieder sieht. Die Gründe: Oft sind die Vehikel hoffnungslos überladen, in schlechtem technischen Zustand und die Fahrer übermüdet, weil sie tagelang ohne große Rast unterwegs sind.

Die Distanzen sind enorm. Über 1 200 Kilometer zieht sich der Hexi-Korridor als kaum 100 Kilometer breites Band zwischen Sandwüsten auf der einen und Gebirgswüsten auf anderen Seite nach Westen. Das lebenswichtige Wasser kommt von den Höhen des über 4 000 Meter hohen Qilian-Gebirges, das den Steppenkorridor von Tibet abriegelt. Eine Tagesetappe westlich von Lanzhou liegt die Stadt Wuwei. Früher hieß der Ort Liangzhou und war die erste der vier Militär-Präfekturen westlich des Gelben Flusses, die der Han-Kaiser Wudi gründete. In der heutigen Stadt, einem gesichtslosen Konglomerat von Betonbauten, erinnert kaum mehr etwas daran, daß Wuwei in der Zeit der Sei-

Oben links: Kamelgerippe als Wegweiser.

Oben rechts: Makaber drapiertes Autowrack als modernes Wegzeichen entlang der alten Seidenstraße.

denstraße eine wichtige Station auf dem Weg nach Westen war und auch bei der Vermittlung des Buddhismus eine bedeutende Rolle spielte. Nach der Eroberung von Kucha brachte der siegreiche General Lu Kuang in seinem Gefolge den buddhistischen Gelehrten Kumarajiva nach Wuwei, den bedeutendsten Übersetzer des chinesischen Buddhismus. Lu Kuang hatte auch Gefallen an der Musik von Kucha gefunden und deshalb gleich das Orchester des besiegten Königs als Beute mitgenommen. Auf diese Weise begann die Karriere der Kucha-Musik als Exportschlager der Seidenstraße. Als der ehrgeizige General nach dem Tod seines Herrschers sich selbst zum legitimen Nachfolger erklärte und die Liang-Dynastie ausrief, wurde Liangzhou – wie die Stadt nun hieß – für kurze Zeit ein blühendes Kulturzentrum. Militärisch bedeutungsvoll aber war es schon immer. Unweit von Wuwei, in den Ausläufern des Qilian-Gebirges, wo es ausgedehnte Weidegründe gibt, ließ der Han-Kaiser Wudi die ersten Gestüte einrichten, um jene »himmlischen Rosse« zu züchten, die Li Guangli den »Barbaren im Westen« gewaltsam entrissen hatte. Bereits vorher war durch die Expeditionen des Zhang Qian die Luzerne als Futterpflanze ins Reich der Mitte gelangt. Die »Himmelspferde« beflügelten nicht nur die Unsterblichkeitsphantasien des Kaisers und seine profanen Expansionsträume, sondern auch die Inspiration chinesischer Künstler. In der nahe gelegenen Stadt Leitai wurde im Jahre 1969 das Grab eines Han-Generals entdeckt. Zu den umfangreichen Grabbeigaben gehörte auch ein galoppierendes Bronzepferd, das mit spitzen Ohren, den Kopf in den Nacken geworfen, drei Hufe in der Luft, mit dem vierten auf einem Vogel im Fluge steht. Das Werk des unbekannten Künstlers stellt zweifellos ein »Himmelsroß« dar, das – wie in alten chinesischen Legenden berichtet – im Galopp den fliegenden Vogel überholt.

Etwa 100 Kilometer nordwestlich von Wuwei, unweit der Stadt Yongchang, trifft die moderne Straße auf die Überreste der Großen Mauer, den alten Han-Limes, der die Seidenstraße gegen Norden hin sicherte. Hier, wo sich scheinbar zufällig Vergangenheit und Gegenwart berühren, könnte es sein, daß

Trotz verhältnismäßig geringem Verkehrsaufkommen sieht man immer wieder haarsträubende Unfälle.
Der Grund: Oft sind die Fahrzeuge hoffnungslos überladen oder in schlechtem technischen Zustand oder die Fahrer übermüdet.

Das berühmt gewordene Fliegende Pferd von Gansu - eine künstlerische Meisterleistung - zeigt ein »Himmelsroß«, das den fliegenden Vogel überholt.

Die Große Mauer im Bereich des Gansu-Korridors.

auch die einzige direkte Begegnung zwischen Römern und Chinesen stattgefunden hat. Eine ebenso faszinierende wie unglaubliche Geschichte verbindet die Kleinstadt Yongchang mit dem Lauf der großen Geschichte. Die Han-Chroniken verzeichnen nämlich in den ersten Jahren der nachchristlichen Ära südlich von Yongchang eine kleine Siedlung namens Lijien. Dies war der älteste Name der Chinesen für das Römische Reich. Ebenfalls in den Annalen der Han-Dynastie findet sich der ausführliche Bericht über einen Feldzug des Generals Kan Yanshou gegen die Xiongnu. Diese hatten sich in eine befestigte Stadt unweit der Ufer des Talas im heutigen Kasachstan zurückgezogen. Im Jahre 36 v. Chr. belagerte das chinesische Heer die Stadt. Dabei fiel ihnen eine Gruppe fremder Soldaten durch ihre merkwürdige Kampftechnik auf. Sie hatten sich zur Verteidigung so formiert, daß sie mit ihren Schilden einen geschlossenen schuppenähnlichen Panzer bildeten. Die Stadt fiel trotzdem den Chinesen in die Hände, und 145 der überlebenden fremden Söldner wurden als Kriegsgefangene nach China deportiert. Sie sollen später lokale Frauen geheiratet und sich mit ihren Familien in Lijien angesiedelt haben. Der Ort wurde, gemäß historischen Quellen, im Jahre 5 n. Chr. gegründet und später in Jielu - »Gefangene der eroberten Stadt« - umbenannt. Die Fremden sollen ihre neuen Herren durch zwei Kriegstechniken verblüfft haben: durch den Bau von Schanzen aus Pfählen und die Bildung von Sturmdächern aus übereinandergeschobenen Schilden, die die Chinesen unter dem Namen »Fischschuppen-Stellung« in ihre Kriegskunst übernahmen. Die beiden Kriegstechniken, die die Chinesen zum erstenmal bei den fremden Söldnern sahen, aber waren den Römern eigen, so daß es sich bei jenen im fernen Hexi-Korridor gestrandeten Kriegsgefangenen - so unglaublich es auch klingen mag - um römische Legionäre handeln könnte. Sie könnten von jenen 10 000 Soldaten stammen, die nach der Schlacht bei Carrhae im Jahre 54 v. Chr. von den siegreichen Parthern gefangengenommen wurden. Nach Plinius wurden die Römer von den Parthern an die östlichen Grenzen ihres Reiches gebracht, um dort als Söldner zu dienen. Gut möglich, daß ihnen später die Flucht gelang oder noch wahrscheinlicher, daß sie von den Parthern an die Xiongnu weiterverkauft wurden, um schließlich, 6 000 Kilometer

Gedenkstupas, in denen man die Asche verdienstvoller Äbte aufbewahrte, inmitten glatter Felswände, säumen den Weg zum Kloster Mati Si.

von Carrhae entfernt, durch Chinesen ein zweites Mal in Gefangenschaft zu geraten. Vorausgesetzt, dies hätte sich so zugetragen, wären die versprengten Legionäre die ersten Römer gewesen, die sahen, wie die Seide gewonnen und hergestellt wurde (siehe auch Exkurs »Rom und die Seide«).

Von Yongchang folgt die Straße ein Stück parallel der Großen Mauer. Der Verlauf ist noch gut zu erkennen, auch wenn der mannshohe Lehmwall nur noch in Bruchstücken existiert. Die schmale Mauer aus gestampftem Lehm, deren Zusammenhalt noch mit Strohmatten verstärkt wurde, wirkt heute mehr wie ein Weidezaun als wie eine Befestigungslinie. Man fragt sich, ob die Mauer in diesem Abschnitt wirklich militärisch eine so große Rolle spielte, denn es bedurfte einer beträchtlichen Zahl von Soldaten, um sie ausreichend zu besetzen. Viel besser waren die gut befestigten Garnisonsstädte geeignet, Chinas Tor nach Westen zu sichern. Eine davon liegt nun vor uns: Zhangye. Die Stadt befindet sich genau in der Mitte des Hexi-Korridors am Hei He, dem Schwarzen Fluß, der vom Qilian-Gebirge nach Norden in die Gobi abfließt. Verglichen zu früher ist die Stadt heute unbedeutend. Es läßt sich nicht mehr dazu sagen, als ein Reisender des letzten Jahrhunderts bereits trefflich bemerkte: »Da alle chinesischen Städte praktisch Kopien voneinander sind, ist es unnötig, den Leser mit deren Beschreibungen zu langweilen.« Zur Blütezeit der Seidenstraße aber muß dies anders gewesen sein. Als zweite der vier Militärstationen während der Han-Zeit gegründet, entwickelte sich die Stadt, die früher Kanzhou hieß, schnell zu einem wichtigen Umschlagplatz an der Seidenstraße. Persische Münzen aus der Zeit der Sassaniden (226–651), die hier gefunden wurden, bezeugen dies eindrücklich. In der Sui-Dynastie (581–618), die das Reich nach 300jähriger Spaltung wieder einte, gab sogar der Kaiser selbst dem Ort die Ehre. Im Zuge einer Inspektionsreise versuchte er, den Ost-West-Handel wiederzubeleben, der wegen der chaotischen Verhältnisse in China fast zum Erliegen gekommen war. Damals wagten sich die Kaufleute aus dem Westen nur bis hierher nach Zhangye, um ihre Waren auszutauschen. Selbst Marco Polo bezeichnete die Stadt als »Metropole«. Er mußte es schließlich wissen, denn er hielt sich ein Jahr lang hier auf, um auf Befehle des Mongolenkai-

Mati Si, das Pferdehuf-Kloster, besteht aus Höhlen und unterirdischen Gängen, an denen hölzerne Vorbauten kleben, die im Laufe der Zeit teilweise abgebrochen sind.

Ein freundlicher Mönch erwartet die Besucher, um sie durch das Kloster Mati Si zu führen, dessen Bauten in Form einer Stufenpyramide angeordnet sind.

sers Khubilai Khan aus Beijing zu warten. Er registrierte zahlreiche »Tempel der Götzendiener«, wie er die buddhistischen Kultstätten gewöhnlich nannte, und auch »drei Kirchen« der Nestorianer waren ihm erwähnenswert. Von den Nestorianern sind keine Spuren mehr zu finden, von den Buddhisten hat Da Fo Si überlebt, das Große-Buddha-Kloster, in dem sich ein 34 Meter langer liegender Buddha Sakyamuni befindet. Er stammt aus dem 11. Jahrhundert, einer Zeit also, in der der Warentransport längst schon vom Landweg auf die Seidenstraße der Meere verlegt war.

Eine Straße unterer Ordnung führt von Zhangye nach Süden, hält geradewegs auf die Ausläufer des Qilian-Gebirges zu. Die Gegend, früher einmal bewaldet und als Weideland für die Zuchtpferde des Kaisers gerühmt, ist heute kahl und trocken. Dann zweigt eine staubige Piste in ein Seitental ab. Dornbüsche und niedrige Sträucher recken sich hier und da aus dem spröden Boden. Eine Galerie von Chörten (Stupa), direkt in die Felswand gemeißelt, kündigt an, daß man sich einem heiligen Ort nähert. Ursprünglich, als man das Abbildungsverbot des Religionsgründers noch achtete, standen sie für das erleuchtete Buddhabewußtsein. Die kelchförmigen Mittelteile der Chörten besitzen rechteckige Löcher, hinter denen sich Hohlräume verbergen, worin einmal Reliquien oder die sterblichen Überreste religiöser Würdenträger aufbewahrt wurden. Die Stupa-Wand leitet direkt in ein daoistisches Kloster über. Winzige hölzerne Tempel mit geschwungenen Dächern, teils in künstliche Nischen versenkt, hängen wie Nester an der Steilwand. Die untersten Gebäude sind mit Pfählen am Boden abgestützt und mittels Holzleitern erreichbar, während man die höheren Tempel durch tunnelartige Gänge im weichen Sandstein betritt.

Die verwaschenen Sandsteinfluchten setzen sich weiter nach Süden fort. Immer enger treten die Berge zusammen. Weiter hinten im Tal wachsen sogar Bäume, dort gibt es Wasser und schließlich Menschen. Die Straße umgeht in einem weiten Bogen einen Geländerücken, auf dem ein großer Lehmchörten steht. Dahinter liegt Mati Si – das Pferdehuf-Kloster. Das buddhistische Heiligtum baut sich als siebenstöckiger Terrassentempel über dem Talgrund auf, in perfekter Symbiose von Natur und Architektur direkt in den Sandstein gesetzt. Die einzelnen Stockwerke sind durch Felsgänge miteinander verbunden. Mit dem Aufstieg im Inneren dieser Stufenpyramide vollzieht der Gläubige gleichsam den Aufstieg seines Bewußtseins nach, von den Niederungen des Daseins bis zur höchsten Vollkommenheit, bis zur Erleuchtung. Die erste Stufe erreicht man noch mühelos. Der Eingang liegt auf ebener Erde und führt in den grottenähnlichen Hauptraum des Heiligtums. Ringsum an den Wänden sitzen auf Simsen meditierende Buddhas. Davon abgesehen und außer einer Steinskulptur und ein paar herabhängenden Thangkas ist der Raum leer. Verschwunden ist die große vergoldete Statue, die noch Karl Herrmann im Jahre 1937 bewunderte und deren indisches Aussehen ihn

vermuten ließ, daß Mati Si aus der Frühzeit des Buddhismus in China stammt. Allerdings war es schon damals in beklagenswertem Zustand und der Hauptraum diente als Stall. »Junge Yaks laufen zwischen den Standbildern der Heiligen und den zierlichen geschnitzten Säulen brummend umher. Tauben flattern drinnen von Felsecke zu Felsecke, und Dohlen jagen sich grellkreischend durch die Tempelhalle. Der Schmutz spottet jeder Beschreibung«, berichtet Herrmann. Allerdings blieben ihm die meisten der damals noch benützten Räume verschlossen. Zunächst wegen einer dreitägigen Zeremonie, die die Mönche zu strenger Klausur – mit Fasten und Schweigegebot – zwang, dann, weil sie dem Fremden aus religiöser Scheu den Zutritt nicht erlauben mochten. Auch heute sind einige der Tempelräume versperrt, insbesondere solche, die hinter balkonartigen Vorbauten tief in die Felsen hineinführen und möglicherweise zornvollen Schutzgottheiten geweiht sind. Zum Zeitpunkt von Herrmanns Besuch lebten noch 30 Mönche in Mati Si, früher sollen es mehr als tausend gewesen sein, heute sind es keine zehn mehr. »Verfall, Verfall«, stellte er abschließend fest. »Und doch ist das Ganze so unendlich eindrucksvoll und umwoben vom Geheimnis der Jahrhunderte – vielleicht fast zweier Jahrtausende.« Über die Geschichte des Klosters konnte er genausowenig wie wir in Erfahrung bringen. Ein alter Mönch, der sich schließlich des umherirrenden Fremden erbarmte und ihn durch das Heiligtum geleitete, beschied ihm zum Abschied nur, daß dieses Felsenkloster sehr, sehr alt sei. »Die Tempel, die Gänge und die Felsengewölbe sind tausend Jahre alt, du kannst dafür auch sagen zehntausend Jahre, das ist vor den Göttern gleich. Ewig stehen sie hier und bis in alle Ewigkeit werden sie bleiben!«

Ab Zhangye folgt die Straße – so wie der alte Karawanenweg – dem »Schwarzen Fluß«. Von Norden drängt der extremste Sandbe-

Eine eindrucksvolle Galerie von Buddhas ziert die Wände des Haupttempels. Sie sitzen in bemalten Nischen und sprechen den Gläubigen mit verschiedenen Gesten (mudras) an.

Bemalte Ziegel aus einem in der Nähe von Jiuquan gefundenen Grab geben Aufschluß über das bäuerliche Leben im Gansu-Korridor zur Zeit der Seidenstraße und zeigen an, daß es in dieser heute so öden Gegend Seidenraupenzucht gab:

Bauer beim Pflügen.

Beim Worfeln.

Beim Sammeln von Maulbeerblättern.

reich der Gobi, die Alashan-Wüste, bis an den Hexi-Korridor heran. Der wandernde Sand ist zur neuen Herausforderung für den Menschen geworden.

Schon Mao Zedong hatte unter dem Motto, die Wüsten Chinas in Gemüsegärten umzuwandeln, unzählige seiner Landsleute buchstäblich in die Wüste geschickt. Als das nicht den gewünschten Erfolg brachte, begann man mit dem Bau der »Grünen Mauer«, einem Pflanzenwall, der das weitere Vordringen der Sandwüste aufhalten soll. Die Idee wurde zum Bumerang. Zur Bewässerung der »Grünen Mauer« sowie für die zugesiedelten Menschen brauchte man vor allem Wasser, das jenen Flüssen wie dem Hei He entzogen wurde, die einstmals in der Gobi Seenlandschaften, natürliche Oasen und Galeriewälder begründeten. Nun bringen die Flüsse kaum mehr Wasser in die Wüste. Die Folge: Oasen verschwinden, Seen trocknen aus, Pappelwälder sterben, die einst natürliche Barrieren für den wandernden Sand bildeten. Vieles deutet darauf hin, daß in der Vergangenheit die Lebensbedingungen hier noch viel günstiger waren, weil auch noch mehr Schmelzwasser von den Gletschern des Qilian-Gebirges herabfloß. Der Rückgang der Gletscher hat naturgemäß auch zu einer Reduktion der Wassermenge in den Flüssen geführt. Einen Beweis dafür liefern die Fresken eines Grabes in der Nähe von Jiuquan, in dem ein hoher han-chinesischer Beamter des 5. Jahrhunderts bestattet wurde. Sie zeigen sehr realistisch Szenen aus dem damaligen Leben im Hexi-Korridor. Da sieht man Bauern bei der Feldarbeit, Obstgärten mit üppigen Früchten, in denen sich Affen tummeln, weidende Pferde auf saftigen Wiesen und Maulbeerbäume. Sie zeigen nicht nur an, daß die heute so öde Gegend, wo nirgendwo mehr Maulbeerbäume wachsen, einmal fruchtbar gewesen ist, sondern auch, daß hier schon sehr früh Seide produziert wurde.

Aus der braunen Steppe wachsen Hochhäuser mit gekachelten Wänden und spiegelnden Glasfassaden. Hinter der langweiligen Industriestadt Jiuquan verbirgt sich die wichtige Han-Präfektur Suzhou. Das Gebiet beherrschten einst die Yuezhi, die den Xiongnu weichen mußten, die ihrerseits wieder vom Heer des Han-Kaisers Wudi vertrieben wurden. Huo Qubing, der junge erfolgreiche General, hat dieses Gebiet für den Kaiser erobert und hier im Jahre 109 v. Chr. die Garnisonsstadt Suzhou gegründet. Alle großen Reisenden der Vergangenheit machten hier Station: Zhang Qian, Kumarajiva, der Pilgermönch Xuanzang. Marco Polo nannte die Stadt »Succiu« und erwähnte den wilden Rhabarber, der in den Bergen der Umgebung wuchs.

Wenige Kilometer westlich von Jiuquan verengt sich der Hexi-Korridor zu einem schmalen Durchgang zwischen dem Qilian Shan und den Mazong-Bergen. Kaum merkbar steigt das Gelände an, leitet hinauf zu einer weitläufigen Schwelle. Sie markiert einen vielgerühmten und strategisch wichtigen Punkt der alten Seidenstraße – den Jiayu-Paß. Schon zur Han-Zeit wurde der »Unbezwingbare Paß auf Erden«, wie er genannt wurde, mit Mauern und Wehrtürmen gesichert. Aber erst viel später, im Jahre 1372, ließen die Ming eine quadratische Festung bauen und zusätzlich zur alten Ost-West verlaufenden Mauer der Han noch eine zweite Mauer errichten – von Süden nach Norden, die den Gansu-Korridor in seiner gesamten Breite abriegelte. Diese Barriere diente nicht mehr dem Schutz des Handels, sondern einzig und allein zur Verteidigung des Reiches. Damals bildete das Fort Jiayuguan das westlichste Ende der Großen Mauer. »Wichtigster Durchgang des Reiches« ist nicht weit vom Tor in eine steinerne Stele geritzt. Die Inschrift ist das Gegenstück zu derjenigen, die am anderen Ende der Mauer, an der Festung Shanhaiguan, 3 000 Kilometer entfernt, an der Küste des Gelben Meeres zu lesen ist. Auch hier hat man das Gefühl, an einer Küste zu stehen. Wenn man von der Höhe der Mauern nach Westen blickt, eröffnet sich ein Raum ozeangleicher Weite. Die Berge ringsum wirken nur noch wie Klippen, die sich in der Ferne verlieren, dort wo der Gansu-Korridor in die Sandmeere der Gobi und Takla Makan übergeht. Es gibt an diesem Punkt nur zwei Richtun-

gen, sie weisen in zwei verschiedene Welten: Innerhalb der Mauer war China, außerhalb Si Yu Ki, die Westlande. Deshalb besitzt die Festung auch nur zwei Tore. Den Eingang ins Reich der Mitte eröffnet Guanghua Men, das mächtige dreistöckige »Tor der Erleuchtung«. Jede Nacht wurde das Tor verschlossen und der schwere Metallschlüssel im Yamen deponiert, der gut bewachten Kommandantur der Festung. Das »Tor der Erleuchtung« weist nach Osten, zur grünen Oase von Suzhou (Jiuquan), und jeden Tag kamen oder verließen Soldaten die Festung durch dieses Tor – mit neuen Nachrichten und Verpflegung. Das wichtigere Tor aber befindet sich an der Westseite des Mauerrings. Es besitzt einen tiefen, tunnelartigen Durchgang mit dicken Mauern, in dem die Schritte widerhallen. Jeder Reisende nach Westen kam hier durch. Es ist das »Tor der Seufzer«, man könnte es aber auch »Tor der Angst« nennen, denn es führt in die Wüste Gobi hinaus, in das Unbekannte, und das Unbekannte war für Menschen immer schon das Beängstigende. Über beide Tore erheben sich gewaltige Türme mit geschwungenen Dächern. Von hier aus konnten Wächter den gesamten Paß überblicken. Die massiven, über zehn Meter hohen zinnenbewehrten Mauern demonstrieren Wehrhaftigkeit. An allen Ecken stehen Wachtürme, Deckungen für die Bogenschützen. Die Gesamtanlage besteht aus einem inneren und einem äußeren Teil. Der innere Teil war militärische Sperrzone und nur den Soldaten vorbehalten, während im äußeren Bereich der Tempel für den Kriegsgott, ein Brunnen, Lagerhäuser und ein kleines Theater für Musik-, Tanz- oder die populären Akrobatikvorführungen zu finden waren. Die Händler mit ihren Karawanen mußten vor den Toren lagern und geduldig auf die Erlaubnis zur Einreise nach China warten.

Wenn man auf der Mauerkrone steht und zwischen den Zinnen der Brustwehr über die braune Steinwüste nach Westen blickt, kann

Die mit Zinnen, Bastionen und Wehrtürmen besetzte Festung Jiayuguan am westlichen Ende des Gansu-Korridors ist die eindrucksvollste ihrer Art, die noch erhalten geblieben ist.

man unschwer die Gedanken jener erraten, die hier oben ausharren mußten, um den äußersten Vorposten des Reiches zu bewachen. Meistens umgab sie Stille, allenthalben unterbrochen von Wind, wenn er durch die Fahnen strich. Manchmal aber leuchteten die Signalfeuer auf den Türmen ringsum bedrohlich auf, dann gürteten die Soldaten ihre Waffen, und bald bebte die Erde unter den Hufen heranstürmender Reiter. 30 000 Soldaten waren hier einstmals stationiert. Mittels eines ausgeklügelten Systems von Feuertelegrafen erfuhr man am Kaiserhof in Beijing binnen kurzer Zeit, wenn hier Gefahr in Verzug war.
Unter den Reisenden, die von hier aus westwärts zogen, war es üblich, einen Stein zum Abschied an die Mauer zu werfen. Prallte er wieder in Richtung des Werfers zurück, verhieß es eine sichere Rückkehr, wenn nicht, fiel er auf einen hohen Haufen am Fuß der Mauer, und der Betreffende zog schweren Herzens davon. Sprang der Stein jedoch mit großem Echo zurück, durfte sich der Werfer freuen, denn dann konnte er auch noch einträgliche Geschäfte auf seiner Reise erwarten. Die Angst aber war trotzdem ständiger Begleiter. Sie ließ die Fortziehenden düstere Gedanken in die Mauern meißeln: »Wenn ich die Schwelle überschritten habe, werden meine Tränen niemals versiegen«, lautet ein Vers. »Wer fürchtet sich nicht vor der öden Wüste?« fragt ein anderer. Dennoch zogen sie hinaus, angetrieben von religiösem Eifer, aus Profitgier oder weil es keine andere Wahl gab. »Wenn wir westwärts blicken, sehen wir den unendlich langen Weg, der nach Xinjiang führt. Nur der Mutige überschreitet diese Grenze.«
Diesen Mut besaßen zweifellos die Soldaten der Han-Armee, die die Große Mauer noch weiter nach Westen verlängerten, um an ihrem Ende, vom Sande der Gashun Gobi bedrängt, die vierte und letzte »Präfektur westlich des Gelben Flusses« einzurichten: Dunhuang. Die Oase ist ein Akupunkturpunkt der Seidenstraße, die älteste chinesische Stadtgründung, die auf den Seidenhandel zurückgeht. Der Weg von Jiayuguan nach Dunhuang führt weitgehend durch reine Wüste. In der Vergangenheit bildete der Hexi-Korridor das natürliche Bindeglied zwischen China und dem Westen. Er war Handels-, Völkerwanderungs- und Heerstraße zugleich. Das machte ihn immer wieder zum Schauplatz kriegerischer Auseinandersetzungen. In solchen Zeiten war er für den Handel blockiert. Dann mußten die Karawanen andere Wege einschlagen – Umwege, die den Hexi-Korridor südlich oder nördlich umgingen. Die südliche Umgehungsroute führt von Lanzhou über die Randgebiete Tibets, den Koko Nor und durch das Qaidam-Becken nach Dunhuang, um sich dort wieder mit dem Hauptweg der Seidenstraße zu vereinigen.

»Dieser Sumpf ist so groß wie Bayern, der Horizont ein Strich mit dem Lineal. Der Ostrand des Sumpfes zeigte eine erschreckende Öde. Spannte sich nicht ein Himmel voll Licht darüber, man konnte meinen, ein Stück Unterwelt, einen höllischen Bezirk mit all seinem Grauen und einer Danteschen Hoffnungslosigkeit zu erleben.«

WILHELM FILCHNER

Durch Tibet und Qaidam

Die Gebirgsroute über den Koko Nor

Die Straße verläßt Lanzhou in westlicher Richtung und folgt zunächst dem Huang He flußaufwärts. Das Tal ist dicht besiedelt und intensiv landwirtschaftlich genutzt. Seine Fruchtbarkeit verdankt es dem Löß und dem Wasser des Gelben Flusses. Ehemals drehten sich hier riesige Schaufelräder, die das Wasser bis zum letzten Winkel auf der Ebene verteilten. Von der Strömung des Flusses angetrieben, bewegten sie sich in gleichmäßigem Tempo und entleerten das Wasser aus tubenartigen Behältern in eine Rinne, von der es mit geringstmöglichem Gefälle über ein weitverzweigtes System von Leitungen ausströmte. Erst in jüngster Zeit mußten die alten Holzräder modernen Bewässerungsanlagen weichen. Die letzten zwei stehen heute inmitten von Lanzhou wie in einem Freilichtmuseum, unbeweglich, ohne Funktion. Vor den Hochhäusern der Millionenstadt wirken sie bereits wie Relikte einer längst vergangenen Zeit, obwohl sie noch bis in die sechziger Jahre in Gebrauch waren.
Der Löß überzieht ähnlich wie Polareis als geschlossene Decke den Boden. Er ist ein Kind des Windes, der aus den Trockengebieten des Nordwestens im Laufe der Zeit enorme Massen von Gesteinsresten in Form

Mit Hilfe solcher Schaufelräder wurde in früheren Zeiten das Wasser des Gelben Flusses auf ein weitverzweigtes Netz von künstlichen Bewässerungsanlagen verteilt.

von Staub hierher verfrachtet und abgelagert hat. Löß ist gelb wie Lehm, aber im Unterschied zu diesem wasserdurchlässig. Hier in Gansu erreichen die Lößablagerungen zwar nicht mehr die Höhe von mehreren 100 Metern wie in der Provinz Shaanxi, aber sie sind immer noch die gestaltende Kraft der Landschaft. Sie füllen Mulden, ebnen gleichsam Berge ein und schieben sich zuweilen wie Lavaströme in die Täler und Ebenen. Erst die hohen Randgebirge Tibets vermögen der wandernden »Gelben Erde« Einhalt zu gebieten. Der Mensch hat es nicht nur verstanden, durch raffinierte Bewässerungstechniken den trockenen Lößboden fruchtbar zu machen, sondern auch als Behausung zu nutzen. Der weiche Löß eignete sich hervorragend zum Bau von Höhlenwohnungen. Sie boten einen natürlichen Schutz vor Feinden, vor Wind und Wetter und waren im Sommer angenehm kühl, während sie im Winter relativ warm blieben. Selbst heute sieht man noch Gehöfte, deren Gebäude an Lößwänden kleben, wenngleich die Höhlen selbst nur noch als Vorratsspeicher oder Viehställe dienen.

Etwa 50 Kilometer westlich von Lanzhou überqueren wir den Gelben Fluß und folgen nun der breiten Talfurche des Xining He aufwärts. Das Gebiet ist überwiegend von moslemischen Hui bewohnt, eine der zahlenmäßg stärksten Volksgruppen in China. Sie sind Abkömmlinge der Seidenstraße, ein Gemisch aus Resten verschiedener Turkvölker und Nachkommen von Händlern und Soldaten aus Mittelasien und Persien, die die bewegte Geschichte des Fernhandelsweges hier angespült und verschmolzen hat. Im Laufe der Zeit haben sie durch Anpassung und Vermischung ihre eigenen ethnischen und kulturellen Traditionen so weit verloren, daß sie heute kaum von Han-Chinesen zu unterscheiden sind. Was sie als eigene Bevölkerungsgruppe kennzeichnet, ist ihre Zugehörigkeit zum Islam und demzufolge ihre besondere gesellschaftliche Organisation. Die Moschee ist religiöser und kultureller Mittelpunkt, der Bazar die Lebensader der Gemeinschaft. Im Straßenbild erkennt man die Hui an ihren Kopfbedeckungen: Männer tragen auf ihren kahlgeschorenen Häuptern weiße zylinderförmige Hüte, während die Frauen durchsichtige schwarze Schleier tragen – ohne das Gesicht zu verhüllen. Wie alle Turkvölker sind sie gewiefte Händler, tüchtige Handwerker, aber der überwiegen-

»Der Mond schien hell und übergoß den gewaltigen Fluß mit Silberlicht. Er ist ohne alle Frage einer der herrlichsten Flüsse auf Erden. Seine Quelle liegt in den Gebirgen von Tibet. Von dort strömt er in das Land des Koko Nor, tritt in die chinesische Provinz Gansu und verläßt dieselbe wieder auf dem Weg durch das sandige Gelände, das sich unter den Alashan-Bergen hinzieht.«

Regis Evariste Huc

Angehöriger des moslemischen Hui-Volkes beim Vorbereiten des Nudelteiges.

Rechte Seite: Das tibetisch-buddhistische Kloster Beima Si gehört zu den wenigen Heiligtümern im Xining-Tal, das weder durch die Moslemaufstände noch durch die chinesische Kulturrevolution im 20. Jahrhundert zerstört wurde.

de Teil lebt von Landwirtschaft und Viehzucht. Auch die meisten Garküchen entlang der Straße nach Xining werden von Hui-Familien betrieben. Wann immer wir unsere Fahrt unterbrechen, halten wir nach blauen oder roten Flaggen Ausschau, auf denen goldfarbene chinesische Schriftzeichen verheißungsvoll verkünden, daß es hier muslimische Küche gibt. Kaum haben wir an einem der runden Tische Platz genommen, bringt uns der Wirt Teeschalen und einen Teller voll Fladenbrot. In den gedeckten Porzellanschalen befindet sich eine seltsame Mischung aus Teeblättern, Gewürzen, aromatischen Früchten und einem großen Stück Zucker. Das Ganze wird mit brühend heißem Wasser aufgegossen und bei leicht geöffnetem Deckel geschlürft. Nach jedem Schluck wird nachgeschenkt, denn erst langsam, frühestens nach der zweiten Tasse, entfaltet der *sanpaotai* sein volles Aroma. Der lautstarke Teegenuß wird noch übertroffen von den Geräuschen, die den Gästen der Verzehr von Nudeln entlockt. Tief über den Tisch gebeugt, in der einen Hand die Eßstäbchen, mit der anderen den Teller fest umklammert, werden die Nudeln in den Mund gesogen – unter hemmungslosem Schmatzen und Schlürfen. Es läßt keine Zweifel offen, daß es den Gästen schmeckt. Ich bestelle *mien pao* – einen Eintopf mit Nudelteig-Flecken und Gemüse. Auf mein ausdrückliches *rou bou yao* – ohne Fleisch – deutet der Koch mit fragendem Blick auf eine frische Hammelkeule, die von der Decke baumelt. Für das folgende *bou yao* hat er nur noch ein mitleidiges Lächeln übrig. Daß der Fremde den Leckerbissen verschmäht, trägt nicht gerade dazu bei, seine ohnehin nicht sehr hohe Meinung über die sonderbaren Langnasen zu verbessern.

Je weiter wir nun nach Westen kommen, desto gebirgiger wird die Landschaft. Braune, gestaffelte Bergkämme steigen aus der Ebene auf, die in der Ferne von höheren Gebirgszügen überragt werden, denen weiße Schneegipfel aufgesetzt sind. Kurz vor Xining verengt sich das Tal zu einem schmalen Durchlaß. Ganz nahe treten die nördlichen Talwände an die Straße heran. Vor dem Hintergrund einer dunklen Felswand leuchten weißgetünchte Mauern, gekrönt von einem Walmdach aus grünglasierten Ziegeln. Das Kloster Peima Si thront in beherrschender Lage inmitten einer fast 100 Meter hohen, senkrecht abfallenden Wand aus rotem Sandstein. Es ist später Nachmittag, die Sonne läßt den Sandstein feuerrot erglühen, als wir uns an den Aufstieg machen. Der Pfad zum Heiligtum beginnt in einem Weiler, der versteckt zwischen schattenspendenden Bäumen liegt. Jedes Gehöft ist mit einem geschlossenen Mauerring umgeben und von Mastiffs bewacht, deren wütendes Gebell keinen Wunsch nach näherer Bekanntschaft aufkommen läßt. Die Häuser selbst haben flache Dächer, auf denen Holz und Dung getrocknet werden. An den Ecken mancher Dächer flattern weiße Gebetsfahnen im Wind, die an Tibet erinnern. Auch das Heiligtum weist untrüglich in diese Richtung. Es ist Tsongkhapa, dem großen tibetischen Reformator und Begründer der Gelbmützenschule, geweiht. Einer seiner Jünger soll auf seinem Weg von Lhasa in die Mongolei an diesem Platz haltgemacht und dabei den Grundstein für das »Kloster des Weißen Pferdes« gelegt haben. Der Name allerdings bezieht sich auf eine wundersame volkstümliche Legende. Derzufolge soll einmal eine Herde von Pferden am Plateau oberhalb der Klippen geweidet haben. Darunter befand sich auch ein Hengst mit einem blinden weißen Füllen. Als er das Füllen rief und es ihn nicht erkannte, verstieß er es. Kaum war dies geschehen, konnte das Füllen plötzlich sehen, gleichzeitig wurde es gewahr, daß es seine Eltern nicht erkannte, und sprang vor Scham die Klippe hinab in den Tod. An dieser Stelle entstand Peima Si, das »Kloster des Weißen Pferdes«.

Das Hauptgebäude ist ein mehrstöckiges, sich nach oben hin verjüngendes Bauwerk im nordosttibetischen Stil, das kühn wie ein Adlernest am Felsen klebt. Von den übrigen Gebäuden, den Mönchsbehausungen und Eremitenklausen, sind nur noch Mauerreste und höhlenartige Löcher übrig. Ein aus dem Fels gehauener Steig zieht sich im Zickzack hinauf zum unteren Rand der Umfassungs-

mauer, wo ein hölzernes Tor den einzigen Zugang bildet. Auf halber Strecke kommt man an einer offenen Kapelle vorbei, die einen großen sitzenden Buddha Sakyamuni aus Lehm beherbergt, dessen Rücken gegen die Felswand lehnt. Die Figur wirkt grob und plump, mit grellen Farben frisch bemalt.

Von der Terrasse des »Klosters des Weißen Pferdes« eröffnet sich ein herrlicher Blick über das Tal des Xining He. Der einzige noch verbliebene Mönch wird von den Bewohnern des nahe gelegenen Dorfes versorgt.

Kein Zweifel, daß Peima Si schon bessere Tage gesehen hat, aber im Gegensatz zu vielen anderen buddhistischen Heiligtümern der Umgebung hat immerhin seine bauliche Substanz weitgehend überlebt. Die Mauern haben sowohl den verheerenden Dunganenaufstand im 19. Jahrhundert, eine Rebellion der Muslime gegen die chinesische Herrschaft, als auch den chinesischen Bürgerkrieg und den Bildersturm der sogenannten »Großen Proletarischen Kulturrevolution« überstanden. Der einzige noch verbliebene Mönch führt uns bereitwillig durch die altehrwürdigen Räume. Keine der alten Figuren, Thangkas und Reliquien hat überlebt, für den Ankauf von neuen fehlen die Mittel. Als Ersatz dienen Fotos. Fast in jedem Raum hängen Bilder vom vergangenen Panchen Lama, mit weißen Glücksschleifen behangen. Die kahlen Wände zieren Poster von Chenresi, dem Bodhisattva der Barmherzigkeit, vom Potala in Lhasa, und immer wieder sieht man Jowo, die am meisten verehrte Figur Tibets, die angeblich die chinesische Tang-Prinzessin Wencheng ihrem Gemahl, dem tibetischen König Songtsen Gampo, als Mitgift mit nach Lhasa brachte. Lange bevor es Peima Si gab, ist ihr Hochzeitszug auf dem Weg von Changan nach Tibet hier vorbeigekommen.

Die Tempelräume wirken leer und museal, nur in der privaten Kapelle des Mönchs finden sich religiöse Schriften, Bündel loser bedruckter Blätter, die mit hölzernen Deckeln zusammengehalten werden und in gelbe Seidentücher eingewickelt sind. Daneben allerlei Kultgeräte wie Stieltrommel, Bronzeglocke und Ritualdolch. Vor einem kleinen Altar, in dem sich einige Bronzefiguren befinden, brennen Butterlampen, und der Duft von Räucherstäbchen erfüllt den Raum. Sie wurden von Gläubigen gespendet, die gelegentlich vom Dorf heraufkommen, um den Mönch mit Nahrung zu versorgen. Von der schmalen hölzernen Terrasse eröffnet sich ein weiter Rundblick über das Tal des Xining-Flusses. Ein Schwarm weißer Tauben gleitet an der Felswand vorbei, und am tiefblauen Himmel zieht ein Bussard seine Kreise. Trotz der nahe gelegenen Straße und der Millionenstadt Xining scheint das Leben des Mönchs in seinem Felsenkloster in einem zeitlosen Zustand zu verharren, der, losgelöst von der sich rasch verändernden Welt im Tal unten, einem eigenen Rhythmus folgt – dem Weg, den der Buddha vor mehr als 2 500 Jahren im fernen Indien vorgegeben hat. Das »Kloster des Weißen Pferdes« mag vielleicht 300 Jahre alt sein, vielleicht auch 400, aber gemessen am Alter der Seidenstraße ist es nur ein Wimpernschlag. Noch bevor der Heilige aus Tibet hierher kam oder das weiße Füllen zu Tode stürzte, ja selbst bevor Tsongkhapa das Licht der Welt erblickte, war die letzte Karawane lange schon vorbeigezogen. Aus dieser Zeit sind hier keine Spuren mehr erhalten geblieben.

Auch die Großstadt Xining mit ihrer Millionenbevölkerung, die nach wenigen Kilometern auftaucht, war zur Blütezeit der Seidenstraße unbedeutend, wenn überhaupt existent. Erst in diesem Jahrhundert erlebte die Stadt einen rasanten Aufschwung. Der amerikanische Tibetreisende Rockhill, der Xining im Jahre 1889 besuchte, schätzte die Einwohnerzahl auf etwa 30–40 000, ein großer Teil davon muslimische Hui. Nur 15 Jahre später, als Wilhelm Filchner auf seinem Weg nach Tibet hier Station machte, hatte sich die Bevölkerung bereits verdoppelt. Seitdem ist sie explosionsartig gewachsen, vor allem durch han-chinesische Zusiedlung. Marco Polo nannte die Stadt »Sin-ju«, und bei Tibetern und Mongolen war sie in der Vergangenheit unter dem Namen »Seling« bekannt. Xining war immer schon eine chinesische Garnisonsstadt gewesen, ein strategisch wichtiger Außenposten für die militärische Kontrolle von Nordosttibet und Qaidam. Das hat sich bis heute nicht geändert. Die Stadt ist Verwaltungszentrum der riesigen Provinz Qinghai, die nach der chinesischen Annexion im Jahre 1950 aus der alten tibetischen Provinz Amdo hervorgegangen ist.

Mir diente Xining immer wieder als Ausgangspunkt für verschiedene Unternehmungen in Tibet. Von hier brach ich mehrfach zum Amnye Machen auf, dem Götterberg der Golok-Nomaden, ins Quellgebiet des Gelben Flusses und nach Lhasa. Trotz einiger Erleichterungen ist ein freies Reisen in unserem Sinne nach wie vor nicht möglich. Viele Gebiete sind nur mit Sondergenehmigungen und unter Kontrolle chinesischer Aufpasser erreichbar. Kontrolle und Überwachung der Fremden gab es in Xining auch schon früher. »Ich war keine halbe Stunde in meiner Herberge, als bereits zwei oder drei Polizisten auftauchten«, berichtet der Amerikaner Rockhill über seine Ankunft in Xining. »Sie forderten mich auf, den Behörden meinen Namen, den Grund meines Besuchs, woher ich kam, wohin ich ging usw. mitzuteilen. Ich dachte nicht daran, ihnen etwas zu erzählen, am wenigsten, wohin ich ging.«

Der Zweig der alten Seidenstraße führt nun im wesentlichen parallel zum Gansu-Korridor, getrennt durch die Gebirgsbarriere des Nanshan, über Hochsteppen und Salzwüsten westwärts. Wir folgen weiterhin dem Xining-Fluß aufwärts, dessen Tal sich bald verengt und in einen engen gewundenen Canyon hineinführt. Aber schon nach wenigen Kilometern treten die Berge wieder zurück und geben eine Talebene frei, die nach Süden hin von sanft geschwungenen, grünen Bergrücken begrenzt wird. Die Ufer des Xining He, der den Talgrund durchfließt, sind – eine Seltenheit für diese Gegend – mit Bäumen bestanden. Hier liegt Huangyuan oder Tankar, wie es früher hieß. Wenn man heute die heruntergekommene Siedlung mit den schäbigen Läden sieht, die sich entlang der Straße reihen, fällt es schwer zu glauben, daß dieser Ort früher als Handels- und Karawanenzentrum berühmt war. Bevor die Stadt Xining ihr den Rang ablief, war Tankar weithin der größte Marktplatz. Hierher kamen tibetische, mongolische, osttürkische und chinesische Händler, um ihre Waren auszutauschen. Es war der große Sammelpunkt der Karawanen, die nach Tibet, in die Mongolei und nach Ost-Turkestan zogen oder von dort kamen. Heute ist es nur noch eine verkommene Siedlung an einer wichtigen Wegkreuzung. Zwei Wege führen von hier weiter, die den Koko Nor wie Arme umfangen. Beide Wege umgehen den gewaltigen

Kumbum Chamba Ling vor den Toren der Millionenstadt Xining gehört zu den bedeutendsten Klöstern Tibets, denn kein Geringerer als Tsongkhapa, der Begründer der Gelugpa, der Gelbmützenschule, hat hier im 14. Jahrhundert das Licht der Welt erblickt.

»Erstmalig gelangten wir hier unmittelbar an das Wasser des dunkelblauen, unermeßlichen Meeres, wie wir den drohenden, schäumenden See nannten. Hier wurden wir den Zauber seiner morgendlichen und abendlichen Färbung gewahr, hier lernten wir die bald zärtliche, bald boshafte Sprache seiner Wellen verstehen.«

Pjotr Koslow

Binnensee nördlich oder südlich. Die Südroute, der wir folgen wollen, läßt bald die letzten Dörfer der Hui zurück und windet sich in Serpentinen hinauf zum Riyue Shankou – dem Sonne-Mond-Paß (3 500 m) –, der alten Grenze zwischen China und Tibet. Eine mächtige Steinpyramide mit Bündeln bunter Gebetsfahnen markiert die Paßhöhe. Der Ausblick von der Schwelle Tibets ist beeindruckend. Nach Süden hin ersteckt sich ein Meer von Hochflächen, Schwellen und Gebirgen, aus dem der Amnye Machen (6 282 m) in einsamer Größe herausragt. Dazwischen eingebettet die Talfurche des Gelben Flusses, dessen Lauf nur erahnt, aber nicht gesehen werden kann. Im Westen breitet sich jedoch eine riesige glitzernde Wasserfläche aus, die sich am Horizont verliert – der Koko Nor, der größte höchstgelegene Salzsee der Welt. Die Tibeter nennen ihn Tso Ngombo, chinesisch heißt er Qinghai, alle Namen bedeuten: »Blauer See.« Koko Nor, die mongolische Entsprechung, erinnert noch an die Söhne Chingis-Khans, die lange Zeit das Gebiet des Sees und Qaidam beherrschten. Die letzten Mongolenfürsten, völlig verarmt und entmachtet, verloren nach 1950 noch den letzten Rest ihrer Autorität über ein Häufchen von Stammesgenossen.

Mit der Überquerung des Sonne-Mond-Passes haben wir auch die Grenze zwischen Bauern und Nomaden überschritten. Die »Große Graswüste«, wie die Tibetforscherin Alexandra David-Néel einstmals diesen Landstrich nannte, tritt anstelle des Ackerlandes. Yaks und Schafe, wie Reiskörner hingestreut, weiden das kümmerliche Wintergras ab, das den hart gefrorenen Boden überzieht.

Braun und Gelb sind die dominierenden Farben der Landschaft um diese Jahreszeit. Der Winter ist kalt und niederschlagsarm. Nur auf den Gipfeln des südlichen Koko Nor-Gebirges liegt etwas Schnee. Braun vor Schmutz und Staub ist auch die Farbe der armseligen Häuser von Daotanghe. Die meisten Türen sind mit Holzbrettern verrammelt, die Fenster ebenfalls, weil die Glas-

zu besitzen.« Und in einem Anflug von Schwatzhaftigkeit fuhr er fort: »In Lhasa versucht man verzweifelt einen Tempel zu bauen, aber unter dem Platz, den sie dafür ausgewählt haben, befindet sich ein unterirdischer See, der jedesmal das Fundament zum Einsturz bringt. Aber bewahre dieses Geheimnis, denn wenn die Lamas es erfahren, wird der See von dort unter der Erde hierher abfließen und uns alle ertränken.« Kaum hatte der Bote des Königs dies vernommen, erhob er sich und offenbarte dem blinden Alten, daß er ein Lama aus Lhasa sei, der dieses Geheimnis suchte. Daraufhin bestieg er sein Pferd und ritt davon.

Verzweiflung und Angst packte den Alten, als ihm bewußt wurde, daß er in seiner Geschwätzigkeit das Geheimnis verraten hatte, und er rief um Hilfe. Da kam einer seiner Söhne, der draußen die Tiere gehütet hatte, und der Vater bat ihn flehentlich, dem Fremden nachzureiten und ihm die Zunge abzuschneiden. Aber der Sohn hatte ihn mißverstanden, denn das betreffende Wort hatte einen Doppelsinn: Es bedeutete Zunge sowie Sattelgurt. So brachte der Sohn von dem Fremden nur den geliehenen Sattelgurt zurück, aber nicht die Zunge, die das Geheimnis preisgeben konnte. Bald darauf erhob sich ein schrecklicher Lärm, und in der Erde öffnete sich ein Loch, aus dem Wasser strömte und die Steppe überflutete. Der Alte und mit ihm viele seiner Stammesgenossen verschwanden samt ihrer Habe in den Wassermassen. Da flog ein riesiger Vogel vom Nanshan-Gebirge herab, mit einem Felsblock in den Fängen, den er auf das Erdloch schleuderte und damit die verheerende Flut zum Stillstand brachte. Die Steppe aber hatte sich bereits in einen See verwandelt, und der Felsen, der das Loch verschließt ist Tso Ning, die Insel der Eremiten.

Die Chinesen nannten das Eiland »Insel der Drachenpferde«, und nach den Aufzeichnungen der Tang-Dynastie sollen die Bewohner alljährlich im Winter, wenn der See mit Eis bedeckt war, Pferde auf der Insel ausgesetzt haben. Als sie diese ein Jahr später wieder abholten, hatte jede Stute ein Füllen, diese nannten sie Drachenpferde.

Der Koko Nor ist kein idyllischer Gebirgssee, wie man ihn vielleicht erwartet, dafür ist er zu groß und unüberschaubar. Er ist wenig einladend, weder im Sommer und erst recht nicht im Winter. Die Oberfläche des Eises ist verworfen wie in der Arktis, von dicken in- und übereinandergeschobenen Platten chaotisch strukturiert, und ein bedrohliches Grollen und Ächzen ist zu hören, wenn man sich dem Ufer nähert.

Die Straße führt stets parallel am Südrand des Sees westwärts. Die gelb-braunen Steppen ringsum sind leer. Kein einziges Nomadenzelt ist um diese Jahreszeit zu sehen. Die Dokpas haben sich in geschützte Täler der umliegenden Gebirge zurückgezogen und überwintern zumeist in festen Lehmhäusern. Der See ist den Tibetern bis heute heilig und sein Wasser tabu. Keiner würde es wagen, es mit einem Boot zu durchpflügen, ja selbst den See zu betreten, es sei denn über die Eisbrücke im Winter. Ohne sich um die religiösen Gefühle der Bewohner zu kümmern, haben die chinesischen Besetzer Tibets hier eine Militäranlage in den See gesetzt, um Unterwasserraketen zu testen. Nicht weit davon entfernt entsteht am Ufer eine Feriensiedlung für japanische Großstadtbewohner.

Nach Überquerung des Burhan Gol (chines. Heima He), des »Wilden-Yak-Flusses«, wie ihn die Mongolen nannten, windet sich die Piste über die nordwestlichen Ausläufer des Koko Nor-Gebirges, das auch die Wasserscheide bildet zwischen dem Burhan Gol, der noch dem Koko Nor zuströmt, und dem Dulan Gol, der bereits in das Qaidam-Becken abfließt. Von der Höhe des Passes, an dem sich ein letzter Blick zurück auf den Koko Nor bietet, zieht sich die Straße durch ein System gewundener Schluchten talwärts. Von den Wohnplätzen der Nomaden, an denen sie im letzten Sommer ihre Zelte aufgeschlagen hatten, zeugen noch die Lehmöfen. Weil in ihnen noch der Herdgeist wohnt, werden sie nie zerstört. Schließlich rollen wir hinunter in eine weite Talebene, auf der eine Ansammlung staubgeschwängerter Baracken zum Nachtquartier lädt. Dulan heißt der Ort – ein großer Name für ein kleines Nest. Mangels anderer Örtlichkeiten ist er

Ungeachtet der religiösen Gefühle der Tibeter haben die chinesischen Besetzer Tibets eine Militäranlage in den als Heiligtum verehrten Koko Nor gebaut, um Unterwasserraketen zu testen.

»Die Söhne der mongolischen Adeligen wurden Sklaven des chinesischen Volkes, ihre reinen Töchter seine Dienerinnen. Die mongolischen Adeligen gaben ihre Titel auf, unterwarfen sich, indem sie Titel chinesischer Würdenträger annahmen.«

Inschrift aus Qaidam

»An jedem Bergrücken und in geschützten Canyons gab es Haine und Wälder mit riesigen Tamarisken und mächtigen Bäumen. Als wir unter ihren ausladenden Kronen, auf denen gurrende blaue Tauben saßen, durchritten, kamen wir bald zu Jurten; ganze Kolonien überzogen die Lichtungen und Wiesen wie große, runde, weiße Pilze, mit dicken Filzmatten umschlungen, festgebunden auf ein Weidengerüst. Rauch stieg von den Kuppelzelten auf. Sofort erkannte ich, daß es Mongolen waren! Die letzten Qaidam-Mongolen.«

LEONARD CLARK

auf allen einschlägigen Landkarten verzeichnet. Die Herberge ist schnell gefunden. An Stelle des beheizbaren Lehmbettes, des Kangs, gibt es elektrische Bettlaken. Die schadhaften Kabel lassen ahnen, daß das Bett für den Schläfer leicht zu einer Art elektrischem Stuhl werden kann, aus dem er nicht mehr aufwacht. Nicht nur aus diesem Grund beziehen wir die Wärme lieber aus unseren Daunenschlafsäcken. Auch der Gang zur Latrine in die hinterste Ecke des Hofes steckt voller Überraschungen – vor allem nachts, wenn einen aus dem Dunkel plötzlich ein tibetischer Mastiff anfährt. Die Gäste scheint das wenig zu stören. Die Stimmung ist blendend. Im Nebenzimmer spielen Fernfahrer das Fingerspiel. Ein sinnreicher Wettkampf, bei dem sich zwei Männer beliebig viele Finger einer Hand entgegenstrecken und gleichzeitig eine Zahl rufen. Wer die Summe der ausgestreckten Finger errät, ist Sieger und darf sich daran ergötzen, wie der Verlierer sein Glas voll billigem Fusel leert – unter dem anfeuernden *gan* bei der anderen. Zuletzt hört man nur noch unverständliches Lallen, bis auch das erstirbt und einer nach dem anderen, Sieger wie Verlierer, vor Trunkenheit einschlafen.

Am nächsten Tag brechen wir bereits bei Morgengrauen auf. Knapp außerhalb der letzten Häuser sehen wir einen Wolf über die Steppe schleichen. Als er uns wahrnimmt, ergreift er sofort die Flucht und ist bald in der weiten Steppe verschwunden. Die flüchtige Begegnung ist die einzige mit einem größeren Wildtier, das wir bisher zu Gesicht bekamen. Wo ist der Wildreichtum geblieben, von dem europäische Forscher so schwärmten? »Das Land war voller Leben«, stellte William Rockhill fest, als er vor etwas mehr als einem Jahrhundert hier entlangzog. »Wildyaks und Wildesel waren besonders zahlreich, aber auch Antilopen, Gazellen, Bären, Wölfe und Füchse gab es häufig zu sehen.« Seine mongolischen Begleiter erzählten ihm von einem seltsamen Wesen, das sie über alles fürchteten und als »Wilden Mann« bezeichneten – mit dichter Körperbehaarung, aufrechtem Gang. Die Spuren, die es hinterließ, ähnelten denen des Menschen. Von »Schneemenschen« hörte auch der Amerikaner Leonard Clark, als er im Jahre 1948 die Gebiete um den Koko Nor, das Amnye-Machen-Gebirge und Qaidam durchstreifte. Seine Informanten beschrieben ein Wesen halb Affe, halb Mensch, groß, stark behaart, der Steine als Waffen benutzt und damit auch Menschen töten kann. Der Vater seines tibetischen Begleiters soll einen Lama gekannt haben, der im Amnye-Machen-Gebiet von »Schneemenschen« gekidnappt und einige Tage in ihrer Höhlenbehausung gefangengehalten wurde.

Die Straße führt nun über eine trockene Salzsteppe, in die der Dulan Nor eingelagert ist, einstmals ein ansehnlicher See, von dem nur noch ein gefrorener Salzsumpf übrig ist. Nachdem wir einen niedrigen Bergrücken überquert haben, stehen wir am südöstlichen Rand des Qaidam-Beckens. Innerhalb weniger Kilometer vollzieht sich ein dramatischer Wechsel der Landschaft. Anstelle des Graslandes tritt die Wüste in ihrer lebensfeindlichsten Form. Qaidam ist ein riesiges von Gebirgen eingeschlossenes Becken, das ursprünglich einmal ein See war, von dem vergleichsweise nur noch ein paar »Tümpel«, umgeben von ausgedehnten Salzsümpfen, übriggeblieben sind. Es ist ein Land klimatischer Extreme, mit klirrend kalten Wintermonaten und heißen Sommern, so trocken und karg, daß nicht einmal der anspruchslose Nomade hier leben kann. Alle Flüsse, die von den umliegenden Gebirgen in das Becken hinunterfließen, versiegen ausnahmslos, verdunsten, verschwinden irgendwo im Inneren der Salzwüste. Nur an den Rändern kann sich ein schmaler Vegetationsstreifen halten. Das Leben reduziert sich auf ein paar Oasen, auf wenige Mongolen, deren Jurten wie verloren in der unendlichen Weite stehen. Auch die Straße tastet sich am Südrand der Salzwüste entlang, stets an den letzten Ausläufern des Burhan-Buda-Gebirges, die wie ausgespreizte Finger in das Qaidam-Becken greifen. Zerklüftete Sandsteinriegel, die sich gegen Norden schieben, und Ebenen mit Salzkrusten, weiß wie frischgefallener Schnee, wechseln einander ab. An manchen Stellen hat der

vorherrschende Nordwestwind Barchane – Mondsicheldünen – gebildet. Nirgendwo zeigt sich ein Lebewesen, weder zu Lande noch in der Luft. Auf den nackten gefrorenen Salzsümpfen gibt es gelbbraune Flecken ausgedörrten Grases. Hier und da recken ein paar Büsche ihre Äste in den Himmel – Saxaul und Tamarisken, die wüstentauglichsten Gewächse Zentralasiens.

Ein einziges Mal begegnen wir einer Karawane. Sie schien aus dem Nichts zu kommen, unterwegs zu einem unbestimmten Ziel. Wie auf einer Schnur aufgefädelt, ziehen die Kamele dahin, in gleichbleibendem Rhythmus. Für einen flüchtigen Augenblick berührt uns ihre zeitlose Erscheinung, bewegen wir uns im Gleichklang nebeneinander her, dann bleibt die Karawane zurück und ist bald am Horizont verschwunden.

Alle nostalgischen Gefühle können nicht darüber hinwegtäuschen, daß die Zeit der Karawanen unwiederbringlich vorbei ist. Selbst in exponierten Gebieten wie Qaidam haben Kamele als Lasttiere nur noch lokale Bedeutung. Der zeitgemäße Warentransport erfolgt auf neuen Wegen, auf Straßen und Schienen. Dadurch entstanden an Plätzen neue Handelszentren und Stationen, die früher abseits der Karawanenwege lagen und deshalb unbedeutend waren.

Ein solcher Ort liegt nun vor uns. Gormo oder Golmud, wie es die Chinesen nennen, die dort das Sagen haben, war bis zur Mitte des Jahrhunderts nur ein verschlafenes mongolisches Viehzüchternest an der Grenze zu Tibet. Heute ist es eine Stadt mit Flugverbindungen nach Xining, Lanzhou und Xi-an. Vorläufiger Endpunkt des Schienenstranges, der nach den ehrgeizigen Plänen seiner Erbauer schon längst bis nach Lhasa führen sollte.

Aber so weit ist es noch nicht. Vorläufig gibt es nur eine Straßenverbindung, bereits im Windschatten der Invasionstruppen, die 1950 Tibet besetzt hatten, von Soldaten und Zwangsarbeitern gebaut. Aber Golmud,

Nur noch selten sieht man in Qaidam eine Karawane ihres Weges ziehen. Das Kamal als Lasttier der Mongolen hat nur noch lokale Bedeutung.

Ein schwerer Güterzug überquert die Salzwüste von Qaidam nördlich der Stadt Gormo (Golmud). Im Hintergrund erheben sich bereits die Ausläufer des Kunlun-Gebirges, das die Wüste von Tibet trennt.

Kreuzungspunkt von wichtigen Überlandverbindungen nach Lhasa und Ost-Turkestan (Xinjiang), hat nicht nur militärisch-strategische Bedeutung, sondern vor allem auch wirtschaftliche. Schon aus der Ferne sind die qualmenden Anlagen einer Raffinerie zu sehen, die Erdöl aus der westlich gelegenen Takla Makan-Wüste weiterverarbeitet. Der Ort beherbergt eines der Atomforschungszentren Chinas und liegt nur wenige 100 Kilometer Luftlinie vom ausgetrockneten Lop Nor entfernt, dem nuklearen Testgebiet. Strahlend präsentiert sich auch die Vergnügungsmeile der Stadt. Grell erleuchtete Karaoke-Bars säumen den Weg zum Hotel. Dort scheint allerdings die Zeit stehengeblieben zu sein, jedenfalls wenn man die Weltzeituhren betrachtet, die über der Rezeption hängen und dem Etablissement einen gewissen internationalen Flair geben sollen. Davon scheint das Empfangspersonal nichts zu wissen, das die Kunden nach wie vor als Störfall betrachtet.

Nur im Winter, wenn die Salzsümpfe gefroren sind, ist dieser Teil des Qaidam-Beckens erträglich. Im Sommer, wenn sich der Boden in einen tückischen Morast verwandelt, bevölkern Myriaden von Mücken das Terrain.

Von Golmud führen drei Straßen weiter: Eine in Richtung Süden nach Tibet, eine andere westwärts in das Tarim-Becken, und die dritte nach Norden, nach Dunhuang, an die Hauptroute der Seidenstraße. Die Karawanen, die den Gansu-Korridor über Tibet und Qaidam umgingen, erwartete nun das härteste Stück des Weges. Unmittelbar nördlich von Golmud betritt man eine Landschaft, wie man sie sich abschreckender kaum vorstellen kann. Flach wie ein Meer, das sich bis zum Horizont ausdehnt, erstreckt sich eine Salzwüste so unfruchtbar wie der Mond. Nur im Winter, wenn wie jetzt die Oberfläche hart gefroren ist, war dieses Terrain für Mensch und Tier begehbar. Im Sommer dagegen verwandelt sich die Fläche in einen einzigen Sumpf, in eine Brutstätte für Myriaden von Stechmücken, die das Leben hier zur Hölle machen. Aber auch im Winter war der Weg über die Salzwüste des Dobsan Nor eine Qual – besonders für die Tiere. Der gefrorene Sumpf ist mit scharfkantigen Rillen überzogen, an denen sich die Kamele die Sohlen aufrissen. Deshalb wurden ihre Füße in »Schuhe« gesteckt, indem man sie mit Fellen oder Leder umwickelte und verschnürte. Erst in jüngster Zeit hat der Mensch mit modernen technischen Mitteln diese Salzsümpfe überwunden. Mit enormem Aufwand wurde hier eine künstlich befestigte Trasse gelegt. Parallel nebeneinander verlaufen Piste, Schienenstrang und Telegraphenleitung. Um die Bahntrasse zu festigen, mußte ein meterhoher Damm errichtet werden. Selbst die Straße, die kein derartiges Gewicht zu tragen hat, ist durch ein dickes Fundament aus Steinen abgesichert. Die Frage, warum man die Verkehrswege mitten durch die Salzsümpfe führte und nicht an den Rändern entlang, beantwortet sich nach wenigen Kilometern von selbst. Der Dobsan Nor, jedenfalls was davon einmal ein See war, ist eine ergiebige Salzquelle, die industriell genutzt wird.

Die Szenerie wirkt gespenstisch. Die Straße beschreibt einen weiten Bogen, dann ist es plötzlich da – ein chinesisches Eldorado des Salzes. Die Salzwüste ist überall aufgerissen, mit unzähligen Gruben durchlöchert, dazwischen stehen halbverfallene Baracken, umgestürzte Strommasten mit herabhängenden Drähten. Die Rückstände der Wühlarbeit überziehen wie schwarze Maulwurfshügel das Gelände. Immer weiter rücken die Fronten vor. Dort, wo Salz augenblicklich abgebaut wird, herrscht emsiges Treiben. Wie Ameisen bewegen sich kleine Traktoren

Die natürlichen Salzvorkommen von Qaidam werden heute industriell genutzt.

»Das Salz wird auf einfachste Weise gewonnen: Man sammelt es an einer beliebigen Stelle, schüttet es auf einen Haufen und bedeckt denselben mit einer Lage von Ton und Lehm. So reinigt es sich gleichsam von selbst, wird dann von den Mongolen auf die nächstliegenden chinesischen Märkte gebracht und gegen Tee, Tabak, Branntwein und allerlei Waren eingetauscht.«

Regis Evariste Huc

hin und her. Sie transportieren die weiße salzhaltige Masse von der Grube zur Weiterverarbeitung. Die Fabriken befinden sich unmittelbar an der Bahnstrecke, wo Waggons bereitstehen, um schließlich die turmhohen Salzberge aufzunehmen.

Am nördlichen Rand des Dobsan Nor-Beckens werden Straße und Schienen von Wanderdünen bedrängt. Um die Schienen vor Versandung zu schützen, hat man dem Flugsand Fesseln angelegt. Holzgerüste, ähnlich den Lawinenverbauungen, sollen die größeren Mondsicheldünen bändigen, während die kleinen Barchane in ein Mattengeflecht aus Schilfstroh eingepackt sind. Der Sand ist das Verwitterungsprodukt eines

Ein Mongole aus dem nördlichen Qaidam-Becken hoch zu Kamel. Das Wüstenschiff hat zwar als Lasttier ausgedient, aber es ist nach wie vor als persönliches Reittier unentbehrlich.

Eine für Qaidam ungewöhnlich farbenfrohe Landschaft kennzeichnet den Übergang vom Becken zu den Ausläufern des Nanshan-Gebirges. Eine Ebene mit goldgelbem Steppengras, von schneeweißen Salzsäumen eingerahmte Seen vor dem Hintergrund bunt gebänderter Bergketten.

niedrigen Bergzuges, der die Salzwüste nach Norden abriegelt. Die Bahnstrecke biegt nun nach Osten ab, um über die Nordufer des Koko Nor die Stadt Xining zu erreichen, während die Straße weiter nach Norden strebt. Bald sind wir inmitten eines schroffen Felslabyrinths, aus dem der sandbeladene Wind Furchen und Gassen herausgefräst hat. Ein Mongole, hoch zu Kamel, versucht, der »Widerspenstigen Zähmung« Einhalt zu gebieten, indem er sein Reittier dazu bewegen will, im Galopp den Artgenossen hinterherzulaufen. Das Wüstenschiff wehrt sich gegen das unangemessene Tempo aus Leibeskräften und stößt dabei markerschütternde Schreie aus.

Jenseits der Bergkette öffnet sich ein weiter Talkessel, in dem ein zauberhafter See eingebettet ist. Eine goldgelbe Prärie umgibt seine Ufer. Sie werden von Kamelen bevölkert, dazwischen stehen weiße pilzförmige Filzjurten. Während die Mongolen in der Umgebung des Koko Nor und in Ost-Qaidam völlig an die tibetische oder chinesische Lebensweise assimiliert sind, haben sie hier ihre Tradition bewahrt. Ihre bunte Kleidung und das farbenfrohe Innere der Jurte ist wie eine Kampferklärung an die Wüste. Das Kamel hat zwar als Karawanentier ausgedient, aber es wird immer noch gezüchtet, weil man das Haar gut verkaufen kann. Außerdem ist es ein unentbehrliches Reittier, wenn

Die bunte Kleidung der Mongolen und das farbefrohe Innere ihrer Zeltbehausung sind wie eine Kampferklärung an das montone Braun der Steppe.

es gilt, entlaufene Artgenossen in der Steppe draußen einzufangen. Je weiter wir nach Norden kommen, desto besser werden die Lebensbedingungen. See reiht sich hier an See, mit Eis bedeckt, das in allen Blautönen schimmert. An einem der Seen liegt der Ort Qaidam, dessen Name auf die ganze Umgebung übergegangen ist. Der Verlockung muslimischer Nudeln können wir dort nicht widerstehen. Kurze Zeit später sitzen wir frierend unter Bildern von tropischen Palmenstränden und schlürfen köstlichen *sanpaotai*, während der Koch mit der Geschicklichkeit eines Akrobaten den Teig knetet. Der Teigzopf wird dabei wie eine Springschnur durch die Luft geschleudert, bis er schließlich so elastisch geworden ist, daß sich daraus mit bloßen Fingern meterlange Nudeln ziehen lassen.

Gestärkt mit einer Riesenportion *lamien* – Langnudeln – verlassen wir Qaidam in Richtung Norden. Nach wenigen Kilometern zweigt eine Piste nach Osten ab. Sie führt nach Ruoqiang, der alten Oase Karghalik, am Südrand der Takla Makan. Die Landschaft ist an Weite und Einförmigkeit kaum zu übertreffen. Hier gibt es keine Seen mehr, an denen sich das Auge erfreuen kann, auch kaum Menschen oder Tiere, nur ein Meer von Hochflächen und Schwellen, die einem jedes Gefühl für Zeit und Raum rauben. Irgendwann einmal taucht aus dem Dunstschleier ein hoher dunkler Gebirgszug auf. Wir nähern uns dem Nanshan, der das Qaidam-Becken gegen Norden abschließt. Wie müssen die Karawanenführer von einst diesen Augenblick genossen haben. Er verhieß ihnen die Küste, das Leben, denn nun hatten sie die Salzwüste endgültig hinter sich gelassen. Jetzt richteten sie ihre Blicke angestrengt nach vorne, denn es galt, den Paß zu finden, der den einzigen für Kamele gangbaren Weg eröffnet. Die Strapazen, Ängste und Zweifel der Reisenden von damals lassen sich kaum ermessen, wenn man heute bequem im Geländefahrzeug diese Strecke befährt. Die Karawanen trennten noch Tage von ihrem Ziel, für uns sind es nur wenige Stunden gegen Osten, wo sich der Nashan über 4 000 Meter erhebt, zeigt sich ein geschlossenes weißes Band von Schneegipfeln. Allmählich beginnt das Gelände anzusteigen, zunächst über weite ausladende Hänge, dann treten die Berge näher zusammen und zwingen uns in immer enger werdende Schluchten hinein. Schließlich windet sich die Straße in wenigen Serpentinen zur Paßhöhe hinauf. Der Dangjin Shankou ist

»Wir befanden uns jetzt wieder für die nächsten Tage in der Mongolei, im Königreich Alashan. Manche Lamas hatten uns von dem gleichnamigen Gebirge eine wahrhaft entsetzliche Schilderung entworfen. Jetzt konnten wir uns persönlich davon überzeugen, daß sie nicht im mindesten übertrieben hatten. Die Alashan sind eine lange Gebirgskette, die aus beweglichem Sand besteht. Er ist so fein, daß er wie Wasser durch die Finger rinnt. Auf diesen ungeheuren Sandmassen sieht man auch nicht eine Spur von Pflanzenwuchs.«

Regis Evariste Huc

ein breiter flacher Sattel von nicht einmal 3 000 Meter Höhe, der heute die Grenze zwischen den Provinzen Qinghai und Gansu bildet. In wenigen Minuten rollen wir hinunter in eine tiefe Senke. Schnell ist zu erkennen, daß wir auf der Höhe des Nanshan auch eine Klima- und Vegetationsgrenze überschritten haben. Der Boden ist hier nicht mehr feucht und salzig wie in Qaidam, sondern trocken und versandet, überzogen mit Kameldorn und Tamarisken – Pflanzen also, die für die Gobi typisch sind. Dann ist die hier unmittelbar aufeinander. Der südlichste Sandwall der Gobi prallt auf die Gebirgsmauer des Altun Shan, dessen eisbedeckte Gipfel sich unmittelbar über den gelbgezackten Kamm der Dünen erheben.

Nach Norden zu ist die Wüste flach und mit Dornbüschen übersät. Aber schon bald zeigen sich auch dort Dünengürtel, die in einer Welt, wo es kaum etwas größeres als ein Sandkorn gibt, wie ein stattliches Gebirge aussehen. Beim Näherkommen lösen sie sich jedoch in einzelne Sandgebilde auf, die der

Linke Seite: Einsames Mongolenzelt vor den südlichen Ausläufern des Nanshan-Gebirges.

Sandwüste plötzlich da. Hohe Dünenkämme branden wie Wellen von Norden her an das Gebirge heran. Die Straße verschwindet vor uns im Gewirr der Sandberge. Wären es Wanderdünen, hätten sie die Piste längst unter sich begraben. So aber schlängelt sie sich zwischen den gut 50 Meter hohen Sandgebilden hindurch, an deren messerscharfen, elegant geschwungenen Graten und Gipfel sich Licht und Schatten brechen. Dahinter folgt ein Plateau mit hartem Kies, vom Windschliff wie leergefegt, geschmirgelt und poliert. Der Blick nach Südwesten zeigt eine phantastische Erscheinung. Sand und Eis, scheinbar ein Paradoxon, treffen Straße keinerlei Hemmnisse bieten. Im Licht der untergehenden Sonne überqueren wir eine sandige, vegetationslose Ebene. Sie wird im Norden von hohen Sandbergen begrenzt, die der Wind in ein faszinierendes Wellenmuster gelegt hat. Davor aber zeichnet sich ein grüner Vegetationsstreifen ab, flankiert von alten Signaltürmen in allen Stadien des Verfalls. Sie markieren die Hauptroute der Seidenstraße, und hinter dem ersten Pappelgürtel verbirgt sich Dunhuang, eine der wichtigsten Stationen des legendären Fernhandelsweges.

Erst hier konnten die Karawanen wieder rasten und sich in Sicherheit wähnen. Auf der

Unter der verheerenden Wirkung der Sandstrahlgebläse des Windes lösen sich die Ränder des Nanshan-Gebirges in bizarre Inselberge auf, die weiter zerfallen, zu Sand und Staub.

Am Nordrand das Altun Shan begegnen einander zwei Extreme: Der Sand der Gobi brandet wie Wogen an das Rückgrat Asiens, das Kunlun-Gebirge, heran.

ganzen langen Strecke über den Koko Nor und Qaidam gab es keine Oasen wie im Gansu-Korridor, keine Große Mauer, keine Festungen wie Jiayuguan, ja nicht einmal Feuertelegrafen. Deshalb konnten es nur große Karawanen mit ausreichend Tieren und bewaffneter Begleitung wagen, diesen exponierten Weg zu wählen.

Der schwierige und gefährliche Weg über Koko Nor und Qaidam war jedoch nicht die einzige Möglichkeit, den Gansu-Korridor zu umgehen. In manchen Zeiten benutzten die Karawanen eine nördliche Ausweichroute. Diese entstand im 6. Jahrhundert und stellte einstmals eine direkte Verbindung nach Korea her. Sie führte über Beijing und Datong in die Innere Mongolei, am Rande der Alashan Gobi nach Hami, um dort an die Nordroute der Seidenstraße im Tarim-Becken anzuschließen. Auch diese Strecke läßt sich heute noch nachvollziehen, durch Klöster, Grottenheiligtümer und Ruinen – im wahrsten Sinne des Wortes vom Sande verweht.

Vom Sande verweht

Die nördliche Route über Khara Khoto

In den südlichen Vororten von Beijing, etwa 15 Kilometer vom heutigen Stadtzentrum entfernt, spannt sich eine 235 Meter lange und acht Meter breite Steinbrücke in elf Bögen über einen Fluß. Die Geländer bestehen aus 140 miteinander verbundenen Säulen, auf denen Löwen sitzen. Auch der Löwe kam über die Seidenstraße nach China: zunächst als exotisches Geschenk westasiatischer Fürsten, dann durch den Buddhismus. Auf seinem Rücken reitet Manjusri, der Bodhisattva der Weisheit, der mit seinem flammenden Schwert das Dunkel der Unwissenheit zerteilt. Erst später wurde der Löwe, paarweise dargestellt, grimmiger Wächter und Beschützer von chinesischen Palästen, Tempeln und Gräbern, zuletzt sogar der »neuen verbotenen Stadt«, dem Sitz der kommunistischen Herrscherclique.

Die Chinesen nennen die Brücke Lugou Qiao, in Europa aber wurde sie unter dem Namen Marco-Polo-Brücke bekannt. An dieser Stelle betrat im Jahre 1290 der venezianische Kaufmannssohn die Stadt Khanbalik, wie er die Residenz des Mongolenherrschers Khubilai Khan nannte. Freilich hatte zu diesem Zeitpunkt die Seidenstraße längst ihre Glanzzeit hinter sich, aber Marco Polo traf noch viele der Orte voll pulsierenden Lebens an, die bald darauf im Sand der Wüsten verschwanden. Er wird erster und gleichzeitig letzter abendländischer Zeuge vom Leben in den Oasen und Karawansereien der Seidenstraße am Vorabend des Einbruchs des Islam. Das macht seine Reise und den Bericht darüber so wertvoll. Die »Beschreibung der Welt« war der unumstrittene Bestseller im Mittelalter, abgesehen von der Bibel natürlich. Das Werk hat Könige und Fürsten begeistert und seinesgleichen inspiriert. Eine Abschrift davon begleitete Christoph Kolumbus, als er nach »Indien« aufbrach, um Amerika zu finden.

In jüngster Zeit erheben sich immer wieder Zweifel, ob die Reise des Marco Polo wirklich stattgefunden hat. Bezweifeln mag man die Echtheit der »Beschreibung der Welt«, wie wir sie kennen, die lediglich eine Abschrift dessen ist, was Marco Polo im düsteren genuesischen Kerker seinem Mitgefangenen erzählte. Was er genau berichtete und was letztlich davon von Rustichello aufgeschrieben wurde, wird wohl für immer ein Geheimnis bleiben. Und auch die Löwen auf der Brücke schweigen sich beharrlich darüber aus, ob Marco Polo seinerzeit bei ihnen vorbeigekommen ist oder nicht.

Zur Blütezeit der Seidenstraße gab es noch kein Beijing, keine »Nördliche Hauptstadt«, auch noch keine »Marco-Polo-Brücke«, denn diese wurde erst im Jahre 1189 gebaut; trotzdem ist der Ort auf seltsame Weise mit der Entwicklung des Handelsweges verbunden. Denn dort, wo sich heute die Lugou Qiao befindet, liegen auch die Wurzeln von Beijing. Die älteste Siedlung hieß Ji und wurde vom Reichseiniger Qin Shihuangdi im Jahre 221 v. Chr. erobert und zu einer Militärbastion gegen die »Nördlichen Barbaren« ausgebaut. Aber erst im 6. Jahrhundert, in der vom Fremdvolk der Toba begründeten Wei-Dynastie, entstand hier eine nördliche Nebenroute der Seidenstraße.

Wenn man heute diesem Weg folgt – ob per Bahn oder mit einem Fahrzeug –, berührt man nordwestlich von Beijing die Große Mauer. Gleich dem gewundenen und gepanzerten Schweif eines chinesischen Drachens ziehen sich die Wehrmauern über Berg und Tal. Kein Gelände schien zu schwierig, kein Hindernis zu groß, um es nicht mit Mauern zu überziehen. So entstand an diesem strategisch so wichtigen Abschnitt nicht nur ein einziger geschlossener Wall, sondern ein ganzes System von Befestigungen mit vielen Verzweigungen und Verästelungen. Ihre Anfänge gehen auf den unermüdlichen Shihuangdi zurück. Er ließ bereits bestehende Befestigungen der zuvor unterworfenen Kleinstaaten zu einem einzigen Wall verbinden. Unter Einsatz von zeitweise bis zu einer Million Fronarbeitern, von denen viele die Schinderei nicht überlebten, trieben seine Generäle das Projekt unerbittlich voran. So entstand in einer Bauzeit von nur zehn Jahren ein 5 000 Kilometer langes Bollwerk aus Lehm, Geröll und Holz. Diese erste »Große Mauer« wurde in der Han-Zeit (206 v. Chr. – 200 n. Chr.) durch einen neuen, weiter nördlich gelegenen Wall ersetzt und nach der

Lugou Qiao, die sogenannte Marco-Polo-Brücke, überspannt in elf Bögen den Yongding-Fluß im Süden der Hauptstadt Beijing. Marco Polo soll sie auf dem Weg zur Residenz des Mongolenkaisers Khublai Khan im Jahre 1290 überschritten haben.

Niederwerfung der Xiongnu im Westen bis nach Dunhuang verlängert. In dieser Zeit erreichte die Mauer mit einer Länge von 20 000 Li, also gut 10 000 Kilometern, ihre größte Ausdehnung. Ihre reale militärische Bedeutung hing jeweils von den politischen Verhältnissen im Reich ab. War China stark und geeint, dann erfüllte auch die Mauer ihre Funktion als Grenzbefestigung. In Zeiten territorialer Zersplitterung und sich bekriegender Dynastien war die Mauer meistens nutzlos, denn sie verlief entweder quer durch ein Kleinreich oder konnte nicht ausreichend mit Soldaten besetzt werden. Unter den Ming-Herrschern (1368–1644) erfuhr die Mauer eine letzte Renaissance – wenn man von den jüngsten Restaurierungen für touristische Zwecke einmal absieht. Aus Angst vor den Mongolen, die nach dem Sturz der Yuan-Dynastie (1271–1368) in ihre Steppenheimat jenseits der Mauer geflüchtet waren, ließ der erste Ming-Kaiser den verfallenden Wall wieder ausbessern und zusätzlich verstärken. Damals entstand jenes imposante Bollwerk mit seiner Ummantelung aus Steinquadern und Ziegeln, das heute Tausende und Abertausende Besucher täglich bestaunen. Über 12 000 Li, etwa 6 350 Kilometer zieht sich der Befestigungswall von seinem östlichsten Punkt, der Festung Shanhaiguan, bis nach Jiayuguan am Westende des Gansu-Korridors. Nur hier in diesem Abschnitt, wo sie Beijing, die »Nördliche Hauptstadt« der Ming, unmittelbar schützte, erreichten die Mauern die stattliche Höhe von mehr als zehn Metern und eine durchschnittliche Breite von sechs Metern, so daß sie den Truppen gleichzeitig als »Heerstraße« diente. Die Kommunikation lief über eine Kette von Türmen und Befestigungen mittels Rauch- und Feuersignalen.

Die heutigen Verkehrswege laufen etwa parallel der Mauer durch ein zunehmend karger werdendes Bergland westwärts. Nach knapp 400 Kilometern und einer siebenstündigen Zugfahrt, erreichen wir die Stadt Datong. Der erste Eindruck ist ernüchternd.

Monumentale, heute im Freien stehende Figur des Buddha Sakyamuni in den Yungang-Grotten. Die Löcher in den Sandsteinwänden beweisen, daß diese Figurengruppe einstmals durch einen Tempelbau geschützt war.

Rauchende Schlote, von Fahrzeugen verstopfte Straßen, Abgase, Lärm und Gedränge. Über die ganze Stadt breitet sich ein Nebel aus unangenehm ätzendem Kohlenstaub. Die graue, aus allen Nähten platzende Industriestadt läßt kaum vermuten, daß sich hier noch Spuren der Seidenstraße finden lassen. Und doch birgt Datong eine der größten Kostbarkeiten. Nur wenige Kilometer vom Stadtzentrum entfernt, am Südhang der Wuzhou-Berge, liegen die Yungang-Grotten, neben Dunhuang das bedeutendste buddhistische Höhlenheiligtum Chinas. In einer steilen Wandflucht von einem Kilometer Länge reiht sich Grotte an Grotte. Im Laufe der Zeit ist der weiche Sandstein mancherorts abgebröckelt und sind die hölzernen Vorbauten eingestürzt, so daß einige der Figuren nun im Freien stehen. Aber trotz zerstörerischer Witterungseinflüsse und Kunstraub bergen die insgesamt 53 Höhlen immer noch mehr als 50 000 Figuren. Sie sind von überwältigender Schönheit. Ursprünglich sollen es sogar 100 000 Statuen und Reliefs gewesen sein. Es ist, als würde sich hier alles versammelt haben, was der Buddhismus an Bildern zu bieten hat. Buddhas aller Weltzeitalter, Bodhisattvas in verschiedenen Erscheinungsformen, Heilige, Fabeltiere und Glückszeichen. Apsaras, schöne himmlische Nymphen, umschweben die Häupter der Buddhas, anmutige Tänzerinnen und Musikanten erfreuen sie mit ihrer Kunst. In einer Höhle meditiert ein über 20 Meter hoher Buddha Sakyamuni, flankiert von Bodhisattvas, in einer anderen thront Maitreya, der zukünftige Buddha, dessen rechter Arm von einem stehenden Bodhisattva Vajrapani gestützt wird. Da gibt es grimmig aussehende Wächter mit Flügelhelmen vor Nischen mit gütig und friedvoll blickenden Gottheiten. Tausend Buddha-Höhlen und 10 000 Bodhisattva-Grotten entführen den Besucher in eine verwirrende Bilderwelt. Eine Vielzahl an Reliefs zeigt das Leben des historischen Buddha, Station für Station, von seiner Geburt als Prinz Gautama bis zum Eintritt ins Nirvana. Eine Szene

»Manche Buddhas von Yungang bieten uns so in ihrer Zartheit geschmeidiger Linien einen stillen Eindruck von Frische und Aufrichtigkeit, von erholsamer Schlichtheit, die vielleicht einzigartig in der Kunst des Fernen Ostens ist.«

René Grousset

stellt seine Flucht aus dem väterlichen Palast in Indien dar, aber das Pferd, auf dem er davonreitet, zählt zu jener kleinen Rasse, wie sie auch von Gräbern aus dem Altai bekannt sind, der Heimat der Toba. Auch das Zaumzeug ist das eines Nomadenpferdes. Hier zeigt sich, daß Mönche den Wünschen der Stifter entsprachen und von ihrer überlieferten Ikonographie abwichen. Noch deutlicher tritt dies bei einem Relief in Erscheinung, das einen Bodhisattva zwischen zwei wie Stammeshäuptlinge gekleidete Heiligen zeigt. Sie tragen den Kaftan, die Pelzmütze und die hohen Stiefel der Nomaden, genauer gesagt der Stammesaristokratie der Toba, aus deren Reihen die Stifter von Yungang kamen.

Was aber Yungang so einzigartig macht, ist die Art der Darstellung, die Stimmung, die die Bildwerke wiedergeben. Sie scheinen befreit von vergangenen Stilzwängen, in tiefer religiöser Hingabe geschaffen zu sein. »Gottheiten und Randfiguren sind hier in dem großen buddhistischen Frieden erstarrt«, wie der französische Orientalist René Grousset schreibt. Auf den Gesichtern der Figuren und Reliefs von Yungang liegt ein Lächeln, als wollten sie den Triumph der Lehre verkünden über die chaotische Zeit, in der sie entstanden sind. Wer sind ihre Schöpfer? Was befähigte das Nomadenvolk der Toba altaischer Zunge zu einer solchen Kulturleistung? Zunächst einmal hatten sie geschickt das nach dem Untergang der Han-Dynastie entstandene Machtvakuum genutzt, um zuerst den Norden, dann aber auch das chinesische Kernland in ihren Besitz zu bringen und im Namen der Wei-Dynastie von 386 bis 556 n. Chr. über weite Teile des Reiches zu herrschen. Doch die Eroberer erlagen der Macht des Chinesischen und waren bald völlig sinisiert. Auch ihre mitgebrachte schamanistische Religion legten sie schnell ab und konvertierten zu glühenden Anhängern des Buddhismus, der zum offiziellen Staatskult aufstieg. Das führte zu einem unerhörten Boom an neuen Klöstern und Heiligtümern. In dieser Zeit entstanden auch die Yungang-Grotten. Die meisten Höhlen wurden unter der Leitung

Das Innere der Höhle Nr. 13 in den Yungang-Grotten füllt ein 14 Meter hoher Buddha Maitreya, dessen rechter Arm – eine Besonderheit – von einem stehenden vierarmigen Vajra-Bodhisattva gestützt wird.

»Als wir am Fuße des gewaltigen Bildwerkes standen und der weiche Gongschlag des Priesters in dem dämmernden Gewölbe widerhallte, äußerte Borodin zu mir: ›Wenn ein Engländer das sehen könnte, hätte er nur eines auszusetzen!‹ Und auf meine Frage, was er zu tadeln hätte, hörte ich: ›Daß er zu groß ist, um ihn ins Britische Museum zu verschleppen, in diese Rumpelkammer für die Beute der Jahrhunderte!‹«

Anna Louise Strong

»Die ganze Zeit fahren wir durch neuangebaute Gegenden, die chinesische Siedler von den Mongolen gekauft haben. Das Kloster gehört zu denen, die verlassen und nicht mehr benutzt werden, da die mongolische Bevölkerung von den seßhaften Kolonisten verdrängt wurde.«

SVEN HEDIN

des Mönchs Tanyao, zur Regierungszeit des Kaisers Toba Jun (452–465), der Nördlichen Wei-Dynastie, angelegt, die letzten im ausgehenden 5. Jahrhundert vollendet.

Noch ein anderes großes Vermächtnis der Wei befindet sich in der Nähe von Datong. Der Weg dorthin führt über ein zerrissenes Lößplateau. Von Zeit zu Zeit kommen wir an kleinen Dörfern vorbei, die von Weizenfeldern umgeben sind. Am südöstlichen Rand der Hochfläche erhebt sich der Heng Shan. Die mit Kiefern bewachsene Berggestalt, zu deren Gipfel eine Steintreppe führt, gehört zu den fünf Heiligen Bergen des Daoismus. Diese fünf Berge, zu denen noch der Tai Shan, der Hua Shan, der Song Shan und ein weiterer Heng Shan in der Provinz Hunan zählen, waren seit alters her Opferstätten und liegen nach kosmischem Verständnis der Chinesen auf allen fünf Himmelsrichtungen – zu den vier Kardinalrichtungen kam noch die Mitte als fünfte.

Dem Heng Shan gegenüber, inmitten einer abschüssigen Felswand, liegt einer der schönsten Sakralbauten Chinas: das Hängende Kloster. Das Heiligtum macht den Eindruck, als würde es an den Felsen kleben. Die filigran wirkenden Holzbauten wurden raffiniert an Höhlen und Nischen angebaut und mit Pfählen abgestützt. Die einzelnen kleinen Tempel sind mit Treppen, Brücken und Leitern miteinander verbunden. Es wurde nur wenig später als die Yungang-Grotten, Anfang des 6. Jahrhunderts, ebenfalls noch zur Zeit der Nördlichen Wei-Dynastie (386–534), gebaut und gehört somit zu den ältesten Holzbauten, die erhalten geblieben sind.

Westlich von Datong betreten wir das Territorium der Inneren Mongolei, heute eine sogenannte »Autonome Provinz« innerhalb Chinas. Von Mongolen aber ist zunächst nichts zu sehen. Die einstigen Herrscher über ganz China wurden in den letzten hundert Jahren immer weiter in die öden Steppen und Wüsten der Gobi abgedrängt und sind längst zur Minderheit geworden. Nachdem die Manchu-Kaiser der letzten Dynastie es

ihren Untertanen erlaubt hatten, die Große Mauer zu überschreiten, überschwemmte ein Heer chinesischer Siedler das angestammte Land der Mongolen, die mit ihren Pflügen den Boden aufwühlten. Die Mongolen hatten bald keine Basis mehr, ihr traditionelles Leben als Hirtennomaden fortzuführen, und mußten weichen oder sich der Bauernkultur anpassen. Im Süden der Inneren Mongolei, durch den unser Weg führt, ist die Grassteppe völlig verschwunden. Das Land ist dicht besiedelt – überwiegend von Han-Chinesen – und landwirtschaftlich genutzt.

Dem Lockruf der Rohstoffe, über die das Land reichlich verfügt, folgte die Industrialisierung. Aufbruchstimmung herrscht auch in Hohhot. Die »Blaue Stadt« in der Steppe, ursprünglich eine Ansammlung von Tempeln, Pagoden und Filzzelten, ist heute eine ganz und gar chinesische Stadt. Einziges Zugeständnis an lokale mongolische Architektur ist ein Kuppeldach, das einer Jurte nachempfunden ist. Zwischen Häuserblocks eingeklemmt, sieht man vereinzelt runde Filzzelte. Sie dienen als Restaurants, in denen man mongolisch speisen kann. Was sonst von mongolischer Lebensart noch übrig ist, sind nichts mehr als erbärmliche Dokumente unaufhaltsamen Verschwindens oder pure Folklore für zahlungskräftige Touristen, die dem unausrottbaren Mythos von Chinghis Khan und seinen Steppenkriegern hinterherjagen. Was die Seidenstraße betrifft, ist die Stadt ohne Bedeutung. Denn als die Karawanen hier durchzogen, standen bestenfalls ein paar Zeltbehausungen auf der weiten Grassteppe. Erst im 16. Jahrhundert ließ der Mongolenfürst Altan Khan, ein gläubiger Buddhist, vor den staunenden Augen seiner Untertanen mehrstöckige Tempel und Pagoden aus der Steppe wachsen und nannte den Ort Köke Khoto, die »Blaue Stadt«.

Westlich von Hohhot – wie die Stadt heute heißt – nähern wir uns dem Lauf des Gelben Flusses, der in einem riesigen Bogen nach Norden die Ordos-Steppe einfaßt. Trotz der

Das Hängende Kloster unweit der Provinzstadt Datong gehört zu den ältesten Holzbauten Chinas. Es klebt an einer Felswand, gegenüber dem Heng Shan, einem der fünf heiligen Berge des Daoismus.

Oben: Zu den wenigen interessanten historischen Gebäuden in Hohhot zählt Wuta Si, der »Tempel der Lampe der Güte«. Vom einstigen Klosterkomplex ist jedoch nur noch die Diamantthron-Pagode erhalten, die aus der Regierungszeit des Qin-Kaisers Yongzheng (reg. 1723–1735) stammt.

Mitte links: Geflügelte Himmelswesen.

Mitte rechts: Meditierende Buddhas.

Die mongolische Kultur in Hohhot ist zur puren Folklore herabgesunken, zur Schaustellung für Touristen, die dem Mythos von Chinghis Khan und seinen Steppenkriegern hinterherjagen.

Nähe des wasserreichen Stromes ist Ordos eine karge, nur spärlich von Gras bedeckte Halbwüste. Chinghis Khan hat diesen Landstrich seinen Stammesgenossen erobert. Nachdem er mit seinen Reiterheeren bereits die halbe Erde seinem Steppenimperium einverleibt hatte, beschloß er, das Tangutenreich Xixia anzugreifen. Die Tanguten, ein tibetischer Volksstamm, hatten die chaotische Zeit nach dem Sturz der Tang-Dynastie ge-

nutzt und außer dem für die Seidenstraße so wichtigen Hexi-Korridor noch weite Teile der heutigen Provinzen Gansu, Qinghai, und der Inneren Mongolei in ihren Besitz gebracht. Das Zentrum ihres Reiches lag in der heutigen Provinz Ningxia (Befriedetes Xia) unweit der Stadt Yinchuan. Die Xixia-Herrscher machten den Fehler, Chinghis Khan zu unterschätzen, ja sogar zu provozieren, indem sie den Tribut und die Waffenhilfe verweigerten, die er forderte. Nach der »Geheimen Geschichte der Mongolen« soll Chinghis Khan daraufhin geschworen haben, das Xixia-Reich zu zerstören und alle Tanguten auszurotten. Er führte den Feldzug persönlich an. Aber noch vor der entscheidenden Schlacht traf ihn selbst jenes Schicksal, das er seinen Feinden zugedacht hatte. Im Jahre 1227 starb er unter mysteriösen Umständen. Obwohl die Umstände seines Todes ungeklärt sind, und letztlich auch ungewiß ist, wo und wie sein Leichnam bestattet wurde, behaupten die Ordos-Mongolen fest, daß sie allein die sterblichen Überreste des großen Steppenkriegers verwahren. Schon aus der Ferne sichtbar, recken sich aus der flachen Ordos-Steppe im grellen Sonnenlicht glänzende Runddächer, getragen von Bauwerken, die wie mehrstöckige Jurten aussehen.

Die Mongolen

Die Mongolen tauchen in den chinesischen Annalen erstmals im 9. Jahrhundert auf – als nomadisierendes Volk im Gebiet der heutigen östlichen Mongolei. Aber erst drei Jahrhunderte später gelingt es Temüdchin, der später unter dem Namen Chinghis Khan in die Geschichte eingeht, nach und nach, die einzelnen Clans und Stammesgruppen unter seiner Führung zu vereinen. Der Aufstieg der Mongolen vollzog sich nach den Gesetzmäßigkeiten, die schon immer dem Erstarken eines Nomadenreiches zu Grunde lagen. Ein Stammesverbund unter einer starken Führerpersönlichkeit zwang die anderen zur Gefolgschaft und verbündete sich mit anderen Nomadenstämmen. »Die geheime Geschichte der Mongolen« erzählt in mythisch verbrämtem Stil von der Kindheit Temüdchins. Demnach wuchs er außerhalb der gesellschaftlichen Normen auf, und seine Mutter soll ihm bereits früh zum Anspruch einer Führungsposition angestachelt haben. Vielleicht waren auch wirklich der unbeirrbare Glaube an seine Führungsmission in Verbindung mit militärischer Genialität und Skrupellosigkeit für seinen kometenhaften Aufstieg zum Steppenherrscher verantwortlich. Sicherlich ist er eine charismatische Persönlichkeit gewesen, denn anders ist die bedingungslose Loyalität seiner Gefolgschaft nicht erklärbar.

Seine Karriere als Feldherr begann mit Rachefeldzügen, die aus persönlichen Motiven geführt wurden. Der Nachbarclan der Tataren hatte seinen Vater vergiftet, es folgte eine Strafexpedition. Ein anderer Stamm aus der Nähe des Baikal-Sees, der seine Frau entführt hatte, wurde völlig vernichtet. Er war bereits 50 Jahre alt, als es ihm endlich gelungen war, die Stämme der Region zu unterwerfen und seine Rivalen auszuschalten. Im Jahre 1206 wurde er bei einer Fürstenversammlung an der Onon-Quelle zum

Großkhan proklamiert. Radikal baute er die Gesellschaftsstrukturen um. Die starken Bande der Clan-Zugehörigkeit wurden durch eine neue militärische Einheit – die Zehntausendschaft – abgeschwächt. Die Führungspositionen wurden mit Vertrauensleuten besetzt. Nicht mehr die Herkunft zählte, sondern die Loyalität.

Seine Eroberungszüge waren Beutefeldzüge, an denen er stets alle seine Soldaten beteiligte. Die Aussicht auf Beute hielt die Krieger bei Laune, erhöhte die Kampfmoral, aber bedurfte immer neuer Eroberungen.

Die Liste der Feldzüge liest sich wie ein Militär-Almanach: 1209 erkannten die Uiguren die Oberherrschaft der Mongolen an, 1211 wurde Nord-China angegriffen, 1215 fiel Peking. Nachdem islamische Kaufleute, die Chinghis Khan in diplomatischer Mission zum Schah von Choresm geschickt hatte, ermordet wurden, zerschlug er 1217 das Reich an der Oxus-Mündung und verfolgte den fliehenden Schah bis an das Kaspische Meer. Nun folgte Schlag auf Schlag. 1226 wurde Tiflis erobert, 1227 wandte sich Chinghis Khan gegen das Tangutenreich Xixia in Nordwest-China. Auf dem Weg dorthin stirbt er unter mysteriösen Umständen. Zurück blieb eine blutige Spur, die ganze Landstriche entvölkert, Kulturen vernichtet, Städte aus der Landkarte getilgt. Auch wenn die damalige Welt nicht unbedingt zimperlich in der Wahl der Mittel war, so setzte Chinghis Khan mit dem vorsätzlichen Genozid ganzer Völker neue Maßstäbe.

Sein Sohn Ögedei setzte den Kampf um die Weltherrschaft fort. Nach zehnjährigen Kämpfen wurde China besiegt. Im Norden und Westen drangen mongolische Heere bis weit nach Europa vor. 1238 wurde Moskau eingenommen, 1240 Kiew, 1241 schlugen sie bei Liegnitz ein deutsch-polnisches Heer vernichtend. Westeuropa schien bereits eine sichere Beute, da starb Ögedei, und die Befehlshaber wurden zurückgerufen, um einen neuen Großkhan zu wählen. Sein Nachfolger Möngke beherrschte ein Imperium, das von Syrien bis zum chinesischen Meer und vom Himalaya zur sibirischen Tundra reichte.

Nach den Kriegswirren brachte die »Pax Mongolica« eine letzte Blüte der Seidenstraße. Internationaler Handel florierte, die Karawanen zogen unbehelligt von Europa nach Asien. Aber »der Weg zum Staatsvolk war für die Mongolen nicht geplant«, schreibt der bedeutende Mongolist Walther Heissig. Sie blieben Söhne der Steppe. Es gab kein entwickeltes Verwaltungssystem, das die eroberten Gebiete hätte dauerhaft sichern können. Eine kleine mongolische Elite herrschte über ein Sammelsurium eroberter Reiche, das die Besiegten mangels Personal wieder selbst verwalteten. Die von Chinghis Khan außer Kraft gesetzte Herkunftshierarchie lebte wieder auf. Alte Familien- und Clanzwistigkeiten schwächten die zentrale Macht des Großkhans. Bereits Möngke mußte sich Intrigen unterlegener Familienzweige erwehren. Nach seinem Tod ignorierte Khubilai Khan das von Chinghis Khan festgelegte Ritual einer Wahl durch die Generalversammlung aller Heerführer und Statthalter und rief sich selbst zum neuen Großkhan aus, gleich darauf auch zum Kaiser von China.

Das war der Anfang vom Ende. Das mongolische Weltreich zerfiel in einzelne unabhängige Teilreiche – Khanate. Khubilai Khan verlegte seine Residenz nach Peking, und Karakorum, die mongolische Steppenmetropole, versank in der Bedeutungslosigkeit. Nach und nach gingen die Khanate ihre eigenen Wege, in denen das mongolische Element zunehmend verschwand. Die Goldene Horde herrschte in Rußland bis zum Jahre 1480, das Khanat Chagatai konnte sich in den Steppen Zentralasiens nur bis ins 14. Jahrhundert halten, das Ilkhanat Persien ging bereits im 13. Jahrhundert unter, und auch die Pekinger Yuan-Dynastie wurde im Jahre 1368 von den Ming hinweggefegt.

Die meisten der heute in der Inneren Mongolei lebenden Mongolen haben ihr Dasein in der Steppe aufgegeben und sind im Laufe der Zeit völlig sinisiert.

Die Gedächtnisstätte der »Sieben Zelte« ist das größte Heiligtum von Ordos, vielleicht sogar aller Mongolen. Jener Baldachin aus gelber Seide, unter dem sich die Gebeine Chinghis Khans befinden sollen, wird verehrt wie Buddhas Zahnreliquien anderswo. Hier hat die Vergangenheit noch nicht aufgehört, hier träumen die Mongolen weiter ihren großen Traum von einem starken, geeinten Land. Nach dem Zerfall der Sowjetunion sind die nördlichen Mongolen diesem Traum wieder näher gerückt, aber die Innere Mongolei halten die Chinesen weiterhin eisern im Griff. Doch die mystifizierte Gestalt des Chinghis Khan und sein Mausoleum inmitten der öden Ordos-Steppe sorgen dafür, daß die Hoffnung darauf nicht erlischt.

Keine andere Herrschergestalt eines Volkes von Reiternomaden wurde so zum Schrekken der Seßhaften wie Chinghis Khan. Von seinen Gefolgsleuten bedingungslos verehrt und vergöttert, ließen seine Feinde kein gutes Haar an ihm. In seltener Übereinstimmung wurde er von abendländischen wie auch arabischen Chronisten verteufelt. »Ex tartaro«, der aus der Hölle kam, nannte man ihn, »die Geißel Gottes«, einen »kulturlosen Barbaren«, der alles vernichtete, was Menschen über Generationen aufgebaut haben. Unbestritten hat Chinghis Khan mit seinen Reiterheeren blühende Reiche und Städte verwüstet, manche davon wurden nie wieder aufgebaut. Exponierte Oasen, die von künstlicher Bewässerung abhängig waren, fielen der Wüste anheim, weil die dezimierte Bevölkerung nicht mehr in der Lage war, die Kanäle instand zu halten. Auch der Verkehr an der Seidenstraße kam zum Erliegen. Aber schon die Nachfolger, die über das riesige territoriale Erbe herrschten, das in Khanate aufgeteilt war, wurden seßhaft und adaptierten die lokale Kultur. Während der Pax Mongolica erfuhr die Seidenstraße noch eine letzte Renaissance. In dieser Zeit gab es eine rege Handels- und Reisetätigkeit zwischen Ost und West. Es war die Periode, in der die Gebrüder Polo von Venedig nach Khanbalik (Beijing) reisten, in der der Franziskaner Wilhelm von Rubruck nach Karakorum gelangte, im naiven Glauben, der mongolische Großkhan erwarte sehnsüchtig die christliche Botschaft.

Für eine kurze Zeitspanne, so scheint es, rückte die Welt im 13. Jahrhundert enger zusammen als je zuvor: Venezianer am Hof des Mongolenkaisers in Beijing, mongolische Gesandte in Bordeaux, französische Handwerker und Missionare in Karakorum, arabische Steuereintreiber in China ...

Westlich der Ordos-Steppe, nachdem die letzten Bewässerungskanäle des Gelben Flusses versiegt sind, betreten wir jenen 1,3 Millionen Quadratkilometer großen Raum, den man als die Gobi bezeichnet. Der größte Teil davon ist Steppe, Lebensraum der Mongolen, die mit ihren beweglichen Behausungen, den Jurten, von Brunnen zu Brunnen ziehen. Sie züchten Pferde, Schafe und vor allem Kamele. Nur zwei Sandbereiche gibt es innerhalb der Gobi, die Gashun und die Alashan-Wüste, beide liegen im Süden, in der Inneren Mongolei, also innerhalb der Grenzen Chinas. Unser Weg führt am östlichen Rand der Alashan Shamo entlang, weitgehend über flache Steinwüste, unterbrochen von niedrigen Schwellen aus rotem, zerborstenem Gestein, Reste der alten Hanhai-Scholle, die sich unter den Kräften der Ver-

witterung allmählich auflöst. Zuweilen schieben sich Dünen an die Piste heran, aber die hohen Sandzonen bleiben hinter Randgebirgen verborgen. Nach zweitägiger Fahrt über Hunderte Kilometer Rippelpiste, kommen wir ans »Ende der Welt«. Aus der Sicht des Chinesen ist dies der Ort Erji Qi, eine häßliche Garnisonsstadt, die vorwiegend von Soldaten und deren Familien bewohnt wird. Hinzu kommen noch einige »Offizielle«, denen gemeinsam ist, daß keiner von ihnen freiwillig hierher kam. Es wird kolportiert, daß hier in den sechziger Jahren eine Wasserstoffbombe getestet wurde. Ob wahr oder nicht spielt keine Rolle mehr, denn Erji Qi und seine Umgebung sind eine sterbende Welt. Der Hei He, der »Schwarze Fluß«, den wir bereits aus dem Hexi-Korridor kennen, bringt kaum noch Wasser hierher, weil es ihm schon vorher entzogen wird. Als Folge trockneten die beiden Seen Gashun Nor und Sogo Nor in wenigen Jahrzehnten vollkommen aus, und das Delta des Edsin Gol, wie der Fluß von den Mongolen genannt wird, verwandelte sich in eine Mondlandschaft. Stundenlang bewegen wir uns durch das tote Flußdelta. Nachdem das Wasser ausgeblieben war, starben die Pflanzen. Den vollendete das zerstörerische Werk der Erosion. Der Wind legte die Wurzeln frei, fräste Furchen und Gassen in den Boden und häufte den Sand zu Dünen auf.

Zu dieser Landschaft paßt die tote Stadt Khara Khoto, denn auch sie kündet von der Vergänglichkeit. Weiße filigrane Spitzen, die hinter abgestorbenen Pappeln aufleuchten und wieder verschwinden, sind das erste, was ich von der »Schwarzen Stadt« sehe. Dann bricht der Pappelwald ab und gibt eine Mesa frei, ein Plateau schwarz wie erstarrte Lava, vom sandbeladenen Wind geschmirgelt und poliert. Darauf stehen gewaltige Mauern, gegen die der wandernde Sand in riesigen Wogen anbrandet. Khara Khoto, die »Schwarze Stadt« in der Gobi, gehört zu den eindrucksvollsten Relikten der Seidenstraße. Die Mauern demonstrieren noch immer Wehrhaftigkeit. Sie überstanden Belagerungszeiten und Kriege und trotzen bis heute Wind und Sand. An der nordwestlichen Ecke sind der Mauer weiße Türme aufgesetzt, sie gleichen Segeln eines Schiffes, das einsam durch das Wüstenmeer kreuzt. Die gestuften, sich nach oben hin verjüngenden Türme sind Stupas – Reliquienschreine aus buddhistischer Zeit. Der

Die Mauern der »Schwarzen Stadt« Khara Khoto werden heute nicht mehr von Armeen belagert, sondern vom wandernden Sand, auf dem der vorherrschende Nordwind ein faszinierendes Wellenmuster angelegt hat.

»Das ist der Edsin Gol. Einer der herrlichsten und freundlichsten Flüsse der Erde. Wie tapfer kämpft sein sich dahinschlängelndes Wasser mit der sommerlich dürren Wüste, wie schön ist es, an seinem Ufer zu lagern, nach dem langen Marsch durch stickige Sandöde. Wenn man gewohnt ist, seine Wassermenge zugemessen zu erhalten, wenn man in den letzten Tagen nur nach Schwefel riechendes und sodahaltiges Wasser bekommen hat, dann traut man kaum seinen Augen, wenn man plötzlich durch einen Fluß plantscht, dessen Wasser den Kamelen bis an den Bauch reicht und kühl und rein ist wie das einer Quelle. Uns war es, als kämen wir in ein irdisches Paradies.«

Sven Hedin

In einem Chörten außerhalb der Stadtmauern, den er abtragen ließ, fand der Russe Koslow einen Schatz von Figuren, Bildern und Schriften aus der Blütezeit des Tanguten-Reiches Xixia.

Diese Bresche ließ – nach den Legenden der lokalen Mongolen – der »Schwarze General« in einer letzten verzweifelten Aktion in die Mauer reißen, nachdem ein chinesisches Belagerungsheer die Stadt vom lebenswichtigen Wasser abgeschnitten hat.

wandernde Sand hat das Westtor verschüttet, aber gleichzeitig den Flugsand bis auf die Höhe der Stadtmauer angehäuft, über den sie sich bequem besteigen läßt. An zwei Stellen hat der Sand die Westmauer sogar überspült und sich dahinter abgelagert. Im Gegensatz zu draußen bietet sich innerhalb der Mauern ein Bild völliger Zerstörung. Die Reste eines Palastes sind noch zu erkennen, wahrscheinlich die Residenz der Herrscher von Khara Khoto, und ein buddhistischer Tempelkomplex mit Stuckumrandungen, die noch etwas vom früheren Glanz spüren lassen. Das ganze Terrain im Inneren ist mit unzähligen Fragmenten antiker Keramik übersät. Von einer Tempelruine im Zentrum setzt ein kaum noch erkennbarer Pfad an, einstmals die Hauptstraße der Stadt, die zum Osttor führte.

Vom 10. bis zum 13. Jahrhundert war Khara Khoto ein wichtiger Außenposten an der Nordgrenze des Tanguten-Reiches Xixia. Als Chinghis Khan sich anschickte, Xixia zu erobern, fiel die Stadt als eine der ersten. Chinghis Khan hat Khara Khoto wohl erobert, aber nicht gänzlich zerstört. Denn als Marco Polo knapp 40 Jahre später entlang des damals noch wasserführenden Edsin Gol (Hei He) die Stadt erreichte, die er Edzina nannte, lebte sie noch. Die Sonne über Khara Khoto muß deshalb erst später zum letztenmal aufgegangen sein. Dies könnte in der Ming-Zeit gewesen sein. Da ist lapidar zu erfahren, daß ein General namens Fengsheng die Stadt Edzina eroberte. Unter welchen Umständen, verrät die Chronik nicht. Die lokalen Mongolen wissen diese Geschichte anders zu erzählen. Demnach soll ein chinesisches Heer die Stadt zunächst erfolglos belagert haben, weil sich die Mauern als uneinnehmbar erwiesen. Dann griffen sie zu einer List, die Khara Khoto an der empfindlichsten Stelle traf. Sie stauten den Fluß, an dem die Stadt lag, und schnitten sie vom lebenswichtigen Wasser ab. Bald war die Not in der belagerten Stadt so groß, daß die Menschen die Tiere schlachteten und ihr Blut tranken. Als nächstes ließ der Verteidiger der Stadt – der Schwarze General – einen tiefen Brunnen graben. Als auch das nichts nützte und die Situation aussichtslos geworden war, versenkte der Schwarze General die Schätze Khara Khotos im »Brunnenloch«. Danach befahl er seinen Soldaten, eine Bresche in die Mauern zu schlagen, die auch heute noch zu sehen ist. Durch diese stürzten sie sich in einer letzten verzweifelten Attacke auf die Belagerer. Die ganze Armee und auch der Schwarze General sollen dabei den Tod gefunden haben. Die Schätze aber, so erzählen die Mongolen, habe niemand mehr gefunden, denn diese würden von einem mächtigen Zauber geschützt. Jeder, der in das »Brunnenloch« hinabsteige, käme dort elendiglich um.

Auch den Russen Koslow beschäftigte diese Geschichte, als er sich mit seiner Karawane im Jahre 1906 der toten Stadt in der Wüste näherte. Er war weder Archäologe noch Orientalist, aber dafür ehrgeizig und auf der Suche nach Schätzen. Zunächst gruben sie im Inneren der Ruinen, mit wenig Erfolg. Als die Wasserreserven allmählich zur Neige gingen, unternahm Koslow noch einen letzten Versuch. Er ließ seine Männer einen der Stupas abtragen, die außerhalb der Mauern standen. Hier fanden sie ungeheure Schätze in Form von alten Schriften, Bildern und Fi-

guren. Die größten Figuren konnte Koslow jedoch nicht mitnehmen, ihr Volumen überstieg die Kapazität seiner Karawane. Es blieb ihm nichts anderes übrig, als sie schweren Herzens zurückzulassen. Damit sie kein anderer finden konnte, vergrub er sie wieder. Und er versteckte sie gut, so gut, daß er sie selbst nicht mehr fand. Sie liegen noch immer irgendwo in den Ruinen verborgen.

Khara Khoto hat noch längst nicht all seine Geheimnisse preisgegeben. Die heutigen Überreste der Stadt stammen aus der Zeit des Tanguten-Reiches Xixia. Gut möglich, daß sich darunter noch viel ältere Schichten befinden. Daß es hier am Edsin Gol schon früher eine größere Siedlung gab, beweisen die nahe gelegenen Ruinen von Boro Khoto. Die eindrucksvollen Mauerreste, die ausgedehnten Bewässerungsanlagen und vor allem das riesige Gräberfeld machen deutlich, daß hier schon zur Zeit der Seidenstraße ein wichtiger Wachposten und eine Versorgungsstation existierten. Erst dann konnte jene für die Karawanen gangbare Route entstehen, der wir hierher folgten und die am Nordrand der Alashan-Wüste weiter nach Hami führte. Noch etwas zeigen diese untergegangenen Städte: daß die Lebensbedingungen hier am Edsin Gol früher viel günstiger waren und daß es Wasser und blühende Oasen gab, wo heute nur noch öde Wüste ist.

Dieser Wüste wegen bin ich hierher gekommen. Die »Schwarze Stadt« an der Seidenstraße kannte ich bereits aus vergangenen Besuchen. Ihr habe ich ein ganzes Kapitel meines Gobi-Buches gewidmet. Jetzt ist Khara Khoto nur eine Zwischenstation auf dem Weg in die Alashan-Wüste. Nur um eine Nacht draußen vor den Mauern zu verbringen, um die besondere Atmosphäre eines besonderen Ortes zu spüren, noch einmal das Farbenspiel der untergehenden Sonne am Himmel darüber zu erleben, bis sie am nächsten Morgen wieder zwischen den weißen Stupas aufsteigt, deswegen habe ich diesen Umweg gewählt.

Südlich von Khara Khoto beginnt der extremste Sandbereich der Gobi: die Alashan-Wüste. Zweimal habe ich dieses sandige Herzstück der Gobi zu Fuß durchquert, auf verschiedenen Routen, aber stets in Begleitung einer Karawane, einer mobilen Oase auf Kamelrücken. Nun bin ich gekommen, um auf eine Art in die Wüste zu gehen, wie ich es bisher für unmöglich hielt.

Khara Khoto, die faszinierende »Schwarze Stadt«, bei Sonnenaufgang.

»Am Fuße der Klippen lagen die gewaltigen Grabmäler der Xixia; sandfarbene Pyramiden, die mit uralten Schriftzeichen bedeckt waren. Sie bargen die Überreste einer Dynastie, die angeblich von Tibet eingedrungen war, um diese Regionen zu beherrschen, und in den Tagen mongolischer Herrlichkeit vor 800 Jahren zurückgetrieben wurden.«

Anna Louise Strong

Kapitel 4 Gobi solo

»Der Weg durch die Wüste ist kein Umweg. Wer nicht das Leere erlitt, bändigt nicht die Fülle; wer nie die Straße verlor, würdigt den Wegweiser nicht.«

FRIEDRICH SCHWANECKE

Bruno Baumann mit gepacktem Rucksack, unmittelbar vor dem Start zur »Gobi solo«.

Rechte Seite: Wanderer im Sandmeer der Alashan-Gobi. Die Wüste setzt dem Menschen zwar physisch die engsten Grenzen, aber eröffnet ihm die größten Erfahrungsmöglichkeiten.

In Monggon Bulage hat sich nicht viel verändert. Die Ansammlung einfacher Baracken mit dem klingenden Namen »Silberne Quelle« liegt unter der brütenden Wüstensonne wie hingestreut da. Zuweilen streicht ein Windstoß um die Häuser und wirbelt den Sand in Fontänen über die Straße. Auch die Gesichter der Menschen sind mir vertraut, geprägt von der Wüste, vom lebenslangen Kampf gegen Sand und Staub. Am letzten Haus beginnt die Alashan, zunächst als flache Steppe, dann Steine und schließlich Sand. Draußen in der Steppe lagern Kamele, wie damals, vor zwei Jahren, als wir von hier aus in die Wüste zogen. Damals hatten wir keine Ahnung, was uns dort erwarten sollte. Jeden Tag gab es neue Überraschungen, wuchsen die Sandberge höher und höher und wurden für die beladenen Kamele zu kaum überwindbaren Hindernissen. Trotz Komfort und Sicherheit der Karawane erreichten wir unser Ziel nur, weil wir unterwegs mehrmals Wasser finden konnten, das den Kamelen das Überleben sicherte – und letztlich auch uns, weil wir von ihnen abhängig waren.

Ein Jahr später bin ich ein weiteres Mal mit einer Karawane durch diese Wüste gezogen, teilweise auf einer neuen Route. Es war viel einfacher, denn meine Erfahrung war ungleich höher. Ich kannte nun die Eigenheiten dieser Wüste, hatte ein Gespür entwickelt für den idealen Weg durch diesen »Himalaya aus Sand«, wußte genau, wie viele Kilometer beladene Kamele pro Tag zurücklegen können, vor allem aber hatte ich Wasserstellen, die ich genau anpeilen konnte. Das Gehen mit der Karawane hatte durchaus seine Reize. Ich konnte kilometerweit vorauslaufen, allein mit mir und der Wüste sein, stundenlang Gedankenketten fortspinnen, ohne Störung, ohne sinnlosen Lärm – und daher tiefer kommen. Es war ein angenehmes Wandern mit Sicherheitsnetz, denn die Karawane kam hinterher, und jeden Abend verwandelte sich der leere Fleck

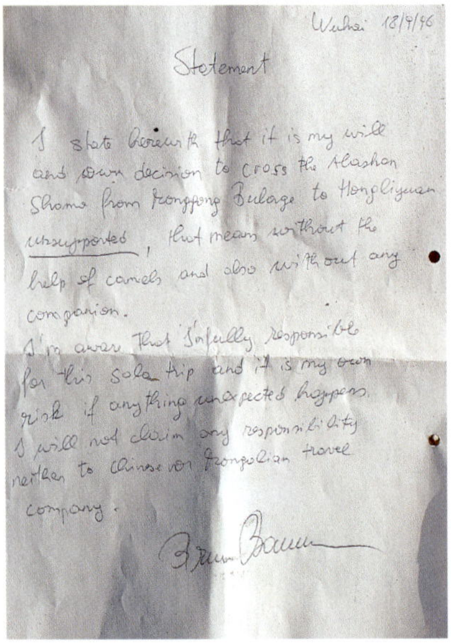
Wuhai 18/9/96

Statement

I state herewith that it is my will and own decision to cross the Alashan Shamo from Honggong Bulage to Hongliyuan unsupported, that means without the help of camels and also without any companion.
I'm aware that I'm fully responsible for this solo trip and it is my own risk if anything unexpected happens.
I will not claim any responsibility neither to Chinese nor Mongolian travel company.

Bruno Baumann

Erst nach dieser schriftlichen Erklärung ließen mich die mongolischen Partner solo in die Wüste.

Am Tag vor dem Aufbruch ordnete ich die gesamte Ausrüstung vor dem Zelt, um einen Überblick über das Gesamtvolumen zu haben und in einer letzten Selektion Entbehrliches auszuscheiden. Auch das superleichte Ein-Mann-Zelt ließ ich hier zurück.

Wüste in ein Lager, in eine Oase der Geborgenheit. Damals konnte ich es mir nicht vorstellen, eine derartige Wüste ohne Kamele, die das lebensnotwendige Wasser beförderten, zu überwinden.
Erst nach dieser zweiten Wüstenwanderung, von der ich gestärkt und voller Vertrauen auf meine Kraft, Schnelligkeit und Navigationsvermögen zurückkehrte, dachte ich zum erstenmal daran, das scheinbar Unmögliche zu versuchen: das Sandmeer ohne Troß, ohne Kamele, im Alleingang zu durchqueren. Den Schlüssel zu meiner Idee bildeten vier Wasserstellen, die ich auf meiner Karte eingezeichnet hatte. Diese vier Brunnen, deren genaue Lage ich kannte und die ich mit Hilfe von Satellitennavigation mit Sicherheit wiederfinden würde, waren meine Chance. Die Vorstellung des Solo-Trips begeisterte mich, je mehr ich mich damit beschäftigte. Längst hatte ich das Ziel mit Idealen besetzt. Mit eigener Kraft, ohne Karawane, ohne hemmenden Troß, ohne die Last der Verantwortung für andere, die ich bisher stets trug, schien mir das ultimative Wüstenerlebnis. Ganz auf mich allein gestellt, würde ich mich der Wüste in einem Maße aussetzen, die sie mich neu erfahren ließen – vielleicht so wie Propheten in die Wüste gingen. Reduktion ist Gewinn, lautete die Formel. Natürlich gab es auch den Ehrgeiz als Triebfeder, die eigenen Grenzen weiter hinauszuschieben, sich am scheinbar Unmöglichen zu versuchen, in einer Art Tun, dessen Regeln ich selbst festgelegt hatte.

Davon allerdings hielten meine mongolischen und chinesischen Partner wenig. Sie wollten mir den Solo-Gang nur unter der Bedingung erlauben, wenn ich zumindest ein Kamel und ein Funkgerät mitnahm. Ohne die Hilfe der Chinesen aber, das wußte ich, würde ich nicht einmal den geplanten Ausgangspunkt erreichen können, denn die Alashan-Wüste ist militärisches Sperrgebiet und der Zugang nur mit Sondergenehmigungen möglich. Den Mongolen und Chinesen mußte mein Vorhaben völlig unverständlich und sinnlos erscheinen. Warum wollte einer allein durch die Wüste laufen, wie ein Kamel sein Gepäck schleppen und dabei noch sein Leben riskieren? Hier prallten verschiedene Welten aufeinander, zwischen denen es kaum Brücken gab. Für den Chinesen ist die Sandwüste, die Shamo, wie er sie nennt, so ziemlich die abschreckendste Landschaft, die er sich vorstellen kann. Sich freiwillig dorthin zu begeben, erscheint ihm absurd. Erst recht den Mongolen. Sie kennen kein in Arbeit und Freizeit unterteiltes Dasein wie wir. All ihre Energie wird benötigt, um der kargen Umgebung die Existenz abzuringen. Niemals würde es einem in den Sinn kommen, nur zum Spaß, so zum Zeitvertreib oder aus Abenteuerlust in die Wüste zu laufen. »Nur wenn sich unsere Tiere verirren«, erzählte mir der Kamelhirte Yue, »folgen wir ihnen in die Wüste hinein, aber kehren so schnell wie möglich wieder zurück.« Die Sehnsucht nach einem Gegenpol zu einer objektivierten Daseinswelt ist ihnen fremd, genauso wie das Bedürfnis, die Sicherheit um einer Erfahrung willen aufzugeben. Ich konnte ihre Haltung gut verstehen, und ich erwartete nicht, daß sie meine Gedanken teilten – aber sie respektierten.
Deshalb hatte ich einen anderen Vorschlag, um ihre Ängste zu beruhigen. Mein Partner

Einer der bewohnten Salzseen, die mir als lebenswichtige Wasserpunkte auf der Solo-Route dienen sollten.

Helmut Burisch, der mich 1994 bei der Pioniertour begleitet hatte, würde mit einer Gruppe von Wüstenwanderern meiner Karawanen-Route von 1995 folgen und an der zweiten Wasserstelle meine geplante Solo-Route kreuzen. Damit gab es, falls ich scheiterte, einen Fluchtweg, vorausgesetzt natürlich, daß ich diese Wasserstelle erreichte. Aber daran hegte ich nicht den geringsten Zweifel, denn der schwierigste Teil meines Weges, die längsten wasserlosen Passagen, kamen erst danach. Dieser Vorschlag wurde akzeptiert.

Das sind ungefähr die Voraussetzungen, als ich Ende September 1996 auf der Kameldorn-Steppe von Monggon Bulage mein winziges Zelt aufschlage. Meine Ausrüstung und Verpflegung ist auf ein Minimum reduziert. Alles muß von geringstem Gewicht und Volumen sein. Jedes Gramm zählt doppelt, einerseits, weil ich alles mühevoll über die Sandberge schleppen muß, und andererseits, weil ich dadurch weniger Wasser aufladen kann. Das Maximum an Kapazitäten muß in das lebensnotwendige Wasser investiert werden. Es ist von vornherein klar, daß ich niemals soviel Wasser würde mitnehmen können, wie nach ärztlichem Dafürhalten der Mensch pro Tag braucht. Die für mich entscheidende Frage ist: Mit wie wenig Wasser kann ich auskommen, um mit dem letzten Tropfen die jeweils nächste Wasserstelle zu erreichen?

Im Gegensatz zu den Wüstendurchquerungen mit Karawane kenne ich nun die Wasserstellen auf meiner Route. Ohne dieses Wissen wäre mein Unterfangen selbstmörderisch, denn die Wüste läßt dem Alleingänger keine Zeit, nicht den geringsten Spielraum, um nach Wasser zu suchen. Doch nun gibt es andere Unbekannte und Unwägbarkeiten, die es beim Gehen mit der Karawane nicht gibt. Wie viele Kilometer pro Tag würde ich mit dem hohen Gewicht am Rücken zurücklegen können? Ich muß schnell sein, sehr schnell, denn sonst kann meine Rechnung nicht aufgehen. Was ist, wenn ich in einen Sandsturm gerate, ohne ein schützendes Zelt, wenn mich der Sturm in der Wüste festnagelt, während das Wasser zur Neige geht? Wie werde ich mit der Einsamkeit, mit meinen Ängsten umgehen, die mich wie Sirenen in die Wüste locken, um ihrer erst gewahr zu werden?

Trotzdem gibt es für mich zu diesem Zeitpunkt nicht die geringsten Zweifel. Meine Erfahrung steht als Gegengewicht zum Risiko, das es mir kalkulierbar erscheinen läßt. Die Gedanken sind längst unterwegs, als ich abends zum letztenmal in mein Zelt krieche, das ebenso zurückbleibt wie Wilfried Thesigers »Brunnen in der Wüste«, aus dem ich bis dahin gelesen habe.

Das Morgengrauen kommt schnell. In kurzer Zeit durchläuft der Himmel die ganze Farbskala vom dunklen Rot über Rosa bis

»Es lag Erregung in der Luft. Sie war erfüllt von den Schwingungen wirklich hohen Lebens, das nichts weiß von Enttäuschung und ›weißem Kummer‹ und all dem.«

JACK KEROUAC

hin zum zarten Gelb, während ich hastig meinen Schlafsack in die Hülle stopfe und die dünne Liegematte zusammenrolle. Mit wenigen Handgriffen ist der Rucksack gepackt, und noch bevor die Sonne über den Steppenrand kriecht, bin ich zum Aufbruch bereit. Vor mir liegt nun eine Strecke von 500 Kilometern, die »Sandkiste des Teufels«, wie Jürgen Kremb nach der gemeinsamen Pioniertour im Jahre 1994 in seiner Spiegel-Story das Innere der Alashan-Wüste nannte. Vier Brunnen gibt es auf dieser Strecke, in unterschiedlichen Entfernungen zueinander. Sie sind durch vier Punkte auf meiner sonst weitgehend leeren Karte gekennzeichnet, meine Lebenspunkte, die es zu erreichen gilt.

Wie oft hatte ich in den vergangenen Wochen an den Augenblick des Aufbruchs gedacht, mir vorgestellt, wie schwer der Abschied von der schützenden Oase sein würde, und nun wundere ich mich, wie leicht er mir fällt. Mit den ersten Schritten bleibt alles zurück, die staubigen Häuser von Monggon Bulage, der Freund, der mich bis hierher begleitete, und seine Ängste, die mich belasteten. Trotz des schweren Rucksacks auf dem Rücken fühle ich mich wie befreit, und meine Beine tragen mich leichtfüßig über die Steppe. Knappe 30 Kilo wiegt die Rückenlast, inklusive Verpflegung für die gesamte Strecke und mein kostbarstes Gut, fünf Liter Wasser aus der »Silbernen Quelle«, wertvoller als Gold. Das ist meine Ration für die erste Etappe, für 56 Kilometer Luftlinie, bis zur nächsten Wasserstelle.

In den ersten drei Stunden lege ich mehr als zwölf Kilometer Luftlinie zurück, ohne zu rasten und ohne zu trinken. Ich weiß, daß ich die Morgenstunden nutzen muß, um Kilometer zu machen, später, wenn die Sonne hoch am Himmel steht und die Wüste sich in einen Glutofen verwandelt, wäre das Gehen sehr viel schwieriger. Die tatsächliche Entfernung, die ich an diesem Morgen zurücklege, ist um einiges mehr, weil ich einen Gebirgszug, der mir den direkten Weg nach Westen versperrt, in großem Bogen nördlich umgehen muß. Gegen Mittag habe ich die niedrigen Ausläufer der Gebirgsbarriere überwunden und wieder flache Kameldornsteppe erreicht. Von Westen drängen die ersten hohen Sanddünen heran, denen ich zunächst noch ausweichen kann. Aber mein Anfangstempo ist nicht mehr zu halten. Die Temperaturen klettern auf 45 Grad im Schatten, viel höher als in den Jahren zuvor um diese Jahreszeit. Immer häufiger muß ich rasten, suche Schutz vor der sengenden Sonne, indem ich wie ein Tier unter die Dornbüsche krieche. Doch vor der Dehydration gibt es kein Entrinnen. Bei null Prozent Luftfeuchtigkeit trocknen Mund und Schleimhäute aus, suggerieren Durst, diese Eifersucht auf Wasser, die schwerer zu ertragen ist als alles andere. Immer öfters greife ich zur Flasche, um einen Schluck zu trinken oder wenigstens Lippen und Gaumen zu befeuchten. Als ich nach knapp 30 Kilometer Marschleistung müde und durstig mein erstes Nachtlager aufschlage, habe ich bereits drei meiner fünf Liter Wasser verbraucht. An Nahrungsaufnahme ist nicht zu denken. Um das staubtrockene Schüttelbrot und den Pemmikan – eine fettreiche Kraftnahrung – verzehren zu können, würde ich viel Wasser dazu trinken müssen. Das kann ich mir nicht leisten, also lasse ich die Ration für den ersten Tag zurück.

Der akute Wassermangel läßt mich am nächsten Morgen noch früher aufbrechen. Als die Sonne aufgeht, bin ich längst unterwegs. Ich laufe gegen die Zeit, gegen die vernichtende Kraft der Sonnenstrahlen, die von Stunde zu Stunde wächst und mir die Lebenskraft entzieht. Noch vor Mittag erreiche ich die westlichsten Ausläufer des Gebirges, dort, wo zwischen Felsschluchten und ausgetrockneten Flußläufen die Wasserstelle liegt, die ich erreichen muß. Nun gilt es, den richtigen Einstieg in das Gewirr der geraffelten Bergrücken zu finden, dem richtigen Wadi zu folgen, ohne viel auf- und absteigen zu müssen. Ich orientiere mich an den Tierspuren, die sich in Richtung Wasser verdichten. Und als ich um eine Geländekante biege, stehe ich vor der Wasserstelle. Das Brunnenloch ist sorgfältig abgedeckt, und daneben hat ein

Als am östlichen Horizont die Sonne über der Steppe heraufkroch, zog ich los. Zunächst führte mein Weg über eine flache, sandige Halbwüste, die mit Kameldorn und Tamarisken bewachsen war.

Hirte einen Garten angelegt. Ein paar durstige Kamele sind mir gefolgt und drängen nun ungestüm heran. Ihre markerschütternden Schreie verstummen erst, als sie genug getrunken haben. Danach habe ich die Wasserstelle für mich. Obwohl ich kaum Hunger verspüre, zwinge ich mich, etwas zu essen. Wer weiß, wann ich wieder soviel Flüssigkeit zur Verfügung habe, um überhaupt feste Nahrung konsumieren zu können.

Daraufhin ziehe ich Resümee. Nach den bisherigen Erfahrungen muß ich nun wesentlich mehr Flüssigkeit pro Tag einplanen, denn jetzt beginnt erst die richtige Wüste. Vor mir liegt nun die erste Passage im Sand. Bis jetzt hatte ich nur flache Steppe zu überwinden, nun kommen jedoch zur Entfernung, die ich zurückzulegen habe, viele Höhenmeter an Auf- und Abstiegen im weichen Sand hinzu. Die vor mir liegende wasserlose Strecke beträgt 66 Kilometer Luftlinie. Ich muß sie in zwei Tagen schaffen, mit insgesamt zehn Litern Wasser, mehr als doppelt soviel, wie ich anfänglich kalkuliert hatte. Damit sich das Gewicht der Traglast nicht vergrößert, bin ich gezwungen, einen Teil meiner Verpflegung abzuwerfen. Hier opfere ich auch unnötige Accessoires, darunter die drei Kilo schwere Filmkamera, jene Ikone der Eitelkeit, mit der ich meinen Sologang für die Außenwelt dokumentieren wollte.

Als ich am nächsten Morgen, nachdem ich ein letztes Mal ausgiebig getrunken habe, losziehe, dämmert ein sturmumwitterter Tag herauf. Die Sonne, mein ärgster Feind, zeigt sich nur als blaßgraue Scheibe am verhangenen Horizont. Schon nach einer Stunde betrete ich die Sandwüste, nach einer weiteren verschwindet das Gebirge hinter mir wie ein Unterseeboot im Meer. Die Welt um mich hat sich auf zwei Elemente reduziert: Sand als das Endprodukt von Materie und darüber der Himmel. Vor mir nichts als gelbe, gestaffelte Sandberge, soweit das Auge reicht – unfruchtbare Sandberge, die von Stunde zu Stunde höher wachsen. Meine Hoffnung, daß ich solo einen direkteren Weg über die Sandberge laufen könnte, erweist sich als trügerisch. Im Gegenteil: Das Gewicht am Rücken zwingt mir einen noch größeren Zickzackkurs auf. Ich muß den festen Sand suchen und kraftraubende Steilaufstiege möglichst vermeiden. Doch die Sandberge, gebirgsähnlich formiert mit Nord-Süd verlaufenden Kämmen, die ich voll nehmen muß, schließen

Meine erste Wasserstelle befand sich am Westrand eines ausgeglühten Wüstengebirges, das ich in einem weiten Bogen nach Norden umgangen habe. Sie bildet die Lebensgrundlage eines mongolischen Hirten, der hier Schafe und Kamele züchtet.

Folgende Doppelseite: Jenseits der ersten Wasserstelle begann die Wüste; gestaffelte Sandberge, so weit das Auge reicht, die von Stunde zu Stunde höher wuchsen. Ich kenne keine andere Wüste, deren Sandgebilde ähnliche Höhen und Formen erreichen.

Meine Welt hatte sich auf zwei Elemente reduziert: Sand, als Endprodukt zerfallener Gebirge, und darüber der Himmel. Die einzigen Zeichen von Leben waren winzige Pflanzen, deren Existenz ein Mirakel ist, und Spuren von Agamen, die zumeist nachts an die Oberfläche kommen...

mich immer enger ein. Die Hitze ist wegen des Sandsturms zwar weniger peinigend als die Tage zuvor, dafür die Dehydration enorm. Der Schweiß verdunstet sofort auf der Haut, Mund und Schleimhäute trocknen bei jedem Atemzug aus. Die Wüste setzt dem Menschen engere Grenzen als jede andere Naturlandschaft. Der Mensch hat hier keine Basis, nur in ständiger Bewegung begriffen kann er hier überleben, aber auch nur für kurze Zeit. Es gibt kein Tal wie am Fuß eines Berges, in das man hinabsteigen könnte, ja nicht einmal ein Lager, das Schutz verheißt. Die tödliche Austrocknung des Körpers geht weiter, ob man nun läuft, rastet oder schläft. Mir wird immer mehr klar, daß ich mich in einem Wettlauf befinde, gegen die Zeit, gegen die fortschreitende Dehydration.

...abgesehen von meinen eigenen Spuren.

Die Bilanz nach diesem Tag ist ernüchternd. Ich lief 14 Stunden lang, mit wenigen Unterbrechungen, legte dabei mehr als 30 Kilometer Luftlinie zurück – mit der Karawane hätten wir in solchem Gelände höchstens 15 geschafft –, doch es ist trotzdem nicht genug, denn ich habe dabei mehr als die Hälfte des Wassers verbraucht, jedoch weniger als die Hälfte der Strecke bis zur nächsten Wasserstelle zurückgelegt.

Der Sturm flaut auch nachts nicht ab. Er kommt böenartig und treibt den Sand wie Nebelschwaden über die Oberfläche. Ohne Zelt bin ich ihm voll ausgesetzt. Feinster Staub dringt durch meine Kleidung und in jede Körperöffnung. Erst der Morgen dämmert windstill herauf. Mit einem Schluck Wasser marschiere ich los, fühle mich wie ein Nichtschwimmer in diesem Meer des Sandes. Die Gedanken wie auf einer Leimrute am vor mir liegenden Wasserpunkt fixiert, habe ich jede Beziehung zu meiner Umgebung verloren. Ich laufe wie in Trance, dem Rhythmus meines Atems folgend, dem einzigen Geräusch von Leben in dieser toten Welt. Es kostet unsägliche Mühe, die bereits 300 Meter hohen Sandberge zu überqueren. Knöcheltief im weichen Sand einsinkend, taumle ich voran, manchmal auf allen vieren kriechend, gleiche ich mit meiner schweren Last einem Sisyphos der Wüste. Oben angekommen, lege ich mich minutenlang ausgestreckt in den Sand, nach Atem ringend. Aber jedem Sandberg folgt ein nächster, und dahinter türmen sich weitere, noch höhere. Es gibt kein sichtbares Ziel, das ich ansteuern, das meine Hoffnung nähren könnte. Nur das Satellitennavigationsgerät zeigt an, wie viele Kilometer mich noch vom nächsten Wasser trennen, von meinem Soll, nein, Muß. Denn das Wasser geht unerbittlich zur Neige. Auch nimmt die Austrocknung des Körpers ein gefährliches

Stadium an. Meine Körperausscheidungen haben sich auf Null reduziert, die Nieren schmerzen, Gaumen und Lippen platzen auf. Von Halluzinationen geplagt, laufe ich ein Stück in die falsche Richtung. Als ich es merke, beginnt es bereits dunkel zu werden. Nur noch wenige Kilometer vom rettenden Punkt entfernt, raubt mir der Aufstieg über ein mehrere hundert Meter hohes Dünenkonglomerat die letzten Kräfte. Völlig erschöpft bleibe ich liegen – den letzten Tropfen Wasser hatte ich zuvor verbraucht. Mit dem letzten Tropfen war jedoch auch der letzte Funke an Sicherheit aufgebraucht. Eine elementare Todesangst, wie ich sie bisher nicht kannte, lähmt mich. Unwillkürlich muß ich daran denken, daß es den vor mir liegenden Brunnen nicht mehr geben könnte. In kurzer Zeit sind ganze Seen und Flüsse in der Wüste ausgetrocknet, Oasen verschwunden. Wie konnte ich nur so töricht sein, davon auszugehen, daß diese Wasserstelle nicht ein ähnliches Schicksal traf? Dann wäre auch mein Schicksal besiegelt.

Die ganze Nacht kreisen meine Gedanken um die rettende Oase. Ich erschaffe sie mir

Kaum hatte ich die Sandzone erreicht, verdunkelte sich der Himmel, und bald trieb mir der Wind die Sandkörner wie Nebelschwaden entgegen. Fast den ganzen Tag über lief ich gegen den Sandsturm an und trocknete weiter aus.

In der Sturmnacht der dritten Etappe hatte ich mich hinter einem Tamariskenbusch verkrochen, aber er bot kaum Schutz vor dem wirbelnden Sand, dem ich ohne Zelt voll ausgesetzt war. Feiner Staub drang in Mund, Augen und Ohren. Ohne Schlaf und völlig eingesandet, litt ich unter peinigendem Durst und mußte wenigstens die Schleimhäute von Zeit zu Zeit mit Wasser benetzen. Meine Vorräte schrumpften weiter.

Den letzten Tropfen Wasser verbraucht, völlig ausgetrocknet, von Halluzinationen und Todesängsten geplagt, taumelte ich am Morgen des fünften Tages der rettenden Wasserstelle entgegen, die mir mein GPS-Gerät vorgab. Als die Sonne über den gezackten Dünenkamm kroch, war ich längst unterwegs.

im Geist immer aufs neue, wie ein Film ziehen die Bilder an mir vorbei. Nie wieder werde ich derartiges versuchen, schwöre ich mir, nie mehr einen solchen Sandhaufen betreten – wenn es noch einmal gutgeht.

Nie habe ich das erste Morgengrauen so sehnsuchtsvoll erwartet. Nachts zu gehen, habe ich nicht gewagt, aus Angst, ich könnte den Brunnen verfehlen, der wie in einem tiefen Krater zwischen hohen Sandbergen eingekesselt ist. Der peinigende Durst treibt mich voran. Er mobilisiert die letzten Kraftreserven. Noch ein Aufstieg, danach weiter über eine Kombination von messerscharfen Dünengraten, dann starre ich plötzlich in ein tiefes Loch. Vom Grund schimmern weiße Salzsümpfe, an ihrem Rand steht eine Gruppe von Bäumen, daneben ein Haus, und davor sind Tiere angebunden. Ich lasse mich in den Sand fallen und weine vor Freude. Der Brunnen existiert noch, und der einsame Kamelhirte Gao ist noch da mit seiner Familie.

Es ist noch früh am Morgen, kurz vor Sonnenaufgang, als ich mich der Hütte nähere. Da schlägt ein Hund an, und Augenblicke später tritt Gao aus der Tür. Als ich vor ihm stehe, kann ich gerade noch »shui, shui ...« stammeln, das chinesische Wort für Wasser. Ich muß schrecklich aussehen, denn ohne ein Wort zu verlieren, läuft Gao in das Haus und kommt mit einer Schüssel voll Wasser wieder. Ich muß mich zwingen, langsam zu trinken, Schluck für Schluck, denn der Gaumen schmerzt.

Gao stellt keine Fragen, will keine Erklärungen. Freundlich lächelnd weist er mir einen Raum zu, stellt eine Kanne Wasser auf den Holztisch und verschließt behutsam die Tür. Bald falle ich in einen tranceähnlichen Schlaf.

Als ich wieder aufwache, stehen Nudeln und Dampfbrot bereit. Nach Tagen in der Wüste habe ich wieder eine Basis gefunden, eine Oase im ursprünglichsten Sinne. Der Raum ist wohltuend kühl, er bietet Schutz vor der

In den frühen Morgenstunden dieses fünften Tages näherte ich mich einem einsamen Gehöft, tief unten, auf dem Grunde einer kraterähnlichen Senke. Da schlug ein Hund an, Augenblicke später trat der Kamelhirte Gao aus dem Haus.

Sonne, es gibt Wasser und Nahrung, und ich brauche nicht mehr um mein Leben zu laufen. Auch am nächsten Tag läßt mir Gao die Ruhe, die ich brauche, um die traumatischen Erlebnisse zu verarbeiten, einzuordnen. Nur einmal schleicht er auf Samtpfoten in den Raum, um mir eine Portion frischer selbstgemachter Nudeln mit Gemüse zu bringen.
Allmählich kehren meine Lebensgeister zurück, und ich beginne, mir Gedanken darüber zu machen, welche Optionen ich habe, um wieder aus der Wüste hinauszukommen. Eine Fortsetzung meines Solo-Ganges auf der geplanten Route steht außer Frage – ein aussichtsloses Unterfangen auf Grund der bisherigen Erfahrungen. Zwar hätte ich noch die nächste Etappe von 65 Kilometern bis zur nächsten Wasserstelle schaffen können, aber danach folgt die Schlüsselpassage von mehr als 100 Kilometern Luftlinie ohne Wasser, bei noch viel schwierigerem Gelände als bisher, mit Sandbergen von 400 Metern Höhe. Um diese Etappe zu überwinden, hätte ich vier Tage kalkulieren und mindestens 20 Liter Wasser aufladen müssen. Damit wäre meine Last nicht mehr tragbar gewesen. Dann hätte ich auch den »point of no return« überschritten gehabt, denn nur von Gao eröffnet sich mir eine Fluchtroute nach Süden, ein Weg, den ich 1995 mit der Karawane erschlossen hatte. Nur der »Weg« in der Wüste ist gangbar, auf dem ich Wasserstellen kenne, die in erreichbarer Entfernung zueinander liegen.
Im wesentlichen gibt es nun zwei Möglichkeiten: Entweder allein auf der Route von 1995 an den Südrand der Wüste zu laufen oder auf Helmuts Karawane zu warten, die in den nächsten Tagen hier durchkommen mußte. Ich entscheide mich für letzteres. Drei Tage später ist die Karawane da. Die Überraschung über das unerwartete Zusammentreffen ist bei Helmut groß, denn er wähnte mich längst schon viel weiter westlich, dem Ziel entgegenlaufend.

In diesem Raum, den mir Gao zuwies, sank ich für zwei Tage in einen tiefen, tranceähnlichen Schlaf, aus dem ich nur aufwachte, wenn der Kamelhirte kam, um mir Wasser und Nahrung zu bringen.

Am dritten Tag erschien die Karawane, die an dieser Stelle, wie geplant, meine Route kreuzte und die ich nach meinem Entschluß, hier abzubrechen, sehnsüchtig erwartete. Es war, als wäre ein Wanderzirkus angekommen: Wir waren uns fremd geworden.

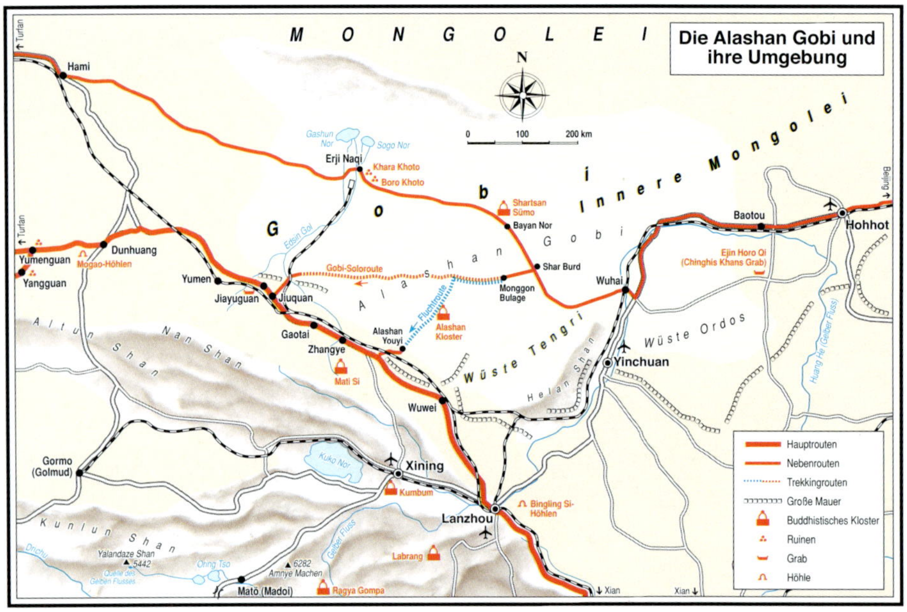

Rechte Seite: Auf der »Fluchtroute« nach Süden finden wir das zauberhafte Alashan-Kloster, das ich ein Jahr zuvor vergeblich suchte. Im Morgenlicht erscheint es doppelt; real und gespiegelt auf der glatten Oberfläche eines Sees inmitten übermächtiger Sandberge.

Sehr bald schon bereue ich jedoch meinen Entschluß. Es ist, als ob ein Wanderzirkus in meine Welt eingebrochen sei. Vorbei ist die Ruhe, die Stille, der tiefe Frieden, der über dem Ort lag. Die Probleme dieser Menschen sind mir fremd. Da wird um Rationen an Bier gezankt, darüber diskutiert, ob man heute vegetarisches Essen bestellt oder nicht, und am Morgen mokiert man sich, daß es nicht genügend Auswahl an Kaffee und Tee gebe. Ich kehre der Karawane den Rücken und laufe davon, den ganzen Tag über kilometerweit in der Wüste voraus. Ich gehe zwar mit der Karawane, aber bin nicht Teil von ihr. Die Gruppe stößt sich am Einzelgänger und der Einzelgänger an der Gruppe. Zu verschieden sind unsere Ebenen des Erlebens. In den Tagen des Alleingangs mußte ich alle Gedankenkräfte auf das physische Überleben ausrichten, so daß kein Raum für geistig-spirituelle Erlebnisse blieb. Jetzt bin ich frei, offen für all die vielfältigen Bilder, die in mir aufsteigen, während die Füße laufen. Deshalb merke ich nicht, wie sich der Himmel bedrohlich schwarz verfärbt, und erst als ein scharfer Wind mir Sandkörner entgegentreibt, halte ich an, um auf die Nachkommenden zu warten. Die Zeichen stehen auf Sturm, und als die Karawane auftaucht, schlagen wir sofort unser Lager hinter der Leeseite eines Dünenkammes auf.

Am nächsten Morgen ist die Wüste wie verwandelt. Der gereinigte Himmel erstrahlt in Türkisblau, die Luft ist glasklar, und die Sandberge baden im Sonnenlicht. Der Weg führt über gigantische Sandgebilde von mehreren hundert Meter Höhe, aufgefaltet wie ein Gebirge, mit tiefen Schluchten, steilen Flanken und messerscharfen Graten, dazwischen kilometerbreite runde Senken, die wie riesige Kraterlöcher aussehen. Eine davon, die bisher tiefste, an der wir um die Mittagszeit vorbeikommen, ist mit einem Salzsee gefüllt. Tiefblau spiegelt sich der Himmel in der glatten Wasserfläche, und auch die Karawane, die am Ufer entlangzieht, erscheint doppelt – real und als Trugbild.

Ich hatte die Mongolen am Rande der Wüste von einem Kloster erzählen hören, das sich in diesem Teil der Alashan befinden soll. Im Jahre 1995 hatte ich vergeblich danach gesucht. Diesmal aber, am Ende meiner Wüstenwanderungen in der Gobi, möchte ich den sagenhaften Ort unbedingt finden. Nach Schilderungen des Kamelhirten Gao muß das Kloster westlich unserer Route liegen, irgendwo versteckt zwischen den Sandbergen. Ich verlasse mich ganz auf mein Gespür, mehr einem Gefühl als dem Kopf folgend, laufe ich im Zickzack-Kurs durch das Gewirr der Sandberge. Ohne erkennbare Richtung und doch gerichtet auf ein Ziel, das sich nur erahnen läßt. Die Sandformationen verdichten sich zu einem mächtigen Wall. Übereinander türmen sich die Dünenkämme, höher und höher. Der Aufstieg ist steil und kraftraubend. Hinter dem letzten Kamm, zu dem wir mühevoll im losen Sand hinaufspuren, folgt ein flacher Sattel, der zu einem weiteren Dünengrat leitet. Dann queren wir – knöcheltief einsinkend – den oberen Rand einer breiten Flanke, die gegen Westen ein elegant geschwungener scharfer Grat abschließt.

Als wir auf seiner Schneide stehen, fällt der Blick ins Bodenlose, fängt sich tief unten am Grunde eines Tales, von dem zwei Seen wie ein Augenpaar heraufleuchten. Ein schmaler Saum von sattgrünem Schilf umgibt wie Wimpern. Einer der Seen hat ei-

Auf dem Dach des Klosters erhebt sich dieser Pavillon mit geschwungenem Walmdach.

Die einzigen Geräusche, die man im Kloster vernimmt, sind das helle Klingeln der Glöckchen, die an den vier Ecken des Daches baumeln und vom Wind bewegt werden.

»Der magere Graswuchs erschien als der sinnlose Versuch, Leben in eine Gegend zu bringen, die kein Leben duldete. Wahrscheinlich war morgen das Gras verdorrt, und man erwachte zwischen Blöcken von Urgestein und rieselndem Sand, wenn es überhaupt ein Erwachen gab.«

Fritz Mühlenweg

ne kleine Lagune gebildet, auf der sogar Bäume wachsen. Davor aber erhebt sich ein weißer Kubus mit geschwungenem Ziegeldach – das Alashan-Kloster. Die Wirklichkeit übertrifft alle Erzählungen. Allein deswegen hat sich der weite Weg durch die Wüste gelohnt. Schön und eindrucksvoll waren auch andere Seen gewesen, die überraschend und manchmal rettend für die Tiere inmitten des Sandmeeres auftauchten und uns staunen ließen, aber dieser Ort ist nicht nur ein Naturwunder, sondern auch beseelt durch das Kloster, das ihn zum Heiligtum macht. Unter den schattenspendenden Kronen von Toghraks – wilden Pappeln – schlagen wir unsere Zelte auf der schmalen Lagune auf. Ein feines Rauschen der Blätter ist zu hören, wenn der Wind durch das Tal fährt und dabei die Oberfläche des Sees kräuselt. Nur das Schnattern von Wildenten, die von See zu See fliegen, durchbricht allenthalben die Stille. Sonst gibt es kaum Anzeichen von Leben. Auch im Kloster zeigt sich uns keine Menschenseele. Das Tor zum Innenhof steht offen, aber ein schweres Hängeschloß sichert die hölzerne Flügeltür, die in den

Das Symbol für das Rad der Lehre, das Buddha vor 2 500 Jahren in Bewegung gesetzt hat, krönt, wie in Tibet und der Mongolei, das Klosterdach.

An Stelle von zwei Gazellen, die gewöhnlich das Rad der Lehre flankieren, sind hier die Köpfe von Nagas vertreten: mythischen Drachen.

Tempelraum führt. Eine Leiter führt zur Dachterrasse hinauf, von der sich ein grandioser Blick über das Tal eröffnet. In der Mitte befindet sich ein kleiner überdachter Pavillon. Glöckchen baumeln von den vorstehenden Dachkanten und erfüllen die Atmosphäre mit einem feinen metallischen Klang, den man erst wahrnimmt, wenn man aufmerksam lauscht.

Alles macht einen sehr gepflegten Eindruck, so als ob die Bewohner das Heiligtum erst kürzlich verlassen hätten und bald wiederzurückkehrten. Vielleicht sind die Mönche ausgezogen, um Spenden zu sammeln, vielleicht wurden sie aber auch zu einer einsamen Hirtenfamilie gerufen, um einen Kranken zu behandeln oder einem Sterbenden aus dem Totenbuch vorzulesen, damit sein Geist durch die verwirrenden Bewußtseinszustände der Bardos finde.

So genießen wir die Exklusivität, den Ort für uns allein zu haben, und ziehen am nächsten Morgen in Richtung Süden weiter. Nach Überquerung eines hohen, verschachtelten Konglomerates aus Sandbergen kommen wir an einem weiteren Salzsee vorbei.

»Das Ende der Welt wird durch keine Reise erreicht. Wahrlich, ich sage euch, daß die Welt in diesem begrenzten Körper mit seinen Sinnen und seinem Verstand liegt, ihr Anbeginn und ihr Ende, und auch der Weg, der zu ihrem Ende führt.«

BUDDHA

Nur das Schnattern von Wildenten durchbricht die Stille am See. Sonst gibt es keine Anzeichen von Leben.

Noch den ganzen Tag zeigt die Landschaft das für die Alashan charakteristische Bild: gebirgsähnliche Sandformationen, deren Grund Salzseen oder kalkähnliche Ablagerungen füllen. Anders als die benachbarte Takla Makan ist die Alashan keine Flugsandwüste, sondern ein mit meterdickem Sand bedecktes Bergland.

Je weiter wir nun nach Süden kommen, desto offener wird das Gelände. Die Sandberge stehen einzeln in größeren Abständen zueinander und geben dazwischen Gassen frei, mit Sand gefüllt, wie Gletscherströme. Dann bricht die Wüste unvermittelt in ein weites Becken ab, in das sich der Sand noch kilometerweise hineinschiebt.

Ein Wetter- und Temperatursturz beschert uns die ersten Vorboten des Winters. Von einem Tag auf den anderen fallen die Temperaturen um 30 Grad. Ein eisiger Wind treibt den Sand über die flache Wüste, dann fallen Graupeln und schließlich Schnee. Vermummt bis auf die Augenschlitze laufen wir dem Ziel entgegen. Durchnäßt und frierend schlagen wir zum letztenmal die Zelte auf. Am nächsten Morgen ist der Spuk wie verflogen. Nur die Kälte läßt sich auch von der Sonne nicht mehr vertreiben.

Auf die flache Sandwüste folgt die Kameldornsteppe, dann ein Gebirgsausläufer, den wir entlang eines Wadi durchqueren. Dahinter zeigen sich Antennen und Masten,

dann Wassertürme und schließlich, als wir um einen Geländerücken kommen, die Häuser von Alashan Youyi.
Hier setzt eine Piste an, die uns in wenigen Stunden in den Gansu-Korridor bringt, durch den die Hauptroute der Seidenstraße verläuft. Alle gewachsenen Karawanenwege umgingen die Alashan-Wüste südlich und nördlich. Sie folgten niemals – so wie wir – dem kürzesten Weg durch die Wüste, sondern stets der sichersten Route. Diese führte von einem Brunnen zum nächsten, von einer Oase zur anderen.
Aber an einem Ort trafen sich alle Wege, um in verschiedenen Richtungen weiterzuführen. Er liegt am westlichen Ende des Gansu-Korridors, dort wo die beiden Wüsten Gobi und Takla Makan einander begegnen. Der Schnittpunkt heißt Dunhuang. Von dort aus geht unsere Reise weiter.

Die mit Sand bedeckten Berge spiegeln sich im klaren Salzsee.

Kapitel 5 Dunhuang

»Er fand einen Ort, wo er meißeln konnte, aber es war niemand da, um ihm zu helfen. So warb er zum Preis von tausend Pfund Gold Arbeiter an. Man malte Bildnisse des Bodhisattva Samantabhadra und Manjusri, des Meisters der Heilmittel des Ostens und der reinen Erde des Westens, von Avalokitesvara »mit den tausend Augen«, von den Geburten des Maitreya, des Cintamanicakra und des Amophapasa. Für die tausend Darstellungen der tausend Buddhas der heutigen Periode begann man mit dem Modellieren des Lehms, auf den man die Farben auftrug. Die Steinwand wurde großzügig herausgearbeitet, und das goldene Gesicht trat hervor – erhaben.«

Inschrift auf einer Stele vor der Höhle des Nirvana-Buddha in Dunhuang

Rechte Seite: Zwischen den Gedenkstupas von verdienstvollen Mönchen des Höhlenklosters von Dunhuang zeigt sich ein siebenstöckiger Pavillon, der eine 30 Meter hohe Buddhastatue schützt, die gegen den Felsen von Mogao lehnt.

Der Übergang von der Wüste zur Oase ist abrupt. Ein schmaler Bewässerungskanal, gesäumt von zwei Reihen schlanker Pappeln, zieht eine scharfe Grenze. Außerhalb der gestrichelten Linie des Pappelwalls herrscht totale Unfruchtbarkeit. Dahinter, vom Sand der Wüste geschützt, beginnen die Gärten: großzügig angelegte Felder, von Bäumen umgeben und durch ein ausgeklügeltes System künstlicher Kanäle ausreichend mit Wasser versorgt. Kilometerweit dehnt sich das kultivierte Land aus, legt sich wie ein Gürtel von grüner Seide um die Mauern der Stadt. Dunhuang ist an allen Seiten von Wüsten umgeben. Nach Norden erstreckt sich die gefürchtete Gashun Gobi – die »Schwarze Gobi«, deren sandige Ausläufer die Oase bedrängen. Im Westen liegt die gefürchtete Lop-Wüste, brütend heiß, flach und salzverkrustet wie ausgetrockneter Meeresboden. In Richtung Südwesten schiebt sich die Kumtagh-Wüste wie ein Keil zwischen den Sandsteinriegel des Kuruktagh und das schneebedeckte Altun Shan-Gebirge, während im Süden die Nanshan-Kette Dunhuang von der Qaidam-Salzwüste trennt. Selbst nach Osten hin breitet sich flache Kieswüste aus, die allmählich in den steppenartigen Gansu-Korridor übergeht.

Wer sich nun einen idyllischen Oasenort vorstellt, mit niedrigen Häusern, heimeligen Innenhöfen, einladenden Rastplätzen und bunten Bazaren, wird herb enttäuscht. Was sich heute unter dem klingenden Namen Dunhuang verbirgt, ist das typische Erscheinungsbild einer modernen chinesischen Stadt. Es sind dieselben schmucklosen Häuser mit den langweiligen Geschäften darin und den breiten Straßen dazwischen, wie man sie auch anderswo findet. Wenn man entlang der Hauptstraße Dajie Lu schlendert, die die Stadt kreuzförmig in alle vier Himmelsrichtungen durchzieht, den bescheidenen Markt besucht und in die Gesichter der Menschen blickt, verrät kaum noch etwas von der Rolle, die Dunhuang einstmals in der

»Nur der geborene Tourist – dieser muntere, schaulustige Wiederkäuer – kann noch ihren Spuren folgen, ungehemmt von dem Gefühl, daß er lediglich seine Zeit vergeudet.«

PETER FLEMING

Zeit der Seidenstraße gespielt hat. Trotzdem ist die Stadt heute wie früher Anziehungspunkt für Fremde aller Herren Länder. Diesen Umstand verdankt sie einer einzigartigen Geschichte, ein paar Sanddünen in der Umgebung und einem »Weltwunder«.

Als der Han-Kaiser Wudi, nachdem seine Generäle die hunnischen Xiongnu in die umliegenden Gebirge zurückgeworfen hatten, hier im Jahre 111 v. Chr. die vierte und letzte der Garnisonskommandanturen westlich des Gelben Flusses einrichten ließ, konnte er nicht ahnen, daß diese alle anderen einmal in den Schatten stellen würde. Dem kaiserlichen Befehl gehorchend, ließ der verantwortliche Gouverneur von 2 000 Soldaten und Heerführern einen sorgsam ausgewählten Platz besetzen und befestigen. Nach den ringsum aufgestellten Signal- und Wachtürmen – die Dun hießen – nannten sie den Ort Dunhuang – den »Strahlenden Feuerturm«. Das Leben freilich dürfte hier alles andere als strahlend gewesen sein. »Bitterer Kummer ist es, an der Grenze zu wohnen«, beklagt ein anonymer Dichter das schwere Los. »Drei meiner Söhne gingen nach Dunhuang, ein weiterer wurde nach Longhai geschickt, der fünfte weiter nach Westen; ihre fünf Frauen sind schwanger.«

Die neugegründete Garnisonsstadt unterschied sich von denen im Gansu-Korridor dadurch, daß sie nicht nur von unberechenbaren »Barbarenstämmen«, sondern auch noch von schrecklichen Wüsten umzingelt war. Das Leben war hier noch härter und gefährlicher als in den Garnisonen weiter östlich. Die hierher »Verbannten«, man kann es nicht anders ausdrücken, verschanzten sich hinter Bastionen, Mauern und Wehrtürmen. Sie harrten einsam auf den Wachtürmen aus, ritten Patrouillen entlang der Mauer und zogen zum Kampf aus, wenn auf den »Dun« die Signalfeuer aufloderten.

Die Han-Festungen hatten etwas von Zwingburgen, mit meterdicken Lehmmauern, durch Holzpfähle und lagenweise Schilfmatten verstärkt. Man braucht nur das gut erhaltene Fort Yumenguan, 70 Kilometer westlich der Stadt, zu besuchen, um eine Vorstellung zu bekommen, wie Dunhuang in seiner Anfangsphase ausgesehen hat. Zunächst gab es nur einfache Behausungen für die Soldaten, aber schon bald kamen deren Familien nach und begannen, Lehmziegelbauten zu errichten. Sie brachten nicht nur Nutzpflanzen mit, sondern auch das Know-how für den Bau von Bewässerungsanlagen. Die Voraussetzungen waren ideal. Der von den Schmelzwassern des Nanshan-Gebirge gespeiste Dang He lieferte genügend Flüssigkeit, und der Boden erwies sich als überaus fruchtbar. Nach und nach verwandelten die Siedler die Wüste ringsum in fruchtbares Ackerland. Bald folgten weitere Soldaten. Sie waren dazu auserkoren, in einem Kraftakt die Große Mauer über Dunhuang hinaus bis weit nach Westen in die Lop-Wüste hinein auszudehnen. Am Ende des Walls entstand Yumenguan, das Jadetor. Jetzt war nicht mehr Dunhuang das letzte Glied an der Kette von Grenzbefestigungen, sondern die einsame Wüstenfestung am sturmgepeitschten Jadetorpaß.

Dunhuang aber avancierte zu einer wichtigen Militärbasis und Versorgungsstation, in der fortan der Oberbefehlshaber über den gesamten westlichen Teil der Mauer einschließlich der Jadetor-Festung residierte. Damit hatten sich die Kräfte des jungen Han-Reiches jedoch noch nicht erschöpft und insbesonders die Expansionsgelüste seines Herrschers, des kriegerischen Kaisers Wudi. Von Zhang Qian, seinem geheimen Kundschafter, hatte er vom Königreich Loulan erfahren, das noch weiter westlich, am Rande der Salzsümpfe des Lop Nor lag. Das kleine Reich kontrollierte den direkten Zugang ins Tarim-Becken, und da sein Herrscherhaus unter dem Einfluß der Xiongnu stand, bildete es eine ständige Gefahr für die Westgrenze des Reiches. Der entscheidende militärische Schlag wurde in Dunhuang vorbereitet und von Cao Po im Jahre 108 v. Chr. ausgeführt. Der siegreiche Feldherr entmachtete den König und schikte einen Prinzen als Geisel an den Hof des Kaisers, wo man den Unglücklichen später entmannte und zum Eunuchen degradierte. Das Ende der Unabhängigkeit von Loulan bedeutete

Nachbau der alten Festung von Dunhuang zum Zwecke einer Filmkulisse. Demnach hatte das Fort ein sehr ähnliches Aussehen wie Jiayuguan.

die Eröffnung der Seidenstraße. Unter dem Schutz der militärischen Macht der Han, die die ganze lange Wüstenstrecke von Dunhuang über Yumenguan bis Loulan und weiter nach Korla mit einem System von Wachtürmen überzogen, konnte sich der Handel für Jahrhunderte nahezu störungsfrei entfalten.

Profitiert hat davon Dunhuang. In kurzer Zeit stieg die Stadt zu einem blühenden Handelszentrum auf. Kaufleute, Handwerker und mehr und mehr Siedler ließen sich in der Oase nieder. Für die Reisenden entstanden Karawansereien – umfriedete Höfe, in denen sie übernachteten und auch ihre Lasttiere und kostbaren Waren sicher unterbringen konnten. Die ansässigen Kaufleute verdienten vor allem am Zwischenhandel. Die Reichsten ließen sich bald standesgemäße Häuser bauen, mit luxuriösem Inventar aus Teppichen, Seidenstoffen und Porzellan.

Jetzt zeigte sich auch die einzigartige geohistorische Position, die Dunhuang innehatte. Selbst als die Route über Loulan aufgegeben werden mußte und die Karawanen den südlichen Weg um die Takla Makan einschlugen, blieb Dunhuang am Weg. Später wurde auch diese Route aufgelassen, und der Warenverkehr verlagerte sich auf den nördlichen Weg um die Takla Makan. Miran, Niya und Endere, bis dahin blühende Kulturzentren an der südlichen Seidenstraße, verschwanden im Sand der Wüste. Dunhuang aber blieb weiterhin im Rennen. Es war der große Akupunkturpunkt der Seidenstraße, der einzige Ort entlang der riesigen Wegstrecke, der zu allen Zeiten von den Karawanen angesteuert wurde. Seine führende Stellung konnten auch kriegerische Ereignisse nicht gefährden, weder die sporadischen Einfälle der Xiongnu noch die Phasen der Fremdbestimmung unter Tibetern und Mongolen hinterließen größere Auswirkungen. Ungeachtet dessen, ob das angrenzende Tarim-Becken unter chinesischer Herrschaft stand oder nicht, machte Dunhuang seinem Namen alle Ehre: Sein Stern strahlte über die Zeiten hinweg. In der Tang-Zeit, als die alte Stadt viel zu klein geworden war, baute man daneben eine neue, größere und nannte sie vorübergehend Shazhou – Stadt des Sandes. Damals gehörte die Stadt zu den reichsten der Welt und zählte zeitweise mehr als 100 000 Einwohner.

Folgende Doppelseite: Aus der Nähe betrachtet, erscheint der neunstöckige Tempel des Riesenbuddha von Mogao als ein faszinierendes Muster von verschachtelten Dächern und Gängen.

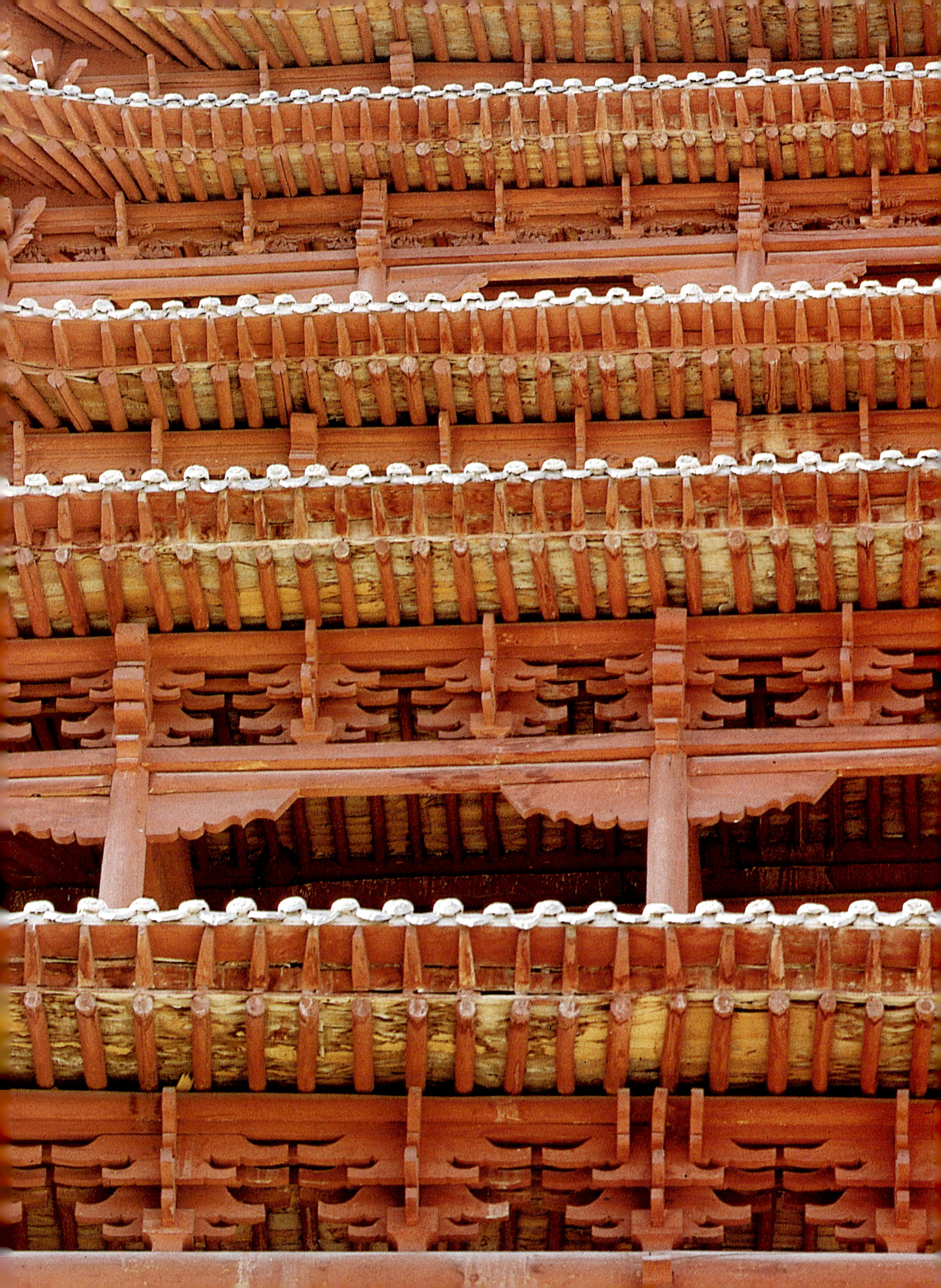

»Die Ortschaft Jiayuguan ist von gewaltigen Steinmauern umgeben; der Ort ist klein und zählt wenige Einwohner. Am nächsten Tag überquerten wir die Große Mauer und fanden uns in einem überaus trostlosen Teil der Wüste. Keine Wolke zeigte sich am Himmel, keine Brise bewegte die Luft, und der glutheiße Boden machte um die Mittagsstunde die Hitze noch unerträglicher.

GUSTAV KREITNER

Eine solche Ausnahmeposition mußte auch die Menschen prägen. Sie lebten wie auf einer Insel, einer glücklichen Oase inmitten des Wüstenmeeres. So kamen sie sich wie Auserwählte vor, wie es manchmal bei Inselvölkern zu beobachten ist. Ein schwacher Abglanz dieses Selbstverständnisses scheint noch in den dreißiger Jahren lebendig gewesen zu sein, als die britischen Missionarinnen Cable und French die Oasenstadt besuchten: »Die Leute von Dunhuang betrachteten sich als die Elite der Gobi und waren ungewöhnlich stolz auf ihre Oase. Sie waren wohlhabend und öffneten ihre Märkte freizügig für fremde Waren, aber rühmten sich ihrer Unabhängigkeit von außen, nicht nur was die Nahrungsversorgung betraf, sondern vor allem in bezug auf ihre Heiratspartner, und die Eltern erlaubten ihren Kindern keine Ehen mit Bewohnern anderer Oasen.«

Am Marktplatz war es immer geschäftig, Händler kamen und gingen, der professionelle Geschichtenerzähler stand jeden Tag an seinem Platz, um die Menge zu unterhalten, und buntgekleidete Frauen kamen mit ihren Wagen von den Gehöften zum Einkauf oder um Freunde zu besuchen. Die Getreidespeicher waren zum Bersten mit Weizen gefüllt, und die Stadt hielt sich für den sichersten und reichsten Platz, den man sich vorstellen kann, und rühmte sich ihres Spitznamens entlang der Handelsstraße – »Klein Peking«.

Daß mit dem Handel auch Kaufleute aus allen Teilen Zentralasiens nach Dunhuang kamen, ist klar. Viele hielten sich nur kurz auf, solange bis sie ihre Waren verkauft hatten, oder machten nur Zwischenstation, um zu rasten; andere ließen sich in der Oase nieder. Angehörige jener Völker, die den Handel zwischen China und dem Abendland beherrschten, unterhielten feste Stützpunkte in Dunhuang. Mit den Kaufleuten kamen auch die Götter. Die Lichtreligion des Mani erreichte ebenso die Oase wie das christliche Nestorianertum und der in China entstandene Daoismus. Vor allem aber fiel die Lehre des Buddha hier auf fruchtbaren Boden. Seit im 3. Jahrhundert vor unserer Zeit der indische König Ashoka zur Verbreitung des Buddhismus aufrief, zogen Mönche mit der Lehre im Gepäck durch Zentralasien. Sie folgten den gewachsenen Handelsrouten, den Routen der Seidenstraße, und streuten den Samen entlang der Karawansereien aus. Als die Lehre des Buddha Dunhuang erreichte, hatte sie bereits einen langen Weg hinter sich, über das heutige Afghanistan, Usbekistan und Kirgistan, sie hatte die Gebirgsbarrieren des Karakorum, des Hohen Pamir und das Tarim-Becken überwunden und dabei viele lokale Einflüsse aufgenommen. Hier aber traf sie auf die chinesische Kultur und ging einen weiteren Verschmelzungsprozeß ein. Viele der Schriften aus dem umfangreichen buddhistischen Kanon gelangten erst allmählich in Bruchstücken und in verschiedenen Sprachen hierher. Sie wurden in einer Bibliothek gesammelt und bearbeitet. Denn um die Lehre nach Osten weiterverbreiten zu können, mußten die Texte ins Chinesische übersetzt werden. Das brauchte Zeit. Da viele der komplexen Inhalte dem Laien kaum verständlich waren, wurde des Bild zum entscheidenden Vermittler. Auch hierin sollte Dunhuang eine Schlüsselrolle zufallen. Für diese ungeheure Aufgabe wählten die Mönche einen Platz, der außerhalb der Oase lag und sich ganz im Sinne der Meditationszellen von Ajanta in Indien dafür eignete.

Die Höhlen der Klingenden Sande

»Der Weg dorthin zieht sich durch eine Steinwüste entlang. Wenn man dort anlangt, sieht man, wie steil alles zum Tal hin abfällt. Im Osten liegen die Berge der drei Gefahren; im Westen die Berge des singenden Sandes. Zwischen beiden fließt, von Süden kommend, ein Fluß, den man Quelle der Höhlen, Dangquan, nennt. Auf der ganzen Vorderseite des westlichen Berges hat man von Nord nach Süd, auf einer Spanne von zwei Li, hohe geräumige Grotten gegraben und behauen. Alle Grotten sind durch Balustraden verbunden, wodurch Pilgerzüge

und Besucher Zugang erhalten.« Die Beschreibung, die diese Quelle aus dem 9. Jahrhundert liefert, hat noch bis heute Gültigkeit. Was sich hier dem staunenden Auge offenbart, ist mit Worten kaum zu beschreiben. Inmitten der Wüste, oberhalb eines Bachbettes, hinter dem sich eine dunkle Felswand erhebt, liegen wabenähnlich über- und nebeneinander angeordnet Hunderte Grotten und Höhlen. Die größte von ihnen birgt einen 33 Meter hohen Buddha, der gegen die Felswand lehnt und von einem siebenstöckigen Pavillon geschützt ist. Über dem Höhlenkomplex türmt sich der Mingsha Shan auf, der Berg der Klingenden Sande, denen der Wind melodiöse Töne entlockt, wenn er darüberstreicht. Und gegenüber, auf der anderen Talseite, stehen die Berge der Drei Gefahren – Sanwei Shan –, deren Felsgipfel bereits seit der Zeit der mythischen Urkaiser den Chinesen bekannt sind. Heißt es doch im Buch der Schriften (Shu Jing), daß der unermüdliche Herrscher Yu der Große aus dem 3. Jahrtausend vor unserer Zeit den Lauf des Schwarzen Flusses bis zu den Bergen der Drei Gefahren gelenkt hat. Auch der lange Felsrücken Mogaoku dürfte bereits ein heiliger Platz gewesen sein, als sich um das Jahr 366 der buddhistische Mönch Luozun der Stelle näherte. »Während er ging«, so heißt es auf einer in Dunhuang gefundenen Stele aus dem Jahre 698, »gelangte er zu diesem Berg und bemerkte plötzlich ein goldenes Licht, dessen Form aus tausend Buddhas gebildet war. Er grub eine Höhle. Anschließend kam Faliang, der Meister von *dhyana*, hier an, von Osten kommend. Und neben der Höhle des Meisters Luozun schuf auch er einen Bau.«

Diese erste Grotte, die der Mönch hoch oben im Felsgemäuer anlegen ließ, um ungestört zu meditieren, dürfte noch sehr klein gewesen sein. Sie ist heute nicht mehr erhalten, nachdem schon in der Anfangsphase der Bautätigkeit ein Erdrutsch einen Teil der Felswand zum Einsturz brachte. Nur unmittelbar neben der vermuteten Bruchstelle befinden sich noch drei kleine Höhlen, die in die Frühzeit des Heiligtums weisen. Sie wurden als Meditationszellen genutzt und ähneln im Grundriß jenen klassischen Eremitenzellen im indischen Ajanta.

Immer mehr Mönche fanden den Weg in das versteckte Tal und ließen sich gegenüber

Auf der einen Seite der Berg des Singenden Sandes, auf der anderen jener der Drei Gefahren (Sanwei Shan), dazwischen ein mit Bäumen bewachsenes Flußtal und ringsum Wüste. Das ist der Ort, den Mönche auswählten, um die Mogao-Grotten anzulegen, eine einzigartige Kunstgalerie der Gobi.

Hinter diesem neunstöckigen, einer Pagode nachempfundenen Bau verbirgt sich der nach Bamiyan (Afghanistan) größte Buddha der Welt, ein über 30 Meter hoher kolossaler Sakyamuni, der gegen den Felsen lehnt.

»Die einzigartige Qualität dieses ›größten Museums der Jahrhunderte‹, unbewacht von mißtrauischen Wächtern und offen zum Himmel, zog mich unwiderstehlich an.«

MILDRED CABLE

dem Grottenberg nieder. Sie errichteten zunächst einfache Unterkünfte, später folgten Tempel, in denen sich das klösterliche Leben entfaltete. »Hier gibt es Tempel und Klöster in großer Zahl«, verrät eine in den Höhlen gefundene Handschrift, »auch riesige Glocken findet man hier. An den beiden äußersten Enden dieses Tales, im Norden und im Süden, gibt es Tempel des Himmlischen Königs, Tien Wang, sowie anderer Gottheiten.« Von diesen Freibauten ist nichts mehr erhalten geblieben außer einer Reihe von Gedenkstupas auf einer Naturterrasse oberhalb des Flußbettes. Sie erinnern an bedeutende Äbte, die im Laufe der Jahrhunderte hier gewirkt haben und als große Lehrer des Buddhismus besonders verehrt wurden.

Mit dem Aufblühen des Heiligtums entstanden auch neue Grotten. Anstelle der alten, rein für Meditationszwecke geschaffenen kargen Nischen, traten nun geräumige Höhlen, mit Gewölben, baldachinartigen Decken und mit Figuren in der Mitte oder an den Stirnseiten. Vor allem aber wurden sie bemalt. Jede Handbreit der Wände und Decken füllten Ornamente, erzählende Szenen und unzählige Darstellungen des Buddha, weshalb die Gläubigen sie »Höhlen der Tausend Buddhas« nannten. Immer deutlicher trat die wahre Bestimmung der Mogao-Grotten in Erscheinung: Sie wurden zu Schaubildern für die Pilger, vor allem aber auch für die Mönche selbst. Was immer die heiligen Texte, die Sutren, sie lehrten, wenn sie im Kloster unten studierten und wohl auch übersetzten, wurde in den Grotten in Bilder umgesetzt. So sind letztlich auch die Bilder Gebete in Form von Farben und Pinselstrichen, von begnadeten Künstlern auf die nackten Wände gemalt. Ohne Unterbrechung, über ein Jahrtausend lang, vom 4. bis zum 14. Jahrhundert, wurden hier Höhlen geschlagen – vom mittleren Klippenteil ausgehend nach Süden, dann nach Norden. Es dürfte nicht übertrieben sein, wenn behauptet wird, daß in der Zeit der Tang mehr als tausend Grotten existierten.

Knapp die Hälfte davon sind heute noch erhalten. Vom Aufstieg der Oase Dunhuang profitierte auch das Heiligtum. Eine zunehmend reicher werdende Schicht von Kaufleuten, Großgrundbesitzern und Angehörigen des lokalen Herrscherhauses betätigten sich großzügig als Mäzene. Durch die Stifter, die überwiegend aus Dunhuang kamen, blieb Mogao stets in besonderem Maße mit dem Schicksal der Stadt verbunden. Und weil Dunhuang eine Schlüsselposition an der Seidenstraße einnahm, ist in den Höhlen fast jede Phase dieser historischen Entwicklung dokumentiert. Das macht den Ort über die religiöse Bedeutung hinaus heute zu einer einzigartigen Quelle, zu einem Höhlenbilderbuch der Seidenstraße. Nicht im Traum konnte Wudi daran gedacht haben, als er vor 2 000 Jahren den Befehl zur Gründung der Kommandantur Dunhuang gab, um wieviel heller hier das geistige Vermächtnis eines indischen Prinzen leuchten würde als sein eigener Ruhm.

Wenn man heute diese »Kunstgalerie der Gobi« besucht, braucht man viel Zeit. Sie läßt sich nicht im Vorbeigehen abhaken. Als ich Mitte der achtziger Jahre zum erstenmal hierher kam, war es Sommer. Das Tal machte einen idyllischen Eindruck. Am Ufer des Baches, der an den Grotten vorbeiführte, standen üppig grüne Bäume. Sie boten Schatten vor der glühenden Hitze der Wüste. Ich entschloß mich, nur drei Höhlen zu besuchen, die mich besonders interessierten und denen ich mich fast den ganzen Tag widmete. Jetzt, mehr als ein Jahrzehnt später, bin ich mitten im Winter hierhergekommen, um eine ganze Woche in Dunhuang zu bleiben. Es ist kalt, meistens sonnig, zuweilen aber verdunkelt sich der Himmel, und der Buran pfeift über den Mingsha Shan und bringt die Sande zum Klingen. Sonst ist es still in Mogao um diese Jahreszeit. Da gibt es keine drängenden Massen, die sich durch die Grotten wälzen. Die wenigen Besucher, meist Chinesen, verlieren sich in der weitläufigen Anlage. Manchmal hört man den dumpfen Widerhall

In diese Felsflucht – Mogaoku genannt – wurden im Laufe von mehr als 800 Jahren, wabenähnlich über- und nebeneinander angeordnet, rund 1 000 Höhlen geschlagen und kunstvoll ausgemalt. Knapp die Hälfte davon sind bis heute noch erhalten.

Ein Sheng – Mundorgel – spielender Musikant schwebt wie auf Wolken über den Himmel der Höhle Nr. 258 aus der Zeit der Westlichen Wei (535–556).

Figurengruppe in der Höhle Nr. 328 aus der Zeit der Frühen Tang (618 bis 704). Den Mittelpunkt des Ensembles bildet Buddha Sakyamuni, flankiert von seinen zwei Schülern Ananda und Kasyapa und zwei sitzenden Bodhisattvas. Jede einzelne Figur ist äußerst prachtvoll gearbeitet und zeigt das sichere Gefühl der Tang-Bildhauer für fließende Formen.

von Schritten, wenn ein Wächter auf der hölzernen Balustrade entlangschreitet. Eine Studentin der Dunhuang-Akademie geleitet uns von Höhle zu Höhle. Sie öffnet Tür um Tür zu einer Wunderwelt aus Bildern, die Farben so frisch, als wären sie eben aufgetragen, für Jahrhunderte durch das trockene Wüstenklima konserviert. Was für eine ungeheure Fülle breitet sich im Innern aus, im Gegensatz zur kargen Umgebung draußen! Es scheint, als habe die Wüste den Mönchen das geistige Auge geöffnet, ihre Phantasie und Vorstellungskraft beflügelt. Pflanzen, Tiere und Landschaften aus dem fernen Indien, die keiner der Maler je gesehen hat, wurden in den leuchtendsten Farben visualisiert und abgebildet. Fühlten sich die Gestalter der Grotten in den ersten beiden Jahrhunderten – der Zeit der Wei-Dynastie –, was die Darstellung der Buddhas und Bodhisattvas betraf, noch festen, mehr oder weniger indischen Vorbildern verpflichtet, so erfolgte in der Tang-Zeit eine völlige Verschmelzung mit chinesischen Traditionen, und es entstand jener Stil, den der ungarisch-britische Archäologe Aurel Stein, als »serindisch« bezeichnete. Der Prunk und das Lebensgefühl der Blüte der Tang spielte sich nicht nur am fernen Hof in Changan ab, sondern erfaßte auch die Oasen an der Seidenstraße und brach sich nicht zuletzt auch in der Höhlenkunst der Mogao-Grotten Bahn. Während in Changan kaum Beispiele tangzeitlicher Malkunst erhalten geblieben sind, gibt es sie hier in Hülle und Fülle. Ganze Höhlen erscheinen gleichsam wie Spiegelbilder des lustbetonten höfischen Lebens. Die Bodhisattvas sind wie die schönen Hofdamen gekleidet. Die Figuren zeigen sich farbenprächtig und üppig, mit ausdrucksstarken Gesichtszügen, in denen deutlich zu erkennen ist, daß der Hang zum künstlerischen Realismus triumphiert. Mit flatternden Gewändern und langen Seidenbändern schwingen sich Apsaras – Himmelsnymphen – durch die Lüfte. Sie gelten als Ehefrauen himmlischer Musikanten, die in den Palästen der Buddhas aufspielen. Wenn man die

Fliegende Apsaras – Himmelsnymphen – finden sich auf einem Paneel über dem predigenden Buddha in Höhle Nr. 57 aus der Frühen Tang-Periode.

schwebenden, musizierenden und Blumen streuenden Apsaras mit ihren anmutig weiblichen Formen über die Höhlenwände tanzen sieht, fragt man sich unwillkürlich, ob vielleicht die weichen, vom Wind geformten Linien der Sanddünen die Tang-Künstler inspirierten. In vielen Höhlen wird das »Reine Land« der Buddhas beschworen, dem, nach den Lehren des Mahayana, jeder Gläubige teilhaftig werden kann, dessen Geist entsprechend gereinigt ist. Dieses buddhistische »Paradies«, ursprünglich als reiner Bewußtseinszustand gedacht, nimmt unter den Pinselstrichen und Farben der Maler zunehmend höfische Züge an. Sie zeichnen es in den schillerndsten Farben: Buddhas in prunkvollen Palästen thronend, umgeben von einem ganzen Hofstaat farbenprächtiger Gestalten, Musikanten spielen auf Instrumenten, wie man sie von der Kucha-Musik kennt, daneben drehen Tänzerinnen ihre Pirouetten, reich geschmückte Bodhisattvas, die sich wohlwollend Stiftern zuwenden. Unverkennbar tritt eine gewisse Verweltlichung ein. Immer stärker drängen die Mäzene in den Vordergrund, immer selbstbewußter nähern sich die Sterblichen den Göttern. Entstanden anfangs die Grotten auf Initiative von Mönchen oder durch die Spenden anonymer Reisender und Kaufleute, die vor ihrem Aufbruch zur gefahrvollen Durchquerung der Wüste oder nach sicherer Rückkehr hier beteten, so entwickelte sich in der Tang-Zeit ein regelrechtes Mäzenatentum der neureichen Sippen Dunhuangs, denen es nicht mehr allein um die Vermehrung religiöser Verdienste ging, sondern auch um die Zurschaustellung ihres Lebensstils und darum, die vom chinesischen Hof empfangenen Titel und Ehrungen in Bild und Wort festzuhalten. Von hingebungsvollem Glaubenseifer dagegen zeugt eine Grotte von schlichter Ausstattung, die von einer Gruppe Kurtisanen gestiftet wurde. Auf der Inschrift neben der ersten Stifterin heißt es: »Buddha Sakyamuni, gestiftet von einer einfachen Kurtisane und Unterhalterin, und mit ganzem Herzen dargeboten.«

Der Anblick des 15 Meter langen liegenden Buddha in Höhle Nr. 158 gehört zu den unvergeßlichen Eindrücken in Mogao. Um den Kopf des Erleuchteten, dessen Gesicht voller Ruhe und Frieden ist, haben sich Trauernde aller Art versammelt, die zum Teil offen ihren Schmerz über das Verlöschen des Buddha im Nirvana Ausdruck verleihen.

Der schöpferische Genius kennt keine Grenzen. Er scheut sich auch nicht, den profanen Alltag zu porträtieren. Da sieht man Bauern bei der Feldarbeit, Kaufleute, Pilger und Handwerker, darunter sogar den Schlächter, der seinem blutigen Geschäft nachgeht. Die gesamte Bandbreite menschlichen Lebens auf dem Land, in den Dörfern, Festungen und Städten ist hier dargestellt. Man sieht Karawanen ihres Weges ziehen, durch Wüsten und über Gebirge, und in realen Gefahren durch Durst, Sandstürme und Wegelagerer, die sie bedrohen. Freud und Leid, Liebe und Tod, Krieg und Frieden, nichts bleibt ausgespart, was Menschen damals erlebten. Auf 45 000 Quadratmetern bemalter Fläche und in 2 000 Figuren ist alles versammelt, was die Seidenstraße ein Jahrtausend lang prägte.

Die Fülle ist kaum zu erfassen, sie betäubt die Sinne, ermüdet das Auge und den Geist. Erst draußen auf der Balustrade, auf der man zur nächsten Grotte weiterwandert, bietet sich wieder Erholung. Die Leerheit der Wüste schafft wieder Raum für die Vielfalt der Bilder. Von der Summe der Eindrücke ist mir besonders einer in Erinnerung geblieben. Niemals werde ich den Augenblick vergessen, als die Tür zur Höhle mit der Nummer 158 aufgeht. Dahinter eröffnet sich ein riesiger grabähnlicher Raum, der von einer kolossalen liegenden Figur ausgefüllt ist. Schon die Größe der Grotte ist ungewöhnlich. Im Gegensatz zu allen anderen verläuft ihre Hauptachse von Norden nach Süden. Diese Ausrichtung ist durch die Aufgabenstellung vorgegeben. Denn die gesamte Höhle ist einer der wichtigsten Stationen im Leben des Buddha gewidmet: Sein Eingehen ins Nirvana, in jenes beglückende »Reine Land«, das von den Wänden vieler Höhlen strahlt. Allmählich gewöhnen sich die Augen an das Halbdunkel, und die Einzelheiten treten hervor. Das Haupt des Buddha ist auf ein Kissen gebettet, das mit Rosetten und Lotosblättern geschmückt ist. Sein Gesicht ist voll Ruhe und Frieden. Während sein Körper noch ausgestreckt daliegt wie im Schla-

Am Fußende des Nirvana-Buddha in Höhle Nr. 158 haben sich die Herrscher vieler Länder als Trauergäste eingefunden - unter ihnen auch der chinesische Kaiser und der König von Tibet. Sie können ihre Trauer über das Verlöschen des Buddha nicht verbergen und sind in hemmungsloses Wehklagen ausgebrochen oder praktizieren verschiedene Arten der Selbstverstümmelung.

fe, verraten die Gesichtszüge bereits das Losgelöstsein von allen irdischen Fesseln, die Verwirklichung der großen Befreiung, die er predigte. Was für ein Gegensatz zu den Hinterbliebenen und Trauernden, die sich um den Buddha versammelt haben. Am Kopfende haben sich seine Schüler eingefunden, hemmungslos klagend, mit schmerzverzerrten Gesichtern, auf denen die Zähne sichtbar werden. Einer von ihnen ist so erschüttert, daß er von seinen Begleitern mit Gewalt davor zurückgehalten werden muß, sich auf die Totenbahre zu werfen. Nur ein einziger der 17 Schüler, er befindet sich unmittelbar neben dem Haupt des Buddha, schaut auf und legt die Hand ans Ohr, als wolle er noch dem letzten Willen des Lehrers lauschen.

Noch heftiger ist die Szene an der Nordwand. Dort drängen sich die Herrscher vieler Länder, darunter der König von Tibet und der chinesische Kaiser, den zwei Begleiter stützen müssen. Andere haben sich vor Trauer selbst verstümmelt und sind nun in offenes Wehklagen ausgebrochen. Im Gegensatz dazu sieht man tanzende Herätiker, die unverhohlen ihre Freude über das scheinbare Ableben des Buddha zum Ausdruck bringen. Dieser Gegenpol ist notwendig, um auszudrücken, daß beide Gefühlsausbrüche unangemessen sind, weil sie den tieferen Sinn des Nirvana nicht begreifen. Die Umstehenden erkennen nicht das große Geheimnis des Lebens - das sich im Erlöschen des Buddha offenbart - daß nämlich in diesem Augenblick Vergangenheit, Gegenwart und Zukunft zusammenfließen. Das Bewußtsein hat einen Reifegrad erklommen, den nach den Lehren des Mahayana - des großen Fahrzeugs - jeder erreichen kann, der dem von Buddha aufgezeigten Weg zu folgen vermag. Diese essentielle Botschaft verdeutlichen noch die beiden Buddhas, deren vollplastische Figuren an den beiden Stirnwänden der Höhle stehen. An der Südwand, nahe dem Haupt des liegenden Sakyamuni, steht die Figur des Prabhutaratna, des Buddhas der Vergangenheit, auf der

Die Höhle des Nirvana-Buddha (Nr. 158) enthält auf der Westwand ausführliche Darstellungen aus den Sutren mit einer Vielzahl an Figuren – unten eine Gruppe von Chinesen in weltlicher Kleidung, die als Gemeinde dargestellt ist, die den Worten des Buddha lauscht.

Wang, der selbsternannte Wächter der Mogao-Grotten, fotografiert von Aurel Stein.

gegenüberliegenden Seite, also am Fußende des historischen Buddha, sitzt Maitreya, der Buddha der Zukunft. Zusammen bilden sie die Triade der Weltzeitalter – Vergangenheit, Gegenwart und Zukunft.

Mogao selbst mußte den Anwesenden bereits wie die Pforte zum beseligenden Nirvana erschienen sein, denn auch hier flossen die Zeiten ineinander. Neben den alten Grotten entstanden neue, daneben wurde der Grundstein für zukünftige gelegt. Der Ort blieb über Jahrhunderte eine Oase tiefsten Friedens. Der Wandel der Zeit, die Umwälzungen und Ereignisse draußen wurden zwar dokumentiert, aber das Leben hier blieb davon unberührt. Weder Kriege, wechselnde Herrscherhäuser noch die Religionsverfolgungen, die den Buddhismus in China erschütterten, erreichten die Berge der Klingenden Sande.

Eine vorübergehende Schwäche der Tang nutzten die Tibeter, um im Jahre 781 den Hexi-Korridor und Dunhuang unter ihre Kontrolle zu bringen. Aber etwas mehr als ein halbes Jahrhundert später gelang es einem lokalen Heerführer unter Mithilfe eines Mönchs namens Hongbian, die Tibeter zu vertreiben und die Souveränität des Tang-lität wurde Hongbian vom Kaiser reich beschenkt und erhielt den ehrenvollen Titel »Hoher Priester aller Altäre innerhalb und außerhalb der Hauptstadt«. Nach seinem Tod wurde er in Höhle Nummer 17 bestattet. Eine merkwürdige Verknüpfung will es, daß diese Höhle, die das Andenken des ungewöhnlichen Mönchs bewahren sollte, dazu ausersehen war, ein noch viel ungewöhnlicheres Vermächtnis zu hüten. Nach dem Untergang der Tang und der kurzlebigen Song-Dynastie wird Dunhuang im Jahre 1036 Teil des Tangutenreiches Xixia. Knapp vor diesem Ereignis wurde die Hongbian-Höhle mit Schriften, Bildern und wertvollen Kultgegenständen ausgefüllt, anschließend zugemauert und die Spuren an der Wand sorgfältig mit Malereien getarnt. Fürchteten die Mönche die bevorstehende Eroberung der Tanguten, oder folgten sie einfach dem Brauch, veraltete Manuskripte und Kultgegenstände, die nicht mehr benutzt wurden, an einem sicheren Ort aufzubewahren? Die Angst vor den Tanguten war jedenfalls unbegründet, denn sie waren ebenso glühende Anhänger Buddhas, und während der zwei Jahrhunderte ihrer Herrschaft über Dunhuang entstanden weitere 80 Grotten in Mogao. Auch in der nachfolgenden Yuan-Dynastie wurden noch neue Grotten angelegt, deren Malereien bereits lamaistische Züge tragen. Danach erlahmte die schöpferische Kraft. Mit dem Einbruch des Islam erlosch im 14. Jahrhundert der Buddhismus an der Seidenstraße. Das Heiligtum wurde aufgelassen, geriet in Vergessenheit, und die Klingenden Sande nahmen es ganz in ihren Besitz.

Mehr als 800 Jahre nachdem die Schriftenhöhle versiegelt worden war, näherte sich der Archäologe Aurel Stein der Oase Dunhuang. Stein hatte sich mit seiner Karawane mitten im Winter entlang der Südroute um die Takla Makan vorgearbeitet und traf im März 1907 in Dunhuang ein. Sofort wandte er sich dem Grottenheiligtum zu. Stein war weder der erste europäische Forscher in Mogao – vor ihm hatte es bereits der ungarische Graf Bela Szechenyi mit seinen Begleitern besucht – noch galt sein Interesse primär den Grotten, aber was ihn zur Eile trieb, war die Kunde von der Entdeckung eines Schatzes, die ihm in Dunhuang zu Ohren gekommen war. Stein hatte von einem Mönch namens Wang Yuanlu gehört, der in einer Höhle, die zugemauert war, eine ganze Bibliothek von Handschriften gefunden hatte. Dort angekommen, mußte er bedauernd feststellen, daß Wang gerade auf Betteltour war, um Geld für seine – wie Stein es ausdrückte – »geschmacklosen Restaurierungsarbeiten« aufzutreiben, mit denen er bereits begonnen hatte. Die Höhle mit den Schriften hatte er zuvor auf Anweisung der Behörden in Lanzhou, denen er den Fund gemeldet hatte, wieder zugemauert. Es blieb Stein nichts anderes übrig, als sich in Geduld zu fassen, bis der selbsternannte Wächter von seiner Reise zurückkam. Die folgenden Wochen nutzte Stein, um sich seinem ursprünglichen Ziel, der Erforschung des Han-Limes, zu widmen. Danach kehrte er zu den Höhlen zurück, wo ihn Wang bereits erwartete. »Dieser wunderliche Geistliche mit seiner seltsamen Mischung aus frommem Eifer, naiver Unwissenheit und hartnäckiger Zielstrebigkeit«, wie Stein ihn charakterisiert, ließ sich nicht durch die Aussicht auf »großzügige Spenden« bestechen, seinen Fund dem Fremden preiszugeben. »Allein auf die Verlockung des Geldes zu setzen, war offenbar nutzlos«, stellte Stein schnell fest. Deshalb schickte er, der kaum Chinesisch sprach, seinen gebildeten Übersetzer Jiang vor, um den daoistischen Mönch auf seine Schwachstellen abzuklopfen. Wang, der wegen einer Hungersnot seine Heimat verlassen mußte und hier gestrandet war, widmete sich seitdem ganz dem Heiligtum, dessen »Hingabe um des religiösen Verdienstes willen unverkennbar echt war«, wie auch Stein zugab, der Wangs Fähigkeiten ansonsten nicht sehr hoch einschätzte. Bald stellte sich heraus, daß Wang die Verehrung des Pilgermönchs Xuanzang mit Stein teilte, wenngleich aus unterschiedlichen Motiven. Stein benutzte Xuanzang als eine Art Reiseführer für seine archäologischen Entdeckungen. Ähnlich wie Schliemann mit Hilfe der Heldengeschichten aus Homers »Ilias« sein

Einige der von Aurel Stein aus der verborgenen Bibliothek entfernten Schriftrollen. Der Eingang zur einstmals vermauerten Kammer befindet sich ganz rechts.

Troja fand, versuchte Stein – was ihm auch gelang –, auf den Spuren der wundersamen Reise des Xuanzang fündig zu werden. Für Wang dagegen war Xuanzang ein religiöses Idol, das er anbetete, und er hatte begonnen, einen Vorbau mit Szenen aus dem Leben des berühmten Indienpilgers ausschmücken zu lassen.

Ob sich das wirklich so zugetragen hat oder die Episode mehr dazu diente, Steins Handeln nachträglich in ein besseres Licht zu rücken, sei dahingestellt. Tatsache jedenfalls ist, daß Wang dem Drängen Steins nachgab und die zugemauerte Höhle öffnete. »Was ich in dem kleinen Raum zu Gesicht bekam, ließ mich die Augen aufreißen«, erinnert sich Stein an den Augenblick seines größten Triumphes. »In verschiedenen Schichten übereinander gelagert, aber ohne irgendwelche Ordnung, erschien dort im trüben Licht der kleinen Lampe des Priesters eine große Masse von Manuskriptbündeln fast drei Meter hoch.« Nun folgte, was als »größter Beutezug eines Archäologen« bezeichnet wurde, der je den Boden Zentralasiens betrat. Stein erwarb Tausende Schriftrollen, darunter das älteste gedruckte Buch der Welt – datiert auf den 11. Mai 868. Es wurde auf hölzernen Druckstöcken gedruckt und besteht aus sie-

ben zusammengehefteten Papierstreifen. Stein blieb nicht der letzte Schatzsucher, der bei Wang auftauchte. Schon wenige Monate später erschien der Franzose Pelliot, ihm folgten weitere »fremde Teufel«, wie sie die Chinesen nannten – Russen, Deutsche, Japaner und Amerikaner –, um auszubeuten, was Stein bzw. die jeweiligen Vorgänger übriggelassen hatten. Im Jahre 1943 wurde der Selbstbedienungsladen endgültig von chinesischen Behörden geschlossen.

Der ungeheure Reichtum an Schriften in vielen auf der Seidenstraße gängigen Sprachen läßt vermuten, daß sich hier eine der wichtigsten Stationen auf dem Weg zur Verbreitung des Buddhismus nach China befand, wo Texte gesammelt und ins Chinesische transformiert wurden. Von den 13 500 Schriftrollen, die die Höhle barg und die bis heute größtenteils über die Museen der Welt verstreut sind, waren 85 Prozent buddhistischen Inhalts, der Rest daoistisch sowie Texte zur Astrologie, Geographie und Medizin und verschiedene kaufmännische Dokumente, Urkunden und ähnliche Zeugnisse profaner Natur. Zu letzteren zählt auch eine Reihe von Kuriositäten, darunter ein hochaktueller »Musterbrief«, mit dem sich betrunkene Gäste bei ihrem Gastgeber entschuldigen konnten. Eine andere Schrift handelt von einem Streitgespräch zwischen dem Tee und dem Wein, wobei jedes Getränk seine Vorzüge hervorhebt. Der Disput endet mit einer salomonischen Lösung: Keiner der beiden Kontrahenten kann gewinnen, weil schließlich das Wasser – wen wundert's in dem von Wüsten umgebenen Dunhuang – als entscheidende Lebensgrundlage hervortritt und den Sieg davonträgt.

Daran mag sich heute niemand mehr so recht erinnern, diesen Eindruck gewinnt man jedenfalls, wenn man sich dem zweiten Wunder Dunhuangs nähert. »Geschickte Menschenhände schufen die Tausend-Buddha-Höhlen«, heißt es seit alters her, »aber der Mondsichelsee ist das Werk der Götter!«

Der See in den Dünen

»Die Berge des Singenden Sandes liegen zehn Li von der Stadt entfernt. Die Spitzen erreichen eine Höhe von 500 Fuß. Sie sind völlig vom Sand bedeckt. Die Genien dieser Berge sind eigenartig. Die Gipfel sind schroff. In der Mitte befindet sich ein Wasserloch, das der Sand nicht hat zudecken können. Wenn der Sommer seinen Höhepunkt erreicht, dringt Gesang aus dem Sand. Menschen und Pferde, die durch den Sand ziehen, hören den Klang über Dutzende Li. Nach altem Brauch erklimmen am fünften Tag des fünften Monats Knaben und Mädchen aus der Stadt die höchsten Bergspitzen, um sich dann gemeinsam hinunterrollen zu lassen, was ein Grollen im Sande erzeugt, das an Donnergrollen gemahnt. Blickt man jedoch frühmorgens hinauf, sind sie genauso schroff wie zuvor. Früher nannte man den Singenden Sand ›Übernatürlichen Sand‹, und man brachte ihm auch Opfer dar.« Mit diesen Worten führt eine tangzeitliche Schrift in eine Gruppe hoher, markanter Wanderdünen ein, die sich heute unmittelbar am Rande der Dunhuang-Oase auftürmen. Ein ähnliches Phänomen, allerdings ein Jahrtausend später, erlebten dort auch die beiden Missionarinnen Cable und French, als sie nachts von einem unheimlichen Grollen aufwachten, das an dumpfen Trommelschlag erinnerte.

Die »Singenden Dünen« sind eine bekannte Erscheinung in den Wüsten. Wenn man einen hohen Dünenkamm erklimmt und dann über die steile Leeseite hinunterläuft, kann es vorkommen, daß der Sand in feines Vibrieren gerät und dabei – je nach Sandart und Konsistenz – unterschiedliche Töne erzeugt.

Es sind jedoch nicht allein die musikalischen Sande, die die Besonderheit dieses Ortes ausmachen. Geheiligt hat ihn erst das Wasser. Inmitten der unfruchtbaren Dünen liegt ein See: klein, mondsichelförmig, saphirblau, wie ein Juwel in den Falten des San-

Der Mingsha Shan, eine mächtige Sanddüne am Stadtrand von Dunhuang, galt in früheren Zeiten als Wohnstätte von Geistern, deren Grollen in manchen Zeiten, wenn die Sandmassen in Schwingung gerieten, zu vernehmen war. Heute ist daraus ein umzäunter Abenteuerspielplatz für Touristen geworden.

Eine spiegelnd blaue Wasserfläche, ringsum von Sandbergen eingeschlossen, entlang der Ufer ein Pflanzengürtel wie grüne Seide, so sah ich den Mondsichelsee, als ich im Jahre 1986 zum ersten Mal hierherkam.

»Nur der geborene Tourist – dieser muntere, schaulustige Wiederkäuer – kann noch ihren Spuren folgen, ungehemmt von dem Gefühl, daß er lediglich seine Zeit vergeudet.«

PETER FLEMING

des eingebettet. Schon früh haben sich hier Mönche niedergelassen, um in der spiegelglatten Oberfläche des Sees über den Sinn des Daseins nachzudenken. Später haben sie am Ufer ein kleines Kloster errichtet. Pilger kamen vorbei und Kranke, weil man dem Wasser heilende Kräfte zuschrieb. »Es gab keine lauten Stimmen, keine hastigen Bewegungen unter denen, die kamen und gingen«, berichten Cable und French, »denn der Platz wurde als ein besonderes Heiligtum betrachtet, als eine ›Tür zum Paradies‹.«

Das kleine Kloster fiel den Zerstörungen während der Kulturrevolution zum Opfer. Von den »silbrig glänzenden Bäumen«, die den Tempel umgaben, und von den Enten, die auf dem See schwammen, war auch nichts mehr zu sehen, als ich zum erstenmal hierher kam. Aber es gab noch den mondsichelförmigen Süßwassersee zwischen übermächtigen Sandbergen. Sein Wasser war noch saphirblau und seine Ufer von Schilf umgeben. Trotz der Nähe zur Oasenstadt konnte man hier etwas Wüstenatmosphäre schnuppern. Es war leidlich still, und wenn man längere Zeit in den Dünen umherwanderte, die sich im wechselnden Licht veränderten, und dann wieder den See erblickte, ließ sich etwas von der Faszination erspüren, die von der Wüste ausgeht.

Indessen sind die »Singenden Sande« verstummt. Die Dünen und der idyllische See dienen nur noch als Kulisse für eine Art Wüsten-Disneyland. Hier erleben Japaner, Chinesen aus Hongkong und Taiwan, aber auch westliche »Individualtouristen«, die in Massen den »Insidertips« von Alternativ-Reiseführern folgen, ihr Abenteuer Seidenstraße – mit Kamelreiten, Paragliden und Tretbootfahren.

Vom Mondsichelsee ist nicht viel geblieben. Er ist umzäunt und wird im Sommer künstlich mit Wasser versorgt. Wo früher das Kloster stand, erhebt sich nun eine Aussichtspagode. Und wer auf einen der Sandberge steigen will, muß erst einmal die Durststrecke der Souvenir-Laden-Meile überwinden.

Der Mondsichelsee ist zwar immer noch von Sandbergen umschlossen, aber auch mit Mauern und Drähten. An seinem Ufer erhebt sich eine Aussichtspagode, und während der heißen Jahreszeit wird er künstlich mit Wasser versorgt.

Kapitel 6 Takla Makan – Weg in den Wanderdünen

»In dieser Wüste gibt es eine große Anzahl böser Geister und auch heiße Winde; die ihnen begegen, kommen bis auf den letzten Mann um. Es gibt hier weder Vögel in der Luft noch Tiere auf der Erde. Nach allen Richtungen ausspähend, so weit das Auge reicht, um den rechten Weg zu finden, findet man nichts anderes, wonach man sich richten kann, als die ausgebleichten Gebeine toter Menschen, die den Weg bezeichnen.«

FAXIAN

Rechte Seite: Karawane unterwegs im Sandmeer der Takla Makan. Anders als in ihrem steppenartigen Randbereich, zeigt die Takla Makan in ihrem Inneren das typische Erscheinungsbild einer Flugsandwüste, deren Oberfläche die Stürme aufwühlen – wie Wellen im Meer.

In Dunhuang teilte sich die Seidenstraße in drei Routen, die nach Westen weiterführten und von den Karawanen zu verschiedenen Zeiten benutzt wurden. Wir wissen heute nicht mehr, welche Gründe die Reisenden bewogen haben, die eine oder andere Route einzuschlagen; nur die Wege kennen wir, die sie benutzten, und die Stationen, die auf ihnen lagen. Alle Wege umgingen die Takla Makan, entweder nördlich oder südlich, über eine Kette von Oasen, die sich an den Rändern der Wüste entlangzogen, und vereinigten sich wieder im Karawanenzentrum Kashgar. Während die Nordroute einem gewachsenen Völkerwanderungsweg, also einer Nomadenstraße, folgte, wurde die Südroute allein des Handels wegen geschaffen und führte weitgehend durch reine Wüste. Als dritte Möglichkeit bot sich noch eine kürzere, aber exponierte Variante an, die Mittlere Route, die später wieder an die Nordroute anschloß.

Die Südroute, wie sie auch Marco Polo benutzte, führte von Dunhuang aus stets zwischen den Ausläufern des Kunlun-Gebirges und dem Sandmeer der Takla Makan, über die Oasen Miran, Kargilik (heute Ruoqiang), Cherchen (heute Qiemo), Keriya (heute Yutian), Khotan und Yarkand nach Kashgar. Trotz der klimatischen Härten dieser Wüstenstrecke wurde die Südroute bis zum 5. Jahrhundert dem nördlichen Zweig vorgezogen, denn hier gab es weder kriegerische Nomadenstämme noch Räuber, die sie bedrohten. Erst in der Tang-Zeit verlagerte sich der Karawanenverkehr mehr und mehr auf die Nordroute, nachdem die kaiserlichen Armeen ein Oasenkönigreich nach dem anderen unterworfen hatten und sich das Reich bis über das Tien-Shan-Gebirge ausdehnte. Aber nicht allein die größere Sicherheit dürfte für den Wechsel eine Rolle gespielt haben, sondern vor allem auch ein zunehmender Wassermangel an der Südroute, der die Oasen schrumpfen ließ, wodurch einst blühende Orte der Wüste zum Opfer fielen.

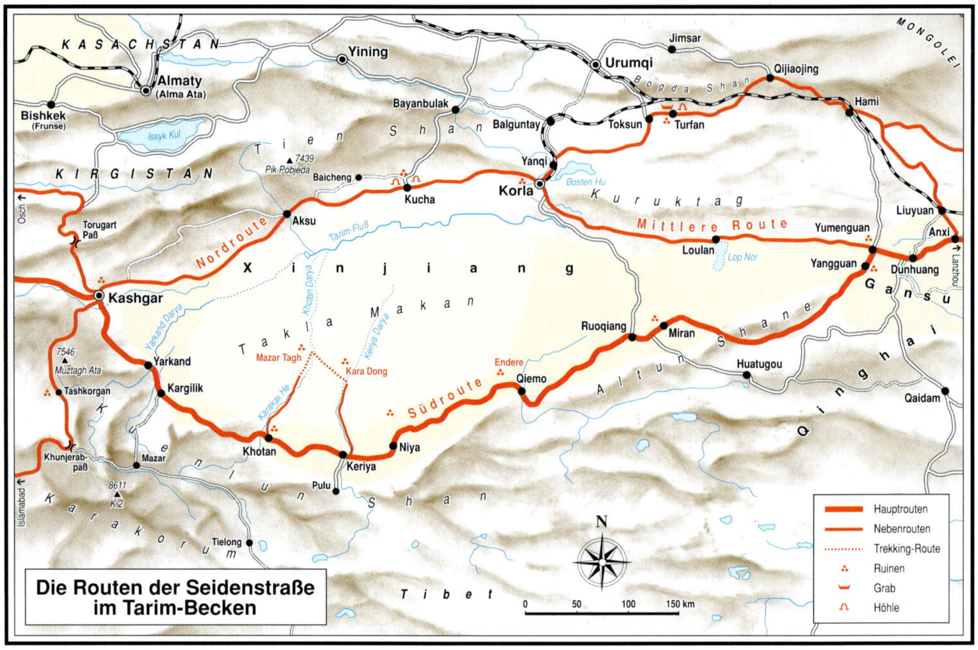

Die Routen der Seidenstraße im Tarim-Becken

»Cherchen und Khotan, das blieben meine Ziele, und ich hatte jetzt die Wahl, die Strecke über Taijinar, Ajakkum-kol nach Sinkiang in beschleunigten oder langsamen Märschen zurückzulegen. Beschleunigt, das hieß fahrplanmäßig ausgedrückt: Ankunft in Cherchen Ende August, in Khotan Ende September, in Leh Ende Oktober und Weihnachten 1936 in Berlin. Langsam aber: Ankunft in Cherchen Anfang Oktober, in Khotan Mitte November, Überwinterung in Ost-Turkestan und im Frühsommer 1937 Marsch nach Indien.«

WILHELM FILCHNER

Die Mittlere Route folgte von Dunhuang dem Han-Limes westwärts, bis nach Yumenguan – dem vielgerühmten Jadetor. Danach mußte die Lop-Wüste bis Loulan durchquert werden. Von Loulan, das am Ufer des antiken Lop Nor-Sees lag, eröffnete sich ein gangbarer Karawanenweg entlang des Konche-Flusses nach Korla, um dann am Nordrand der Takla Makan weiterzuführen. Wahlweise bot sich von Loulan auch der Weg nach Süden an, nach Miran als Anschlußstelle an die Südroute. Daß dieser Weg zumindest vorübergehend benutzt wurde, beweist die Kette von han-zeitlichen Signaltürmen, die diese Passage sicherten. Die Mittlere Route spielte nur für einen verhältnismäßig kurzen Zeitraum eine Rolle. Sie mußte schon frühzeitig, spätestens jedoch um die Mitte des 4. Jahrhunderts, aufgegeben werden, weil die Austrocknung des Lop Nor der Karawanenroute die lebenswichtige Versorgungsstation entzog.

Die Nordroute durch das Tarim-Becken schließlich gewann erst nach dem 2. Jahrhundert an Bedeutung. Dieser Weg führte zunächst ebenfalls zum Jadetor und bog dann in nordwestlicher Richtung ab, durchquerte die Gashun Gobi und erreichte über Hami die bedeutende Oase Turfan. Hier zweigte eine Route ab, die nördlich des Tien Shan entlangzog und über das Ferghana-Tal nach Samarkand leitete. Die Tarim-Route benützte die Oasen Korla, Kucha und Aksu als Wegpunkte am Nordrand der Takla Makan, um sich in Kashgar mit der Südroute zu vereinigen.

Der älteste Weg von allen ist die Mittlere Route. Ihr wollen wir zuerst folgen.

Jenseits des Jadetores

Der Fahrer fühlt sich sichtlich unwohl in dieser Gegend. Seit unserem Aufbruch in Dunhuang haben wir erst wenige Kilometer zurückgelegt, aber es gibt bereits heftige Diskussionen ob des einzuschlagenden Weges. Der Grund: Die Piste, der wir bisher folgten, hat sich verflüchtigt, statt dessen weisen nur noch ein paar Spuren in verschiedene Richtungen. Ich deute nach Westen, wo sich im fahlen Dunst die Umrisse eines verfallenen Signalturms abzeichnen.

»Dort ist nur Wüste, da gibt es keinen Weg«, antwortet er betont unfreundlich, als dämmere ihm schon, was ihm bevorsteht.

»Siehst du nicht den Turm und dahinter noch einen, das ist die Straße, die schon deine Ahnen benutzt haben«, provoziere ich ihn weiter.

»Aber mit Pferden!«

Daß man den Spuren des alten Han-Limes

Gut erhaltener Dun – Wachturm – außerhalb der Oase Dunhuang. Solche Feuertelegrafen, die Soldaten in ständiger Bereitschaft besetzt hielten, dienten der Sicherung der Westgrenze des Reiches wie auch der Seidenstraße.

einfacher mit wirklichen Pferden folgt als mit Hilfe moderner Pferdestärken, da gebe ich ihm vollkommen recht, aber dafür war mir diese Wüste viel zu langweilig. Erst als der Führer, den wir im letzten Dorf aufgegabelt haben, in dieselbe Richtung drängt, schlagen wir den Weg nach Westen ein.

Von Wüste kann hier eigentlich keine Rede sein – theoretisch. Denn laut Karte befinden wir uns am Flußlauf des Shule He, der sich auf dem Papier als hoffnungsvolle blaue Linie westwärts schlängelt, allerdings bald mit ein paar Punkten endet. In Wirklichkeit aber ist von einem Flußbett weit und breit nichts zu erkennen, geschweige denn von Wasser. Die Flußlandschaft, wie immer sie einmal ausgesehen haben mag, zeigt ein Bild völliger Verwüstung. Sie hat sich in ein unüberschaubares Labyrinth von Rillen und Gassen verwandelt, vorläufiges Ergebnis des Zusammenwirkens von planmäßigen Schmelzfluten und außerplanmäßigen Überschwemmungen mit der zuverlässigen Regelmäßigkeit von Sandstürmen. Dazwischen gibt es immer wieder Senken von vertrockneten Salzsümpfen und beinhart zementierte Plateaus aus Kies und Lehm. Dieses anheimelnde Gelände überzogen die Han-Soldaten mit einem geschlossenen Wall von bis zu zwei Meter Höhe und errichteten in bestimmten Entfernungen Wachtürme. Gegen wen? Wohl nicht allein deshalb, um die Dichter später zu schaurig-schönen Versen zu inspirieren. Gab es in der Umgebung überhaupt genügend Weideland, auf dem größere Gruppen der hunnischen Xiongnu leben konnten, die eine reale Gefahr bedeuteten? Bildeten nicht die umliegenden Wüsten bereits eine Barriere, die größere Heere nur mit enormen Schwierigkeiten überwinden konnten? War der Wall ursprünglich gar nicht zur Verteidigung geplant, sondern Teil noch viel weiterreichender Expansionspläne des Kaisers Wudi? Für die Entstehung und Sicherung der Seidenstraße jedenfalls war er von essentieller Bedeutung. Eine beeindruckende Leistung jedenfalls, wenn man bedenkt, daß trotz der extremen klimatischen Bedingungen die Bauwerke noch heute, nach mehr als 2 000 Jahren, die einzigen Orientierungspunkte darstellen, die sich dem Auge bieten. Auch damals war das Terrain bereits zerfurcht und uneben, so daß die Konstrukteure die Höhe der Mauern und Türme geschickt den natürlichen Gegebenheiten anpaßten und variierten. Wie vielen Karawanen sie als Wegweiser oder gar Retter in der Not dienten, darüber schweigen die Annalen genauso wie über das Leid, das über diese »Straßen der Barbarei« verbreitet wurde, wie René Grousset die Schattenseite der Seidenstraße nannte.

Aurel Stein – der geniale Schatzsucher

Die Expeditionen von Aurel Stein, die ihn über eine Strecke von rund 40 000 Kilometern quer durch Zentralasien führten, waren die »gewagtesten und abenteuerlichsten Beutezüge in die antike Welt, die je von einem Archäologen unternommen wurden«, wie ein Zeitgenosse treffend formulierte. Dabei hatte es zunächst den Anschein, als würde Stein den Weg des Stubengelehrten einschlagen. Als Sohn jüdischer Eltern im Jahre 1862 in Budapest geboren, übersiedelte er nach dem Studium orientalischer Sprachen in Wien und Leipzig und seiner Promotion zum Doktor der Philosophie in Tübingen nach England, um in Oxford klassische Archäologie zu belegen. Aber schon von frühester Schulzeit an war Stein fasziniert von den Feldzügen und Reisen Alexanders des Großen, und er verbrachte viel Zeit, die Routen nachzuzeichnen, die ihn nach Indien führten, und nach den Spuren zu suchen, die die griechische Kultur dort hinterließ. Als seine Eltern starben, kehrte Stein Europa endgültig den Rücken und ging nach Indien, wo er zunächst in den Schuldienst eintrat. Erst im Mai 1900, im Alter von 37 Jahren, brach er zu seiner ersten großen Expedition nach Chinesisch-Turkestan auf. Aufmerksam hatte Stein das eben von Hedin erschienene Werk »Durch Asiens Wüsten« gelesen, Logbuch seiner fatalen Erfahrungen in der Takla Makan, worauf er zur Erkenntnis kam, daß längere archäologische Forschungen im Inneren des als Todeswüste verrufenen Sandmeeres nur im Winter möglich sind. Zunächst folgte Stein noch den Spuren des schwedischen »Pfadfinders«, und in den im Sand begrabenen Ruinen von Dandan Oilik machte er erste größere Funde. Auch gelang es ihm schnell, den gerissenen Handschriftenfälscher Islam Akhun zu entlarven, der mit seinen in Heimarbeit angefertigten »Antiquitäten« jahrelang die Elite abendländischer Forscher narrte.

Aber im Jahre 1907 schlug die Sternstunde Steins, als er sich mit seiner Karawane entlang des »chinesischen Limes«, der west-

Marco Polo kam hier ebenfalls vorbei wie zuvor bereits die Pilgermönche Xuanzang und Faxian. Für Xuanzang wurde der Weg entlang des Shule He zur Schlüsselstelle seiner Indienreise. Wegen des kaiserlichen Verbots galt es, unbemerkt an den Signaltürmen, insbesondere am schwer bewachten Jadetor, vorbeizukommen. Auch die Überquerung des reißenden Shule He bereitete dem Pilger Schwierigkeiten. Durch die zahlreichen Abenteuer und Gefahren, die er zu überstehen hatte, ist dieser Abschnitt seiner Reise besonders genau überliefert. Sie diente Aurel Stein als Grundlage, um die Route Xuanzangs Punkt für Punkt zu rekonstruieren und im Jahre 1907 vor Ort nachzuprüfen. »Dabei gelang ihm«, wie sein amerikanischer Kollege Langdon Warner formulierte, »eine der dra-

lichen Verlängerung der Großen Mauer, der Oase Dunhuang näherte. Unweit der Oase, in einer steilen Felswand, die sich über einem Flußbett erhob, fand er das größte Wunder der Seidenstraße. Ein Höhlenkosmos von Hunderten Tempeln, Nischen und Kapellen, die mit erlesenen Malereien und Figuren ausgestattet waren. Ein Bilderbuch zentralasiatischer Geschichte, das sich durch glückliche Umstände nahezu unversehrt erhalten hatte. In einem zugemauerten Raum entdeckte er eine ganze Bibliothek; Schriften in Sanskrit, Brahmi und Chinesisch, durch das trockene Wüstenklima hervorragend konserviert. Darunter befand sich auch das älteste »Buch« der Welt, das heute neben der berühmten Gutenberg-Bibel im Britischen Museum liegt.
Unermüdlich hat Stein sein Lebensziel, nämlich die archäologische Erforschung der gesamten Routen der Seidenstraßen in Zentralasien, verfolgt. Nur ein Glied fehlte ihm noch, als er im Alter von 82 Jahren endlich die Erlaubnis bekam, in Afghanistan eine Expedition zu unternehmen. Aber eine Woche nach seiner Ankunft in Kabul war er tot, hinweggerafft von einer plötzlich aufgetretenen Lungenentzündung. Zu Füßen des Hindukusch, umgeben von Hippiegräbern, für die Afghanistan ebenfalls zur Endstation geworden war, fand er seine letzte Ruhestätte.

matischsten Entdeckungen unserer Zeit«, nämlich die Auffindung und archäologische Auswertung des Han-Limes. Obwohl er mit der »unmöglichsten Mannschaft« unterwegs war, wie er sie bezeichnete, »so träge und vom Opium geschwächt waren die Leute«, verstand er es, den verfallenen Lehmmauern ihre Geschichte abzuringen. »Wenn ich diese Mauer entlangreite, um weitere Türme zu untersuchen«, so schrieb er, »habe ich manchmal das Gefühl, ich inspizierte noch immer von lebenden Soldaten besetzte Außenposten. Wenn man sieht, daß der Kehricht aus den Hütten der Soldaten jetzt praktisch vor den Türen an der Erdoberfläche liegt, erscheinen einem 2 000 Jahre als eine recht kurze Zeitspanne.«
Dieser Kehricht hatte es Stein angetan. Die

Oben: Verfallener Wachturm am Han-Limes zwischen Dunhuang und dem Jadetor-Paß, den Aurel Stein im Zuge der Rekonstruktion von Xuanzangs Reiseroute untersucht hat.

Unten: Es gab kaum einen Ort im großen Tang-Reich, der die zeitgenössischen Dichter so inspirierte wie Yumenguan, die Festung am Jadetor-Paß.

»Im Licht der untergehenden Sonne konnte man Turm um Turm bis zu zehn Meilen Entfernung sehen, glänzend im goldenen Licht, als wäre die Lehmverkleidung der Mauern noch intakt.«

AUREL STEIN

antiken Müllkippen zogen ihn magisch an, er roch sie förmlich. Und fast immer wurde er dabei fündig. Wie kein anderer seiner Konkurrenten im »großen Wettlauf« um die Schätze der Seidenstraße hatte er sich darauf spezialisiert, im menschlichen Abfall zu wühlen. Selbst dort, wo ihm andere schon zuvorgekommen waren, erntete er damit noch Erfolge. Wenn man heute diese gottverlassene Gegend sieht und man bedenkt, über welch riesige Strecke sich der Han-Wall hinzieht, ist man erstaunt über die Geschwindigkeit, mit der Stein sein Werk ausführte. Das spricht für ihn. Er verband einen genialen Instinkt mit umfassendem Wissen. Und er hatte einen kongenialen Partner. Was Stein an schriftlichen Zeugnissen zutage förderte, bearbeitete der Sinologe Chavannes. Chavannes' Arbeiten wiederum kombinierte Stein mit seinen Beobachtungen vor Ort. Auf diese Weise rekonstruierte er in allen Einzelheiten den Alltag und das Leben der Soldaten.

Wenn wir heute vor einem der alten Wachtürme stehen, von denen manche noch gut erhalten, andere dagegen völlig verfallen sind, und die Umgebung betrachten, dann ist es nicht schwierig, die Mischung von Gefühlen aus Einsamkeit, Verlassenheit und Angst derer nachzuvollziehen, die diese Grenzscheide bewachen mußten. Aber erst durch Steins Forschungen wissen wir, daß die Löcher an den Seiten als Kletterhilfe für die Ausspäher vorgesehen waren und die Zapfenlöcher daneben für die Holzklammern, die das Hanfseil führten, an dem sie sich festhielten. Wir wissen, daß sich an jedem Turm ein kleines Gebäude befand, in dem sich die Wächter aufhielten. Stein entging nichts. Im Abfallhaufen fand er beschriftete Holztäfelchen mit Löchern, die als Erkennungsmarken von den Soldaten getragen worden waren. Die aufgeschichteten Haufen von Schilfmatten, die auch heute noch zu sehen sind, dienten für notwendige Ausbesserungen im Befestigungswall, und weil sie sich immer in der Nähe der Wachtürmen befinden, folgerte Stein, daß man sie im Falle eines Überraschungsangriffes anzündete, um die Kameraden auf dem nächsten Posten zu warnen bzw. um Hilfe zu mobilisieren.

Nachdem wir eine Reihe von Signaltürmen passiert haben, eröffnet sich ein weites, leicht gewölbtes Plateau, das unter den Strahlen der Mittagssonne weiß wie Schnee glänzt. Dahinter tauchen die Umrisse eines Höhenzuges auf, der rasch Gestalt annimmt. Der angeheuerte Führer sitzt weit nach vorn gebeugt im Auto und sucht das vor uns liegende Terrain mit den Augen ab.

Dann richtet er sich plötzlich auf und deutet nach vorn, wo auf einer spiegelnden Fläche, die die flimmernde Hitze vorgaukelt, ein gelb-braunes Irrlicht flackert. Beim Näherkommen entpuppt es sich als ein rechteckiges Gemäuer, das verloren in der Landschaft steht. »Yumenguan!« ruft der Fahrer triumphierend, als sei es ihm allein zu danken, daß wir hier sind.

»Yumenguan«, wiederholen wir ehrfürchtig. Das also ist die berühmte Jadetor-Festung. Das klobige Bauwerk mit den meterdicken Mauern zeigt kaum Zerfallserscheinungen. Es scheint für die Ewigkeit gebaut. Nach wie vor bietet es den sandbeladenen Stürmen die Stirn, die seit mehr als zwei Jahrtausenden gegen seine Mauern prallen. Zwei tunnelähnliche Löcher nach Norden und Westen bilden die Ein- und Ausgänge. Das Jadetor war in der Tat eine Grenzfestung. Hier endete die Große Mauer in der Zeit ihrer größten Ausdehnung. Zwar setzte sich die Kette der Signaltürme noch weiter nach Westen fort, aber sie waren nicht mehr durch einen geschlossenen Wall abgesichert. Hier endete die Macht des chinesischen Kaisers, alle Eroberungen weiter westlich konnten nie auf Dauer gehalten werden. An dieser Stelle verließen die Karawanen den Schutz des Reiches und betraten die Welt zentralasiatischer Reiternomaden und kleiner, isolierter Oasenkönigreiche.

Das Leben an diesem äußersten westlichen Grenzposten war zweifellos hart und entbehrungsreich. Es gibt einen ergreifenden Vers des Tang-Dichters Zhang Zhihuan (geb. 695) der die Gefühle der Chinesen zu dieser Festung widerspiegelt, die zu seiner Zeit bereits legendär war.

In den Mauern der einsamen Festung am sturmgepeitschten Jadetor-Paß harrten die chinesischen Soldaten aus, um die Westgrenze des Reiches und gleichzeitig einen der wichtigsten Durchgänge der Seidenstraße zu bewachen.

»Weiße Wolken treiben ferne über den
Gelben Fluß:
Verwaist der Ort, unermeßlich die Berge.
Warum sollte eine fremde Flöte das
›Klagelied von der Weide‹ spielen?
Kein Frühlingshauch erreicht doch
die Jadetor-Station.«

Ich bin mir nicht sicher, ob ihm die Worte ebenso poetisch von den Lippen gekommen wären, hätte er den Ort mit eigenen Augen gesehen. Der Anblick von Yumenguan lädt nicht gerade zum Träumen ein, es sei denn, man ist Archäologe – so wie Aurel Stein. Für ihn ging hier ein Traum in Erfüllung, die Krönung seiner Forschungsarbeit entlang des Han-Limes. Dabei sah es zunächst gar nicht so aus. Die Festung gab ihm Rätsel auf. Sein Spürsinn, der ihn bisher zielsicher zu jedem Abfallhaufen entlang des Weges geführt hatte, schien hier zu versagen. So sorgfältig er das Fort auch untersuchte – innerhalb und außerhalb der Mauern –: nicht der geringste Müll schien hier angefallen zu sein. Wie war das möglich? Hatten die ehemaligen Bewohner – um ihn zu ärgern – gar ihr Verhalten verändert, fragte sich Stein. Die Antwort ließ zum Glück nicht lange auf sich warten. Nur einen Steinwurf von der Festung entfernt gab es eine Erhöhung, die sie zunächst für einen natürlichen Hügel gehalten hatten. Bei einer Probegrabung stießen sie bald auf einen Schacht, der ganz mit Sand und – wie könnte es anders sein – mit antiken Abfällen angefüllt war. Immer tiefer legten sie den Schacht frei, Dutzende beschriftete Holztäfelchen kamen zum Vorschein. Aus diesen Funden geht hervor, daß die Jadetor-Station genauso alt ist wie der Han-Limes und um die Mitte des zweiten nachchristlichen Jahrhunderts aufgegeben wurde. Der Schacht endete in einem kleinen Raum, der zusätzlich noch ein Art Luftloch nach oben besaß. Seine Turki-Begleiter brachten Stein auf die Idee, daß es sich um ein Verließ handeln könnte, in dem man Gefangene gehalten hatte. Darauf deutete auch ein Schlagstock hin, den sie darin gefunden hatten. Die Bestätigung lieferte Chavannes. Eines der beschrifteten Holztäfelchen enthielt die Mitteilung von der Bestattung eines Mannes, der an den Folgen seiner Mißhandlungen gestorben war.

Der Platz für das Jadetor ist gut gewählt. Geborgen hinter dem Mauerwall und der Signalturm-Kette, ist es noch an zwei Seiten von unpassierbaren Sümpfen umgeben. Während man die lehmfarbenen Mauern – wie wir gesehen haben – aus der Ferne nur schwer ausmachen konnte, läßt sich umgekehrt, von der Festung aus, ein weites Terrain überblicken. Mit freiem Auge kann man die beiden nächsten Signaltürme im Westen erkennen und einen weiteren im Süden, der auf dem Weg zum »Sonnentor« liegt, dem Einstieg in die Südroute.

Loulan – Das Reich der Drachenberge

Rechte Seite: Yardangs, Irrgärten salzüberkrusteter Felsgebilde, markierten den Eingang ins Königreich Loulan. Die Reisenden, die der Mittleren Route durch die Lop-Wüste folgten, hielten sie für letzte Reste einer untergegangenen Siedlung, die sie Drachentorstadt nannten.

Das Jadetor setzt auch uns eine Grenze. Die Mittlere Route läßt sich ab hier nur noch mit einer Kamelkarawane begehen – so wie früher – oder anhand der alten Quellen sowie der Berichte von Aurel Stein nachvollziehen. Jenseits des letzten Signalturms, am Terminal des antiken Shule-Flusses, der in einem mückenverseuchten Salzsumpf versickerte, beginnt die Lop-Wüste. In diesem Raum, den zeitweise die Xiongnu durchstreiften, waren auch die Han-Soldaten niemals sicher: »Das Morgenrot bricht an. Nun gilt es zu kämpfen, achtsam den drängenden Befehlen der Glocke Folge zu leisten. Die Nacht bricht herein, und man schläft, ohne den Sattel zu verlassen, den Hals des Pferdes umschlungen.«

Mindestens 15 Tage dauerte die Durchquerung der Lop-Wüste, auf der es nur zwei Wasserstellen gab. Auf die Sandzonen folgte eine wasserlose Steinwüste und schließlich Salzwüste, wenn sie in das flache Lop Nor-Becken eintraten. Wegen der Hitze und der tückischen Salzsümpfe dürfte diese Route vor allem im Winter begangen worden sein. Inmitten der Salzwüste erhoben sich die »Weißen Drachenhöhen«. Das war ein Gewirr von salzverkrusteten Hügeln, die unter der Sonne glänzten und durch ihre bizarren Formen wie Häuser und Paläste einer Geisterstadt anmuteten. Schon in uralten chinesischen Überlieferungen ist davon die Rede:

»Die Drachenstadt ist die Residenz des Giang Lai. Er beherrscht ein großes Reich der Barbaren. Eines Tages stiegen die Wasser des Lop Nor und überfluteten die Hauptstadt dieses Königreiches. Die Fundamente der Stadt sind noch erhalten. Sie sind sehr aus-

gedehnt. Wenn man bei Sonnenaufgang am Westtor aufbricht, gelangt man erst bei Sonnenuntergang zum Osttor. Unter dem steilen Abhang der Stadt hatte man einen Kanal angelegt. Darüber hat der ständig wehende Wind Sand aufgetürmt, der allmählich die Form eines Drachens annahm, der nach Westen über den See blickt. Daher kommt der Name Drachenstadt. Das Gebiet ihrer Herrscher dehnt sich 1 000 Meilen weit aus. Es besteht ganz und gar aus Salz in hartem, festem Zustand. Die hindurchziehenden Reisenden breiten Filze aus für ihre Tiere, daß sie darauf liegen können. Wenn man in den Boden gräbt, stößt man auf Salzblöcke, so groß wie Kopfkissen, die regelmäßig aufeinander gestapelt sind. In dieser Gegend ist die Luft dunstig wie aufsteigender Nebel oder schnell dahinziehendes Gewölk, so daß man nur selten die Sonne oder Sterne sieht. Es gibt dort nur wenige Tiere, aber viele Dämonen und geisterhafte Wesen.«

Was immer man vom Wahrheitsgehalt dieser Legende zu halten hat, zwei Aussagen scheinen mir darin interessant. Einerseits der Hinweis, die Tiere vor den Auswirkungen des Salzes zu schützen, und andererseits die Anspielung auf ein untergegangenes Königreich. Zu ersterem ist zu sagen, daß bei der Überquerung von Salzwüsten bis in jüngste Zeit die Praxis bestand, den Kamelen »Filzsocken« zu verpassen, andernfalls verletzten sich die Tiere an den scharfen Salzverkrustungen, so daß die schmerzvolle Prozedur des »Neu-Besohlens« vorgenommen werden mußte, indem man ihnen Lederstücke an die Füße nähte.

Hinter der Geschichte vom Königreich, das dem Lop Nor zum Opfer fiel, könnte sich die kollektive Erinnerung an den Untergang von Loulan verbergen.

Etwa dort, wo sich die weißen Drachenberge erheben, begann das Territorium des Königreichs Loulan, das in der Anfangsphase der Seidenstraße eine bedeutende Rolle spielte. Die Karawanen zogen am Nordufer des riesigen Sees Lop Nor entlang, an dem es breite Schilfgürtel gab, in denen sogar Tiger umherstreiften. Die Bewohner am Seeufer und an seinem mächtigen Zufluß, dem Konche Darya, besaßen Boote und lebten vom Fischfang und der Jagd. Andere streiften als Nomaden in der von Tamarisken und wilden Pappeln bewachsenen Wüste umher, wo es auch wilde Kamele gab. Schließlich gelangten die Karawanen zu einer fruchtbaren Oase mit Gärten und Obstplantagen. In ihr gab es eine befestigte Stadt, Loulan, deren Name auf das ganze Gebiet überging.

Die Geschichte des Reiches Loulan, was die historische Zeit der Seidenstraße betrifft, ist schnell erzählt, denn sie ist denkbar kurz. Von den frühen Bewohnern wird später noch die Rede sein. Die Lebensdauer des Königreiches Loulan bedingten zwei Faktoren: das expandierende Han-Reich und der Lop Nor. Ersteres raubte ihm nur die Macht, letzteres dagegen versetzte ihm den Todesstoß.

»Das Gebiet von Loulan hat eine umwallte Stadt und umwallte Vororte; sie liegen am Salzsumpf«, hatte der Kundschafter Zhang Qian seinem Kaiser Wudi verraten, als er im Jahre 126 v. Chr. von seiner gefährlichen Mission aus den »westlichen Ländern« nach Changan zurückkehrte. Diese Beschreibung dürfte wohl kaum dazu beigetragen haben, des Kaisers begehrliche Blicke auf das ferne Wüstenreich zu lenken. Viel geeigneter war da schon der Umstand, daß Loulan, nach der Eroberung des Gansu-Korridors und der Ausweitung der Mauer bis zum Jadetor, in Sichtweite der Han-Soldaten gerückt war und nun den Eingang ins Tarim-Becken kontrollierte. Wollte der Kaiser sich einen direkten Zugang zu den Oasen entlang der Takla Makan verschaffen, mußte er Loulan ausschalten. Außerdem standen die Herrscher unter dem Einfluß der Xiongnu, die die meisten kleinen Oasenreiche am Rande der Takla Makan beherrschten. Der schwache König von Loulan sah sich in einer Zwickmühle. Sein Reich drohte zwischen den Fronten der Xiongnu und Han aufgerieben zu werden. Zwei Herren gleichzeitig zu dienen ist bekanntlich schwierig. Das konnte nicht lange gutgehen. Mit der Macht des Stärkeren, der damals einzig gültigen völkerrechtlichen Legitimation, befahl der Kaiser den Feldzug gegen Loulan. Den Vor-

wand dazu lieferten angebliche Überfälle und Plünderungen chinesischer Karawanen. Mit welcher Entschlossenheit dieser militärische Schlag geführt wurde, findet noch Jahrhunderte später in einem Tang-Gedicht seinen Widerhall:

»Wo die verharrenden Wolken von Qinghai
die schneebedeckten Bergketten beschatten,
Schaut die verwaiste Mauer in die Ferne
zur Jadetor-Station.
Gelber Sand von hundert Schlachten
knirscht in unserer goldenen Rüstung,
Doch bevor wir nicht Loulan erobert,
kehren wir nicht zurück!«

In einem Handstreich gelang es General Cao Po im Jahre 108 v. Chr., den König von Loulan gefangenzunehmen und dem Reich tributpflichtig zu machen. Einen seiner Söhne mußte er als Geisel an den chinesischen Hof schicken. Das rief wieder die Xiongnu auf den Plan, die einen anderen Prinzen als Geisel mitnahmen. Diese fragile Balance hielt sich nur so lange, bis der König im Jahre 92 v. Chr. starb – eines natürlichen Todes, wie die Quellen vermerken, was damals wohl eher eine Ausnahme darstellte. Sogleich schickte man Boten an den Hof des Kaisers in Changan mit der Bitte um Rückkehr des Königssohnes, der nun seinem Vater auf den Thron folgen sollte. Dort beschied man den Gesandten höflich, daß der Prinz im Harem des Kaisers unabkömmlich sei – was soviel bedeutete, daß er als König nicht in Frage kam, weil er keine Nachkommen mehr zeugen konnte. Diese frohe Kunde vernahmen auch die Xiongnu, die den zweiten Thronerben in Gewahrsam hielten. Unter ihrem Schutz brachten sie den Prinzen An Gui nach Loulan und setzten ihn als neuen König ein. Nachdem er gleichzeitig seine Loyalität gegenüber dem Han-Kaiser bekundet hatte, wurde er auch vom Hof in Changan anerkannt. Dabei blieb es jedoch nicht lange. Bald warf man ihm Parteinahme zugun-

Die Reste des antiken Loulan, das zuletzt als chinesische Garnisonsstadt diente, liegen am Nordufer des ausgetrockneten Sees Lop Nor. Als sein Hauptzufluß, von dem die Stadt abhängig war, seine Richtung änderte und austrocknete, um an einer anderen Stelle neu zu entstehen, mußte auch Loulan aufgegeben werden.

»Westlich von Dunhuang durchquert man den ›Fließenden Sand‹; auf mehr als 1 000 Li gibt es kein Wasser. Es kommt vor, daß die Leute unfähig sind, die unterirdischen Strömungen zu erkennen. Doch wer ein Kamel besteigt, erfährt, wo die Wasseradern verlaufen. Wenn dieses an eine solche Stelle kommt, bleibt es stehen, und es ist nicht zum Weitergehen zu bewegen; mit seinem Fuß scharrt es den Boden auf. Wenn der Mensch dort nachgräbt, findet er Wasser.«

Bowu Zh

sten der Xiongnu vor und bezichtigte ihn außerdem der Spionage und des fortgesetzten Raubrittertums. Der Vergeltungsschlag war fatal. Indem man den Meuchelmord zum Regierungsprogramm erhob, wurde der General Fu Jiezi mit einer Handvoll Soldaten, als kaiserliche Gesandtschaft getarnt, im Jahre 77 v. Chr. nach Loulan geschickt, um An Gui zu beseitigen. Unter dem Vorwand eines besonderen kaiserlichen Geschenkes lockte der General den ahnungslosen König in ein Zelt, wo ihn Soldaten hinterrücks ermordeten. Damit ging die Geschichte Loulans als mehr oder weniger eigenständiges Königreich zu Ende, denn die Chinesen verlegten die Residenz des neuen Fürsten, der nur noch als Marionette regierte, nach Kargilik (heute Ruoqiang) und nannten das kleine Reich fortan Shanshan. Auch der größte Teil der Bevölkerung wurde offensichtlich umgesiedelt und somit Loulan gänzlich dem Einfluß der Xiongnu entzogen. Loulan wurde zur chinesischen Garnisonsstadt ausgebaut und diente als wichtige Versorgungsstation und als Militärposten sowohl auf der Mittleren als auch der Südlichen Route der Seidenstraße, die nun über das neugegründete Shanshan-Reich führte.

Anfang des ersten nachchristlichen Jahrhunderts kam es, wie so oft in der wechselvollen Geschichte dieser beiden Völker, zu einem erneuten Erstarken der Xiongnu. Anlaß dafür war eine kurzzeitige innenpolitische Schwäche der Han-Dynastie, die die Hunnen nutzten, um Loulan wieder unter ihre Kontrolle zu bringen. Aber schon 75 n. Chr. stellten die Eroberungszüge des Generals Pan Chao die chinesische Oberhoheit wieder her. Noch im Jahre 260 n. Chr. berichten die Quellen von der Gründung einer tausend Mann starken Militärkolonie, aber nur 70 Jahre später reißen die Nachrichten aus Loulan abrupt ab. In diesen Jahrzehnten ereignete sich eine Naturkatastrophe ungeahnten Ausmaßes, die erst Anfang des 20. Jahrhunderts vom schwedischen Forscher Sven Hedin rekonstruiert wurde. Der Tarim-Fluß, dessen Wasser nicht nur den See Lop Nor speisten, sondern auch Loulan mit Süßwasser versorgte, änderte plötzlich seine Richtung. Er floß nicht mehr nach Osten, sondern war nach Süden abgebogen. Damit wurde Loulan vom lebensnotwendigen Wasser abgeschnitten und mußte aufgelassen werden. Auch der Lop Nor begann auszutrocknen, statt dessen entstand am Ende des Tarim-Flusses ein neuer See. Die spektakuläre Richtungsänderung des Tarim-Flusses war eine Folge des äußerst geringen Gefälles in dieser flachen Gegend, das den Fluß zu riesigen Mäandern zwang. Außerdem füllte der Fluß aufgrund seiner geringen Fließgeschwindigkeit sein Bett durch Ablagerungen ständig auf. In den engen Windungen bildeten sich im Laufe der Zeit Tümpel und kleine Seen, die den Fluß schließlich zur Richtungsänderung zwangen. Folgerichtig schloß Hedin, daß »der Lop Nor ein wandernder See sein muß, ein See, der periodisch von Norden nach Süden und von Süden nach Norden wandert, ganz wie das Messinggewicht am Ende eines schwingenden Pendels. Das Pendel ist hier der Tarim.«

Bei seinen umfangreichen Erkundungen stieß Hedin auch auf die antiken Ruinen von Loulan. Der Ort bot ein Bild völliger Verwüstung. Von den Behausungen der Bewohner reckten sich nur noch vereinzelt Holzstangen aus dem Boden. Ein verfallenes Gebäude aus Lehmziegeln und ein Turm, den Hedin als Signalturm und sein Nachfolger Stein als Stupa deutete, war alles, was die zerstörerische Wucht der Staubstürme von Loulan an der Oberfläche übriggelassen hatte. Innerhalb des Ziegelbaus, dem Sitz des chinesischen Militärkommandanten, entdeckte Hedin in einem Abfallhaufen eine ganze Sammlung beschrifteter Dokumente auf Holz, Papier und Seide, die Aufschluß über das Leben gaben. Den größten Eindruck aber machte auf ihn ein Gräberfeld, zu dem ihn einer seiner einheimischen Begleiter führte: »Der Sarg hatte eine für dieses sumpfige Land bezeichnende Form«, erinnert sich Hedin. »Er glich ganz und gar einem gewöhnlichen Kanu, dessen Vorder- und Achtersteven abgesägt und durch waagrechte Querhölzer ersetzt waren. Voller Spannung erwarteten wir, jetzt den unbekannten To-

Zu den wenigen noch erkennbaren Bauten Loulans gehört diese Stufenpyramide, die Sven Hedin als Signalturm und Aurel Stein als Stupa deutete.

ten, der so lange in ungestörter Ruhe geschlummert hatte, zu sehen. Statt dessen fanden wir jedoch nur eine graue Decke, in die der Tote eingewickelt war und die die Leiche ganz und gar vom Scheitel bis zur Sohle verbarg. Diese Umhüllung war so spröde, daß sie bei Berührung in Staub zerfiel. Wir entfernten den Teil, der das Haupt bedeckte – und nun sahen wir sie, die Herrscherin der Wüste, die Königin von Loulan und Lop Nor in all ihrer Schönheit.

In jungen Jahren war sie vom Tode überrascht und von liebevollen Händen eingehüllt und zu dem geweihten Hügel getragen worden, in dessen Innerem sie an die zwei Jahrtausende schlummern sollte, bis sie die Kinder einer späteren Zeit aus ihrer langen Ruhe weckten.

Ihre Gesichtshaut war hart wie Pergament, aber die Form und Zeichnung des Antlitzes war von der Zeit nicht verändert. Sie lag mit geschlossenen Augenlidern, die die nur wenig eingesunkenen Augenäpfel deckten. Um ihre Lippen spielte noch immer ein Lächeln, das Jahrtausende nicht ausgelöscht hatten und das dieses rätselhafte Wesen noch anziehender und sympathischer machte. Ihre Geheimnisse von den Abenteuern des Lebens verriet sie jedoch nicht, und die Erinnerung an bunte Bilder in Loulan, an das Erwachen des Frühlings in der Seenlandschaft, an Flußfahrten in Kanu und Fähre hatte sie mit sich ins Grab genommen.«

Nachdem sie die »unbekannte junge Dame« eine Nacht in ihrem geöffneten Sarg unter dem Sternenhimmel hatten ruhen lassen, wurde sie wieder ins Grab gesenkt.

Das Alter der »jungen Dame«, wie Hedin sie nannte, schätzte er falsch ein. Sie war noch viel älter, als er vermutete, etwa 3 000 bis 4 000 Jahre alt, wie die Untersuchungen chinesischer Wissenschaftler aus den achtziger Jahren zeigten. Sie hatten eine Reihe weiterer Gräber gefunden und ausgewertet. Der nichtmongolische Typus der Bestatteten, die spitze Kopfbedeckung, auch die Art der Gräber, die an sibirische Kurgane erinnern, weisen auf eine indoeuropäische Herkunft der ursprünglichen Bewohner von Lop Nor.

Die Geschichte von Loulan und Lop Nor war mit der Wiederentdeckung der antiken Relikte und der Lösung des Rätsels um den »wandernden See« noch nicht abgeschlossen. Im Jahre 1921 schlug das »Pendel« abermals aus, und der Tarim kehrte fast wieder in sein altes Bett zurück, das er zur Blütezeit Loulans innehatte. Infolgedessen be-

»Die halb verschütteten Räume und Gemäuer, die vom 8. bis zum 9. Jahrhundert die tibetische Garnison beherbergt hatten, waren in Form und Konstruktion recht grobschlächtig, doch bargen sie an so manchen Stellen die großartigsten ›Abfallhaufen‹, die ich je abgetragen habe.«

Aurel Stein

gann sich an seinem neuen Terminal ein neuer Lop Nor zu bilden, während der alte, weiter südlich gelegene See, austrocknete. Einen weiteren, »letzten Pendelschlag«, wie ihn Hedin prophezeite, wird es nicht mehr geben, denn im Jahre 1972 hat der See seine »Wanderungen« endgültig beschlossen. Durch intensive Wassernutzung wurde dem Tarim in den letzten Jahrzehnten soviel Wasser entzogen, daß der Lop Nor völlig verschwand.

Die einstige militärische Bedeutung Loulans für China wurde in diesem Jahrhundert auf schreckliche Weise wiederbelebt, als im Jahre 1964 auf dem Gebiet des ausgetrockneten Lop Nor eine Wasserstoffbombe gezündet wurde. Seitdem wurden an die 50 weitere Tests durchgeführt, ohne Schäden für die Zivilbevölkerung in den Oasen ringsum, wie die chinesische Propaganda behauptet. Allerdings kann ich aus eigener Erfahrung berichten, daß am 7. Oktober 1994, dem Tag eines neuerlichen Atomversuchs, unsere Meßgeräte eine um das Vierfache erhöhte Strahlenbelastung in der Atmosphäre anzeigten als an den Tagen zuvor. Unser Meßpunkt befand sich 700 bis 800 Kilometer Luftlinie östlich von Lop Nor inmitten der Alashan-Wüste, wo wir unser Lager aufgeschlagen hatten.

In den Ruinen von Loulan ist ein Dokument gefunden worden, das im Jahre 330 ausgestellt wurde, gezeichnet mit dem Namen eines Kaisers, der bereits 14 Jahre zuvor abgedankt hatte. Es bleibt zu hoffen, daß die Ankündigung der chinesischen Regierung, die Atomtests einzustellen, nicht ähnlich lange braucht, bis sie am Lop Nor wahrgenommen wird.

Durch das Sonnentor nach Miran

Nach dem Untergang von Loulan mußte die vorhin skizzierte mittlere Route ins Tarim-Becken aufgegeben werden. Den Karawanen fehlte die entscheidende Basis, die diese Route einstmals gangbar gemacht hatte. Nachdem die Bewohner nach Süden abgewandert waren, verödeten die Felder und Gärten, verfielen die mit Schilfmatten verkleideten Hütten, so gesellte sich im Laufe der Zeit zu den salzüberzogenen Drachenbergen noch eine Geisterstadt. Vom Jadetor aus aber entstand eine neue Verbindung zu den alten Bewohnern nach Loulan, das nun Shanshan hieß: die Südroute. Die Spuren dieser Route lassen sich zunächst noch gut verfolgen. Unmittelbar an der Jadetor-Festung setzt ein gut erhaltener Han-Wall an, der kerzengerade nach Süden zieht. Bald schält sich der erste Signalturm aus dem blassen Dunst, der über der Wüste liegt. Das Gelände ist leicht befahrbar, und wir tasten uns von Turm zu Turm weiter südwärts. Aurel Stein, der auch diese Relikte des Han-Limes nach Spuren seiner Verteidiger untersuchte, konnte es sich nicht verkneifen, dafür zu sorgen, daß auch Archäologen zukünftiger Generationen nicht ohne Beute von dannen ziehen. Stein hatte sein Lager am Rande einer Siedlung aufgeschlagen, über die – wie er es ausdrückte – der Geruch hoffnungslosen Verfalls schwebte. Obwohl sie erst vor gar nicht langer Zeit aufgelassen wurde, vermutlich während des Aufstands der Dunganen, die die Bewohner niedermetzelten, war sie bereits im Begriff, sich in eine »vielversprechende archäologische Fundstätte« zu verwandeln. »Ich verzichtete hier bewußt darauf, meinen Papiermüll zu verbrennen und fragte mich, was wohl Archäologen in 2 000 Jahren dazu sagen werden, wenn sie hier englische und indische Schriftdokumente entdecken.« An anderer Stelle, wie wir später sehen werden, gedachte Stein nicht so großmütig seiner Kollegen, vor allem, wenn es sich um zeitgenössische Vertreter dieser Zunft handelte.

Seine Abfälle dürften wohl kaum mehr erhalten sein, denn in der Zwischenzeit wurde die verfallene Siedlung reaktiviert, und sie ist heute eine ansehnliche Oase, in der köstliche Weintrauben und Melonen gedeihen. Ein schmaler Bewässerungskanal läuft wie ein grüner Faden durch die Wüste in Richtung Süden und verbindet die Siedlung wie eine Nabelschnur mit der Mutteroase Nanhu. Bevor wir jedoch Nanhu erreichen, kommen wir

Yangguan – das Sonnentor – am Rand der alten Nanhu-Oase eröffnete die Südroute in das Tarim-Becken.

an einem markanten Hügel vorbei, der sich weithin sichtbar über das umliegende Terrain erhebt. Er wird von einem zerfallenen Gemäuer gekrönt. Der Zugang erfolgt von Südosten her, durch ein ausgetrocknetes Flußbett, das der Wind im Laufe der Zeit mit Flugsand angefüllt hat. Die armseligen Überreste lassen kaum noch erkennen, daß diese Stelle einstmals das Pendant zum Jadetor darstellte. Während Yumenguan den Mittleren und Nördlichen Weg freigab, eröffnete Yangguan – das Sonnentor – die Südroute der Seidenstraße. Von seiner Höhe blickt man hinunter auf die einladende Nanhu-Oase, von deren schattigen Rastplätzen nicht nur Aurel Stein, sondern auch die beiden Missionarinnen Cable und French schwärmten: »Lieblich, fruchtbar und luxuriös«, nannten sie die Oase. »Die Menschen waren vollkommen unabhängig von der Außenwelt. Was sie brauchten, pflanzten sie an, und was sie pflanzten, genügte ihnen.« Das hat sich bis heute nicht geändert. In Sichtweite der schneebedeckten Gipfel des Altun Shan fließt stets genügend Schmelzwasser herab, um ihren See zu füllen. Die Getreidespeicher sind zum Bersten voll. Ihre Bauweise unterscheidet sich kaum von den han-zeitlichen Vorbildern, auf deren Relikte man allenthalben stößt.

Von der Höhe des Sonnentores gleitet der Blick tastend nach Südwesten, wo sich die Spuren der Südroute hinter den letzten Pappelgürteln der Oase irgendwo zwischen der Gebirgskette des Altun Shan und der Kumtagh-Wüste verlieren. Ein zerfließendes Gemisch von Gelb- und Brauntönen lassen die Landschaft wie ein Aquarell erscheinen. Ähnlich dem Jadetor galt es auch hier, Abschied zu nehmen, verließ der Reisende die schützende Oase, lauerte draußen die Wüste, mit vielerlei Gefahren. Manch einem wurde dabei schwer ums Herz, wie es der folgende Tang-Vers anklingen läßt :

»Im Ort Wei hat Morgenregen den
feinen Sand befeuchtet;
Deine Herberge liegt im Schatten
junger, frischer Weiden.
So trink, Exzellenz, noch einen Becher Wein;
Westlich der Yang-Station findest
du keine Freunde mehr.«

Die alte Südroute in das Tarim-Becken führte vom Sonnentor aus zwischen den Ausläufern der Kumtagh-Wüste und den Ausläufern des schneebedeckten Altun Shan westwärts.

Zu Füßen der Reste der alten Wachstation, jenseits des ausgetrockneten Flusses, gibt es ein von Winderosion bearbeitetes Plateau aus hart gepreßtem Lehm. Die Bewohner von Nanhu nennen es »die alten Schatzgründe«, weil nach jedem Sturm antike Münzen, Bronzeschmuck und allerlei andere Gegenstände zum Vorschein kommen, die man nur aufzulesen braucht. Eine Quelle aus dem 9. Jahrhundert, in dem die Station bereits aufgegeben war, berichtet über ihre Entstehung folgendes:

»Im Westen der Stadt (Nanhu) befindet sich die Befestigungsanlage Yang, ähnlich der ehemaligen Befestigung am Jadetorpaß, Yumenguan. Ihr Name leitet sich vom Präfekten Yang Ming her, der sich dem Haftbefehl, der gegen ihn vorlag, entzog, indem er über diese Sperrmauer flüchtete. In der Folgezeit nannten die Leute sie dann die Sperre Yang. Sie stellte die Verbindung her zur Stadt Shanshan. Doch die gefahrvollen Engpässe sowie das Fehlen von Wasser und Vegetation führten dazu, daß die Leute sich nicht hindurchwagten.«

Die Südroute der Seidenstraße, zumindest der in der Quelle angesprochene Abschnitt von Yangguan bis Shanshan, war im 9. Jahrhundert lange schon vom Sande verweht. Die Route läßt sich heute nicht mehr bereisen, weil die Straßenverbindungen weiter südlich verlaufen. Die Hauptstrecke nach Kargilik, dem alten Zentrum des nach der Stadt benannten Shanshan-Reiches, das nun den chinesischen Namen Ruoqiang trägt, zweigt von der im Kapitel 3 ausführlich dargestellten Reiseroute durch das Qaidam-Becken ab und führt entlang der Südabhänge des Altun Shan ins Tarim-Becken. Eine wenig befahrene Piste, die jedoch der alten Karawanenroute am nächsten kommt, zieht sich am Nordfuß des Altun Shan westwärts und erreicht auf direktem Weg die Oase Neu-Miran.

Der alte Karawanenweg hingegen durchquerte die Kumtagh-Wüste. Der Name be-

deutet »Berge des Sandes«. Der Pilgermönch Xuanzang benutzte diesen Weg genauso wie Marco Polo. Beide erinnerten sich nur mit Schrecken daran. »Diese Wüste dient vielen bösen Geistern als Aufenthaltsort, die den Reisenden durch allerlei Blendwerk in die Irre zu leiten trachten«, liest man in der Reisebeschreibung des Venezianers. »Die einzige Orientierung in dieser Wüste sind die Überreste früherer Reisender und die Skelette verendeter Tiere«, überliefert Xuanzangs Biograph.

Von diesem Schrecken ist nichts mehr zu spüren, wenn man die 500 Kilometer im Fahrzeug von Dunhuang nach Miran zurücklegt. Die Sandberge der Kumtagh bleiben in sicherer Entfernung, die Wüste ist ausgesperrt, die Landschaft verschwimmt in eine gesichtslose Kulisse, in der nur noch die Kilometersteine zählen. Am südwestlichen Rand der Kumtagh-Wüste schwenkt die nur selten befahrene Piste nach Norden, nimmt bei Bashkorgan wieder westliche Richtung auf und erreicht schließlich eine flache Steinwüste, auf der, den Stürmen schutzlos ausgesetzt, die Ruinen von Miran ihrer völligen Auflösung entgegenschrumpfen. Anders als im Inneren der Takla Makan, wo der wandernde Sand die Zeugen der Vergangenheit gnädig unter sich begrub, waren sie hier den Kräften der Erosion preisgegeben. Dennoch sollte es Aurel Stein beschieden sein, an diesem abgelegenen Ort am Rande der Takla Makan in das Antlitz der griechisch-römischen Antike zu blicken. Als Stein gegen Jahresende 1906 erstmals nach Miran kam, stattete er der Ruinenstadt nur einen flüchtigen Besuch ab, denn nach seinen ersten Erfolgen und Hedins spektakulären Entdeckungen am Lop Nor, war ein regelrechter Wettlauf um die Schätze der Seidenstraße entbrannt, und er – Stein – wollte unbedingt als erster Archäologe das vielversprechende Loulan erforschen. Doch diese erste Stippvisite hatte genügt, um Stein zu veranlassen, zwei seiner fähigsten

Nachdem die Bewohner Loulan aufgeben mußten, wanderten sie nach Süden ab und bauten Miran als eines der Zentren des Shanshan-Reiches aus. Hier stieß Aurel Stein auf hervorragende Zeugnisse graeco-buddhistischer Kunst, die sich als Folge des Alexander-Feldzuges in Gandhara und Baktrien entwickelt hatte und anschließend über die Seidenstraße Verbreitung fand.

Predigender Buddha mit einer Gruppe von Schülern auf einer Wandmalerei in Miran, die Aurel Stein entdeckt hat.

Männer zum Zwecke weiterer Untersuchungen dort zu lassen, während er selbst nach Loulan weiterzog. Zuvor jedoch ließ er die Stellen, an denen sie Probegrabungen durchgeführt hatten, wieder sorgfältig verschließen, als »Vorsichtsmaßnahme«, wie er lakonisch bemerkte, »für den Fall, daß ein zufälliger Reisender, der die einsamen Ruinen vor meiner Rückkehr besuchen sollte, so schlecht beraten wäre, hier nach Schätzen zu suchen.«

Die Angst, einer seiner Konkurrenten, die ihm bereits auf den Fersen waren, könnte ihm zuvorkommen, erwies sich als unbegründet, zumindest in diesem Fall noch, denn als er mit seiner Karawane, mit Funden aus Loulan reich beladen, zurückkehrte, konnte er sich ungestört Miran widmen. In einer tibetischen Festung, in der er wieder einmal erfolgreich den antiken Müll aufräumte, fand er eine Vielzahl von Schriften auf Holz und Papier, die die späte Phase von Miran dokumentieren. Im 8. und 9. Jahrhundert gerieten die Oasen im Tarim-Becken, auch Dunhuang – wie wir im Höhlenbilderbuch der Mogao-Grotten sahen – und sogar Teile des Gansu-Korridors unter tibetische Herrschaft, deren militärische Präsenz eine Reihe von Dzongs (tib.: Festung) bezeugen. Die eindrucksvollste, Mazartagh, befindet sich inmitten der Takla Makan.

Auf die Spuren der Blütezeit Mirans, die in den ersten drei Jahrhunderten unserer Zeit lag, stieß Stein weiter westlich der Festung, als er die Reste von zwei buddhistischen Heiligtümern freilegte. Die farbenprächtigen Fresken, die zum Vorschein kamen, ließen ihn staunen. Da waren geflügelte Genien, die wie Engel aussahen; ein Buddha, dem eine Schar kahlgeschorener Mönche folgt, daneben von einem Girlandenfries umgebene Porträts, die durchaus ins römische Pompeji passen würden. Darunter findet sich die Signatur eines Tita, unter dem mit ziemlicher Wahrscheinlichkeit ein Titus zu verstehen ist und somit nahelegt, daß der Maler tatsächlich mediterraner Herkunft war. In diese Welt fühlte sich zweifellos auch Stein hineinversetzt, obwohl die Bilder rein buddhistischen Inhalts waren, als er seine Eindrücke abschließend zusammenfaßte: »Während der nächsten Tage hatte ich oft das Gefühl, ich befände mich eher in den Ruinen irgendeiner Villa in Syrien oder einer östlichen Provinz des Römischen Reiches als in denen eines buddhistischen Heiligtums im äußersten Grenzgebiet Chinas.«

Zwölf Kilometer weiter westlich der antiken Ruinen liegt das Dorf Neu-Miran, wo sich im 20. Jahrhundert die meisten Bewohner des südlichen Lop Nor (Karakoshun-See) niederließen, als der See wieder nach Norden zurück»pendelte«. Weitere 70 Kilometer westlich erreichen wir die Neustadt Ruoqiang. Sie ist in erster Linie von Han-Chinesen bewohnt, die während der Zeit der Kulturrevolution hierher umgesiedelt wurden. Xinjiang – die Neu-Mark –, wie die Chinesen die überwiegend von Turkvölkern bewohnte Provinz arrogant nennen, diente als »Gulag« für Regimegegner, die hier in Arbeitslagern die Wüste urbar machen mußten und damit den Boden für weitere Kolonisation bereiteten. Als nach dem Sturz der »Viererbande« um Maos Witwe diese Lager aufgelöst wurden, siedelte man die Insassen vor allem in den Oasen Ruoqiang und dem 300 Kilometer weiter östlich gelegenen Qiemo an. Diese Orte sind auch mehrheitlich von Chinesen bewohnt. An das alte Kargilik, der Hauptstadt des Reiches Shanshan, das von den Bewohnern Loulans gegründet wurde, erinnert hier nichts mehr. Ruoqiang hat in jüngster Zeit eine gewisse verkehrstechnische Bedeutung erlangt, denn hier mündet eine gut ausgebaute Straße von Golmud und eine noch bessere, die am Ostrand der Takla Makan nach Korla führt. Diese einzige asphaltierte Nord-Süd-Transitstrecke durch das Tarim-Becken verdankt ihre Entstehung den militärischen Aktivitäten in Lop Nor und der Erschließung ausgedehnter Ölvorkommen in diesem Teil der Takla Makan.

Die über 700 Kilometer lange Fahrt von Ruoqiang über Qiemo nach Minfeng läßt sich folgendermaßen zusammenfassen: Entweder wir bewegen uns über eine trostlose Steinwüste oder gleiten zwischen Flugsandfeldern hindurch, die die Nähe der Takla Makan spüren lassen, an deren Südrand wir uns stets entlang bewegen.

Takla Makan, ein Wort der turktatarischen Sprache, das soviel bedeutet wie »wer in sie hineingeht wird nie mehr zurückkehren«, ist die größte zusammenhängende Sandwüste der Welt. Mit ihren 338 000 Quadratkilometern an Fläche ist sie größer als alle Sandbereiche der Sahara – ein Meer des Sandes. Die Wüste ist an drei Seiten von hohen Gebirgen umgeben. Im Norden erhebt sich der Tien Shan, das Himmelsgebirge, das die Sandwüste gegen Kasachstan und Kirgistan abriegelt, im Süden trennt das Kunlun-Gebirge die Takla Makan von Tibet, im Westen steht der Karakorum und im Nordwesten der Hohe Pamir, das Dach der Welt. Von diesen Gebirgen, die die Wüste förmlich einkesseln, fließen mehrere große Flüsse in das Sandmeer hinab, der größte von allen ist der Tarim, der einstmals den Lop Nor speiste, von Süden, also aus dem Kunlun-Gebirge, kommen Niya-, Keriya- und Khotan Darya. Doch kein einziger dieser Flüsse vermag das Sandmeer heute zu durchdringen: Alle, ausnahmslos, versickern, versiegen, verdunsten, verschwinden irgendwo im Sand. Das war nicht immer so. Früher einmal erreichte der Khotan Darya den Tarim-Fluß, auch der Keriya Darya überwand die Wüste und mündete gleichfalls in den Tarim. Damals gab es entlang dieser Flüsse gangbare Karawanenwege, die die beiden bedeutendsten Oasenkönigreiche Kucha und Khotan auf direktem Weg miteinander verbanden. Es gab feste Siedlungen und Versorgungsstationen entlang dieser Trans-Takla-Makan-Routen, sogar blühende Kulturzentren wie Niya und Dandan Oilik. Es ist nicht schlüssig geklärt, ob allein der Untergang der Südroute als Zweig der Seidenstraße, nachdem sich der Fernhandel nach dem 4. Jahrhundert auf die Nordroute bzw. bereits auf den Seeweg verlagerte, dazu geführt hat, daß diese exponierten Siedlungen in der Wüste von den Menschen aufgegeben wurden, oder ob klimatische Gründe, also eine Reduktion der Wassermenge in den Flüssen oder die Verlagerung von Flußläufen die entscheidende Rolle gespielt haben. Faktum ist, daß die Takla Makan alle alten Siedlungen in ihrem Inneren verschluckt hat, ein Prozeß, der sich auch in den letzten Jahrzehnten fortsetzte, wie das von Hedin und Stein besuchte Dandan Oilik zeigt, das seitdem im Wüstensand verschollen ist. Man muß einmal die Wucht eines Sandsturmes im Inneren der Takla Makan erlebt haben, um ermessen zu können, welche Sandmassen dabei in Bewegung geraten. Ursache sind die umliegenden hohen Gebirge, die zu extremen Luftaustauschsituationen führen, insbesondere zum gefürchteten schwarzen Sandsturm Kara Buran. Ganze Karawanen sollen diesem Sandsturm in der Vergangenheit zum Opfer gefallen sein, überliefern alte Berichte, mehr noch, ganze Siedlungen sollen gleichsam unter dem wandernden Sand verschwunden sein. »Tausendundeine Stadt lägen im unfruchtbaren Inneren der Takla Makan begraben«, erzählten die Oasenbewohner dem Schweden Hedin, als er am Rande der Takla Makan entlangzog. »In diesen Ruinenstädten«, so führten sie weiter aus, »gäbe es Gold und andere Schätze aufgestapelt, doch komme einer mit seiner Karawane dorthin und belade seine Kamele damit, dann würde er von den Geistern der Wüste festgehalten, und nur durch Fortwerfen des Goldes könne man sich wieder retten.«

Schmale, von Weinlauben beschattete Gassen mit Bewässerungskanälen zu beiden Seiten, flache Lehmbauten mit großzügigen Innenhöfen, kennzeichnen die Oase Keriya.

Das hinderte sie jedoch nicht daran, in der verrufenen Todeswüste nach alten Relikten zu suchen, um den Durst abendländischer Forscher nach Altertümern zu stillen. Vielleicht wurden die Schauergeschichten, die man Hedin zutrug, gerade von jenen in die Welt gesetzt, die vom einträglichen Geschäft mit Antiquitäten lebten. Einer von ihnen, der gerissene Islam Akhun, fand eine noch bessere Möglichkeit, für fortwährenden Nachschub an seine Kunden zu sorgen, zu denen immerhin so hochgestellte Persönlichkeiten wie der britische und russische Botschafter in Kashgar gehörten. Der des Lesens und Schreibens unkundige Turki stellte die begehrten alten Schriften in Heimarbeit her. Er fertigte hölzerne Druckstöcke an, die er von alten Mustern wahllos kopierte, mittels derer fabrizierte er Blockdrucke auf Khotan-Papier, die er dann am Feuer schwärzte und eine bestimmte Zeit in der Erde vergrub. Damit konnte er gleich zwei Fliegen mit einer Klappe schlagen: Er brauchte nicht in der Wüste zu buddeln, und es gab nie Lieferprobleme, und – was er jedoch nicht ahnen konnte – er foppte einen der führenden Orientalisten dieser Zeit, der die Drucke als echt befand und sich mit der Entschlüsselung des Kauderwelschs vergeblich abmühte.

Zu den ergiebigsten und auch echten Fundstätten einheimischer Schatzsucher gehören die Ruinen von Niya, die etwa 140 Kilometer nördlich von Minfeng, am ausgetrockneten Niya Darya liegen. Aurel Stein, der es verstand, einige aus ihrer Elite zu Führern zu gewinnen und seine Grabmannschaft durch ein Prämiensystem bei Laune hielt, machte auch in Niya reiche Beute.

Mehrere große Flüsse fließen vom Kunlun-Gebirge in das Sandmeer der Takla Makan herab – der Niya Darya und die weiter westlich gelegenen Keriya- und Khotan Darya. Keiner vermag heute mehr die Wüste zu überwinden, alle versiegen, versickern, verschwinden irgendwo im Sand.

Eine Fahrt von knapp drei Stunden bringt uns von Minfeng zur nächsten Oase – nach Keriya. Es ist die erste, für das Tarim-Becken typische Oase, auf die man trifft, wenn man von Osten kommt. Während Ruoqiang und Qiemo chinesische Enklaven sind, ist Keriya überwiegend vom Turkvolk der Uiguren bewohnt und geprägt. Breite Gürtel schlanker Pappeln schützen die Oase vor dem Sand der Wüste. Im Schutze dieser Pappelwälle wird auf intensiv bewirtschafteten und gut bewässerten Feldern eine Menge von Früchten und Gemüse gezogen, vor allem alle Arten von Melonen. Dazwischen gibt es flache Lehmbauten mit großzügigen, von Weinlauben beschatteten Innenhöfen, in denen sich die Menschen bevorzugt aufhalten und während der heißen Sommermonate auch schlafen. Auch das Gästehaus liegt im Schatten von Maulbeer- und Obstbäumen. Niemals werde ich den Augenblick vergessen, als in eine Staubfahne eingehüllt mehr als zwei Dutzend Kamele in den Hof der Herberge einzogen. Es war, als wäre die Wüste selbst erschienen, deren erhabene Ruhe sie verkörpern. Ihre Bewegungen sind weich und fließend wie der wandernde Sand, und ihre Augen scheinen stets auf ein entferntes Ziel gerichtet. Ich bin zweimal nach Keriya gekommen, zweimal, um von hier aus in das Innere der Takla Makan aufzubrechen.

Durch das Reich des Sandes

Die Vorgeschichte. Im Herbst 1989 traf ich in Keriya ein, um einen langgehegten Traum

Im Jahre 1989 folgte unsere Karawane dem Westufer des Keriya Darya in das Innere der Takla Makan. Von Tag zu Tag wurde der Fluß schmäler, bis er schließlich wie eine Pfeilspitze im Sand auslief und versiegte.

zu erfüllen, die Takla Makan-Wüste von Süden nach Norden zu durchqueren. Ich hatte dazu fünf Partner eingeladen, zu denen auch der österreichische Himalaya-Bergsteiger Alois Furtner zählte. Unser Ziel war es, zunächst dem Lauf des austrocknenden Keriya Darya nordwärts zu marschieren, bis Daheyen, einer Hirtensiedlung am toten Delta des Flusses, dann nach Westen das Sandmeer zu durchqueren, bis zum isolierten Wüstengebirge Mazartagh, und schließlich entlang des ausgetrockneten Khotan Darya nach Norden durchzustoßen, zur Oase Aksu an der Nordroute der Seidenstraße. Ich hatte damals keine Erfahrung mit Sandwüsten genauso wie meine Partner, aber ich hatte sorgfältig Sven Hedins fatale erste Begegnung mit der Takla Makan studiert, bei der seine gesamte Karawane zugrunde ging und nur er selbst und zwei seiner einheimischen Begleiter sich halb verdurstet zum Khotan Darya retten konnten. Hedin hatte sich bei der Kalkulation des Wasservorrates blind auf seine einheimischen Führer verlassen und erst gemerkt, daß sie für ihr Vorhaben viel zu wenig Wasser aufgeladen hatten, als es bereits zu spät war. Aufgrund von Hedins Wüstendrama gingen wir besonders sorgfältig mit der Bemessung und dem Verbrauch der lebenswichtigen Wasserreserven um. Außerdem wußten wir nicht, ob und wo wir auf dem Weg Wasser finden würden und wie viele Kilometer die beladene Karawane in den Wanderdünen pro Tag zurücklegen wird können. Wir folgten dem Westufer des Keriya Darya nordwärts, an dem mehr als acht Jahrzehnte zuvor Hedin und später Stein entlanggezogen waren. Das Gehen entlang des langsam austrocknenden Flusses war wie eine behutsame Einweihung in das Mysterium der Wüste. Nach zwölf Tagen hatten wir Daheyen erreicht, einen Ort, den Hedin mit dem vielversprechenden Namen Tongusbaste – das »aufgehängte Wildschwein« – bedachte. Die Siedlung bestand aber nur aus fünf, mit Schilfmatten bekleideten Hütten, vor denen ein paar Kamele parkten. Von Wildschweinen keine Spur, statt dessen gab es Tee, er schmeckte salzig, genauso wie das Wasser, das wir mit Verachtung tranken.

Im undurchschaubaren Zickzack bewegt sich die Karawane durch das kilometerbreite ausgetrocknete Delta des Keriya Darya. Abgestorbene Toghraks, wilde Pappeln und Tamarisken säumen den Weg bis zum Beginn des Sandmeeres.

Weiter westlich gab es nicht einmal mehr versalzte Brunnen. Nachdem wir das tote Delta des Keriya Darya verlassen hatten, betraten wir das Meer des Sandes. Zuvor lief ich noch der Karawane davon, um die antiken Ruinen von Karadong zu besuchen. Vom ersten Schritt an hat mich das Gehen in der Wüste fasziniert. Diese karge, nur auf zwei Elemente – Sand und Himmel – reduzierte Welt, die gerundeten Formen der Dünen, der Sternenhimmel, der sich nachts darüber wölbt, und die Stille, schärften die Sinne, ließen die Gedanken von der Kette los.

Dann tauchte Mazartagh auf, wie die Kulisse einer Bühne stieg es über dem gelbgezackten Kamm der Wanderdünen hoch. Der dunkle Felsriegel erhob sich direkt über dem Bett des Khotan Darya. Hier endete die Wüstenwanderung. Das restliche Stück des Weges nach Aksu legten wir mit geländegängigen Fahrzeugen zurück.

Drei Jahre später, im Herbst 1992, war ich abermals in Keriya mit einer Gruppe von Wüstenwanderern eingetroffen. Ich hatte für einen Trekking-Veranstalter eine Tour organisiert, die einem Teilstück unserer Karawanenroute von 1989 folgen sollte. Eine zweite Gruppe führte Reinhold Messner, der die touristische Unternehmung dazu benutzte, sich erste Wüstenerfahrung in der Takla Makan zu holen, weil er eine Solo-Durchquerung von Ost nach West plante. Dieser kühne Versuch scheiterte jedoch ein Jahr später bereits nach zwei Tagen noch im Randbereich der Takla Makan.

Der Karawanentrip sollte so ablaufen: Während ich mit meiner Gruppe die Wüste von Daheyen nach Mazartagh durchwanderte, sollte Messners Gruppe von Aksu entlang des Khotan Darya nach Mazartagh mit Jeeps anreisen. Danach sollten sie »unsere« Karawane übernehmen und die Wüste in umgekehrter Richtung durchqueren, während wir mit »ihren« Fahrzeugen nach Khotan weiterreisten.

Auf dem Weg in das Innere der Takla Makan taten sich allerlei unerwartete Hindernisse auf. Zuerst blockierten schwere Unwetter den Karakorum-Highway, und wir mußten über Umwege und mit viel Zeitverlust nach

Moderne Satellitennavigation macht heute die Orientierung in der Wüste leicht, ein Vorteil, der allerdings durch den Mangel an aktuellem Kartenmaterial von diesen militärisch sensiblen Regionen wieder relativiert wird.

Nach sechs bis sieben Stunden Marsch wird gelagert. Abladen der Kamele, Aufstellen der Zelte, Kochen; alles ist längst eingefahrene Routine. In wenigen Minuten verwandelt sich der leere Fleck Wüste in eine Oase der Geborgenheit.

Rechte Seite: Wie auf Wellen gleitet die Karawane durch das Sandmeer – eine Karawane, die ständig ihr Lager aufschlägt, aber nirgendwo festen Fuß faßt.

Keriya anreisen. Dann wollten sich die chinesischen Partner weigern, uns nach Daheyen zu bringen, weil angeblich die Wüste überschwemmt wäre. Da sie uns mit einem ähnlichen Märchen bereits 1989 abbringen wollten, am Westufer des Keriya Darya in die Wüste zu marschieren, glaubte ich ihnen kein Wort. Ich bestand darauf, soweit die Piste am Ostufer des Keriya Darya nordwärts zu fahren, bis »ihre« Überschwemmungen – die ich für völlig absurd hielt – uns den Weg verlegten. Dann könnten wir, so argumentierte ich, immer noch versuchen, Daheyen zu Fuß zu erreichen. Schon nach wenigen Kilometern war klar, von Wasserüberfluß konnte keine Rede sein, statt dessen sandeten die Fahrzeuge immer tiefer ein, und als wir nach 80 Kilometer Fahrt unsere Zelte zwischen den Dünen aufschlugen, war der Keriya Darya sichtlich geschrumpft und wand sich seiner völligen Austrocknung entgegen. Am nächsten Tag erfuhr ich den wahren Grund ihres Verhaltens: Der Khotan Darya und nicht der Keriya Darya würde zuviel Wasser führen, und deshalb fürchteten sie, uns am verabredeten Endpunkt der Wüstenwanderung nicht treffen zu können. Aus diesem Grunde würde auch die Messner-Gruppe nicht, wie geplant, über das Bett des Khotan Darya nach Mazartagh anreisen können und müßte nun wie wir in Daheyen starten. So weit brauchten wir jedoch nicht mehr zu fahren, denn etwa 40 Kilometer vor der Hirtensiedlung kam uns eine Kamelkarawane entgegen. Es war jene, die uns begleiten sollte. Nachdem die uigurischen Karawaniers eine Woche auf uns vergeblich in Daheyen gewartet hatten, machten sie sich verständlicherweise wieder auf den Heimweg nach Keriya. Der Punkt des Zusammentreffens war nun der neue Startpunkt unserer Wüstenwanderung. Da wir nun nach Mazartagh, das ich unbedingt erreichen wollte, eine etwas weitere Strecke als von Daheyen zurückzulegen hatten, wollte ich schon am nächsten Vormittag aufbrechen. Zunächst aber erlebten wir eine böse Überraschung. Als ich den Lastwagen inspizierte, auf dem die für uns vorgesehene Verpflegung in Kartons gestapelt war, mußte ich

»Man muß mit eigenen Augen die ganze Wucht des in der Wüste tobenden Windes gesehen haben, um seine zerstörende Wirkung voll ermessen zu können. Die Atmosphäre ist zu dieser Zeit nicht nur dicht mit Staub und Sand erfüllt, sondern bisweilen werden auch kleine Kiesel in die Luft emporgewirbelt und größere Steine über den Boden gerollt.«

Nikolai Przewalskij

feststellen, daß überwiegend Fleischkonserven geladen waren – und Bier. Die Konserven stammten allesamt aus den Beständen der Volksbefreiungsarmee und waren entsprechend etikettiert. Unsere chinesischen Begleiter hatten mit einem Teil des Geldes, das sie von ihrer Agentur für den Einkauf unserer Marschverpflegung erhalten hatten, die Nahrungsmittel über dunkle Kanäle billig erworben und den Rest in die eigene Tasche gesteckt. Wir trafen eine strenge Selektion, nahmen das wenige Gemüse, Reis und etwas Nudeln, von den Konserven nur das Obst, und schenkten den Rest ein paar Hirten, die hocherfreut von dannen zogen.

Ebenso groß war unsere Freude, als am nächsten Tag die Karawane marschbereit war und wir knapp vor Mittag aufbrachen. Wir durchquerten ein Labyrinth von meterhohen Tamariskenhügeln, zwischen denen der Wind sandige Gassen hindurchgefräst hatte. Anfangs standen auch noch vereinzelt Toghraks, wilde Pappeln, deren knorrige Äste sich in den Himmel reckten. Jäh hörten die Pappeln auf, dann blieben die Tamarisken zurück und plötzlich war die Takla Makan da. Ein Raum ozeangleicher Weite tat sich vor uns auf, ein Meer gelber Wellenkämme, und der Khotan Darya war nun unsere Küste, die es zu erreichen galt. Viel schneller als von Daheyen aus, wo erst das mehr als 20 Kilometer breite ausgetrocknete Delta des Keriya Darya durchquert werden muß, hatten wir den Rand des Sandmeeres erreicht. Die Spannung der letzten Tage löste sich, das Gehen wurde zum einzigen Daseinszweck. Es gibt in der Wüste kein sichtbares Ziel, auf das man zugehen kann, nur eine Richtung, die den Weg bestimmt. Dieser Weg führte auch nicht geradeaus, sondern paßte sich den gerundeten Formen der Wanderdünen an und führte im ständigen Auf und Ab, Hin und Her durch eine Landschaft, die sich trotz ihrer Einfachheit mit jedem Schritt verändert. Wir gingen so, wie Menschen hier immer schon Wüstenstrecken überwunden hatten, in Begleitung von Kamelen, die das lebensnotwendige Wasser beförderten. Die nachfolgende Karawane war ein Komfort, sie gab Sicherheit in einer Welt, die dem Menschen physisch die engsten Grenzen setzt, dafür aber geistig die Begrenzungen nimmt. Wenn man so geht, verliert die Wüste ihren Schrecken, es gibt keine reale Gefahr, solange die Kamele laufen und genügend Wasser in den Behältern ist.

Sieben bis acht Stunden waren wir täglich unterwegs. Dann wurde gerastet. Aus dem leeren Fleck Wüste wurde in wenigen Minuten ein Lager, ein Ort der Ruhe und Geborgenheit. Am nächsten Morgen brachen wir wieder auf. Wir gingen einzeln, jeder seinem eigenen Rhythmus und Tempo folgend, oft lief ich kilometerweit voraus, aber wir blieben stets symbiotisch mit der Karawane verbunden. Sie ging ihren gleichmäßigen jahrtausendealten Rhythmus, wie auf einer Schnur aufgefädelt kroch sie über die Dünen. Sie wirkte wie ein Relikt einer längst vergangenen Zeit. Die Karawaniers führten die Kamele genauso, wie es die Maler in den Mogao-Grotten dargestellt hatten: in Gruppen von fünf bis sechs Tieren, mit Stricken aus Kamelhaar, am Packsattel des Vorgängers festgebunden. Nur das Leitkamel, auf dem der Karawanenführer ritt, trug keine Last, aber an seinem Halse baumelte eine schwere Bronzeglocke, die rhythmisch läutete. Selbst die Art der mit Stroh gefüllten Packsättel und die hölzernen Nasenpflöcke finden sich bereits auf bemalten Tonfiguren aus der Tang-Zeit. Ohne Kamele hätte es keine Seidenstraße gegeben. Der Ausdauer, Kraft und Genügsamkeit dieses Tieres hat der Mensch es zu verdanken, daß diese Wüstenstrecken für den Güteraustausch überwindbar wurden. »Das Kamel ist ein ungewöhnliches Haustier«, heißt es in einer Schrift aus dem 3. Jahrhundert. »Es trägt einen Fleischsattel auf dem Rücken; im fließenden Sand bewegt es sich leichtfüßig vorwärts; seine Qualitäten beweist es an gefährlichen Stellen; es besitzt ein geheimes Wissen um die Quellen; wirklich feinsinnig sind seine Kenntnisse.« Es ist, wie wir heute wissen, ein Wunder der Anpassung. Es besitzt zwar keinen geheimen Wasserspeicher, wie in alten Berichten oft kolportiert wurde, sondern die Flüssigkeit ist gleichmäßig im Gewebe und in den roten Blutkörperchen verteilt, die sich jedoch um das 240fache ihres Volumens ausdehnen. Das ist der Grund, warum Wassermangel beim Kamel nicht zur gefährlichen Eindickung des Blutes führt wie etwa beim Menschen. Noch eine unter Säugetieren einmalige Fähigkeit besitzt es. Seine Körpertemperatur kann sich bis zu 9 Grad erhöhen, ohne daß dies seine Leistungsfähigkeit beeinträchtigt. Erst dann tritt der letzte Kühlmechanismus ein; das Tier beginnt zu schwitzen. In seinem Maul besitzt es so feine Härchen und Membranen, daß beim Ausatmen die letzte Feuchtigkeit zurückbehalten wird. Augen und Nüstern kann es bei Sandstürmen verschließen. Die breiten, tellerartigen Füße mit den weichen Sohlen sind ideal zum Laufen im Sand. Während wir als Menschen beim Gehen tagsüber der Bodenhitze ausgesetzt sind – der Sand heizt sich bis zu 50 Grad auf –, heben die langen Beine den Körper des Kamels in eine Luftschicht, in der es mehrere Grade kühler ist.

Um die Mittagszeit kletterte das Thermometer auf über 50 Grad. Die Sonne brannte alle Farben aus der Landschaft, so daß der Sand milchig blaß wurde. Erst am Abend, wenn sich die Sonne auf den westlichen Horizont herabsenkte, wurde die Wüste zur Bühne für ein unvergleichliches Naturschauspiel. Dann triumphierten die Farben in ihrer Leuchtkraft, gab das Wechselspiel von Licht und Schatten den eleganten Mondsicheldünen Konturen und Plastizität. Dann war es Zeit, wieder das Lager aufzuschlagen. Abladen der Kamele, Aufstellen der Zelte, Kochen, alles war längst eingefahrene Routine. Kaum war die Sonne hinter den Dünen verschwunden, wurde es kalt. Der Sand kann die Tageswärme nicht speichern. Sie strahlt sofort wieder ab, dorthin, woher sie gekommen ist, in den Weltraum hinaus. Die Dünen wurden bleiern grau, während der Himmel darüber die ganze Farbskala von Gelb- und Rottönen durchlief. Dann kam der Mond. Er verlieh der Wüste ein neues Gewand. In seinem Silberschein glitzerte die Sandoberfläche, als würden Millionen Eiskristalle darauf tanzen. Die Kamele legten sich flach zu Boden, und wir krochen in die Zelte, durch deren durchsichtiges Gewebe die Sterne funkelten. Am nächsten Morgen brachen wir wieder auf. So waren wir ständig unterwegs, ohne irgendwo festen Fuß zu fassen. Nach einer Woche tauchte ein dunkler waagrechter Streifen am Horizont auf, und dahinter erschien ein bläulich schimmernder Höhenzug. Das war das isolierte Wüstengebirge Mazartagh, und davor zeichnete sich das Bett des Khotan Darya ab – unser Ziel. Wir bewegten uns genau auf die Südspitze des Wüstengebirges zu und standen einen Tag später am Beginn der Vegetationszone. Zuerst gab es nur vereinzelt Tamarisken, ihnen folgten die ersten Pappeln, die sich zu einem wuchernden Urwald verdichteten. Dann brach der Wald plötzlich ab, als wäre er abgebrannt. Wir standen am Ufer des Khotan Darya. Das gut einen Kilometer breite flache Bett war staubtrocken wie die Wüste selbst. Aber kaum hatten wir das gegenüberliegende Ufer erreicht, fanden wir eine Reihe von Tümpeln, die von der letzten Schmelzflut übriggeblieben waren. An einem idyllischen Flecken, inmitten der herbstlich gefärbten Tamarisken und Toghraks, schlugen wir unsere Zelte auf. Unmittelbar über dem Lagerplatz stieg die Südspitze des Mazartagh als dunkelrot gebänderte Felswand auf, gekrönt von den Resten einer tibetischen Burg.

Aus der Entfernung hatte das Gebirge einen kompakten Eindruck gemacht, doch nun aus der Nähe zeigte sich die alles zersetzende Kraft der Wüste. Selbst härtestes Gestein kann den Temperaturschwankungen, die allein zwischen Tag und Nacht herrschen, nicht standhalten. Es zerspringt zu immer kleineren Teilen, zerfällt zu Sand und Staub. Jedes Staubkorn, das der Wind hochwirbelt, wird zum Schleifmaterial, das am noch so festen Gestein permanent schmirgelt und schleift, bis es ebenso zerfällt. Auf diese Weise hat das Sandstrahlgebläse des Windes horizontale Rillen und Furchen in das Gebirge gefräst. Um so erstaunlicher war es, daß ihm die Mauern der Festung seit mehr als 1 000 Jahren standhalten. Von der Höhe der Burg eröffnete sich ein beherrschender Rundblick nach Norden und Süden über den Lauf des

Das versteht mein Partner Helmut Burisch unter einer Nahaufnahme. Das Bildopfer allerdings weiß sich zu wehren. Unversehens überschüttet es den aufdringlichen Fotografen mit einem übelriechenden Schleim aus halbverdauten und wiedergekäuten Speiseresten.

Folgende Doppelseite: Im Licht der untergehenden Sonne zeigen sich die gerundeten Formen der Dünen in verführerischem Glanz. Im Wechselspiel von Licht und Schatten nehmen die Strukturen Plastizität an, triumphieren die Farben in all ihrer Leuchtkraft.

Über dem ausgetrockneten Flußbett des Khotan Darya erhebt sich der dunkelrote Felsriegel des Mazartagh. Gekrönt wird das isolierte Wüstengebirge von den Ruinen der gleichnamigen tibetischen Festung aus dem 9. Jahrhundert, in deren umfangreichem antiken Müll Aurel Stein wertvolle Funde machte.

Der kompakte Eindruck, den das Gebirge aus der Entfernung machte, täuscht; aus der Nähe zeigen sich die Folgen der elementaren Kraft der Wüste. Das verheerende Sandstrahlgebläse des Windes fräst immer tiefere Rillen und Furchen aus dem Gestein, bis es schließlich zerfällt zu Sand und Staub.

Khotan Darya. Das Sandmeer im Osten, woher wir kamen, konnte jedoch nicht gesehen werden. Es verbarg sich hinter einem breiten Gürtel von Tamarisken, die einen kilometerbreiten Puffer zwischen Wüste und Flußbett bilden.

Aurel Stein hat im Jahre 1908 die Festung besucht. Nachdem sie erfolglos innerhalb der Mauern nach Spuren ihrer Bewohner gesucht hatten, ließ Stein seine Männer außerhalb der Festung graben. Dort fanden sie, im alten Müll hervorragend konserviert, verschiedene Dokumente in Chinesisch, Tibetisch und der alten indischen Brahmi-Schrift. Die Identität der alten Bewohner hatte Stein schon zuvor durch andere untrügliche Zeichen erkannt. »Ich hatte mir mit der Zeit eine recht große Erfahrung mit dem Aufräumen antiker Abfallhaufen angeeignet und mit ihrer entsprechenden Diagnose. Doch was die Intensität des reinen Drecks und den altersunabhängigen Gestank betrifft, werde ich immer den reichen Überbleibseln tibetischer Soldaten den ersten Rang zusprechen.«

Im Gegensatz zu 1989, als eine chinesische wissenschaftliche Expedition hier lagerte, hatten wir diesmal den Ort ganz für uns allein. Das änderte sich auch am nächsten Tag nicht, dem vereinbarten Zeitpunkt, an dem die Fahrzeuge hier sein sollten. Als auch am darauffolgenden Morgen kein Abholdienst erschien, konnten wir nicht länger zuwarten, weil unsere Nahrungsreserven allmählich zur Neige gingen. Ich ließ die Kamele wieder beladen, und wir brachen gegen Mittag nach Süden auf. Um die Fahrzeuge, falls sie sich nur verspätet hatten, nicht zu verpassen, konnten wir keinen direkten Kurs einschlagen, sondern mußten in vielen Windungen und Umwegen den alten Reifenspuren folgen. Trotzdem hatten wir mehr als 20 Kilometer Luftlinie zurückgelegt, als wir inmitten des versandeten Flußbettes unser Lager aufschlugen. Am nächsten Morgen setzten wir den Marsch nach Süden fort. Der Weg verlief nun immer mehr im Flußbett, weil der dichte Galeriewald beiderseits der Ufer ein für Fahrzeuge undurchdringliches Dickicht bildete. Der Grund wurde zunehmend feuchter und zeigte damit an, daß sich das Wasser vor nicht allzu langer Zeit zurückgezogen hatte. Bald wurde der Boden so schlammig, daß auch die beladenen Kamele tief einsanken. Dann war auch das Wasser plötzlich da. Zweifellos waren die Fahrzeuge, für die es keinen anderen Weg als das Flußbett gab, irgendwo vor uns steckengeblieben. Als wir um eine Flußschleife bogen, sahen wir sie. Sie erwarteten uns auf der Uferböschung, von der sie ein gutes Stück des Khotan Darya einsehen konnten.

Ich hatte mich ganz auf den Weg und das Gelände vor mir konzentriert, deshalb bemerkte ich erst jetzt, als ich mich umblickte, ob die Karawane folgte, daß sich der Himmel über uns verdunkelt hatte. Die erste Gruppe Kamele hatte gerade die wartenden Fahrzeuge erreicht, da spürte ich ein feines Vibrieren in der Luft. Instinktiv lief ich zu den Kamelen, die bereits am Boden kauerten, damit man ihnen die Lasten abnahm. Ich packte meinen Seesack, schleppte ihn zu einer ebenen Stelle, ergriff das Zelt und spannte die selbsttragende Kuppel mit wenigen Handgriffen auf. Ich hatte eben das Außenzelt übergeworfen und an den vier Ecken verspannt, da ging es los. Mein warnender Ruf, sie sollten sofort ihre Zelte aufstellen, kam schon zu spät. Es war, als ob ei-

ne schwarze Wand auf uns stürzen würde. Ich schleuderte meine Sachen in das Zeltinnere, hechtete hinterher, dann prasselten schon die Sandkörner wie Hagel gegen die Zelthaut. Von innen stemmte ich mich gegen die Windrichtung, um zu verhindern, daß die Stangen knickten und die Zeltwand riß. Die anderen, so erfuhr ich später, hatten sich in die Fahrzeuge geflüchtet, die Kameltreiber warfen sich zu Boden und drückten sich an die massigen Körper der liegenden Kamele. Es war völlig dunkel geworden, feinster Staub drang durch die Reißverschlüsse und füllte die Luft im Inneren des Zeltes mit erstickendem Staub. Nach drei Stunden flaute der Sturm wieder ab. In der Zwischenzeit war es wirklich Nacht geworden, und als ich am Morgen aufwachte, lag ich unter einer dicken Staubschicht begraben. Auch draußen war es nicht viel besser. Die Atmosphäre war Hunderte Meter hoch von feinsten Staubpartikeln angereichert, die kein Sonnenstrahl durchdrang. Den ganzen Tag über, während wir entlang des Khotan Darya südwärts fuhren, hing ein milchweißer Nebel über der Wüste, der uns begleitete.

Die Oase Khotan ließ Staub und Schrecken jedoch schnell vergessen.

Jade und Seide aus Khotan

Wie die meisten Oasen am Rande der Takla Makan ist Khotan heute vom Turkvolk der Uiguren bewohnt. Das händlerische Element liegt diesem Volk im Blut, ist das Erbe aus der Zeit der Seidenstraße. Das Leben spielt sich weitgehend im Freien ab. Die engen Gassen im alten Viertel rund um die große Moschee sind ein einziger Bazar. Auch viele Handwerker und Dienstleister arbeiten am Straßenrand: die Friseure, Messerschleifer, Schuster und Hufschmiede, die auf galgenähnlichen Vorrichtungen Pferde und Mulis beschlagen. Beiderseits der Straße reihen sich flache Lehmbauten, mit hölzernen Flügeltüren zur Straße hin, die in umfriedete Innenhöfe führen. Hier halten sich die Menschen bevorzugt auf, machen Kinder ihre Schulaufgaben, verrichten die Erwachsenen ihre häuslichen Arbeiten, und während der heißen Jahreszeit wird der geräumige Hof zum Schlafzimmer für die ganze Familie.

Als der chinesische Pilgermönch Xuanzang vor mehr als 1 200 Jahren hier vorbeikam, fand er eine blühende, vom Buddhismus geprägte Kultur vor, mit Dutzenden Klöstern, Tausenden Mönchen und prunkvollen Fe-

Der Himmel verdunkelt sich, die Sonne geht unter, ein feines Vibrieren liegt in der Luft, Augenblicke später fällt der Kara Buran über uns her, der gefürchtete Schwarze Sandsturm der Takla Makan.

In Khotan wird die Straße zum Bazar. Hier reihen sich die Markstände der mobilen Händler, rasieren die Friseure und verrichten die Schlächter ihr blutiges Handwerk. Beiderseits der Straße reihen sich die flachen Lehmhäuser der Uiguren, mit ihren hölzernen Türen, hinter denen sich schattige Innenhöfe verbergen.

sten. Khotan gehörte neben Kucha an der Nordroute zu den bedeutendsten Oasenkönigreichen entlang der Seidenstraße. Es war eine multikulturelle Drehscheibe: Die Sprache kam aus Persien, die Religion stammte aus Indien und der Kunststil zeigte hellenistische Einflüsse.

Davon sind kaum noch Spuren geblieben. Während die trockene Wüste die Relikte der Vergangenheit unter sich begrub und damit konservierte, waren sie im Bereich der Oasen der Zerstörung durch den Menschen ausgesetzt. Das antike Khotan – Yotkan – ist gänzlich unter der Erde verschwunden und im Laufe der Zeit zu einer kulturtragenden Erdschicht zusammengeschmolzen, in der Reste der alten Siedlung eingelagert sind. Erst als Bauern einen Kanal anlegten, um ihre Felder zu bewässern, begann das Wasser Relikte der alten Stadt herauszuschwemmen: Münzen, Jadeschmuck, Terracottafragmente und – was die Bauern am meisten erfreute – Blattgold. Bis heute ist der Kanal durch die Yotkan-Felder als Altun Yar bekannt, als »Gold-Bach«.

Zwei Dinge sind es, weswegen Khotan in der Welt der Seidenstraße berühmt war: Jade und Seide.

Als Stein des Himmels betrachteten die Chinesen die weiße Jade und schrieben ihr heilende und lebensverlängernde Kräfte zu. Auf Chinesisch heißt sie Yu, ein Wort, das nicht nur für Jade steht, sondern gleichzeitig das Gute, Schöne und Kostbare bedeutet. Weiße Jade ist transparent. Sie besitzt einen magischen Glanz, der an verschleierte Berg-

spitzen erinnert. Sie ist so hart, daß kein Stahl sie zu ritzen vermag. Und alle weiße Jade kommt aus Khotan und Umgebung. Sie wird im Flußbett des Yurung Kash gefunden, wenn das Wasser nach der Schneeschmelze im Kunlun-Gebirge wieder zurückgeht, während schwarz-grüne Jadekiesel im benachbarten Kara Kash aufgelesen wurden. Beide Jade-Flüsse strömen vom Kunlun-Gebirge herab durch die Oase, um sich danach zum Khotan Darya zu vereinigen, dessen Bett wir auf dem Weg aus der Wüste kennengelernt haben. Die oft kiloschweren polierten Jadekiesel werden auch heute noch gesucht und gefunden, nur der wöchentliche Jadebazar ist verschwunden, weil die wertvollen Rohsteine direkt an chinesische Händler weiterverkauft und in industriellen Jadeschleifereien zu Schmuck und Figuren verarbeitet werden.

Ähnlich verhält es sich mit dem zweiten alten Handwerkszweig Khotans: der Seide. Nur noch wenige Familien betreiben die Seidengewinnung so wie früher in Familienbetrieben. Hier schien die Zeit stillgestanden zu sein, haben sich Technik und Gerätschaft seit Jahrhunderten nicht verändert. In der Mitte eines schattigen Innenhofs gibt es eine lehmummauerte Feuerstelle. Dort werden die Kokons des Seidenspinners im kochenden Wasser aufgelöst und die Seidenfäden abgehaspelt. Erst mehrere Fäden gebündelt ergeben das Seidengarn, das mittels Eisenrad oder Holzwinde aufgerollt wird und als Ausgangsmaterial zur Herstellung von Seidenstoffen und insbesondere Teppichen dient.

»Wir glauben den Widerhall der Glocken zu hören, die in der größten aller Pilgerkarawanen, der Karawane des Xuanzang, erklangen, als er in der Tang-Zeit (628–645) seine Wallfahrt unternahm durch den fließenden Sand der Gobi, über die Gebirge nach Indien und wieder zurück nach China.«

SVEN HEDIN

Das händlerische Element liegt dem Turkvolk der Uiguren im Blut, ist das gemeinsame Erbe aus der Zeit der Seidenstraße. Jedes Handwerk, jedes Gewerbe, hatte seine eigene Bazarstraße. Trotz zunehmender Massenware findet man immer noch Erzeugnisse alter Handwerkskunst.

Über die Oasen Yarkand und Yecheng führt uns der Weg am Westrand der Takla Makan entlang nach Kashgar. Die knapp 500 Kilometer lange Strecke vermittelt einen Eindruck von der intensiven Wassernutzung, die heute dafür verantwortlich ist, daß kaum noch Flüssigkeit ins Innere der Takla Makan gelangt. Eine einzige Allee von Pappeln verbindet viele kleine neugegründete Siedlungen. Hinter diesen vielen Pappeln verbergen sich riesige Monokulturen von Baumwolle.

Im Norden, über dem Dunstschleier der Wüste, tauchen die schneebedeckten Gipfel des Hohen Pamir auf. Davor liegt Kashgar, einer der wichtigsten Kreuzungspunkte der alten Seidenstraße. Hier vereinigte sich die Südroute mit dem nördlichen Zweig, der vom Jadetor über die »Karawansereien der Götter« nach Kashgar führte.

Rechte Seite: Weiße Jade zählte in der Zeit der Seidenstraße zu einem wichtigen Exportgut Khotans. Der von den Chinesen als »Stein des Himmels« begehrte Nephrit wurde im Flußbett des Yurung Kash aufgelesen und am wöchentlichen Jadebazar gehandelt.

Kapitel 7 Oasen der Götter

»Es ist ein reines Wunder, daß eine solch verfeinerte Kultur, sich so lange am Rande der Steppe halten konnte, wo sie nur von einem Stück Wüste geschützt war und täglich durch Raubüberfälle der Nomaden bedroht war.«

RENE GROUSSET

Rechte Seite: Monumentale Buddhafigur in den Yungang-Grotten, die die Herrscher des ursprünglich schamanistisch geprägten Steppenvolkes der Toba errichten ließen.

»Außerhalb dieses Tores (Yumenguan), im Nordwesten, stehen fünf Signaltürme, mit Wachen bestückt, die alles beobachten müssen. Die Türme sind je hundert Li voneinander entfernt. In dem sie trennenden Zwischenstück gibt es weder Wasser noch Weideland. Jenseits dieser fünf Türme erstrecken sich die Mojiayan-Wüste (Gobi) und die Grenzwehren des Königreichs Yiwu (Hami).« So umreißt Xuanzang seine Reiseroute jenseits des Jadetores. Aurel Stein, der den Pilgermönch zu seinem persönlichen Reiseführer erkoren hatte, konnte die »fünf Signaltürme« identifizieren. Schwerer tat er sich schon, die anschliessenden Erfahrungen des Indienpilgers bei der Durchquerung der Schwarzen Gobi real nachzuvollziehen. Xuanzang wähnte sich nämlich von den Heerscharen des Mara umgeben, einem buddhistischen Dämon. Anders als bei der Verführung Buddhas, wo Mara seine schönen Töchter ausschickte, entsandte er nun Soldaten, um Xuanzang vom rechten Weg abzubringen. »Hier tauchten reich ausgestattete Kamele und Pferde auf, dort funkelnde Lanzen und glänzende Standarten. Bald waren es neue Figuren, neue Formen, und in jedem Augenblick bot diese sich ständig ändernde Szene nacheinander tausend Metamorphosen dar. Sobald man jedoch näher kam, verflüchtigte sich alles.« Xuanzangs Visionen, denen sein Schüler und Biograph, der Mönch Huili, Stimme verleiht, erscheinen nicht mehr wie eine Fata Morgana, wenn man die nachfolgenden historischen Ereignisse betrachtet. Bald danach wimmelte es tatsächlich von Soldaten in der Gobi. Denn die Reise des Pilgermönchs fiel auf den Vorabend weitreichender Eroberungen der Tang. Immer schwerer legte sich die Hand des Tang-Kaisers auf die unabhängigen Oasenkönigreiche wie Turfan, Kucha und Khotan. »Reiten wir mit der leichten Kavallerie und machen uns auf, dem König von Khotan den Halfter um den Nacken zu legen«, berichtet die Geschichte der Tang in

einer Deutlichkeit, die keine Zweifel offenläßt. Als Xuanzang sich schmachtend durch die »Schwarze Gobi« kämpfte, hatte dieser Gewaltstreich noch nicht stattgefunden, aber er wurde gerade vorbereitet. Vielleicht war der geplante militärische Schlag der Grund, warum ihn Kaiser Taizong die Reise nach Westen verboten hatte, die zwangsläufig durch jene Gebiete führen mußte, die er bald mit Krieg überziehen wollte.

Das erste Ziel war das Oasen-Reich Turfan, dessen König sich gegen die Tang mit den türkischen Nomadenstämmen jenseits des Tien Shan-Gebirges verbündet hatte. Er fühlte sich sicher und vertraute der Unzugänglichkeit seines Wüstenreiches, das gegen Osten hin über einen natürlichen Schutzwall verfügte, der besser war als alle Befestigungsmauern: die Schwarze Gobi. Sie flößte auch den Tang-Soldaten Respekt ein. Die Verse des Tang-Dichters Li Po spiegeln das uralte Entsetzen der chinesischen Seele vor dieser Einöde wider:

»Der Bambustiger wird geteilt,
und der General bricht auf:
Die Soldaten des Reiches werden erst
im Wüstensand der Gobi anhalten.
Die Mondsichel, im leeren Raum
schwebend, ist alles,
was man in dieser grausamen Wüste
erblickt,
wo der Tau auf dem blanken Eisen der Säbel und Kürasse Kristalle bildet.«

Wie abgelegen diese Gegend noch bis zur Mitte des 20. Jahrhunderts war, zeigt der Reisebericht von Cable und French. Als die beiden Missionarinnen in den dreißiger Jahren in der kleinen Oase Anxi eintrafen, fanden sie folgenden Wegweiser: »Nach Urumqi, in die Hauptstadt Chinesisch-Turkestans, 34 Tagesetappen; nach Yarkand, durch die Lop-Wüste, zwei Monate; nach Xian, ins chinesische Kernland, 45 Tagesetappen.« Die Tagesetappen bezogen sich auf die damals übliche Reise mit Pferdewagen. Anxi befindet sich am südöstlichen Rand der Schwarzen Gobi, und die beiden Missionarinnen hielten sich dort längere Zeit auf, um zu rasten und sich mit Nahrungsmittel für die Wüstendurchquerung einzudecken. Die Gashun Gobi, weitgehend eine flache dunkle Steinwüste, spannt sich zwischen Anxi und Hami auf. Sie war längst durch eine durchgehend befahrbare Wagenstraße erschlossen, auf der – wie Cable und French berichten – reger Verkehr herrschte. Allerdings war es üblich, wegen der großen Hitze nachts zu reisen. Tagsüber hielten sich Reisende und Händler in den zahlreichen Karawansereien entlang des Weges auf. Ein paar Jahrzehnte vor ihnen hatte der britische Spion Oberst Mark Bell auf derselben Strecke die Schwarze Gobi durchquert. Er bewältigte sie, zumeist schlafend, auf dem planengedeckten Pferdewagen, wofür man ihn später besonders wegen seiner Ausdauer rühmte, und schrieb danach geringschätzig: »Reisende bezeichnen die Durchquerung der Gobi gern als besondere Leistung, aber sie bringt keine großen Strapazen mit sich, und bevor wir Kashgarien verließen, hatten wir gute Gründe, die Tage in der Gobi im Gegensatz zu denen in den Bergen und Ebenen der kashgarischen Wüste als angenehm zu bezeichnen.« Mit der kashgarischen Wüste meinte er natürlich die Oasenroute am Nordrand der Takla Makan, die er, wie die anderen auch, wohlweislich umgangen hatte. Der Prahlhans Bell hat im deutschen Rucksacktouristen Achill Moser einen zeitgenössischen Nachfolger gefunden, der sich anscheinend beim Spaziergang im Dünengarten von Dunhuang ablichten ließ, um anschließend mit öffentlichem Verkehrsmittel die Gashun Gobi im »Alleingang« bis Turfan zu durchqueren und diese Tat hinterher als gefährlichen »Grenzgang« zu beschreiben. Diesen Eindruck vermitteln nicht nur die auffälligen Ähnlichkeiten auf den Fotos mit dem bekannten Dünengelände von Dunhuang und den nicht weniger bekannten Flammenden Bergen in Turfan, sondern vor allem auch das Fehlen glaubhafter Angaben über Örtlichkeiten oder zumindest Wasserstellen auf der Strecke. Hat er womöglich die Wasservorräte für die Distanz von 700 Kilometern, die er vorgibt, solo zurückgelegt zu haben, auf dem Rücken ge-

Unterwegs in der Zugklasse »Hart Sitzen«.

Die Bahnlinie durchschneidet die Gashun Gobi, weitgehend eine Steinwüste, flach wie ein Billardtisch, die sich zwischen Anxi und Turfan aufspannt.

tragen oder so wenig Wasser gebraucht, daß er es selbst tragen konnte? Beides wäre ein Wunder – wenn es wahr wäre.
Meine Durchquerung der Gashun Gobi beginnt aufregend. Der Zug verläßt pünktlich den Bahnhof von Liyuan. Weil der Bus von Dunhuang Verspätung hatte, konnte ich nur noch eine Fahrkarte für die Klasse »Hart Sitzen« ergattern. Die Waggons sind brechend voll. Hätte ich nur wie Achill Moser auf den Bildern einen ebenso kleinen Rucksack gewählt. Statt dessen erweist sich mein großer Seesack als extrem hinderlich. Indessen gleitet der Zug in die Wüste, ins leere Nichts hinaus. Ich merke es dadurch, daß die Ventilatoren an der Decke eingeschaltet werden. Draußen herrscht totale Einsamkeit, drinnen auch – als einzige Langnase unter Chinesen. Ich habe noch immer keinen Sitzplatz gefunden. Die Gänge sind mit Menschenleibern verstopft. Immerhin gelingt es mir, genügend Raum zu erobern, um meinen Seesack abzustellen. Er erweist sich wenigstens als gute Sitzunterlage. Draußen zieht die Wüste vorbei. Mit schwarzem Gestein übersäte Flächen wechseln sich mit braunem Kies und gelbem Sand ab. Abends wird es dunkel in der Schwarzen Gobi, nachts sogar tief schwarz. Die Waggons aber sind hell beleuchtet und voller Leben. Es ist Essenszeit. Das Küchenpersonal bahnt sich seinen Weg. Sie verkaufen Reis mit Gemüse und Fleisch, in Styroporboxen verpackt und mit Einwegstäbchen. Am Ende des Waggons befindet sich der Heißwasserkessel. Der Strom Dürstender reißt nicht ab. Mit Blechbüchsen und Marmeladegläsern in der Hand zwängen sich die Reisenden durch den überfüllten Mittelgang, die Behälter randvoll mit kochend heißem Wasser. Bisweilen schreit ein Verbrühter auf.
Die Essenszeit ist vorbei. Man sieht es: Der Boden ist bedeckt mit Knochenresten, zertretenen Nußschalen, verwendeten Holzstäbchen und leeren Speisebehältern. Jeder versucht, für die Nacht zusätzlich Raum zu gewinnen. Aber an Schlaf ist nicht zu denken. Ich muß mich alle paar Minuten erhe-

Karez nennt man in Persien das System unterirdischer Bewässerungskanäle, deren Bautechnik sich durch sogdische Händler bis nach Turfan verbreitete. Das Wasser wird über ein weitverzweigtes Netz vom über 100 Kilometer entfernten Tien Shan-Gebirge hergeleitet und begründet eine Oase, wo es sonst kein Leben gibt.

ben. Auf dem Gang ist immer Bewegung. Nach dem Wasserholen kommen sie mit Zahnputzzeug und Waschlappen, beim drittenmal müssen sie aufs Klo. In den erstickenden Zigarettenqualm mischt sich der Geruch von Kinderurin. Ich flüchte in den Erste-Klasse-Waggon. Das bringt mich schnell in Gefahr. Sie erscheint in der Person des Schaffners, der mich wieder vertreibt, weil meine Fahrkarte nicht zum Aufenthalt in der Schlafwagenklasse berechtigt – auch nicht zu einem Stehplatz im Korridor.

Im Morgengrauen meldet sich die Stimme des weiblichen Zug-Discjockeys. Nachrichten, Wetterbericht und Informationen tönen aus den Lautsprechern. Dazwischen gibt es Marschmusik. Eine Putzschwadron schwärmt aus. Mit lauten Befehlen scheuchen sie die Schlafenden auf. Der ganze Dreck wird aus dem fahrenden Zug gekippt. Ich denke an Aurel Stein.

Die Schwarze Gobi glänzt golden im Morgenlicht. Der Schaffner kommt und erklärt mir, daß ich bei der nächsten Station aussteigen muß. Daheyan, der Turfan-Bahnhof, ist erreicht.

Meine Gobi-Durchquerung verlief also ganz planmäßig. Es gab weder Durst oder Hunger noch übermäßige Anstrengungen, auch keine nenneswerten Gefahren, sieht man einmal von der unglücklichen Begegnung mit dem Schaffner ab, ein »Grenzgang« war es trotzdem, denn kurz vor Hami überwanden wir die Grenze zwischen den Provinzen Gansu und Xinjiang.

Turfan – Im Reich der Flammenberge

In weniger als einer Stunde rollt der Bus hinunter in die Turfan-Senke. Mit 154 Metern unterhalb des Meeresspiegels ist dieses Becken nicht nur eine der tiefsten Stellen der Erde, sondern auch eine der heißesten. Ein Land klimatischer Extreme, mit heißen Sommermonaten und klirrend kaltem Winter. In dieser trostlosen Steinwüste, flach wie ein

Billardtisch, den die Stürme leergefegt haben, gäbe es kein Leben. Die Menschen begegnen dieser Unfruchtbarkeit mit einem genialen Bewässerungssystem, das in Persien unter dem Namen Karez bekannt ist und dessen Geheimnis die ersten Oasenbauer indo-europäischer Herkunft mitbrachten. Man versteht darunter unterirdische Bewässerungskanäle, die das Wasser von den Ausläufern des Tien Shan-Gebirges in die Senke hinunterleiten. Vor mehr als 2 000 Jahren wurden diese unterirdischen Kanäle bereits angelegt. »In diesem Lande fällt weder Regen noch Schnee, und die Hitze ist übermäßig«, heißt es in einer alten Quelle. »Alljährlich, in der heißesten Jahreszeit, ziehen die Bewohner sich in unterirdische Behausungen zurück. Die Häuser sind mit einer weißen Erde überzogen. Es gibt einen Fluß, der aus der Bergschlucht namens Jinling kommt; seine Wasser wurden so geleitet, daß sie die Hauptstadt des Königreichs umfluten, die Felder bewässern und die Flügel der Windmühlen in Gang halten.«

Das Karez-System stellt eine technische Leistung dar und erforderte eine hochentwickelte gesellschaftliche Organisation – vor allem auch, was die Instandhaltung betrifft. Zeiten politischer Umwälzungen oder kriegerischer Ereignisse, in denen die Menschen die Pflege der Kanäle vernachlässigten, gefährdeten stets die Existenz der Oase. Die tunnelartigen Kanäle entstanden, indem man in regelmäßigen Abständen Löcher in den Boden grub und diese durch unterirdische Gänge miteinander verband. In der Wüste erkennt man das Karez-System an Reihen von Kieshaufen, die wie Warzen die Oberfläche überziehen. Sie bilden den Aushub der darunterliegenden Wasserläufe. Der Vorteil des unterirdisch geführten Wassers ist klar: Die Verdunstung wird ausgeschaltet. Ein Netz von mehr als 1 000 Kilometern solcher Lebensadern ermöglichen das Wunder Turfan. Nirgendwo trifft das Wort Oase in seiner Geborgenheit und paradiesische Idylle suggerierenden Bedeutung so zu wie auf Turfan. Den Gegensatz zwischen der un-

Turfan ist der Inbegriff einer Oase. Schattige, von Pappeln gesäumte Gassen, auf denen Eselskarren und Pferdetaxis verkehren. Innerhalb der Oase, wo die Verdunstung geringer ist, wird das Wasser an der Oberfläche geführt; es ist glasklar und eiskalt.

»Turfan liegt in einer sandigen Wildnis wie eine grüne Insel, deren Küsten nicht vom Wasser eines Ozeans, sondern von Kies und Geröll umspielt werden, denn die Trennungslinie zwischen trockener Wüste und fruchtbarem Boden ist genauso scharf wie zwischen Ufer und Meer. Die Insel ist von einer wunderbaren Fruchtbarkeit, und der Reisende, der aus der Sterilität und Dürre der Wüste kommend in die Üppigkeit Turfans tritt, ist überwältigt.«

MILDRED CABLE UND FRANCESCA FRENCH

barmherzigen Wüste und der grünen Oase mit ihren Gärten, Weinlauben und Obstplantagen kann man sich nicht größer vor stellen. Wenn man durch die engen Gassen geht, über die sich Weinreben ranken, von denen riesige Trauben herabhängen, und die Marktstände sieht mit den aufgetürmten Früchten und dem Gemüse, dann gewinnt man sogar den Eindruck von Überfluß. Trotz der Trockenheit, bei nur durchschnittlich 16 Milimeter Niederschlag im Jahr, hat man das Gefühl, in einem Garten Eden angelangt zu sein. Das Wasser, das über das Karez-System unterirdisch durch die Wüste geführt wird, tritt nun im Bereich der Oase an die Oberfläche und wird über unzählige kleine Kanäle weiterverteilt. Es ist glasklar und eiskalt.

Das Turkvolk der Uiguren, die nördlich des Tien Shan nomadisierten, hat im 9. Jahrhundert die Oase besetzt und sich mit den indoeuropäischen Bewohnern vermischt. Von ihnen haben sie nicht nur die Bewässerungskunst, sondern auch ihre höfische Kultur und die Religionen übernommen – die persische Lichtreligion des Mani und später den Buddhismus. Andere Teile ihres Volkes ließen sich in den Oasen des Tarim-Beckens – wie Kucha, Kashgar und Khotan – nieder, um die bedeutendsten zu nennen. Bis heute sind die Uiguren Oasenbauern, Handwerker und Händler geblieben. Nur ihr Glaubensbekenntnis haben sie abermals gewechselt. Ende des 14. Jahrhunderts wurden sie gewaltsam islamisiert.

Turfan hat mehr als alle anderen Orte entlang der alten Seidenstraße seinen Oasencharakter bewahrt. Die Uigurenstadt mit ihren niedrigen Lehmhäusern liegt im Schatten von Weinlauben, Pappelalleen und Maulbeerbäumen. Sie ist angenehm, überschaubar und doch voll pulsierendem Leben. Östlich davon befindet sich die Chinesenstadt. Wenn man von der einen in die andere geht, hat man das Gefühl, die Grenze zwischen zwei Welten zu überschreiten, zwei unterschiedliche Lebensformen. Es gibt kaum gesellschaftliche Kontakte. Heiraten

zwischen Uiguren und Chinesen sind selten. Die Uiguren betrachten die Chinesen nach wie vor als Fremdherren, obwohl der chinesische Anspruch auf Turfan und ihre Präsenz viel älter sind als die der Uiguren.
Seit der Han-Zeit diente das zehn Kilometer östlich von Turfan gelegene Jiaohe als chinesische Garnisonsstadt. Yarkhoto – die Stadt auf dem Yar – wie der türkische Name lautet, erhebt sich auch heute noch als eindrucksvolles Ruinenfeld auf einer Naturterrasse zwischen zwei Flußtälern. Die steil abfallenden Felswände machten es zu einer natürlichen Festung. Nach jahrelanger Belagerung gelang es den Han-Soldaten, die Stadt den mit den Xiongnu liierten Verteidigern zu entreißen. Bis zu seiner Zerstörung durch die Reiterheere Chinghis Khans im 13. Jahrhundert diente Jiaohe als chinesischer Stützpunkt an der Seidenstraße. Während die Garnisonsstadt Loulan am Lop Nor die Mittlere und die Südroute bewachte, sicherte Jiaohe die Nordroute durch das Tarim-Becken. Und ähnlich wie Loulan war auch Jiaohe Zankapfel im Spiel der Kräfte um die Kontrolle des Tarim-Beckens zwischen China und seinen nördlichen Nachbarn und erlebte wechselnde Besitzer.
Kaum eine Ruinenstadt an der Seidenstraße ist in ihrer Gesamtanlage so gut erhalten wie Yarkhoto. Wenn man, von Süden kommend, die breite Hauptstraße entlanggeht, die zwischen meterhohen Gebäuderesten hindurchführt, und dann vom großen Terrassenstupa, der heute als Aussichtsplattform genutzt wird, rundum blickt, läßt sich unschwer der alte Stadtplan erkennen. Im südlichen Stadtteil befanden sich die Wohn- und Verwaltungsgebäude, der nördliche Bereich war das monastische Viertel. Hier findet sich ein mächtiger Tempelkomplex, dessen Zentrum ein Nischenstupa bildete, an dem Stuckreste noch anzeigen, wo früher Buddhafiguren saßen. Dahinter erhebt sich ein alleinstehendes Gebäude, das durch seine ungewöhnliche Bauweise auffällt. Es besteht aus einem hohen zentralen Turm, flankiert von vier kleinen Ecktürmen, um den

Auf einer Naturterrasse zwischen zwei Flußläufen liegen die Ruinen von Yarkhoto, dem alten Zentrum der Turfan-Oase. Die Stadt auf dem Yar diente bis zu ihrer Zerstörung durch Chinghis Khan als chinesische Garnisonsstadt.

Das Emin-Minarett im afghanischen Stil liegt am Südrand der Oase, inmitten üppiger Baumwollfelder.

Als das Turkvolk der Uiguren im 9. Jahrhundert die Turfan-Oase besetzte, bauten sie Khocho zum Zentrum ihres Reiches aus und umgaben die Stadt mit einer mächtigen Wehrmauer, deren Ruinen noch immer einen gewaltigen Eindruck machen.

sich – wie beim kosmischen Diagramm eines Mandalas – kleine Stupas gruppieren.
Das alte Zentrum des Königreichs Turfan liegt 40 Kilometer südöstlich der heutigen Oase mitten in der Wüste. Der Weg dorthin führt vorbei am Emin-Minarett, dessen schlichter Ziegelturm im afghanischen Stil aus den Baumwollfeldern ragt. Am letzten Pappelwall beginnt die Wüste. Messerscharf verläuft die Grenze zwischen Fruchtbarkeit

Die Lehre des Mani

Der persische Religionsstifter Mani (216–277) trat in seiner Heimat mit einer Lehre hervor, die sich als Zusammenfassung und Überhöhung von Christentum, Zoroastrismus und Buddhismus verstand. Vieles, was wir heute über die Manichäer wissen, stammt aus Zeugnissen Andersgläubiger, das heißt ihrer Gegner. Christen und Anhänger Zarathustras, der persischen Staatsreligion, bekämpften die Lehren Manis mit allen Mitteln. Die Christen polemisierten vor allem gegen einen ihrer Meinung nach lebensverneinenden Dualismus. Zwei gegensätzliche Prinzipien anstelle eines dreieinigen Gottes schienen gänzlich unannehmbar. Nach dem düsteren Bild, das die Christen von den Manichäern zeichneten, wurde der Dualismus von Geist und Materie – wobei Materie für das Böse stand – so streng ausgelegt, daß sie sich weigerten, Materie zu schaffen, das heißt Kinder zu zeugen und Krankheiten zu behandeln. Dies dürfte jedoch kaum den Tatsachen entsprochen haben, denn wäre es wirklich so gewesen, dann hätte die Religion kaum einen solchen Zulauf gehabt.
Mani war sicherlich ein Universalgelehrter, der sich unter den vielen Philosophen und verhinderten Religionsstiftern seiner Zeit hervortat. Er war der einzige, dem es gelungen war, etwas Neues, den großen Religionen Vergleichbares zu schaffen. Aufgewachsen in der persischen Tradition des Mazdaismus, unternahm er ausgedehnte Reisen, die ihn auch nach Indien führten, wo er mit dem Buddhismus in Berührung kam. Am nächsten aber stand Mani dem Christentum. Er benutzte die damals in Mesopotamien gebräuchliche christliche Kirchen-

sprache, das Syrische, für die Aufzeichnung seiner Schriften. Nur ein einziges seiner Werke verfaßte er in mittelpersischer Sprache, und das auch nur zu Ehren das sassanidischen Großkönigs Schapur I. In seinem Hauptwerk, der »Kephalaia«, das in koptischer Sprache in einer Handschrift aus Ägypten erhalten ist, berichtet er vom Werden seiner Religion. Dabei erläutert er seine Lehre und stellt sie gegenüber den anderen Religionen heraus. Er selbst sah sich offenbar in einer Reihe mit Buddha und Christus. Allerdings konnte er nicht allzu lange ungestört seine Lehren verbreiten. Sowohl Christen als auch die Anhänger Zarathustras betrachteten ihn als Häretiker und ließen ihn und seine Anhänger blutig verfolgen. Er wurde aus Persien vertrieben und predigte im byzantinischen Reich. Als er nach Persien zurückkehrte, kerkerte man ihn ein, wo er offenbar an den Folgen der Folter starb. Dasselbe Schicksal erlitten auch viele seiner Anhänger. Wo immer sich die Kirche ausbreitete – in Persien, Ägypten und im Römischen Reich –, wurde sie verfolgt. Zu den erbittertsten Gegnern in der christlichen Welt gehörte der Kirchenvater Augustinus, der selbst neun Jahre der manichäischen Gemeinde angehörte. Als der Manichäismus im 6. Jahrhundert im Römischen Reich erlosch, hinterließ er nur noch Spuren in der Polemik christlicher Kirchenfürsten.

Trotz der Verfolgungen ließ sich die Lehre Manis nicht ausrotten. Als in Persien die Repressalien einsetzten, floh ein Teil seiner Anhänger nach Sogdien, wo sich namentlich in Samarkand ein bedeutendes Glaubenszentrum entwickelte und lange Zeit der höchste religiöse Führer der Manichäer residierte. Es ist davon auszugehen, daß die als Händler auf den Seidenstraßen verkehrenden Sogdier, die allen Religionen gegenüber sehr aufgeschlossen waren, auch zur Verbreitung des Manichäismus bis nach China beitrugen. Ein wichtiges Ereignis für das Manichäertum im Osten bedeutete die Eroberung Luoyangs durch die Uiguren im Jahre 762. Dabei kam ihr Anführer, Bogu Khan, auch mit manichäischen Geistlichen (Electi) in Berührung, die ihn so beeindruckten, daß er zu ihrem Glauben übertrat und auch sein Hofstaat seinem Beispiel folgte. Als die Uiguren im Jahre 840 im Gebiet von Turfan als Reichsgründer in Erscheinung traten, wurde die im Westen so verfolgte Lehre Manis zur offiziellen Staatsreligion. Wie aus den in Turfan gefundenen schriftlichen Dokumenten und bildlichen Zeugnissen hervorgeht, bestimmte ein radikaler Dualismus das religiöse Verhalten und die Lebensführung der Manichäer. Dem »Reich des Lichts« standen die dämonischen Heerscharen der Finsternis gegenüber. Die Religion forderte von ihren Gläubigen ein kaum erfüllbares Streben nach Reinheit und strenge Askese. Trotzdem mußte diese Lehre eine große Anziehungskraft auf das Steppenvolk der Uiguren ausgeübt haben. Das ging sogar so weit, daß der Khan mit Repressalien auf dem Sektor des Handels drohte, als islamische Fürsten in Zentralasien gegen die manichäische Gemeinde in Merw Verfolgungen einleiteten. »Nichts kann besser die geistige Atmosphäre des Manichäismus vor uns entstehen lassen«, betont H.C. Puech, »als die Miniaturen, die sich in Turfan erhalten haben, mit ihren sauber umrissenen Gestalten, ihren feinen Zügen, ihren klaren und reinen Farben.«

Manichäisches Buchblatt mit Geistlichen in weißen Ritualgewändern mit hohen, ebenfalls in Weiß als Farbe der Reinheit gehaltenen Kopfbedeckungen.

Eines der schönsten Stoffgemälde, die in Khocho gefunden wurden, ist diese Darstellung eines uigurischen Prinzen im Festgewand. Die Inschrift deutet an, daß es sich dabei um ein Votivgeschenk handelte.

und Unfruchtbarkeit. Von einem Schritt zum nächsten bleibt die Oase zurück, und man betritt eine Steinwüste, die sich im Sommer wie ein Backofen aufheizt. Im Norden erscheinen die Flammenden Berge – eine Kette aus rotem Sandstein, dem Winderosion ein Wellenmuster angelegt hat, das im Licht der untergehenden Sonne wie züngelnde Flammen aussieht. In der märchenhaften Version von Xuanzangs »Reise in den Westen« bilden die Flammenberge dem Pilger zunächst ein unüberwindliches Hindernis. Erst durch eine List gelingt es seinem Helfer – dem schlauen Affenkönig –, einer Prinzessin den wundertätigen Palmblattfächer zu entlocken, der die Flammen erstickt.

Real dagegen sind die Mauern von Khocho. Sie erheben sich vor der Kulisse der Flammenden Berge als imposante Geisterstadt. Khocho oder Gaochang, wie der chinesische Name lautet, war hinsichtlich des Kulturaustausches vielleicht die wichtigste Stadt im Tarim-Becken. Während Yotkan, das antike Khotan, unter der Erde verschwand und Bilder seiner Blüte nur noch in den Berichten der Pilgermönche fortlebten, konnten sich die Herrscher von Khocho offensichtlich immer mit den Mächtigen arrangieren, so daß die Stadt auch von den Mongolen verschont blieb. Bis in die Gegenwart haben sich die meterhohen Wehrmauern erhalten. Sie schützten einstmals, eine nach dem Vorbild Changans quadratisch angelegte Metropole, die im wesentlichen aus einem Königspalast und einer Vielzahl von Sakralbauten unterschiedlicher Glaubensrichtungen bestand. In der Regierungszeit des Han-Kaisers Wudi gegründet, wurde das Königreich Khocho vom Ende des 5. bis zur Mitte des 6. Jahrhunderts von der chinesischen Familiendynastie Qu regiert. Durch kluge Politik verstanden sie es, sich ein halbes Jahrhundert zwischen dem aufstrebenden Tang-Reich und dem Steppenreich der Türken zu halten. In diese Zeit fiel auch der Besuch des Xuanzang. Auf Drängen des Königs Qu Wentai (ca. 620–640) hatte er seine ursprüngliche Reiseroute geändert und den Weg durch das Turfan-Becken genommen. In Khocho angekommen, wurde der Pilger vom König mit Ehrungen und Huldigungen überhäuft. Die Gastfreundschaft aber erwies sich bald als tyrannisch. Der König dachte nämlich nicht daran, den Pilger weiterziehen zu lassen, sondern wollte ihn als persönlichen Seelsorger bei sich behalten. Als Xuanzang entschieden ablehnt, nimmt die Situation eine dramatische Wendung: »Vor Zorn errötend und mit drohender Gebärde rief der König laut: ›Nun wird Euer Schüler mit Euch auf eine andere Weise verfahren, und es wird sich zeigen, ob Ihr nach Belieben abreisen könnt!‹«

»Nichts anderes als meine Knochen wird der König dabehalten können«, antwortete Xuanzang - und trat in den Hungerstreik.

Erst als »die Atmung des Meisters des Gesetzes« – wie sein Biograph Xuanzang nannte – »schwächer wurde«, lenkte der König ein: »Beschämt und erschreckt über die Folgen seiner Unerbittlichkeit, warf er sich vor ihm auf den Boden nieder und bot ihm respektvoll seine Entschuldigung dar.« Mit ähnlichem Ehrgeiz, mit der er ihn hierbehalten wollte, kümmerte sich der König nun um die Weiterreise des Pilgers. Er stattete ihn mit allen notwendigen Mitteln für die Überquerung des Tien Shan aus und gab ihm eine Eskorte mit wertvollen Geschenken an den Großkhan der Türken mit, zu dem er nicht nur in freundschaftlichen, sondern auch verwandtschaftlichen Verhältnissen stand. Xuanzang versprach dem König zum Abschied, auf seiner Rückreise nach Turfan zu kommen, um drei Jahre zu bleiben. Dieses Versprechen brauchte er allerdings nicht mehr einzulösen, denn bald nach der Abreise Xuanzangs setzt der Tang-Kaiser Taizong seine Soldaten in Richtung Turfan in Marsch. Qu Wentai soll beim Herannahen der kaiserlichen Armee vor Schreck gestorben sein – so berichten es die Tang-Annalen.

Im 8. Jahrhundert, während einer Schwächephase der Tang, brachten die Tibeter das Tarim-Becken und Gansu unter ihre Kontrolle. Sie wurden Mitte des 9. Jahrhunderts von den Uiguren vertrieben, die zur bestimmenden Kraft im Tarim-Becken aufstiegen und Khocho zur Hauptstadt ihres Reiches ausbauten. In den folgenden Jahrhunderten erlebte die Stadt ihre letzte Blüte. Eine seltene Toleranz der neuen Herrscher gegenüber den verschiedenen Glaubensströmungen führte dazu, daß Khocho blieb, was es bereits vorher war: eine kosmopolitische Stadt, die wie ein Schwamm die verschiedenen Einflüsse der Seidenstraße aufnahm und nebeneinander existieren ließ. Wie nirgendwo sonst haben sich die Spuren dieser multikulturellen Vergangenheit so lange erhalten. Einen letzten Hauch davon erheischte der Forscher Albert Grünwedel, als er im Jahre 1902 in den Ruinen von Khocho zu graben begann: »Im Schutt fand sich ziemlich die ganze Figur – jetzt aus Trümmern wieder zusammengesetzt – eines hellschokoladefarbenen, mehrarmigen Dämons, vor dem ein anderer mit nach Brahmana-Art über dem Kopfe zusammengebundenem Haare saß oder stand, und endlich im tiefen Schutt von der Ostecke der Südwand ein Freskenstück, welches die Oberkörper weißgekleideter, schwarzbärtiger Männer in schlichtem Haar darstellte, die viereckige Mützen trugen.« Die »Weißgekleideten« fielen Grünwedel auf, aber er konnte sie zunächst nicht einordnen. Sie waren weder Stifter noch Figuren aus dem buddhistischen Pantheon. Was hatten sie also in einem buddhistischen Tempel zu suchen, fragte er sich.

»Nun sah ich, daß etwas Ungewöhnliches vorlag, und suchte noch bewußter nach diesen Dingen. Im Anfang dachte ich an Nestorianer, da ja von der südlich von Turfan liegenden Moschee bekannt war, daß sie eine nestorianische Kirche war, aber die Schrift war nicht die nestorianische und, was von Miniaturen und Bilderresten sich fand, konnte auch nicht christlich sein. Der Nachweis des manichäischen Ursprungs der Manuskripte hat die Lösung des Rätsels gebracht.«

Grünwedel entdeckte auf den Wandmalereien eines buddhistischen Tempels manichäische Priester im Gefolge des Uigurenkönigs, der selbst als Buddhist dargestellt war. Gleichzeitig fanden sie manichäisches Schrifttum mit feinen Gold-Miniaturen, die Aufschluß über die längst verschollene Lehre des persischen Religionsstifters Mani gab. Der Synkretismus auf den Fresken bewies nicht nur die friedliche Koexistenz der indischen mit der persischen Religion, sondern auch – wie sich später herausstellen sollte –, daß die Uiguren anfänglich der Lehre des Mani huldigten und erst, nachdem sie sich in der Turfan-Oase niedergelassen hatten, zum Buddhismus wechselten, ohne jedoch die alte Religion zu vergessen, die sie weiterhin großzügig förderten.

Zwei Jahre später, im November 1904, wurden die Grabungen in Khocho durch Albert von LeCoq fortgesetzt. Grünwedels schlechter Gesundheitszustand hatte den Start der Expedition immer wieder verzögert und dazu geführt, daß die Leitung dem energischen LeCoq übertragen wurde. Während in anderen Bereichen der Seidenstraße alle Spuren der Manichäer ausgetilgt wurden,

Auf Stoff gemalter Bodhisattva aus den Ruinen von Khocho. Das weiblich anmutende Gesicht weist ostasiatische Züge auf. Das dritte Auge auf der Stirn ist als markanter großer Kreis gezeichnet. Auf dem Kopf trägt das buddhagleiche Wesen ein prachtvolles Diadem mit Blumenschmuck.

Albert von LeCoq – »Wer zuerst kommt, gräbt zuerst«

Als Sohn eines wohlhabenden hugenottischen Weinhändlers in Berlin geboren, war er zunächst dazu bestimmt, das Geschäft seines Vaters zu übernehmen. Doch er fand an dem Beruf wenig Freude, und nach 13 Jahren verkaufte er den Laden, um in Berlin am Seminar für orientalische Sprachen zu studieren.

Im Jahre 1902, im Alter von 42 Jahren, ging er – zunächst als Volontär – an die indische Abteilung des Völkerkundemuseums in Berlin. Zur selben Zeit brach Albert Grünwedel mit der ersten deutschen Expedition nach Chinesisch-Turkestan auf. Aber nur zwei Jahre später folgte LeCoq mit seinem Gefährten Theodor Bartus den Spuren Grünwedels. Im Zuge der zweiten und dritten Ost-Turkestan-Expedition des Berliner Museums (1904–1907), die mit großzügiger Unterstützung des Kaisers und des Industriellen Krupp ausgestattet waren, wurden vor allem die Höhlentempel von Bezeklik unweit der Turfan-Oase und die »Tausend-Buddha-Höhlen« Kizil archäologisch ausgebeutet. Viele der kostbaren Malereien, die LeCoqs Assistent Bartus von den Mauern der Höhlen ablöste und zersägte, um sie nach Berlin abtransportieren zu können, wurden während des Zweiten Weltkriegs durch Bomben zerstört. Dennoch bietet das Museum in Berlin-Dahlem heute die beste Präsentation jener Schätze, die bis zur Mitte des Jahrhunderts in Ost-Turkestan weggeschafft wurden und seitdem in verschiedenen Museen der Welt lagern.

Das Team der Dritten Berliner Ost-Turkestan-Expedition unter der Leitung von Albert Grünwedel. In der Mitte von links nach rechts: Pohrt, Bartus, Grünwedel und von LeCoq.

sollte es LeCoq hier vergönnt sein, Mani selbst in die Augen zu blicken: »Man brachte uns sofort einige schöne, antikisierende Köpfe aus geformtem Lehm, und bald darauf führten einige Bauern mich in das Zentrum der Stadt, wo sie in einem großen, hallenartigen Raum eine dünne, jüngere Mauer abgerissen hatten. Hinter dieser Mauer befand sich eine Figur, überlebensgroß gemalt, in manichäischer Priestertracht dargestellt, umgeben von ebenfalls in weiße Ritualgewänder gekleideten manichäischen Mönchen und Nonnen. Jeder dieser in kleineren Ausmaßen gemalten Religiosen trug seinen schönen persischen Namen in sogdischer Schrift auf seiner Brust. Wir haben Grund anzunehmen, daß wir hier ein traditionelles Bildnis des Religionsstifters Mani vor uns haben. Der Fund dieses Bildes zerstört die Anschauung, daß die Manichäer keine mit Malereien verzierte Kirchen besaßen; dieser Saal, der einen Teil einer mehrere Hallen umfassenden Anlage bildete, war wahrscheinlich eine der ›Fastenhallen‹ der merkwürdigen Religion.«

Das Wandgemälde aus dem 9. Jahrhundert erwies sich als wirklich bedeutungsvoller Fund. Es stellte die einzige bildliche Darstellung der mysteriösen Gestalt des Mani dar, die je entdeckt worden war. Wie sich bald

herausstellte, sollte es der letzte Blick in die Welt der Manichäer sein, denn viele der von Grünwedel zwei Jahre zuvor entdeckten und kopierten Fresken waren in der Zwischenzeit von lokalen Bauern zerstört worden. Sie wurden von den Wänden gekratzt, weil man deren leuchtende Farben für besonders wirksamen Dünger hielt. Wo sie den Düngersuchern entgangen waren, hatte man den Gestalten die Gesichter entstellt. »Herrscht doch der Glaube vor«, berichtet LeCoq, »daß die gemalten Menschen und Tiere, wenn man nicht wenigstens Augen und Mund zerstört, des Nachts sich beleben, heruntersteigen und allerlei Unfug an Menschen, Vieh und Ernten verüben!«
Unersetzliches Schrifttum ist durch die Ignoranz der Bevölkerung vernichtet worden, wie das folgende Beispiel zeigt, von dem LeCoq Kenntnis bekam. »Einer der Bauern sagte mir, fünf Jahre vor dem Kommen der ersten Expedition habe er in einem der zur Anlage von Feldern niedergelegten Tempel fünf große Karren voll der von uns so gesuchten Handschriften mit der ›kleinen Schrift‹, nämlich der manichäischen, gefunden. Viele seien mit Bildern in Farben und Gold verziert gewesen. Er fürchtete aber einmal den unheiligen Charakter der Schriften und zweitens, daß die Chinesen den Fund als Vorwand zu Erpressungen benutzen könnten, und warf kurzerhand die ganze Bibliothek in den Strom!«
Ähnlich verheerende Wirkung hatte auch das Anlegen von Feldern zwischen den Ruinen der alten Stadt. Um sie zu bewässern, wurden Kanäle hineingeführt, und damit kam die Feuchtigkeit, die größte Zerstörerin alter Schriften. In einem der Tempel stießen sie auf eine ganze Bibliothek, wie LeCoq berichtet: »Der ganze Raum war mit einer etwa 60 Zentimeter hohen Masse bedeckt, die sich bei näherem Betrachten als Reste manichäischer Manuskripte ergab. Das Löß-Wasser war in das Papier eingedrungen, hatte alles verklebt, und bei der furchtbaren Hitze, die des Sommers dort zu herrschen pflegt, hatten sich alle diese kostbaren Bücher in Löß verwandelt.«
Jeder Versuch, einige Proben, die er der klebrigen Masse entnommen hatte, nach dem Trocknen wieder zu retten, scheiterten, denn »die einzelnen Papierblätter schilferten ab und lösten sich in kleine Fragmente auf«. Wenn man die wenigen unversehrt geborgenen Schriftstücke sieht, in prachtvoller Kalligraphie und mit leuchtenden Farben illuminiert, muß man LeCoq beipflichten, wenn er traurig hinzufügt: »Hier ist ein ungeheurer Schatz verlorengegangen.«
LeCoq sollte es nicht nur beschieden sein, einen Blick auf die letzte Blüte von Khocho zu werfen, sondern auch mit deren Ende konfrontiert zu werden. Schon beim Eingang in die zerstörte »Bibliothekshalle« hatten sie einen grausigen Fund gemacht. Auf der Schwelle lag die ausgetrocknete Leiche eines erschlagenen buddhistischen Mönchs in seiner blutbefleckten Robe. Nun aber machten sie eine Entdeckung, die selbst den abgebrühten LeCoq erschaudern ließ, der bei der Anreise noch einen Delinquenten in seiner Hinrichtungsmaschine auf offener Straße in Urumqi fotografiert hatte. Sie waren in einen vermauerten Tempelraum eingedrungen, an dessen Wänden sich noch Reste buddhistischer Fresken zeigten. »Wir brachen, nachdem wir alles durchsucht hatten, den Fußboden auf, fanden die Reste der alten Wölbung und stießen dann auf die im wirren Durcheinander aufgetürmten Leichen jedenfalls einiger hundert Erschlagener. Es waren der Kleidung nach zu urteilen buddhistische Mönche; die oberste Schicht war vollkommen erhalten, die Haut, die Haare, die eingetrockneten Augen und die furchtbaren Wunden, denen sie erlegen waren, waren in vielen Fällen noch erhalten und kenntlich. Ein Schädel besonders war durch die Stirn bis auf die Zähne mit einem furchtbaren Säbelhieb gespalten.«
Der Ort der Toleranz ging in Blut und Schrecken unter. Auch dieses Gesicht kannte die Seidenstraße. Auf Phasen großer kultureller Blüte und des Friedens folgten Zeiten übelster Barbarei.
Nach der Zerstörung der Stadt im 14. Jahrhundert wurde Khocho nicht mehr wieder aufgebaut. Die Uiguren ließen sich 40 Kilometer weiter nordwestlich nieder und grün-

Eine der seltenen Abbildungen des persischen Religionsstifters Mani mit einer Gruppe von Jüngern.
Die manichäischen Funde von LeCoq und Grünwedel in den Ruinen von Khocho gehören zu den größten Entdeckungen abendländsicher Archäologen an der Seidenstraße.

Die Ruinen von buddhistischen Klöstern, manichäischen Kultstätten und nestorianischen Kirchen weisen Khocho als »Oase der Götter« aus, deren Anhänger hier friedlich koexistierten.

deten die heutige Oase Turfan. Im Zuge von vier archäologischen Expeditionen oder Raubzügen – wie es die Chinesen heute nennen – wurden Hunderte Kisten Kunstschätze nach Berlin abtransportiert: gerettet, behaupten die einen, gestohlen, sagen die anderen. Der Ärger der Chinesen über die außer Landes geschafften Altertümer ist verständlich. Aber man muß festhalten, daß keine der Expeditionen ohne Genehmigung und Wissen der Behörden und damaligen Machthaber in Zentralasien operierten und diese nichts unternahmen, um die Relikte vor weiterem Verfall oder mutwilliger Zerstörung zu schützen. Auch nach dem Abzug von LeCoq aus Turfan fielen in Khocho verbliebene Kunstschätze den Menschen zum Opfer, wie Cable und French um 1930 berichten: »Die Bauern pflügten den Boden innerhalb der Stadtmauern und säten Getreide in unmittelbarer Nähe der alten Denkmäler. Die für den Getreideanbau notwendige Bewässerung ist leider verhängnisvoll für aus Lehm errichtete Gebäude, für Wandgemälde und alle anderen Überreste, die ihre Erhaltung der Trockenheit des Wüstenklimas zu verdanken haben.«

Wenn man die Ruinen heute sieht und sie mit den Bildern von Grünwedel und LeCoq vergleicht, ist schnell zu erkennen, daß der Zerfall in den letzten Jahrzehnten weiter fortgeschritten ist – obwohl in jüngster Zeit das eine oder andere Bauwerk restauriert wurde. Trotzdem bietet Khocho, allein schon wegen seiner mächtigen Wehrmauern, die mich an Khara Khoto erinnern, einen stär-

keren Eindruck von ehemaligem Glanz und Größe als Yarkhoto. Die vielen Sakralbauten im Inneren – von denen jedoch nur mehr Mauerreste übrig sind – bestehen aus Stampflehm und Lehmziegeln. Die Geisterstadt dient uigurischen Jungen als Abenteuerspielplatz, den älteren als nützliche Geldquelle, indem sie Touristen auf Kamelrücken an den Stadtmauern entlangführen.

Nördlich von Khocho tritt der Murtuq-Fluß aus einem engen Canyon zwischen den Flammenden Bergen hervor. »Es ist eine düstere, unheimliche Schlucht«, berichtet LeCoq, »dräuend erheben sich steile Hügel besonders am linken Ufer, und Steinschlag und Lehmlawinen stürzen zur Zeit der Schneeschmelze oftmals prasselnd auf die schmalen Pfade.« Wenige Kilometer flußaufwärts liegt Bezeklik. Die buddhistischen Mönche, die hier vor tausend Jahren die Klosteranlage in die steile Uferwand setzten, hatten den Platz sehr sorgfältig gewählt. Das Höhlenheiligtum ist so versteckt im Sandstein integriert, daß man es von oben kaum sehen, und das von unten, wenn man dem Saumpfad entlang des Flusses folgte, erst im letzten Augenblick wahrgenommen werden konnte. Den Namen Albert von LeCoq erwähnt man hier besser nicht. Denn Bezeklik ist nur noch eine leere Hülse. Wo früher an den Wänden der Höhlen bunte Bilder Geschichten erzählten, starrt man heute in dunkle Löcher. Daß es so ist, geht auf LeCoqs Besuch zurück, genauer gesagt auf die Aktivitäten seines Gehilfen Theodor Bartus. LeCoq war nach den Erfahrungen in Khocho

Hoch oben in der Sandsteinwand, über der Flußschleife, haben Mönche die Grotten von Bezeklik angelegt. Sie sind so versteckt, daß sie erst im letzten Augenblick gesehen werden können. Der Zerstörungswut islamischer Glaubenseiferer sind sie trotzdem nicht entgangen, und was noch übrig war, wurde von Archäologen abtransportiert.

Alle Fresken dieser Höhlen wurden von LeCoq und Bartus abgelöst, zersägt, in Kisten verpackt und nach Berlin transportiert. So starrt man nur noch in dunkle Löcher, wo früher bunte Bilder Geschichten erzählten.

Zu den wenigen noch verbliebenen Wandbildern gehört dieses Fragment, das eine Gruppe von Abgesandten fremder Reiche zeigt.

Vertreter verschiedener Völker der Seidenstraße auf einem Wandbild von Bezeklik.

fest entschlossen, die hier entdeckten Wandmalereien abzulösen und mitzunehmen. Die Technik dazu hatte Bartus entwickelt. Nach den Vorgaben LeCoqs sägte der bärenstarke Bartus die Fresken buchstäblich von den Wänden. Die lebensgroßen Figuren wurden in mehrer Teile zersägt, in Kisten verpackt und auf Kamelrücken abtransportiert. Auf diese Weise gelangten auch die Malereien eines Kultraums in seiner Gesamtheit nach Berlin. Zu den interessantesten Malereien in Bezeklik gehörten neben den üblichen buddhistischen Gottheiten zweifelsohne die Darstellugnen der Mönche, Stifter und Vertreter verschiedener Völker. In einer Gruppe, die vor dem Buddha kniete, um Geschenke darzubringen, befand sich unter den Indern, Persern und Türken auch ein sonderbarer Fremder mit rotem Haar, blauen Augen und eindeutig europäischen Gesichtszügen. Die Porträts zeigten nicht den häufig verwendeten schablonenhaften Stil, sondern die Künstler waren offensichtlich um realistische Darstellung der Figuren bemüht. Eines der wenigen interessanten Wandbilder, die heute noch in Bezeklik zu sehen sind, zeigt eine bunt gemischte Völkergruppe, die das Verlöschen des Buddha betrauert.

LeCoq und Bartus, die sich monatelang in der Turfan-Region aufhielten, hatten sich bei einem Wirt in Kharakoja eingemietet. Obwohl ihre Arbeitsbedingungen, im Vergleich zu Aurel Steins öden Ruinenorten in der Takla Makan, zweifellos angenehmer waren, kam ihnen das Leben hier recht beschwerlich vor. Die eintönige Kost – »Reis mit Hammelfett oder ... Hammelfett mit Reis«, wie LeCoq schreibt, wurde nur durch Trauben und frische Melonen sowie Trockenfrüchte und das ausgezeichnete, von ihrer Wirtin selbstgebackene Brot ergänzt. Nur bei seltenen Gelegenheiten erlaubten sie sich den Luxus, eine der kostbaren Flaschen Veuve Clicquot Ponsardin zu öffnen, von denen ihnen LeCoqs Schwester eine Kiste mitgegeben hatte. Zu guter Letzt erschienen auch noch zwei Dorfhonorationen in ihrem Quartier und erklärten: »Herr, es ist nicht gut, daß ihr allein lebt. Ihr müßt heiraten.« LeCoqs Einwand, sie wären bereits verheiratet, ließen sie nicht gelten. Ihre eigenen Töchter, sagten sie, seien bereit, die deutschen Herren zu heiraten. »Dies war eine unangenehme Eröffnung«, schreibt LeCoq. Mit Rücksicht auf ihre Gefühle bedankte er sich höflich, erklärte aber, daß er und Bartus mit 25 Stockhieben bestraft würden, wenn der Kaiser in Berlin erfahre, daß sie ein zweites Mal geheiratet hätten. »Da entsetzten sie sich über unsere Barbarei und empfahlen sich mit Ausdrücken des Bedauerns und der Freundschaft.«

Im August wurde es ihnen zu heiß in Turfan, deshalb brachen sie ihr Lager in Kharakoja ab, durchquerten den westlichsten Teil der Gashun Gobi und erreichten nach 300 Kilo-

Oben: Uigurische Fürsten auf einem Wandgemälde aus Bezeklik, das LeCoq entfernt und nach Berlin geschafft hat. Alle drei sind gleich gekleidet und tragen merkwürdig aufgesetzte Blumenzweige in den Händen, die als Ausdruck der Hoffnung auf eine Wiedergeburt im Westlichen Paradies des Buddha Amitabha gedeutet wurde.

Unten: Zwei uigurische Prinzessinnen mit Namens-Kartusche. Sie schreiten auf einem Teppich entlang und halten – wie die Prinzen – Blumenzweige in den Händen. Die asiatisch anmutenden Gesichtszüge werden von einer aufwendig gestalteten Frisur umrahmt.

Albert von LeCoq (links) und Theodor Bartus (rechts) in ihrer Herberge bei Turfan.

metern Hami, wo sie sich Kühlung versprachen. Als der Khan von ihrem Kommen erfuhr, schickte er ihnen zu allen Raststätten entlang des Weges Proviant entgegen. Hami oder Kumul, wie der Ort früher hieß, war eine Oase ungetrübter Lebensfreude. Davon konnten sich auch LeCoq und Bartus überzeugen. Sie genossen die Gastfreundschaft des Khan in seinem prächtigen Palast und staunten über die erlesene Auswahl an französischem Champagner und russischen Likören, die er – obwohl Moslem – mit seinen Gästen großzügig teilte.

»Wenn ein Fremder, der hier durchzieht«, weiß Marco Polo über die Bewohner der Oase zu berichten, »bei einem von ihnen Quartier nehmen will, so ist der Mann hocherfreut, empfängt ihn überaus zuvorkommend und gibt sich alle erdenkliche Mühe, ihm gefällig zu sein. Seiner Frau, seinen Töchtern, seinen Schwestern und allen weiblichen Anverwandten befiehlt er, alles zu tun, was der Fremde wünscht, ja besser noch als für ihn selbst.«

Wir erfahren von LeCoq nicht, ob diese Gepflogenheit zu seiner Zeit noch lebendig war, nur soviel, daß Hami archäologisch enttäuschend war. Als bedeutungsvoll erwies sich der Ort in jedem Fall, denn hier traf LeCoq eine Entscheidung, deren Tragweite er erst später ermessen sollte. Er erfuhr durch einen Kaufmann, daß ein chinesischer Mönch in der Nähe von Dunhuang eine umfangreiche Bibliothek alter Handschriften entdeckt hatte. LeCoq wußte von den Mogao-Grotten und um deren Bedeutung. Während LeCoq und Bartus noch überlegten, traf aus Berlin ein unwillkommenes Telegramm ein, mit der Mitteilung, daß Grünwedel auf dem Weg nach Kashgar sei. Wenn sie nach Dunhuang reisten, könnten sie Grünwedel, nicht wie vereinbart, in Kashgar treffen. Andererseits konnte sich Grünwedel erneut verspäten. Was sollten sie tun? LeCoq nahm einen chinesischen Silberdollar und ließ den Zufall entscheiden: »Kopf gewinnt, Schwanz verliert!« Es war der Schwanz. Daraufhin sattelten sie ihre Pferde und brachen nach Kucha und Kashgar auf. Zwei Jahre später kam Aurel Stein nach Dunhuang.

Die Ritter von Kucha

Der Weg von Turfan westwärts, wenn man die Autostraße benutzt, führt zunächst nach Toksun an den westlichen Rand der Turfan-Senke. Danach baut sich ein ausgeglühtes Wüstengebirge – Qoltag – auf, dessen Gestein in verschiedenen Farbtönen schimmert. Die Straße windet sich durch eine Trockenschlucht, die früher weniger wegen ihrer Wasserlosigkeit als vielmehr wegen der Sturzfluten gefürchtet war, die sporadischen Regenfällen folgten. Jenseits der Gebirgsbarriere schließt eine Kameldornsteppe an, die zunächst in Salzsteppen und dann in grünes Weideland übergeht, das die Nähe des riesigen Bagrash-Sees (Bosten Hu) spüren läßt. Westlich der von moslemischen Hui bewohnten Stadt Yanqi, hinter der sich die bedeutende Oase Karashar verbirgt, leitet die Straße hinunter nach Korla. Der häßliche Industrieort markiert den vorläufigen Endpunkt der Eisenbahnstrecke, die einmal bis nach Kashgar weiterführen soll. Hinter Korla folgt die Straße stets dem schmalen

Steppenstreifen zwischen dem Nordrand der Takla Makan und den südlichen Ausläufern des Tien Shan-Gebirges. Der versalzte Boden, auf dem kaum noch etwas wächst, zeigt, daß der Grundwasserspiegel nicht sehr tief ist. Denn Salz kann nur an die Oberfläche dringen, wenn es vom darunterliegenden Wasser hinaufgespült wird. Kilometerlange Pappelalleen kündigen die nächste Oase an: Kucha. Der Ort unterscheidet sich auf den ersten Blick kaum von anderen Oasen im Tarim-Becken. Er ist zweigeteilt in eine uigurische Altstadt und chinesische Neustadt, die die Reste der antiken Wehrmauer nicht nur symbolisch voneinander trennt. Die verschlafene Uigurenstadt mit der Moschee als Zentrum erwacht nur einmal in der Woche zu geschäftigem Leben, wenn sich am Freitag die Gläubigen zum Gebet versammeln und gleichzeitig in den Gassen der große wöchentliche Bazar stattfindet. Glaube hat sich schon immer gut mit Geschäft verquicken lassen, das ist heute noch genauso wie in der Vergangenheit. Das ist ziemlich alles, was sich an Verbindung zur Zeit der Seidenstraße herstellen läßt. Wenn man Kucha heute sieht, würde man nie auf die Idee kommen, daß dieses Provinznest einstmals ein internationales Handelszentrum war. Genauso wenig würde man glauben wollen, daß hier eine Kultur blühte, die weithin ausstrahlte und selbst das mächtige China beeinflußte. Was Khotan auf der Südroute war, bedeutete Kucha für die Nordroute der Seidenstraße. Während Khotan nach dem 5. Jahrhundert, in Folge der Verlagerung des Fernhandels auf die Nordroute, ins Abseits geriet, weil es in einem »toten Winkel« lag, florierte Kucha weiter. Fast ein Jahrtausend lang konnte es eine Ausnahmestellung als Vermittler zwischen West und Ost, zwischen dem Abendland und China, halten.

Den Grundstein für den sagenhaften Glanz Kuchas legte ein Volk, dessen Herkunft genauso geheimnisvoll ist, wie sein Verschwinden: die Tocharer. Sowohl ihre Schrift sowie das Aussehen und die Kleidung deuten darauf hin, daß es indo-europäischen Ursprungs ist. Es gehört zu jenen Völkern der Seidenstraße wie die Saken, Sogdier und letztlich auch Uiguren, die aus den Steppen nördlich des Tien Shan auftauchten und sich in den Oasen des Tarim-Beckens nieder-

Die Piste über die Oasen Korla, Kucha und Aksu, die dem Verlauf der Seidenstraße folgt, zieht sich zwischen der Takla Makan und den Ausläufern des Tien Shan westwärts, zumeist durch flache Stein- und Geröllwüste.

Zu den köstlichsten Früchten der Oasen des Tarim-Beckens gehören verschiedene Arten von Melonen, die überall in den Bazaren und entlang der Straße angeboten werden.

»Man war schnell daheim in der Wüste, weil alle schwierigen Dinge fehlten. Es gab überhaupt nichts als harten Boden zum Drauftreten und den Himmel zum Anschauen.«

Fritz Mühlenweg

ließen. Ihre Reichsgründungen und städtebaulichen Leistungen zeugen nicht nur davon, daß sie ihre neue Lebensform hervorragend adaptierten, sondern ihre Kulturleistungen widersprechen den Vorurteilen, mit denen die Alt-Seßhaften, insbesondere die Chinesen, die Nomadenvölker bedachten. Vielleicht war der Pioniergeist und die vergangene Mobilität dafür verantwortlich, daß die Tocharer für Kontakte extrem offen blieben und viele Einflüsse von außen aufnahmen. Als Zhang Qian, der Kundschafter des Han-Kaisers Wudi, im 2. Jahrhundert vor unserer Zeit auf seiner Suche nach den Yuezhi hier vorbeikam, fand er bereits ein bunt zusammengewürfeltes Völkergemisch vor, das von einer tocharischen Aristokratie beherrscht wurde. Inder, Perser, vielleicht sogar Syrer und Griechen - Nachkommen von Soldaten aus dem Heer Alexanders des Großen, die einheimische Frauen geheiratet hatten - pflanzten verschiedene kulturelle Traditionen ein. Der Buddhismus wurde durch Inder vermittelt, der Kunststil war persisch und hellenistisch inspiriert, später zunehmend chinesisch. Es zeugte von politischem Gespür, das den König von Kucha im Jahre 109 v. Chr. veranlaßte, ein Tributgeschenk an den chinesischen Kaiserhof nach Changan zu schicken. Auch in der Folgezeit verstand es das kleine Oasenreich, sich trotz der wechselnden Machtverhätnisse während der langen Auseinandersetzungen zwischen Xiongnu und dem Han-Reich zu behaupten, wobei das Verhältnis zu China zwischen Freundschaft, Feindschaft und totaler Abhängigkeit schwankte. Zweimal eroberten chinesische Heere das Oasenreich, ohne daß Kucha dadurch seine überlegene Stellung als Handelsmetropole verlor. Einmal war es der durch seine geniale Kriegführung bekannte Han-General Ban Chao (im Jahre 91), dessen Eroberungen für die größte Ausdehnung des Reiches sorgte, ein andermal – 300 Jahre später – der resolute Feldherr Li Guang. Dem Sieg ging eine lange Belagerung voraus, begleitet von allerlei Scharmützeln mit fremden Truppen, die Kucha zu Hilfe eilten. In der heldenhaft ausgeschmückten Biographie des Li Guang wird die Einnahme Kuchas – selbstverständlich war der Gegner dabei zahlenmäßig überlegen – ausführlich dargestellt. Nachdem der König geflohen war, rückte Li Guang in die Burg ein und bewirtete dort seine Offiziere und Soldaten großzügig. »Die Barbaren«, so läßt uns der Biograph wissen, »waren verschwenderisch und gewohnt, üppig zu leben. In ihren Häusern lagerten sie Traubenwein manchmal bis zu 10 000 Scheffel; auch nach zehn Jahren wurde der Wein nicht schlecht. Es kam laufend vor, daß die Soldaten von Li Guang in den Weinkellern ertranken.«

Weitaus nüchterner sahen die zeitgenössischen, konfuzianisch geprägten Annalen diesen Vorgang. Sie erwähnten nichts von dem selbstmörderischen Gelage, aber beschrieben Kucha als mächtige und prunkvolle Stadt, in der man den Genüssen und Freuden der Welt sehr zugetan war und zwar in einer Weise, die bei den Chinesen als anstößig empfunden wurde. Der Charme der Frauen von Kucha war ebenso berühmt wie ihre Schönheitsmittel und Parfums aus Persien, für die Kucha ein Umschlagplatz war. Der in Kucha praktizierte Buddhismus betonte nicht unbedingt die Askese als Erlösungsweg. Reichtum, der aus dem Handel erwuchs, schlug sich auch im Prunk der Klöster und Höhlenheiligtümer nieder, in immer aufwendigeren Festen mit Musik und Tanz. Auch die Einhaltung strenger Ordensregeln - wie die Ehelosigkeit der Mönche – dürfte nicht allzu ernstgenommen worden sein. Immerhin wissen wir, daß Kuchas größter buddhistischer Lehrer – Kumarajiva – der Verbindung zwischen einem indischen Geistlichen und der Schwester des Königs von Kucha entstammte und er selbst ebenfalls heiratete – und zwar gleich zweimal. Die Eroberung Kuchas durch Li Guang, der Kumarajiva mehr oder weniger gewaltsam nach China mitnahm, führte zur Eroberung Chinas durch die Lehre des Buddha. Kumarajivas Übersetzungstätigkeit in Changan trug maßgeblich dazu bei, den Buddhismus unter den Chinesen zu verbreiten. Der Rückfluß erfolgte Jahrhunderte später, als die vom Buddhismus inspirierte Malkunst der

Die Tocharer

Zu den rätselhaftesten Völkern, die an der Kultur der Seidenstraße maßgeblich beteiligt waren und deren Spuren sich im Staub der Steppen und Wüsten verlieren, gehören die Tocharer. Sowohl ihre Identität als auch ihre Herkunft sind umstritten. Der griechische Historiker Strabo nennt die Tocharer als zu jenen Stämmen gehörig, die im Jahre 129 v. Chr. den Jaxartes (Syr Darya) überschritten hatten und sich im Gebiet des Oxus (Amu Darya) niedergelassen hatten. Zu den von ihnen besiedelten Städten gehörten Balch, Termes und Kundus. Diese Völkerwanderung, hervorgerufen durch die Expansion Chinas in die Gebiete, die später Gansu genannt wurden, führte zu einer Wanderung in Form einer Kettenbewegung. Zu den Völkern, die dabei in Bewegung gerieten, gehörten auch die fünf Stämme der Yuezhi, von denen einer sich hervortat und das mächtige Kushan-Reich gründete. In welchem Verhältnis die Tocharer dabei zu den Yuezhi standen, ist völlig unklar. Was damals in Mittelasien wirklich geschah, als eine Reihe von Völkern auf Druck der Xiongnu – die ihrerseits vom Han-Reich abgedrängt wurden – ihre Wohnsitze verließen, läßt sich nur noch indirekt und lückenhaft erschließen. Sicher ist, daß das griechisch-baktrische Reich südlich des Amu Darya dem Ansturm der Steppenvölker erlag und sich daran ein Gebiet schloß, das später Tocharistan genannt wurde.

Aber nicht alle Tocharer fanden den Weg nach Mittelasien. Ein Teil von ihnen ließ sich unterwegs in den Oasen Kucha und Karashar am Nordrand des Tarim-Beckens nieder. Hier traten sie als Träger einer verfeinerten Kultur in Erscheinung, die vor allem von indischen und persischen Einflüssen geprägt war. Bis zur zweiten Hälfte des 8. Jahrhunderts konnten sich die Tocharer als Herrscherschicht in diesen Oasenkönigreichen halten, dann wurden sie von den Turk-Stämmen hinweggefegt und verschwanden spurlos. Bilder vom Leben der Tocharer vermitteln nur noch die Höhlenmalereien von Kucha. Sie zeigen nicht nur Szenen einer höfischen, vom Buddhismus geprägten Kultur, sondern geben auch ein anschauliches Bild von Aussehen und Kleidung der Tocharer. Sie treten uns dort als ein Volk von indoeuropäischen Zügen entgegen; große, schlanke Gestalten, hellhäutig, zum Teil blauäugig und rothaarig.

Ihre hohe Kultur in Kucha und Umgebung strahlte bis nach China aus, und das Oasenreich konnte trotz ständiger Bedrohung aus der Steppe und der wechselnden Machtausdehnung Chinas lange Zeit seine Eigenständigkeit bewahren. In der Vermittlung des Buddhismus von Westen nach Osten kann die Rolle Kuchas durch eine Reihe begnadeter Übersetzer, allen voran Kumarajiva, nicht hoch genug eingeschätzt werden.

Auf den Wandmalereien von Kizil und Kumtura erscheinen die tocharischen Stifter als persische Ritter mit indischem Glaubensbekenntnis, oder wie René Grousset sie treffend charakterisiert: »Diese Gesellschaft, wie wir sie aus den Texten und Fresken von Kizil kennen, scheint etwas seltsam Gelungenes und Geglücktes gewesen zu sein, geradezu ein Paradox in Raum und Zeit. Sie profitierte einerseits vom gesamten intellektuellen Erbgut Indiens, das die buddhistische Zivilisation ins Land brachte, und nützte andererseits die Karawanen-Verbindung des sassanidischen Persien.«

Tocharische Stifterdame aus dem buddhistischen Höhlenheiligtum Kumtura unweit der Oase Kucha.

Musik und Tanz machte Kucha weit über die Grenzen des kleinen Oasenkönigreiches bekannt. Tanz gibt es auch heute noch, wenngleich er nicht mehr viel mit jenem gemeinsam haben dürfte, der am tocharischen Fürstenhof aufgeführt wurde.

Eindrucksvoller Signalturm nordwestlich von Kucha, der einstmals die Gebirgsroute über den Tien Shan bewachte.

Tang die Wände der Höhlenheiligtümer Kuchas illuminierte.

Gleichzeitig erreichte ein anderes Exportgut Kuchas den Hof in Changan: Musik und Tanz. Ursprünglich ein Beiwerk religiöser Feste, hatten sie sich längst vom rituellen Kontext gelöst und waren zur profanen höfischen Unterhaltung mutiert, die den Weg von Kucha bis in die kaiserliche Hauptstadt fanden.

Oase der »Tausend Klöster und Stupas« wird Kucha in alten Quellen genannt. Von diesen Freibauten ist innerhalb der Oase praktisch nichts mehr übrig. Nur weiter nördlich, wo der Kuqa-Fluß aus den Abhängen des Tien Shan-Gebirges tritt, liegen die Reste einer ausgedehnten Klosterstadt, die Xuanzang Zhaohuli-Klöster nannte und deren Mönchen er große Frömmigkeit und Sittenstrenge attestierte. Subashi, wie der Ort heißt, war offensichtlich einst als Doppelkloster konzipiert, dessen Bauwerke symmetrisch zueinander standen. Die Ruinen beiderseits des Flusses füllen ein Areal von 200 000 Quadratmetern. Unter einem großen Pagodenrumpf wurden Gräber aus dem 3. bis 5. Jahrhundert entdeckt, in denen die darin Bestatteten seltsam deformierte Schädel hatten. Ähnlich wie bei den Maya in Mexico galt auch bei den Edlen Kuchas ein flacher Schädel als Schönheitsideal. Dies wurde dadurch erreicht, daß man die Köpfe der heranwachsenden Jungen mit Holzbrettern so fixierte, daß sie die gewünschte abgeflachte Form erhielten.

Wenige Kilometer weiter westlich, inmitten einer trostlosen Mondlandschaft von zerfurchtem gelbbraunem Sandstein, erhebt sich ein fast 20 Meter hoher Signalturm. Verglichen mit diesem gewaltigen Bauwerk erscheinen alle Wachtürme, die ich zuvor am Han-Limes gesehen haben, wie arme Verwandte. Aus abwechselnd Schilfstroh und Stampflehm gebaut, zusätzlich noch durch Holz verstärkt, bewachte er einstmals den Eingang in die Ebene von Kucha.

Es gehört zu den großen Überraschungen, daß diese Landschaft, heute so bar allen Lebens, eines der größten Wunder der Seidenstraße bewahrte und zum Teil noch bewahrt.

Das wußte – oder sagen wir: ahnte – auch Albert von LeCoq, als er am ersten Weihnachtstag des Jahres 1905 von Kashgar aufbrach. Er und Bartus hatten dort auf Grünwedel gewartet, der schließlich mit 56 Tagen Verspätung eintraf. LeCoq konnte seinen Ärger kaum verhehlen, hatte er doch auf die Möglichkeit, Dunhuang zu besuchen, verzichtet, um seinen »Chef« in Kashgar zu empfangen. Aber nun war Grünwedel krank und mußte liegend auf einem mit Heu gefüllten Wagen transportiert werden. Ihr Ziel waren die 50 Kilometer von Kucha entfernten Ming Oi, die Tausend-Buddha-Höhlen von Kizil. Sie waren allerdings nicht die ein-

zigen Interessenten und auch nicht die ersten Fremden, die sich dafür interessierten. Schon im Jahre 1903 hatten dort zwei Japaner gegraben, ehe ein Erdbeben sie vertrieb. Da ihr Auftraggeber, der japanische Graf Otani, Oberhaupt der einflußreichen buddhistischen »Schule des Reinen Landes«, nichts darüber publiziert hatte, wußten sogar die Fachgelehrten nichts von deren Aktivitäten, geschweige denn der britische Geheimdienst. Dieser wurde erst aufgescheucht, als die Japaner zu einer neuen Expedition rüsteten und auf diplomatischem Wege offiziell um eine Erlaubnis anfragten, von Chinesisch-Turkestan in die britische Kolonie Indien reisen zu dürfen. Seitdem wurden sie als Archäologen getarnte Spione betrachtet und über das Netz britischer Informanten observiert.

Überhaupt muß es in diesen Tagen in der heute so öden Gegend hoch her gegangen sein. Bald nach der Ankunft in Kucha unternahm LeCoq eine Reihe von Erkundungsritten in die Umgebung. In einem der Dörfer, in deren Nähe er nach lohnenden Zielen suchte, wurde er vom chinesischen Beamten herzlich willkommen geheißen, der ihn in einem kleinen Gasthof einquartierte. Er wollte gerade zu Bett gehen, erinnert sich LeCoq, da »erschien plötzlich eine hochgewachsene

Von den Freibauten aus der Blütezeit Kuchas sind nur noch die Ruinen der buddhistischen Klosterstadt Subashi übrig, die Xuanzang Zhaohuli nannte.

»Westlich von Dunhuang durchquert man den ›Fließenden Sand‹; auf mehr als 1 000 Li gibt es kein Wasser. Es kommt vor, daß die Leute unfähig sind, die unterirdischen Strömungen zu erkennen. Doch wer ein Kamel besteigt, erfährt, wo die Wasseradern verlaufen. Wenn dieses an eine solche Stelle kommt, bleibt es stehen, und es ist nicht zum Weitergehen zu bewegen; mit seinem Fuß scharrt es den Boden auf. Wenn der Mensch dort nachgräbt, findet er Wasser.«

BOWU ZHI

junge Frau, im chinesischen Jäckchen und prächtig bestickten Unterkleidern. Sie brachte das ›Tischtuch‹ mit; ihre Dienerinnen, hübsche junge Mädchen, klimperten niedliche Melodien auf langgehalsten *tambur* genannten Saiteninstrumenten, und alle drei richteten sich häuslich ein. Auf genaueres Befragen erfuhr ich dann, daß die Schönheit eine berühmte Halbweltdame war, die den fremden Herrn ihre Dienste anbieten wollte. Ich kaufte ihr ein Paar schöne Ohrringe ab, die ich sehr reichlich bezahlte, und entließ sie, freilich ziemlich gekränkt.«

Die nächsten Besucher ließen nicht lange auf sich warten. Ihr Erscheinen kam jedoch weniger überraschend, dafür waren sie nicht so einfach abzuwimmeln. Sie waren weder besonders anmutig, und schon gar nicht freundlich. Es waren zwei Russen – die Brüder Beresowski –, die genau dort zu graben beabsichtigten, wo Grünwedel und LeCoq den Spaten angesetzt hatten. Nach einer alten Vereinbarung, die Grünwedel in St. Petersburg getroffen hatte, sollten nämlich die Deutschen ungestört in Turfan graben und die Russen in Kucha. Nachdem die Russen sich nicht daran gehalten hatten und in Turfan aktiv geworden waren, hatte LeCoq die alten Vereinbarungen für null und nichtig erklärt und Grünwedel überredet, in Kucha zu graben. Als die Russen in Kucha eintrafen und nun die Deutschen in ihrem Revier vorfanden, waren sie so wütend, daß sie drohten, sie mit Waffengewalt zu vertreiben. Als LeCoq merkte, daß die Russen keine ernste Gefahr bedeuteten, lenkte er taktvoll ein. »Die Herren Beresowski waren gar nicht in der Lage, Wandgemälde ohne Beschädigung herauszuschneiden«, stellte er mit Befriedigung fest und wandte sich anderen Zielen zu. Einer ihrer einheimischen Begleiter hatte von einem riesigen, in den Bergen versteckten Ming Oi erzählt, »eine fabelhafte Siedlung von vielen hundert Tempeln in den steilen Klippen eines Höhenzuges«, wie LeCoq schrieb. Um eine ähnliche Situation von vornherein zu vermeiden, mietete er die einzige Unterkunft in diesem abgelegenen Wüstenfleck; eine elende Lehmhütte mit zwei Räumen. Die Arbeit in Kizil begann nicht allzu vielversprechend. Nachdem sie mühevoll eine Höhle vom Schutt befreit hatten, starrten sie in gähnende Leere. Nirgendwo zeigten sich Spuren einstiger Bemalung. Doch bald stellten sie fest, daß die Wände von einer drei Zentimeter dicken Schicht schneeweißen Schimmels überzogen waren. Dafür hatte LeCoq ein geeignetes Mittel parat: »Ich holte chinesischen Schnaps aus Kucha – für Europäer ist er ungenießbar! – und wusch mittels eines Schwammes alle Wände ab. In der Nacht bekam ich erhöhte Temperatur und sehr starken Kopfschmerz« – wegen der Schnapsdünste, wie er ausdrücklich betonte, um keinen falschen Verdacht aufkommen zu lassen. Die Ergebnisse jedoch wirkten wie Balsam: »Die Malereien waren die schönsten, die wir überhaupt in Turkestan gefunden haben. Es waren hellenistische, nur wenig abgewandelte Darstellungen der Buddhalegende.«

Obwohl sie nun von Erfolg zu Erfolg eilten, war das Beisammensein der ungleichen Charaktere nicht ohne Konflikte. Grünwedel mißfielen die rabiaten Methoden von LeCoq und seines Gehilfen Bartus. Er hielt nicht viel von der Aneignung von Kunstwerken ohne eingehende Erforschung vor Ort. Für diese Einstellung hatten LeCoq und Bartus allerdings wenig Verständnis, und so kam es immer wieder zu Reibereien. Meistens setzte sich LeCoq durch, und wenn es nicht anders ging, ließ er Bartus - ohne Grünwedels Wissen und Einverständnis - Malereien an den Wänden ablösen. Sie waren von erlesener Qualität. »Die Erfolge, die wir hier erzielten«, schwärmte LeCoq, »ließen alle anderen, früheren hinter sich.« In der Tat gehören die Wandgemälde aus Kizil zu den Glanzpunkten der zentralasiatischen Kunst. Im flackernden Licht der Öllampen wurde an den Wänden ein längst verschwundenes Volk der Seidenstraße wieder lebendig. Was für eine Überraschung! Hier waren sie nun, die Tocharer, ein Geschlecht von Rittern, die an ein vorweggenommenes europäisches Mittelalter erinnern. Sie tragen schwere Kettenhemden, an deren Gürteln lange Schwerter baumeln, mit prächtig verzierten Griffen. Trotz ihrer kriegerischen Erscheinung wirken

sie knabenhaft, edel und von mondäner Eleganz, in persischer Kleidung – jedoch der kucharischen Mode entsprechend – mit großen aufgeklappten dreieckigen Kragenaufschlägen. Die Gesichter sind oval, mit langer, gerader Nase und rotem, in der Mitte gescheiteltem Haar. Daneben präsentieren sich die Damen als jene anmutigen Erscheinungen, die die Tang-Quellen rühmen. In ihren prächtigen Korsagen, die ihre Brüste nachzeichnen und sich eng an die Taille schmiegen; in ihren langen Röcken mit Schleppe, bauschig und nach unten ausgestellt, ziehen sie vorbei. In einer der Höhlen hat sich der Maler selbst dargestellt, den Farbtopf in der einen Hand, mit der anderen den Pinsel führend. Auch er, der geniale Künstler, ist ein Vertreter der Ritterschaft. Hohe, bis über die Knie reichende Schaftstiefel, ein kurzes, von einem Gürtel zusammengehaltenes Hemd, mit charakteristischem Kragenaufschlag. Hier in Kizil haben sie sich versammelt, all die tocharischen Stifter und Glaubenseiferer, der Herrscher, die Adeligen mit ihrem prachtvollem, an mittelalterliche Ritterheere erinnerndem Gefolge. Selbst in den buddhistischen Tempeln, zu Füßen der friedvollen Gottheiten, treten sie in Gestalt einer geharnischten Ritterschaft auf. Trotz ihrer verfeinerten höfischen Kultur blieben sie kampfbereit, mußten sie auch, sonst wären sie hinweggefegt worden, denn Kucha war eine der reichsten Oasen im Tarim-Becken, heiß begehrt von den Nomaden der Steppe.

Xuanzang, der nach seinem erzwungenen Aufenthalt in Turfan hier Rast machte, bevor er die Überquerung des Tien Shan in Angriff nahm, beschrieb Kucha als ein buddhistisches Reich mit 5 000 Mönchen, die der König kräftig protegierte. Zu seiner Zeit erhoben sich zwei 30 Meter hohe Buddhafi-

In den Ausläufern des Tien Shan fanden die Mönche von Kucha ideale Möglichkeiten, um Ming Oi – Tausend-Buddha-Höhlen – anzulegen. In ein canyonartiges Gelände mit steilen Klippen und gelben Sandsteinfluchten wurden die Kizil Kara-Höhlen geschlagen, die hervorragende Beispiele kuchäischer Malkunst beherbergen.

Vier tocharische Ritter, deren indoeuropäische Herkunft nicht zu leugnen ist, als Stifterfiguren in den »Tausend Buddha-Höhlen« von Kizil.
Ihre iranischen Vornehmen nachempfundene Kleidung wird von einem Gürtel aus Metallscheiben zusammengehalten, an dem bei allen Vieren ein Dolch und ein Schwert baumelt.

guren am Eingang der Stadt. Obwohl sich Xuanzang naturgemäß mehr für das monastische Leben interessierte, erwähnte er den Wohlstand und die Pracht der Stadt, gleich »einer Wohnstatt der Genien«, wie Jahrhunderte zuvor bereits die chinesischen Annalen schwärmten. Vor allem aber rühmte er die Musiker: »Sie übertreffen die Bewohner anderer Länder als Lauten- und Flötenspieler.« Es scheint, als haben sich in Kucha jene himmlischen Musikanten und tanzenden Apsaras personifiziert, den man allerorts in den Grottenheiligtümern begegnet. »Diese Musiker«, bestätigen die Annalen der Tang, »waren so versiert, daß sie nach wenig Übung eine Melodie wiedergeben konnten, die sie nur ein einziges Mal gehört hatten.« Die Musiker trugen einen Turban aus schwarzer Seide, ein Gewand aus leuchtend roter Seide mit bestickten Ärmeln und eine karmesinrote Hose. Selbst die Namen der Lieder verrät uns die »Geschichte der Tang«: »Die Jadefrau läßt den Becher kreisen«, »Der Blumenwettstreit«, »Die Begegnung des siebten Abends« ...
Nach einer bezaubernden Legende, die der Pilgermönch Wukung (790) überlieferte, wurde die tocharische Musik als Gesänge eines Wasserfalls interpretiert: »In diesen Bergen gibt es ein Gewässer, das Tropfen für Tropfen rinnt und dabei musikalische Laute erzeugt. Einmal im Jahr, zu einem bestimmten Zeitpunkt, sammelt man Töne, um daraus eine Melodie zu bilden.«
Musik und Tanz gibt es in Kucha noch heute. Einmal, mitten im geschäftigen Treiben des Bazars, packen Musikanten ihre Instrumente aus. Spontan wird musiziert. Sofort bildet sich um die Akteure eine Menschenmenge. Der Sound ist kraftvoll und dynamisch. Alles scheint dem Zauber der Musik zu erliegen. Ein andermal versammeln sich Mädchen in einer Schule zum Tanz. Ihre anmutigen Bewegungen, begleitet von Klängen der Flöten und Langhalslauten, sind vielleicht ein letztes Relikt tocharischer Tanz- und Musikkunst, die die Uiguren in unsere Zeit hinübergerettet haben.

Kashgar – Tor zum Westen

Mehr als ein Jahrtausend lang hat der Buddhismus in den Oasen des Tarim-Beckens geblüht. Das religiöse Leben war von großer Toleranz gegenüber Andersgläubigen geprägt, so daß gleichzeitig auch die persische Lehre des Mani und das nestorianische Christentum existieren konnten. Das änderte sich um die Wende vom 9. zum 10. Jahrhundert. Das türkische Volk der Kharakhaniden nördlich des Tien Shan, zuvor ebenfalls Buddhisten, hatte sich zum Islam bekehrt. Wenig später, um 893, unterwarfen sie unter ihrem Führer Satuq Bugra Khan den Westen des Tarim-Beckens, insbesondere die wichtige Oasenstadt Kashgar. Die Eroberungen der Kharakhaniden standen bereits im Zeichen der Verbreitung des Islam und führten zu einer Turkisierung. Anders als der Buddhismus und die anderen Religionen, die durch Händler und Mönche transportiert wurden, verbreitete sich die Lehre des Islam mit Feuer und Schwert. In den ersten Jahrzehnten des 11. Jahrhunderts fiel Khotan in die Hand der Kharakhaniden, später folgte Kucha. Die alten Religionen wurden blutig verfolgt. Die in Khotan le-

benden Saken iranischer Abstammung wurden zur Minderheit, ihre Sprache verschwand. Nach Jahrhunderte währenden Glaubenskämpfen und Zerstörung der Kultstätten und Klöster erlosch der Buddhismus im Tarim-Becken. Eine gewisse Grenze für die Eroberungen der Kharakhaniden und der mit ihnen verbundenen Zwangsbekehrungen war durch den Einfluß Chinas gegeben. Es hat das zu dieser Zeit allein noch bestehende buddhistische Uigurenreich von Khocho (Turfan) vor der Islamisierung bewahrt. Als die Uiguren schließlich im 14. Jahrhundert ebenfalls zum Islam konvertierten, war nicht nur der Buddhismus an der Seidenstraße ausgerottet, sondern auch der Fernhandel zwischen China und dem Abendland über den Landweg gänzlich zum Erliegen gekommen.

Kashgar, einstmals das Tor der Seidenstraße nach Westen, wurde zum Einfallstor des Islam. Der Oasenort am Westrand der Takla Makan, getrennt von Kucha durch eine 600 Kilometer windgepeitschte Wüstenroute, ist ganz und gar vom Islam geprägt und von türkischer Lebensart.

Es ist Sonntag in Kashgar. Schon in aller Frühe kommen Hunderte Turkfamilien auf Eselskarren und Pferdewagen in die Oase gerollt. Männer von biblischem Aussehen, mit langen Bärten, bunten Kopfbedeckungen und ledernen Schaftstiefeln, lenken ihre Gefährte über pappelgesäumte Straßen. In der einen Hand die Zügel haltend, mit der anderen die Lederpeitsche schwingend. Auf den schmalen Wegen und Gassen droht der Verkehrsinfarkt. Zwei-, dreispurig fahren sie nebeneinander her.

»Posch, Posch! Platz, Platz!« tönt es immer wieder. Alles strebt dem großen Bazar zu, denn Sonntag ist in Kashgar Bazar-Tag, einer der letzten großen Märkte Zentralasiens. In das ständige Glockengeklingel der prächtig aufgezäumten Ponys mit ihren Bändern, bunten Quasten und Troddeln mischt sich der markerschütternde Schrei eines Esels. Das sanfte Gurren der Tauben, die als heilige Tiere angesehen werden, geht im ohrenbetäubenden Lärm des Bazar-Kum – des großen Markttages – unter, genauso wie die Stimme des Muezzin, die sich vergeblich gegen die profane Geschäftigkeit erhebt.

Auf dem Marktplatz herrscht ein beängstigendes Gedränge und Geschiebe. Das Angebot der Händler und Handwerker ist unüberschaubar. Auf einem riesigen Areal östlich

Im Jahr 751 schlug ein arabisches Heer die Tang-Armee bei Talas nördlich des Tien Shan. Es war ein Ereignis von epochaler Bedeutung. Die Entscheidung zugunsten der Araber bedeutete auch eine solche zugunsten des Islam und seiner Kultur, der seine Vorherrschaft anschließend bis auf das Tarim-Becken ausdehnte.

Folgende Doppelseite: Kashgar war eine der bedeutendsten Stationen auf der Seidenstraße, denn hier vereinigten sich Nord- und Südroute durch das Tarim-Becken, und von hier führten Wege weiter nach Indien bzw. nach Europa. Ein letzter Rest uigurischer Altstadt mit niedrigen Lehmbauten und engen verwinkelten Gassen trotzt der Nivellierung durch chinesische Einheitsarchitektur.

»Wahrlich, er wird euch versammeln zum Tag der Auferstehung; kein Zweifel ist daran; und wessen Wort ist zuverlässiger als Allahs.«
KORAN; SURE 4.89

der Altstadt liegen ausgebreitet Vergangenheit, Gegenwart und Zukunft dicht nebeneinander. Scheinbar mühelos vollzieht sich hier der Zeitsprung von althergebrachter Tradition und adaptierter Moderne. Lämmer, Stiere, breitfüßige Kamele wechseln nach erhitztem Feilschen ihre Besitzer. Das Geschäft wird per Handschlag besiegelt, so will es das ungeschriebene Gesetz des Bazars. Auf einer Rennbahn reiten Kasachen Pferde zur Probe, so wie man hierzulande Automobile testet. Gleich daneben befindet sich die Abteilung Mobilität des 20. Jahrhunderts. Hier gibt es chinesische Fahrräder, Motorräder und sogar Ge–brauchtfahrzeuge. Einst befand sich an dieser Stelle der berüchtigte »Fliegenmarkt«, wie man den Secondhand-Bazar für abgetragene Kleidung nannte.

Am Früchte- und Gemüsemarkt türmen sich all die Köstlichkeiten, die der gut bewässerte und intensiv genutzte Oasenboden hergibt. Körbe voll weißer und blauer Weintrauben, frische Feigen, Pfirsiche und alle Arten von Melonen.

Irgendwo, inmitten des Menschengewirrs, steht ein professioneller Geschichtenerzähler. Mit geballter Energie trägt er seine Worte vor, wird eins mit seiner Erzählung, darin liegt der Grund für seine suggestive Ausdruckskraft, mit der er die Zuhörer unweigerlich in seinen Bann zieht. Nicht weit entfernt versucht ein Musikcassettenverkäufer mit Hilfe der Wattleistung seiner Lautsprecher Aufmerksamkeit zu erregen.

Durchsichtige Strümpfe, hochhackige Schuhe und figurbetonte Röcke, so farbenfroh wie möglich, sind bei jungen Frauen groß in Mode. Die meisten von ihnen tragen bunte Kopftücher, aber nur selten Gesichtsschleier. Die Kashgari sind gläubige Moslems, aber keine Fanatiker. Frauen in der Erscheinungsform eines wandelnden Zeltes sind deutlich in der Minderzahl.

Uralte Handwerkskunst findet sich neben modernen Errungenschaften. Ein Messer-

schleifer betreibt seine Tätigkeit auf einem umgebauten chinesischen Fahrrad. Daneben verrichtet der Schlächter sein blutiges Handwerk. Schreibkundige vermieten ihre Fähigkeiten den Analphabeten. In den Geruch von Eselsdung und Kinderurin mischt sich der Duft dampfender Garküchen. In großen Kupferkesseln werden Langnudeln gekocht. Das Kneten des Teiges erinnert an ein Zirkusschaustück. Er wird wie eine Sprungschnur auf und ab geschlungen, dann werden die beiden Enden zusammengepreßt, so daß der Teig einen Spin erhält und einen Zopf formt. Dann nimmt der Akteur das untere Ende wieder auf, und der Vorgang beginnt aufs neue, bis der Teig elastisch ist, um daraus mit geschickten Fingern Nudeln zu ziehen. Vielleicht hat Marco Polo hier die Vorbilder der italienischen Spaghetti entdeckt.

Auf einfachen Metallgestellen und offener Glut werden Shish Kebabs, köstliche Lammspieße, gegrillt. Daneben gibt es Nan, das flache Weizenbrot der osttürkischen Völker. Das alles und noch viel mehr bietet der Sonntags-Markt von Kashgar.

»Die Kaufleute des Landes ziehen in alle Welt hinaus«, vermerkt Marco Polo zu Kashgar. Xuanzang, der auf seinem Rückweg von Indien hier durchkam, fallen die grünen Augen der Bewohner auf, die auf persische Herkunft hindeuten. Außerdem berichtet er, daß die Vorbilder ihrer Schrift aus Indien stammen, und fügt noch vielsagend hinzu: »Sie lesen die Texte, ohne deren Prinzipien zu ergründen.« Dem Pilgermönch mißfiel offensichtlich, daß sich die Bewohner zum Hinayana, dem »Kleinen Fahrzeug« des Buddhismus bekannten, während er selbst vehement die Lehren des Mahayana vertrat. Allein die geographische Lage, am Kreuzungspunkt mehrerer Karawanenstraßen, machte Kashgar zum Schmelztiegel verschiedener Völkerschaften. Ein buntes Völkergemisch, bestehend aus Uiguren, Kirgisen, Kasachen, Tadschiken, Usbeken und

Sonntag ist in Kashgar Bazartag. Lämmer, Stiere, breitfüßige Kamele wechseln nach erhitztem Feilschen ihre Besitzer. Auf einer Rennbahn werden Pferde zur Probe geritten, wie man hierzulande Autos testet.

Ein buntes Völkergemisch, bestehend aus Uiguren, Kirgisen, Kasachen, Tadschiken und Chinesen, prägt das Antlitz von Kashgar. Gesichtszüge, Tracht und vor allem Kopfbedeckung verraten die Volkszugehörigkeit.

Chinesen, prägt auch heute noch das Antlitz dieser Stadt. Ihre Gesichter, die signifikanten Kopfbedeckungen und die Kleidung verraten die Stammeszugehörigkeit. Kirgisen haben hohe Backenknochen und schräg stehende Augen, Usbeken tragen prächtige Pelzmützen und den schwarz-weiß gestreiften Poschtien, den knöchellangen Mantel der Turkvölker Mittelasiens. Unter die Masse der Uiguren, die die Bevölkerungsmehrheit ausmachen, mischen sich halbnomadische Tadschiken aus den Hochtälern des Pamir und Kasachen, die im Sattel zu Hause sind. Der Islam ist der Mörtel, der sie zusammenhält.

Gesellschaftliches und religiöses Zentrum Kashgars ist die Id Khan-Moschee, das größte Gebetshaus der Moslems innerhalb Chinas. Schon bald nach der Eroberung der Stadt durch die Kharakhaniden im arabischen Stil erbaut, lassen ihre Ausmaße den Bekehrungswillen der neuen Herren erkennen. Er wirkt bis heute ungebrochen fort. Jeden Freitag drängen Tausende in den Innenhof der Moschee, um das vorgeschriebene Feiertagsgebet zu verrichten. Anschließend füllt sich der große Platz davor mit Gläubigen. Gleich neben der Id Khan-Moschee rasieren die Friseure. Gewöhnlich wird der Kopf kahl geschoren und der Bart stehen gelassen. Auf phantasievollen handgemalten Schildern werben die Zahnärzte um Laufkundschaft. Hier wird den Vorbeikommenden eindringlich klargemacht, wann eine Reparatur der Beißwerkzeuge fällig ist. Das geht hier schnell, unbürokratisch und extrem kostengünstig. Für die Bohrer ist nicht einmal Strom erforderlich. Sie werden wie alte Nähmaschinen mit Muskelkraft bedient. In Schaukästen sind fertige Ersatzgebisse vorrätig, Stift- und Goldzähne werden in Marmeladegläsern gelagert.

Rund um die Moschee befinden sich die Viertel der Handwerker und Händler, streng in Straßenzüge aufgeteilt. In einer Gasse befinden sich die Hutmacher. Hier reiht sich Laden an Laden mit einem beeindruckenden Sortiment an verschiedenen Kopfbedeckungen: buntbestickte Uigurenkappen, schwarzweiße, zylinderförmige Kirgisenhüte und alle Variationen von Pelzmützen. Feilgeboten wird alles, was Profit verspricht. Ohne Skrupel bietet man dem Fremden Felle von streng geschützten Schneeleoparden an. In einer anderen Gasse verkaufen Instrumentenbauer langhalsige, mandolinenähnliche Saiteninstrumente, die mit herrlichen Einlegearbeiten verziert sind. Nicht weit entfernt hört man lautes Gehämmer der Kupferschmeide, die hölzerne Truhen beschlagen. Wie in einem Tunnel bewegt man sich durch den Kleider- und Stoffbazar. Daran schließen sich die kleinen Werkstätten der Schneider und Schuster an.

Das Bazarviertel rund um die Moschee ist der letzte Rest türkischer Lebensart in Kashgar. Denn es ist unübersehbar, daß die Stadt immer mehr dem diskreten Charme chinesischer Moderne zum Opfer fällt. Die Altstadt verschwindet unter Planierraupen, Betonbauten treten an die Stelle der Uigurenhäuser, breite Straßen werden errichtet, die Eselskarren und Pferdetaxis daraus verbannt. Aus der seelenlosen Tristesse der Neubauten ragen nur noch zwei Gebäude heraus; die bereits genannte Id Khan-Moschee und das sogenannte Grabmal der *Duftenden Konkubine*, das schönste islamische Bauwerk Ost-Turkestans. Letzteres ist ein eindrucksvoller Kuppelbau mit zwei schlanken Türmen. Dunkelgrün ist die Farbe der Kuppel, der Rest ein Mosaik von sienafarbenen, blauschwarzen und weißen Kacheln, verziert mit Blumenmustern und Svastiken. An der Vorderseite des Mausoleums liegt ein herrlich blühender Garten, den bunte Schmetterlinge bevölkern. Das Mausoleum diente als Grabstätte für fünf Generationen des Hodscha-Geschlechts, die zwei Jahr-

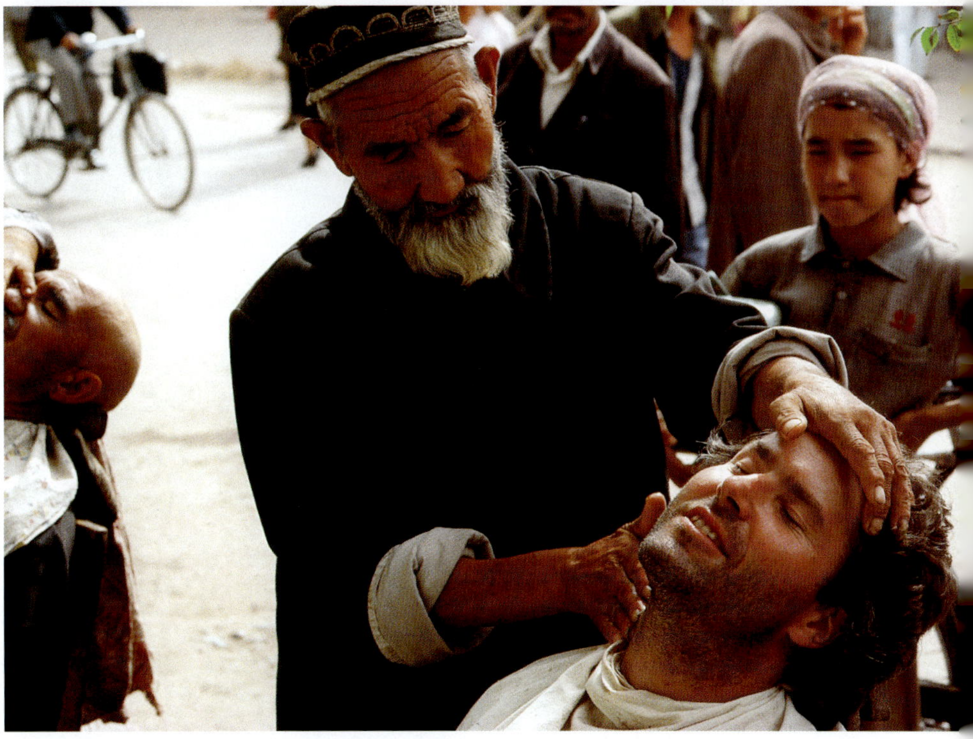

Zahnärzte (oben) werben mit phantasievollen Plakaten um Kundschaft. – Gewöhnlich wird der Kopf kahl geschoren und der Bart stehen gelassen. Deshalb mußte ich den Friseur (unten) erst überzeugen, daß es bei mir umgekehrt war.

Oben links: Ungeniert bieten Händler in aller Öffentlichkeit Felle des streng geschützten Schneeleoparden an.

Oben rechts: Uralter Handwerkskunst begegnet man im Schatten der Id Kahn-Moschee, wo Schreiner und Kupferschmiede gemeinsam mit Mustern beschlagene Truhen herstellen.

Unten: Das Verhältnis der Turkvölker zu den herrschenden Chinesen ist gespannt. Die Umwälzungen nach dem Zerfall der Sowjetunion und das Entstehen unabhängiger Turkstaaten in der Nachbarschaft haben die explosive Situation noch verschärft.

hunderte die Geschicke Kashgars lenkten. Bis sie schließlich der Übermacht Chinas weichen mußten und im 18. Jahrhundert der Kaiser Chien Lung die Herrschaft übernahm. Mamrisim, die schöne Tochter Ali Hodschas, des letzten Souveräns seiner Familie, wanderte in den Harem des Kaisers. Mehr als drei Jahre dauerte ihre »Hochzeitsreise« nach Beijing, wo sie unter dem Namen Xiangfei – Wohlriechende Konkubine – eine von Chien Lungs Nebenfrauen wurde. Dort malte sie der italienische Jesuit Giuseppe Castiglione als chinesische Göttin in portugiesischer Rüstung. Angeblich soll sie den Kaiser nie erhört haben, und bald darauf starb sie unter mysteriösen Umständen. Der Trauerzug mit der toten Prinzessin benötigte abermals drei Jahre, bis er Kashgar erreichte. Sie wurde im Hodscha-Mausoleum neben ihrem Vater bestattet und gilt seitdem den Kashgari als Märtyrerin.

Nicht nur aus historischen Gründen ist das Verhältnis der Turkvölker zu den Chinesen gespannt. Jahrzehntelang ignorierte China die kulturellen Eigenheiten dieser stets vom Handel und der Religion geprägten Völker. Die Bazare und Moscheen wurden geschlossen und eigenständige Traditionen unter-

drückt. Die Folgen waren wirtschaftliche Katastrophen und bitterer Haß, ein Haß, der heute allerorts zu spüren ist. Seit Ende der siebziger Jahre wird wieder ein Mindestmaß an Toleranz geübt. Die freie Religionsausübung wird geduldet, die Moscheen stehen den Gläubigen offen, die Turksprachen dürfen wieder in den Grundschulen unterrichtet werden, und der private Kleinhandel floriert. Trotzdem empfinden sie die Anwesenheit der Chinesen als Fremdherrschaft. Im Untergrund glimmt ein explosives Gemisch aus Nationalismus und religiösem Fundamentalismus. Die politischen Umwälzungen in Zentralasien nach dem Zerfall der Sowjetunion, das Entstehen unabhängiger Turkstaaten in der Nachbarschaft – wie Usbekistan, Kirgisien, Kasachstan und Tadschikistan – haben diese Tendenz noch verstärkt. Kashgar stand allerdings auch schon früher im Brennpunkt machtpolitischer Interessen. Die europäischen Kolonialmächte England und Rußland spielten hier das »Große Spiel« um die Vorherrschaft in Zentralasien und Tibet. Beide Länder unterhielten in Kashgar diplomatische Vertretungen, die sich gegenseitig mißtrauisch belauerten und durch allerlei taktische Manöver auszuspielen suchten. An diese Zeit erinnern in Kashgar nur noch die heruntergekommenen Reste der britischen und russischen Konsulate. Aus dem feudalen Chini-Bagh, der Residenz des britischen Botschafters, ist heute ein Hotel geworden, in dem hauptsächlich pakistanische Händler absteigen. Die russische Botschaft wurde zum Seman-Hotel, einem Billigquartier für westliche Traveller. Das »Große Spiel« aber hat ein Dritter gewonnen: China.

In der Welt der Seidenstraße war Kashgar ein wichtiger Kreuzungspunkt von Karawanenrouten. Hier vereinigten sich Nord- und Südroute, die die Takla Makan umgingen, von hier aus führten Wege weiter über das Karakorum-Gebirge nach Indien bzw. über den Hohen Pamir nach Persien und Europa.

Mao contra Mohammed, die Lehre des Islam gegen die kommunistische Ideologie, hieß es früher. Heute sieht sich die Führung in Beijing mit einem wachsenden Nationalismus konfrontiert, der sich gegen die chinesische Fremdbestimmung richtet.

Kapitel 8 Die Hängebrückenstraße

»Die Wege waren äußerst gefährlich, die Täler finster. Mal mußte man über Brücken aus schlaffen Seilen gehen, mal konnte man die Abgründe nur überqueren, wenn man sich an Eisenketten klammerte. Hier waren es Stege, die mitten über dem Abgrund schwebten, dort hängende Brücken, über Schluchten geworfen, anderswo aus dem Fels gemeißelte Kletterpfade und Leitern.«

Aus der Biographie des Xuanzang

Rechte Seite: Die Trutzburg Altit, Festung der Mire von Hunza, thront auf einem Natursockel hoch über dem Hunza-Fluß, an dessen Ufer ein wichtiger Zweig der Seidenstraße entlangführte.

Wir sind schon früh in Kashgar aufgebrochen. Als die Sonne über der Oase hochkriecht, haben wir den letzten Pappelgürtel längst hinter uns gelassen. Wir bewegen uns durch einen bunten Steingarten, der im Morgenlicht in allen Rotschattierungen aufleuchtet. Der westliche Rand des Tarim-Beckens gleicht einem Meer, das gegen eine felsige Küste brandet und beständig daran nagt. Immer näher treten die Berge heran. Eine gezackte Linie zerfließender und zerfallender Hügel markiert den Übergang von der Sand- zur Gebirgswüste. Die ganze Landschaft macht den Eindruck eines riesigen Steinbruchs. Alles scheint in Auflösung begriffen, verwandelt sich in immer kleinere Teile, schließlich zu Sand, den der Wind fortträgt – Futter für die Takla Makan. Dahinter drängen weitere Bergketten nach, von noch höheren überragt. Wir folgen dem Lauf des Kongur-Flusses, dessen steiniges Bett einen natürlichen Korridor eröffnet. Aber bald verengt sich das Tal zu einem engen Durchschlupf von himmelhoch aufragenden Felswänden, aus denen die Straße buchstäblich herausgesprengt wurde. Das Gestein ist schwarz wie erstarrte Lava und wird gegen Süden von mächtigen Eiskappen gekrönt. Jenseits der Tigermaulschlucht treten die Berge wieder auseinander, dazwischen eingebettet liegen Hochalmen, auf denen weiße Filzzelte stehen, ringsum grasen Pferde, Yaks und Kamele friedlich nebeneinander. Diese Kirgisen sind Halbnomaden. Nur im Sommer bewegen sie sich mit ihren mobilen Behausungen auf den Hochtälern umher, im Winter leben sie in festgefügten Quartieren aus Lehm. Verglichen mit anderen Völkern Ost-Turkestans stellen sie nur eine kleine Minderheit dar. In den Annalen der Han werden sie als rothaarig und blauäugig beschrieben. Ursprünglich lebten sie im Quellgebiet des Jenissei, in Sibirien also, aber die bewegte Geschichte zentralasiatischer Steppen hat sie hierher gespült. Ihren großen Auftritt in der Geschichte der Seidenstraße hatten die Kir-

gisen im 9. Jahrhundert. Sie zerschlugen das Uigurenreich im Gebiet der heutigen Mongolei und gründeten ein eigenes, wenn auch kurzlebiges Reich. Als direkte Folge der kirgisischen Attacke wichen die Uiguren ins Tarim-Becken und nach Turfan aus, wo sie jene manichäisch-buddhistische Mischkultur zum Erblühen brachten, deren letzte Spuren LeCoq und Bartus von den Wänden lösten. Die Kirgisen konnten sich als Reichsgründer nicht lange gegen die Übermacht der türkischen Völker halten. Einer jahrhundertelangen Turkisierung ausgesetzt, verloren sie mehr und mehr jene Merkmale, die sie einst als indogermanisches Volk auswiesen. Heute ist ihr Lebensraum durch politische Grenzen zerteilt. Nur ein kleiner Teil von ihnen lebt innerhalb der Grenzen Chinas – im Kunlun-Gebirge und auf der Südseite des Hohen Pamir –, die Mehrheit besitzt seit dem Zerfall der Sowjetunion einen eigenen Staat: die Republik Kirgistan.

Im Sommer ziehen die Familien hoch hinauf bis an den Rand der Gletscher. Sie leben weitgehend autark von ihren Tieren, die ihnen Milch, Fleisch und Wolle liefern. Erst im Herbst, wenn die ersten Stürme den Winter ankündigen, packen sie ihr Habe auf Kamelrücken und steigen hinunter in ihre Winterquartiere nach Subashi. Jahrzehntelang – insbesondere während der Kulturrevolution – versuchten die Chinesen, die Kirgisen zur Seßhaftigkeit zu zwingen und die alten Stammesbande zu zerstören. Sie wurden in Kommunen zusammengefaßt und in Barackenlager gepfercht. Damals hießen die Hirten »Experten für die Wartung von Viehbeständen«. Die Nomadenfamilie wurde zur Brigade, in der jedes Miglied einen offiziellen Titel führte. Es ist noch nicht lange her, daß die Planer am grünen Tisch eingesehen haben, daß es keine bessere Nutzung von Steppen und Gebirgswüsten gibt als den Nomadismus. Seitdem dürfen diese wieder mit ihren Jurten umherwandern und Privateigentum besitzen. Aber sie sind nicht die Herren dieses weiten Landes.

Anfang September, noch bevor sie für die

langen kalten Wintermonate in ihre Lehmhäuser einziehen, stellen sie für zwei bis drei Wochen ihre Zelte auf der Jambulak-Steppe auf. Noch immer ist das Errichten der Behausung Sache der Frauen, genauso wie die Herstellung der mit blauen und roten Stickereien verzierten Filzbeläge. Nur das ausklappbare Stangengerüst wird von den Männern gefertigt. Das Innere des Akoi – wie das Rundzelt heißt – ist mit Teppichen ausgelegt und verglichen mit den windigen Zelten der tibetischen Nomaden geradezu komfortabel. Den Eingang bildet ein reich bestickter Filzvorhang, der je nach Wind und Wetter zur Seite geschlagen wird. Rechts vom Eingang befinden sich immer die Sitzplätze der Männer und der Gäste, links die der Kinder und Frauen. Den Mittelpunkt bildet der Herd, dessen Rauchfangrohr durch die Dachöffnung nach außen stößt. Alles ist auf das Wanderleben abgestimmt: An der Zeltwand lagern die Vorräte, Riemen, Sättel, Gurte und Zaumzeug, daneben zusammengerollte Decken, die als Schlafunterlage dienen. Da es in diesem baumlosen Hochgebirge keinerlei Holz gibt, wird ausnahmslos mit getrocknetem Dung gefeuert.

Hier bei den Kirgisen der Jambulak-Steppe wurde Sven Hedin Zeuge eines *Badschge*, eines Reiterwettkampfes um eine geschlachtete Ziege, den man in Afghanistan unter dem Namen *Busbashi* kennt. Hier schlagen auch wir unsere Zelte auf.

Eine Bilderbuchlandschaft tut sich uns auf. Auf den saftigen Wiesen stehen hundertköpfige Tierherden, dazwischen die weißen Jurten der Kirgisen. Braune, sanft geschwungene Hügel steigen aus der Grassteppe auf, in die sich weiß kontrastierend die Ausläufer mächtiger Gletscher schieben. Und darüber erheben sich die eisgepanzerten Wände des Kongur Shan und Muztagh Ata – die höchsten Gipfel des Kunlun-Gebirges. Darin eingebettet liegt der Karakul-See, dessen Wasser vom dunklen Blau bis zum Türkis variiert. Ohne zu zögern würde ich dieses natürliche Amphitheater zu den schönsten Landschaften der Erde zählen.

Ein einmaliges Panorama tut sich auf. Auf saftigen Weiden grasen Pferde, Schafe, Yaks und Kamele friedlich nebeneinander, dazwischen stehen die weißen Filzzelte der Kirgisen, und dahinter erheben sich die eisgepanzerten Wände des fast 8 000 Meter hohen Kongur, der höchsten Erhebung des Kunlun.

»Wenn man Berg um Berg übersteigt«, berichtet Marco Polo, »sieht man zwischen zwei Gebirgskämmen einen großen See, aus dem ein schöner, freundlicher Fluß strömt, der die weite, grüne Ebene bewässert, daß sie innerhalb von zehn Tagen das magerste Vieh fett macht. Es gibt eine Menge wilder Tiere, darunter vor allem Schafe von außerordentlicher Größe, die Hörner von drei, vier oder gar sechs Spannen haben.« Hier sah der Venezianer jenes Wildschaf, das heute seinen Namen trägt. Freilich ist es längst aus dieser Gegend verschwunden. Rücksichtslose Jagd haben die Bestände dezimiert und die letzten Reste in die unzugänglichsten Nischen der Gebirgswelt abgedrängt.

Wie ein geschliffener Türkis liegt der Karakul-See da. Auf der glatten Oberfläche, die bisweilen eine leichte Brise kräuselt, spiegeln sich die Wände des Kongur Shan und Muztagh Ata. Wenn man den See in einer solchen Stimmung sieht, fällt es schwer zu glauben, daß man hier in Seenot geraten kann. Das Kunststück ist dem Schweden Hedin gelungen, als er mit einem selbstgebauten Boot hinausruderte, um die Tiefe zu loten. Plötzlich kam ein heftiger Sturm auf, der das Wasser des Sees zu Wellen aufpeitschte. Das mit Pferdehaut und Fellen bespannte Boot füllte sich schnell mit Wasser. Hedin schaffte es gerade noch ans rettende Ufer, wo sich bereits eine große Menschenmenge versammelt hatte, um den Ausgang des ungewöhnlichen Schauspiels zu verfolgen.

Wir begnügen uns damit, den See zu bestaunen, und statt des Fellbootes benutzen wir das »Wüstenschiff«. Ganz in der Tradition der Seidenstraße wird unser Gepäck von geschickten Kirgisen auf Kamelrücken geschnürt. Ein Hauch vergangener Zeiten liegt in der Luft, als sich die Karawane in Bewegung setzt und über die Jambulak-Steppe bergwärts zieht, dorthin wo ein langer gezackter Eisstrom wie ein riesiger Drachenschweif in die braune Geröllwüste hinausdrängt. Darüber setzt ein breiter wulstiger Gletscher an, der den Muztagh Ata wie ei-

nen Panzer überzieht. »Vater der Eisberge« nennen die Kirgisen die zweithöchste Erhebung des Kunlun-Gebirges, zu dessen Gipfel sie ehrfürchtig aufblicken.

Muztagh Ata – Zum Vater der Eisberge

»Über die gewölbten Schneefelder zogen weiße dünne Wolken«, schreibt Sven Hedin beim Anblick des Muztagh Ata, »und man glaubte, die Geister des Berges zu sehen, die im Freien ihre Tänze aufführten.« Die ringsum lebenden Kirgisen erzählen, daß der Muztagh Ata ein riesiges Mazar sei, ein Heiligengrab also, das auch den Schwiegersohn Mohammeds berge. Andere meinen, oben am Gipfel des Muztagh Ata gebe es eine Stadt namens Chainadar, deren Bewohner vollkommen glücklich seien, nichts von Kälte, Leiden und Tod wüßten.

Der Ursprung dieser Geschichten ist viel älter, als das islamische Gewand vortäuscht. Er liegt weit zurück in der buddhistischen Vergangenheit. Die Spuren lassen sich noch mühelos zurückverfolgen. Die heilige Scheu, mit der die Kirgisen den Muztagh Ata betrachten, läßt unwillkürlich an eine Legende denken, die der Indienpilger Xuanzang überliefert hat, als er hier vorbeikam. Sie erzählt von einem großen Berg, dunst- und wolkenverhangen, so steil, daß er den Eindruck erweckte, er würde bald zusammenstürzen. Am Gipfel des Berges erhob sich ein auf wunderbare Weise entstandener Stupa. Über die Entstehung dieses buddhistischen Reliquienschreins weiß Xuanzang eine Geschichte zu erzählen, die Profane erschaudern und Mystiker träumen läßt.

Der Stupa soll vor vielen Jahrhunderten entstanden sein, als sich der Berg öffnete und in seiner Mitte ein *Bhikshu* (Wanderasket) erschien. Der Heilige war von riesenhaftem Wuchs; er saß bewegungslos und mit geschlossenen Augen da, sein langes Haar fiel ihm wie ein Vorhang über die Schultern und verhüllte sogar sein Gesicht. Xuanzang be-

Kirgisen sind Halbnomaden; nur im Sommer ziehen sie mit ihren beweglichen Behausungen auf den Hochalmen umher, im Winter leben sie in festgefügten Quartieren aus Lehm.

Während der Zeit des Sommerlagers sind die Männer entweder unterwegs, um Handel zu treiben, oder sie sind damit beschäftigt, notwendige Reparaturarbeiten vorzunehmen. Dazu zählt auch die Herstellung eines neuen Stangengerüstes für die Jurte.

Das Aufstellen der Behausung ist bei den Kirgisen traditionell Aufgabe der Frau, ebenso wie das Verspinnen der Wolle und die Verwaltung des Vermögens der Familie.

Rechts: Wundersame Geschichten von Mystikern und Heiligen umranken den Muztagh Ata. Sie leben bis in die Gegenwart fort. Den Kirgisen gilt der Berg als ein riesiges Mazar, ein Heiligengrab also, das auch den Schwiegersohn Mohammeds bergen soll; andere behaupten, oben am Gipfel des Muztagh Ata gäbe es eine Stadt namens Chainadar.

richtet, daß einmal ein Jäger den Yogi sah und daraufhin zum König lief, um ihm seine ungewöhnliche Entdeckung mitzuteilen. Dieser eilte unverzüglich dorthin, um den Heiligen zu sehen und ihm Verehrung zu zollen. Ein Mönch aus dem Gefolge des Königs erklärte, daß der Heilige in einem Zustand der Ekstase entrückt sei, der die Auslöschung der Bewußtseinskräfte bewirke, und er wisse, wie man ihn wieder erwecken könne: »Wer wie dieser Mann in Ekstase versunken ist«, verriet der Mönch dem staunenden König, »kann auf unbestimmte Zeit in diesem Zustand verharren. Sein Körper wird durch die mystische Macht gestützt und ist gegen Zerstörung und Tod gefeit. Wenn er, entkräftet durch ein derart langes Fasten, unversehens aus der Ekstase erwache, würde er im selben Augenblick sterben und sein Körper Gefahr laufen, zu Staub zu zerfallen. Zuvor müssen seine Glieder mit Butter und Öl befeuchtet werden, um sie wieder geschmeidig zu machen. Dann erst darf der Gong geschlagen werden, um ihn aufzuwecken.«

So geschah es. Als der Gong ertönte, öffnete der Yogi die Augen und blickte auf die Versammelten herab. Dann begann er zu sprechen und fragte nach seinem Lehrer, dem Buddha Kasyapa, der vor Hunderttausenden von Jahren verschieden war. Die Mönche antworteten ihm: »Schon vor sehr, sehr langer Zeit ist er in das große Nirvana eingegangen.« Als er diese Worte hörte, schloß der Heilige die Augen wie ein verzweifelter Mensch. Dann fragte er aufs neue: »Und Sakyamuni, ist er in der Welt erschienen?« – »Er hat der Welt den rechten Weg gewiesen«, antworteten die Umstehenden, »und ist seinerseits in das Nirvana eingegangen.« Bei diesen Worten senkte der Heilige erneut das Haupt. Dann erhob er sich plötzlich in die Lüfte, und wie durch ein Wunder verwandelte sich sein Körper in eine Feuerkugel, die seinen Leib verzehrte. Die verbrannten Knochen jedoch fielen auf die Erde nieder. Sie wurden vom König eingesammelt und über ihnen ein Stupa errichtet.

Später, unter dem Einfluß des Islam, ist aus

Sven Hedin – Der Pfadfinder

Im Jahre 1890 betrat ein Mann die Bühne Zentralasiens, der als einer der größten Forschungsreisenden in die Geschichte einging und der angetreten war, die letzten weißen Flecken von der Landkarte Asiens zu tilgen. Die Rede ist von dem Schweden Sven Hedin. Ein Mann, der – wie Sir Francis Younghusband es ausdrückte – »alle charakteristischen Eigenschaften eines echten Forschers hatte«: körperlich robust, genial, gelassen, kühl und beharrlich, zudem war er künstlerisch begabt und beherrschte sieben Sprachen. Younghusband lernte den Schweden in Kashgar im Zuge seiner ersten Reise kennen. Erst 25 Jahre alt, noch Student, hatte er den Pamir im Winter überschritten, eine »via dolorosa«, wie er den Trip nannte. Vier Jahre später, Hedin hatte in der Zwischenzeit sein Geographie-Studium bei Ferdinand v. Richthofen – der den Begriff »Seidenstraße« in die Forschung eingeführt hatte – beendet, traf er zum zweiten Mal in Kashgar ein. Sein kühner Versuch, die Takla Makan von West nach Ost zu durchqueren, endete in einem Wüstendrama. Die ganze Karawane ging an Wassermangel zugrunde, nur er selbst und zwei seiner Begleiter entkamen der Todeswüste. Man würde meinen, daß nach derartigen Erfahrungen dem Schweden jede Lust auf weitere Wüstenabenteuer vergangen sei – aber kurze Zeit später rüstet er eine neue Karawane aus und zieht wieder in die Sandwüste hinein. Im Zuge der folgenden Expeditionen entdeckt er mehrere im Sand begrabene Ruinenstädte aus der Blütezeit der Seidenstraße und wird damit zum Wegbereiter für jene europäischen Archäologen wie Stein, LeCoq und Pelliot, die zu Beginn des Jahrhunderts die versunkene Kultur der Seidenstraße erforschten.

Ganz im Stile der Seidenstraße befördern Kamele unsere Ausrüstung zum Fuße des Muztagh Ata. Ein Tier nach dem anderen wird bepackt. Mit den exotischen Lasten geben die »Wüstenschiffe« ein seltsames Bild ab. Mehrere Kamele werden zu einer Gruppe zusammengebunden, die ein Kirgise führt, die Karawane formiert sich und verläßt die Jambulak-Steppe bergwärts.

dem buddhistischen Heiligen der Schwiegersohn Mohammeds geworden und aus dem Stupa ein Mazar, ein islamisches Heiligengrab.

Wir sind hierhergekommen, weder in der Hoffnung, den Gral des Heiligen zu finden noch die Stadt mit den glücklichen Bewohnern, höchstens das eigene Glück beim Aufstieg zum Gipfel des Muztagh Ata.

Die Karawane kriecht im Zickzack über eine mit Trümmern übersäte Moränenlandschaft, aus der die Gletscher tiefe Falten herausgeschürft haben. An einem letzten Grasflecken, unmittelbar am Ende des schuttbedeckten Gletscherabbruchs, aus dem ein Bach heraustritt, halte ich die Karawane an. In wenigen Minuten sind die Tiere von ihren exotischen Lasten befreit, und die Kirgisen machen sich sofort an den Abstieg. Unter den neugierigen Blicken zahlreicher Murmeltiere schlagen wir unser Lager auf. Über dem Zeltplatz baut sich die breite, geschlossene Eisdecke des Quadumak-Gletschers auf. Schon nach der ersten näheren Betrachtung des Berges haben wir uns für diese Aufstiegsroute entschieden, weil sie weniger Spaltenzonen aufweist. Der Muztagh Ata ist ein leichter Berg, flach, ohne technische Schwierigkeiten. Der Aufstieg ist jedoch lang und führt über einen firnbedeckten Gletscher; ein idealer Skiberg. Aber er ist hoch. Seine 7 500 Meter lassen sich nicht überrennen wie ein Alpenberg. Sven Hedin, der erste Europäer, der versuchte, den Berg zu besteigen, glaubte, er könne auf einem Yak bis zum Gipfel reiten. Ein fataler Irrtum, der ihn fast das Leben kostete. Auf 5 200 Meter Höhe ließ er noch eine Jurte aufstellen und stieg dann, geführt von Kirgisen, mit den Yaks am Gletscher auf. »Plötzlich verschwand ein Ochse«, erinnert sich Hedin, »als wenn sich eine Falltür unter ihm geöffnet hätte. Er hatte eine Schneebrücke über einer meterbreiten Spalte durchgetreten, und unter ihm gähnte ein schwarzer Abgrund. Das erschrockene Tier verhielt sich zum Glück still, sonst wäre es verloren gewesen. Die Kirgisen schlangen Seile um seinen Leib, und die anderen Yaks zogen den Verunglückten mit vereinten Kräften in die Höhe.«

Nachdem beinahe ein Kirgise und ein weiterer Grunzochse in eine Gletscherspalte gestürzt wären und eine große Querspalte den Weiterweg verlegte, kehrten sie um. Aber Sven Hedin hatte noch nicht genug. Nun wandte er sich dem etwas niedrigeren Nordgipfel zu. Sie arbeiteten sich mit Hilfe von Yakstärken bis auf 6 300 Meter Höhe vor, stellten dort wieder die bewährte Jurte auf, in der sie allerdings – laut Hedin – eine unangenehme Nacht zubrachten: »Alle hatten wir Symptome der Bergkrankheit: Ohrensausen, Taubheit, rascher Puls, niedrigere Körperwärme als gewöhnlich und Schlaflosigkeit.« Am nächsten Morgen trieb sie ein

Zunächst steigen wir über einen unangenehmen, mit Steintrümmern übersäten Rücken bis in knapp 5 000 Meter Höhe zum »Skidepot« auf. Tief unter uns drängt der Quadumak-Gletscher in einem chaotischen Gewirr von Eistürmen weit in die Steppe hinaus.

Folgende Doppelseite: Blick über den Karakul-See, dessen Farbe von Türkis bis zum dunklen Blau variiert, zur eindrucksvollen, mehr als 7 000 Meter hohen Berggestalt des Muztagh Ata.

Schneesturm endgültig zurück. Den Abstieg bewältigte Hedin so, wie er hinaufwollte – auf Yakrücken. »Der Yak watete, plumpste, sprang und rutschte durch den Schnee abwärts und tauchte wie ein Delphin durch die Schneewehen«, schildert der Schwede das ungewöhnliche Bergabenteuer. »Ich mußte mich mit den Knien ordentlich festklemmen, sonst wäre ich bei den plötzlichen unberechenbaren Stößen aus dem Sattel geschleudert worden. Aber schließlich ließen wir die Schneewolken hinter uns und langten in dem Lager an. So endete mein Kampf mit dem ›Vater der Eisberge‹.«

Schwer beladen wie Yaks kommen auch wir uns vor, als wir zum ersten Mal unsere Rücksäcke schultern. Bepackt mit Skiausrüstung, Seilen, Zelten und Verpflegung steigen wir über loses Geröll neben der Moräne auf. Dahinter setzt ein steiler, kraftraubender Aufschwung an, mit abgesprengten Felstrümmern, über die wir keuchend und nach Atem ringend mit den Lasten hinaufturnen. In 5 000 Meter hat die Schinderei ein vorläufiges Ende. Am Gletscherrand werfen wir die Rucksäcke ab und errichten ein erstes Depot. Ab dieser Stelle brauchen wir die Skier nicht mehr zu schleppen, jetzt dienen sie uns als Steighilfe, die den Weiterweg wesentlich erleichtern. An den folgenden Tagen steige ich mit Horst, dem erfahrensten und stärksten meiner Partner, bis auf 6 500 Meter auf, während die anderen für Nachschub sorgen und ein Zwischenlager errichten.

Der erste Gipfelversuch scheitert. Obwohl sich Hans körperlich nicht gut fühlt, steigt er mit uns in Richtung Gipfel auf. In knapp 7 000 Meter Höhe verschlechtert sich sein Zustand rapide, und wir kehren in das letzte Lager (6 500 Meter) zurück. Nach einer schlimmen Nacht ist er am nächsten Morgen kaum imstande, mit eigener Kraft den Abstieg fortzusetzen. Der Verfall seiner Körperkräfte setzt sich von Stunde zu Stunde dramatischer fort. Er kann sich kaum noch auf den Beinen halten, röchelt, phantasiert und hat kein Balancegefühl mehr – alles Anzeichen eines fortgeschrittenen Höhenödems. Der weitere Absteig wird zum Wettlauf mit der Zeit. Während Horst und ich ihn abwechselnd tragen, schleppen Manfred und Thomas zusätzlich unsere Rucksäcke. Wir mobilisieren all unserer Kräfte, denn wir wissen, jeder Höhenmeter nach unten, wo die Luft wieder dichter, sauerstoffreicher wird, kann über Leben und Tod entscheiden. Bei Einbruch der Dunkelheit erreichen wir das rettende Basislager. Dort erholt sich Hans wieder erstaunlich schnell. Geblieben sind offensichtlich Erinnerungslücken, denn später, auf der Suche nach der Schuld, wird er schnell fündig. Nicht der eigene blinde Ehrgeiz hat die lebensgefährliche Situation heraufbeschworen, sondern diejenigen, die ihn zu Tal gebracht haben, weil sie seinen Zustand nicht ernst genug genommen hätten.

Am nächsten Morgen bin ich schon früh wach, Horst ebenso, wir kreuzen die Blicke, es bedarf keiner Worte. Wir haben dieselben Gedanken: Aufstieg! In aller Eile packen wir das Allernotwendigste, denn wir wollen schnell sein; in zweieinhalb Tagen die 3 000 Höhenmeter bis zum Gipfel und in einem weiteren Tag zurück bis ins Basislager. Manfred, ein konditionsstarker Nachgeher, schließt sich uns an. Kein Lüftchen regte sich und keine Wolke trübte den Himmel, als wir über den unteren Teil des Gletschers aufsteigen. Hier gab es noch kaum Spalten, und wir gingen deshalb seilfrei. Die umliegenden Bergketten sind merklich tiefer gesunken, statt dessen steigen dahinter höhere Gebirge auf mit Gipfeln, die dem Muztagh Ata ebenbürtig sind, ihn sogar noch überragen. Wie die Zacken einer Krone recken sich die eisfunkelnden Gipfel des Karakorum im Westen gegen den tiefblauen Himmel, daran schließen sich – fast übergangslos – gleich einem Meer weißer Wolken die Bergketten des Hindukush und Pamir an, und gegen Osten – zum Greifen nahe – stehen wie ein Bollwerk die eisgepanzerten Wände des Kongur. Immer wieder wandern die Blicke ins Tal, wo die Gletscherzungen weit in die braune Steppe hinausdrängen.

Die Verhältnisse sind ideal. Im harten gefrorenen Schnee kommen wir schnell und kraftsparend voran. Wir gehen schweigend, jeder in seinem Tempo und Rhythmus, verloren in

Beim ersten Gipfelversuch zeigen sich bei Hans Symptome einer lebensgefährlichen Höhenkrankheit. Ein rapider körperlicher Verfall setzt ein. Der Abtransport des Höhenkranken in rettende niedrige Höhen wird zum Wettlauf mit der Zeit.

der eigenen Gedankenwelt. Das Gefühl der Höhe ist berauschend, die sauerstoffarme Luft läßt Distanzen schmelzen, so daß selbst einfache Naturerscheinungen überdimensional wirken. »Mir war, als stünde ich an der Grenze des unermeßlichen Raumes«, empfand Hedin, »in dem rätselhafte Welten von Ewigkeit zu Ewigkeit kreisen. Nur ein Schritt trennte mich von den Sternen, und unter meinen Füßen fühlte ich, wie der Erdball, sich um seine Achse drehend, durch die Nacht des Weltenraumes rollt.«

Auf 6 000 Meter Höhe, am Beginn der ersten großen Spaltenzone, tauschen wir die Steigeisen gegen Ski. Gut am Seil gesichert, suchen wir den besten Weg duch das Gewirr der Brüche und Seracs. Mechanisch wechseln wir uns in der Führungsarbeit ab. Inmitten haushoher Türme, sturmsicher in einer Mulde, stehen jene zwei Zelte, die wir nach dem ersten Gipfelversuch zurückgelassen haben. Im Licht der untergehenden Sonne leuchten die Gletscher und Grate unwirklich auf. Dann versinken sie hinter dem Karakorum, und gleichzeitig verlöschen die Gipfel des Kongur wie Lichter, die ausgeknipst wurden. Kaum ist die Sonne untergegangen, wird es bitterkalt. Wir kriechen sofort in die Schlafsäcke, schmelzen stundenlang Schnee, um der Austrocknung des Körpers in der Höhe entgegenzuwirken. Das Leben hat sich auf wenige Handgriffe reduziert: Kocher bedienen, essen, trinken, dazwischen falle ich in eine Art Dämmerschlaf. Bei jedem Windstoß wache ich wieder auf, öffne die Zelttür, um befriedigt festzustellen, daß die Sterne nach wie vor für uns leuchten.

Ein wolkenloser, windstiller Tag bricht an. Wir folgen zunächst unseren alten Spuren, die noch gut zu erkennen sind. Dann quere ich nach links hinaus, um eine große Querspalte zu umgehen. Die Seraczone bleibt zurück, der Gletscher flacht merklich ab und geht in ein weites Plateau über. Es gilt nun zu entscheiden, entweder nach Osten über einen breiten Firnrücken zum felsigen Hauptgipfel des Muztagh Ata zu steigen oder unserem Gletscher bis zum Endpunkt zu folgen. Wir entschließen uns für den Quadumak-Gipfel, weil er die logische Verlängerung unserer Aufstiegsroute darstellt und mit Skiern erreichbar ist. Kurze Zeit später stehen wir auf dem flachen Schneegipfel, der in Form einer Wächte über die Südwestwand hinausragt. Die Luft ist von einer Klarheit und Transparenz, daß man meint, die eilenden Wolken berühren zu können, die über uns in den tiefblauen Himmel hineinsegeln. Alle Spannung, alle Gedanken, die sich auf diesen Punkt konzentriert haben, lösen sich nun auf. Das Vakuum füllt sich schnell mit neuen Gedanken, die die Vernunft, das heißt die Angst diktiert. Der Gipfel ist kein Endpunkt, höchstens eine Station, hinter der ein neues Ziel sichtbar wird. In unserem Fall sind es die schützenden Zelte des Lagers. Während Horst und Manfred noch auf 6 500 Meter bleiben, baue ich schnell ein Zelt ab und fahre bis zum Zwischenlager ab. Das Wort Fahrt ist allerdings eine freundliche Untertreibung. Die Oberfläche besteht aus scharfkantigen Rillen – Büßerschnee –, die ein Schwingen fast unmöglich machen. Erst im untersten Teil gibt es Firn, aber die schweren Rucksäcke, mit all der Ausrüstung, die wir zuvor tagelang hinaufgeschafft haben, lassen uns passionierte Skiläufer schlecht aussehen. Nachdem wir auch noch ein weiteres Lager und das Skidepot eingesammelt haben, sind die Rucksäcke so schwer, daß sie sich nur mit gegenseitiger Hilfe schultern lassen. Beim Anblick der unförmigen Lasten brechen wir in schallendes Gelächter aus. Das wirkt wie Medizin gegen den Frust. Da kann uns auch der aufkommende Schneesturm nichts mehr anhaben. Weit nach vorne gebeugt, auf die Stöcke gestützt, taumeln wir den Geröllhang hinunter zum Basislager. Und fallen dort erschöpft, aber auch tief erfüllt, wie Steine in unsere Schlafsäcke.

Am nächsten Tag scheint wieder die Sonne, aber erst das Läuten der Bronzeglocke holt mich aus dem Tiefschlaf. Die Kirgisen sind mit den Kamelen da, und wir vertauschen wieder die Rollen. Jetzt werden die Lasten wieder auf Kamelrücken gepackt. Federleicht, als ob ich über den Boden schweben würde, wandere ich der Karawane hinterher,

Wir steigen ein zweites Mal auf und erreichen in zwei Tagen die Seraczone in 6 500 Meter Höhe, wo wir unser letztes Lager aufschlagen.

Leben im »Eisschrank« in großer Höhe heißt vor allem, Schnee schmelzen und trinken, um dem Körper genügend Flüssigkeit zuzuführen, die der Dehydration entgegenwirkt.

Bruno Baumann beim Aufstieg zum Muztagh Ata.

Auf dem 7 450 Meter hohen Quadumak-Gipfel, im Hintergrund der etwas höhere Hauptgipfel des Muztagh Ata. Die flache Eiskuppe bildet eine Wächte, und dahinter bricht die Südwand in die Steppe hinunter ab.

»Auf diesen Bergen häuft sich sommers wie winters Schnee. Auf der Nordseite herrscht übermäßige Kälte, die so heftig ist, daß man fast erstarrt. Und doch war es nur Huijing, der diese strenge Kälte nicht zu ertragen vermochte und sich außerstande sah, weiterzugehen. Weißer Schaum trat ihm aus dem Mund. Er sagte zu Faxian: es ist ausgeschlossen, daß ich von hier nochmals zurückkehre. Brecht sofort auf. Wir dürfen nicht alle hier umkommen. Nach diesen Worten tat er seinen letzten Atemzug.«

GAOSENG FAXIAN ZHUAN

hinunter zu den Ufern des Karakul-Sees, dem letzten Rastplatz, bevor die Seidenstraße in eine ihrer schwierigsten Etappen eintritt: die Überquerung des Karakorum-Gebirges.

Der Solarplexus Asiens

Die Piste windet sich wie eine Schnur um den Leib des Muztagh Ata. Stundenlang bewegen wir uns durch eine karge Gebirgswildnis, die nicht einmal mehr den genügsamen Nomaden ein Auskommen gewährt. Hier treffen drei der höchsten Gebirge der Welt aufeinander: Kunlun, Karakorum und Hoher Pamir. Dieser einzigartige Knotenpunkt, der gleichzeitig auch die Nabe dreier der ältesten Kulturen der Welt ist – der indischen, iranischen und chinesischen –, gilt zu Recht als Solarplexus Asiens. Nicht zufällig liegt hier einer der geheimnisvollsten Orte der Seidenstraße: Tashkorgan, der Steinerne Turm. Nach antiken Quellen war der Steinerne Turm der berühmteste Marktplatz Mittelasiens. Bis zu diesem Punkt reisten chinesische Händler, um ihre Waren an Sogdier, Perser und Saken zu verkaufen, die mit ihren Karawanen bis an die Seehäfen Indiens oder an das Mittelmeer zogen. Nur ein einziger Versuch ist überliefert, daß ein griechischer Kaufmann versuchte, den Weg der Seidenstraße zu erkunden, mit der Absicht, die lästigen Zwischenhändler auszuschalten und mit den »Serern« (Seidenleuten) direkten Handel zu treiben. Ein Mann namens Maes Titianus, der vermutlich ein großes Handelskonsortium leitete, machte sich gegen Ende des 1. Jahrhunderts selbst auf die lange Reise. Aber das Unternehmen scheiterte an den ungeheuren Entfernungen. Mit den damaligen Fortbewegungsmitteln dauerte die Reise von Kleinasien bis ins Land der Serer mindestens sieben bis acht Monate. Anschließend schickte Maes Titianus Kundschafter und Handelsagenten aus, die diese Strecke mit Stützpunkten überziehen sollten. Um den Steinernen Turm zu erreichen, zu dem die Serer ihre Waren brachten, mußten die Agenten des griechischen Kaufmanns das feindliche Persien umgehen, dann kamen sie nach Balch (Baktra) im heutigen Afghanistan. Hinter Balch mußten sie den Hohen Pamir überqueren und dann, nach dem Abstieg, erreichten sie den Steinernen Turm.

Ptolemäus, der sich auf die Angaben des Maes Titianus stützt, beschreibt in seinem um 140 n. Chr. verfaßten geographischen Werk den Steinernen Turm als wichtigsten Umschlagplatz an der Seidenstraße. Manches deutet darauf hin, daß der unscheinbare Ort Tashkorgan, südwestlich des Muztagh Ata, jener Steinerne Turm des Ptolemäus ist, an dem in den ersten nachchristlichen Jahrhunderten vielleicht Griechisch, aber mit Sicherheit eine dem persischen verwandte Sprache gesprochen wurde. Iranischer Herkunft sind auch die Bewohner Tashkorgans – die Tadschiken. Sie sind zwar ebenfalls Muslime, aber unterscheiden sich sprachlich und ethnisch von den Turkvölkern. Anders als die Mehrheit ihrer Stammesbrüder, die in den Hochtälern des Pamir nomadisieren, sind sie hier seßhaft geworden und als Reichsgründer in Erscheinung getreten. Nach alten chinesischen Quellen hat es hier ein kleines Königreich gegeben – Sarikol –, das einstmals sogar von einer uneinnehmbaren Bergfestung aus beherrscht wurde. Noch zum Zeitpunkt von Aurel Steins Besuch im Jahre 1906 wußten die Tadschiken von einer Legende zu erzählen, der zufolge der persische König Naushirwan seine Tochter in die Festung in Sicherheit brachte, weshalb sie im Volksmund Kizkorgan – der Turm der Prinzessin – heißt. Die Geschichte geht offenbar auf eine viel ältere Tradition zurück, von der Xuanzang berichtet, als er im Jahre 642 auf seinem Rückweg von Indien den Ort passierte. In der Version des Pilgermönchs war es eine Han-Prinzessin, die an den Hof des Perserkönigs verheiratet wurde. Als der Hochzeitszug in Tashkorgan ankam, stellten sie fest, daß die Wege über den Pamir durch kriegerische Ereignisse blockiert waren. Deshalb versteckten sie die Prinzessin auf einem einsamen Berggipfel. Dort wird sie auf wunderbare Weise – durch den Sonnengott – geschwängert. Als ihre Begleiter dies erfahren, wagen sie es aus Angst vor Strafen nicht mehr, nach Persien weiterzuziehen. Man errichtet eine Burg für die Prinzessin auf dem Berggipfel. Dort bringt sie einen Sohn zur Welt, der später das Königreich Tashkorgan gründet. Xuanzang fügt hinzu, daß die Mitglieder der Königsfamilie Chinesen ähneln, während die Untertanen völlig anders aussehen. Aurel Stein, der wie immer den Spuren Xuanzangs folgte, hat auch diese Festung lokalisiert. Sie steht etwa 70 Kilometer südwestlich von Tashkorgan, hoch oben auf einer Felsspitze, an drei Seiten mit senkrecht abfallenden Wänden. Der einzige Zugang, ein schmaler Felsgrat, ist durch eine Schildmauer abgesichert. Die ausgesetzte Bergfeste, die den wichtigen Mintaka-Paß bewachte, läßt eher an den Aufenthaltsort von abgehärteten Soldaten denken als an den einer verwöhnten Han-Prinzessin. Da sind die Ruinen vom alten Tashkorgan schon geeigneter, um die Vorstellung eines Pamir-Königreiches zu nähren. Sie bedecken als meterdicke Schicht von Steintrümmern ein Felsplateau, das sich über dem Flußtal erhebt. Die vollkommen zerstörten Mauern, die nicht aus getrockneten Lehmziegeln, sondern aus groben Steinblöcken bestanden, lassen keinerlei Strukturen mehr erkennen. Inmitten des Ruinenfeldes erheben sich die Überreste einer chinesischen Festung aus diesem Jahrhundert. Die Mauern der alten Stadt hatten einen Umfang von eineinhalb Kilometern und wurden von einer über tausend Mann starken Armee verteidigt. Zum Zeitpunkt von Xuanzangs Durchreise gab es zehn buddhistische Heiligtümer, in denen 500 Mönche lebten, die mit Khotan und Shule – dem alten Kashgar – in enger Verbindung standen. Alle bekannten chinesischen Indienpilger – Faxian, Sungyun und Xuanzang und auch Marco Polo – kamen hier vorbei. Ein Blick auf die Karte genügt, um zu wissen, warum. In Tashkorgan treffen sich alle Routen, die vom Tarim-Becken in den indischen Subkontinent führen und gleichzeitig die kürzeste Verbindung nach Afghanistan und

Tashkorgan, der Steinerne Turm, war nach alten Quellen einer der wichtigsten Umschlagplätze der Seidenstraße. Bis hierher reisten die chinesischen Händler, ab hier übernahmen die Sogdier, Perser und Inder die Waren. Obwohl es noch zwei weitere Orte in Zentralasien gibt, die Steinerner Turm heißen, spricht doch einiges dafür, daß jenes Tashkorgan südwestlich der Muztagh Ata der gesuchte Platz ist.

Chinesisch-pakistanischer Grenzstein am Khunjerab-Paß, der eine uralte Passage über das »Kopfwehgebirge«, wie chinesische Quellen den Karakorum nennen, freigibt.

Pakistanischer Grenzwächter auf dem 4 500 Meter hohen Khunjerab-Paß.

Persien herstellen. Zwei Pässe vor allem sind es, die von Tashkorgan Passagen zu zwei der bedeutendsten antiken Stromkulturen eröffnen, zu Indus und Oxus (Amu Darya). Der Mintaka-Paß überwindet den Pamir – das Zwiebelgebirge der alten chinesischen Annalen – und leitet in den Wakhan-Korridor, von wo weitere Routen abzweigen: nach Peshawar – einem der Zentren von Gandhara – bzw. nach Balch und Herat im heutigen Afghanistan, den bekannten Handelsorten an der Seidenstraße. Der andere Paß – der Khunjerab – überquert den Karakorum, von den Chinesen wegen der dünnen Luft treffend als »Kopfweh-Gebirge« bezeichnet, und stellt eine Verbindung durch das Hunza-Gebiet zu Taxila her, der anderen großen Denkfabrik von Gandhara.

Seit einigen Jahren feiert der Steinerne Turm eine Auferstehung als Kontroll- und Stützpunkt einer Handelsroute. Das Zauberwort heißt Karakorum-Highway. Mit dem Ausbau und der Wiederbelebung der alten »Hängebrückenstraße«, wie die Chinesen früher den Weg duch die Indus-Schluchten nannten, ist auch Tashkorgan aus seinem Dornröschenschlaf erwacht. In der Neustadt gibt es Hotels, Fernfahrerstützpunkte und eine betriebsame chinesische Zoll- und Grenzstation. Die guten Beziehungen zwischen China und Pakistan machten es möglich, daß heute an die Stelle des alten Karawanenweges eine der kühnsten Hochgebirgsstraßen der Welt getreten ist: Der Karakorum-Highway, der auf einer Strecke von 1 200 Kilometern Kashgar mit Islamabad, der Hauptstadt Pakistans, verbindet. In 16 Jahren Bauzeit als Gemeinschaftswerk chinesischer und pakistanischer Ingenieure und Straßenbauer fertiggestellt, windet sich der Karakorum-Highway durch atemberaubende Schluchten und Gebirgsszenarien über die westlichsten Ausläufer des Karakorum und der Wasserscheide zwischen Indus und Oxus. Schon wenige Kilometer südwestlich von Tashkorgan schraubt sich die Straße hinauf in eine lebensfeindliche Gebirgswildnis, in der auch im Sommer der Boden gefroren bleibt und die meiste Zeit des Jahres über Schnee liegt. Nach 70 Kilometern zweigt eine Piste nach Westen ab, zum heute verschlossenen Mintaka-Paß, während der Karakorum-Highway in einem weiten Bogen nach Süden zum Khunjerab-Paß hinaufführt. Die Berichte der Pilgermönche spiegeln drastisch den Schrecken wider, den diese Landschaft ihnen einflößte. Von Huili erfahren wir über Xuanzangs Weg folgendes: »Am nächsten Morgen erreichten sie den Fuß des Passes. Anschließend gelang es ihnen, nachdem sie verschlungenen Pfaden gefolgt waren, einen Gipfel zu erklimmen, der aus der Ferne wie Schnee ausgesehen hatte; doch als sie ihn fast erreicht hatten, erkannten sie, daß er nur aus weißen Steinen bestand. Dieser Gipfel war so hoch«, fährt Huili fort, »daß die erstarrten Wolken und der Schnee, den der Wind fortwehte, nicht einmal seine äußerste Spitze erreichte ... und selbst die Vögel ihn nicht im Fluge überqueren konnten. Als die Reisenden an der Spitze ankamen, brach die Dunkelheit herein; von eisigem Wind durchdrungen, hatten sie nicht mehr die Kraft, sich aufrecht zu halten.«

Die hochinteressante Reisebeschreibung des Pilgers Sungyun, der 120 Jahre vor Xuanzang die Zwiebelberge (Pamir) überquert hat, klingt wie eine Vorwegnahme des modernen Begriffs »Dach der Welt«: »Verglichen mit der Ebene«, hören wir aus dem Munde des Pilgermönchs, »will es einem scheinen, als befände man sich tatsächlich auf halbem Wege zum Himmel. Auf der einen Seite fließen die Flüsse alle nach Osten, auf der anderen alle nach Westen. Gemeinhin heißt es, daß dies der Mittelpunkt des Himmels und der Erde ist. Weder Gräser noch Bäume wachsen dort. Im achten Monat war es bereits kalt geworden; der Nordwind vertrieb die Wildgänse, und der Schnee wirbelte über eine Fläche von eintausend Li.«

Die Natur ist nach wie vor Teilzeitherrscher in dieser Region, denn der Khunjerab-Paß kann nicht das ganze Jahr über offengehalten werden. Selbst im Hochsommer, wie ich es einmal erlebt habe, hatten Regenfälle und in den höheren Lagen Schnee den gesamten Verkehr auf dem Highway zum Erliegen gebracht. Die Paßhöhe in 4 700 Meter ist ein kaltes, sturmgepeitschtes Hochplateau, das von pakistanischen Grenzern bewacht wird. Etwas abseits, in einer erbarmungswürdigen Baracke, harren ein paar olivgrün uniformierte Chinesen aus. Gleich neben den Schranken befindet sich der Grenzstein. »Die hohe Straße für Frieden und Harmonie zwischen zwei Nationen«, heißt es darauf. Ein hehrer Anspruch, wenn man bedenkt, daß sich hier am Solarplexus Asiens vor gar nicht langer Zeit noch britische und russische Soldaten kampfbereit gegenüberstanden. Nur ein einziges Mal, in der größten Machtausdehnung der Tang, haben chinesische Heere diese Schwelle überschritten, um die Tibeter aus Hunza und Chitral zu vertreiben. Selbst Zhang Qian, der unerschrockene Kundschafter des Han-Kaisers Wudi, ließ sich nur allzu gerne von den Boten zurückrufen, als er von der eisigen Paßhöhe in das Tal des Vogelfluges – wie er Hunza nannte – hinabblickte. »Auf dem eisigen Paß«, berichtete er dem Kaiser später, »wo wir einstmals wähnten, daß sich die Erde in das Weltmeer stürzt, traf ich die Boten, die nach mir Ausschau hielten, unermüdlich gegen den Tod des Erfrierens ankämpfend, indem sie die Trommel rührten. Ich stand vor einem Felsen, der sich plötzlich öffnete. Dahinter wurde es weit und licht. Es erschienen Felder und schöne Häuser.«

Hunza und Nagar

In der Tat fällt die Karakorum-Straße vom Paß steil in die wilden Schluchten des Hunza-Flusses ab. Zunächst aber ändert sich das Landschaftsbild noch nicht wesentlich. Die Straße durchschneidet den Khunjerab-Nationalpark, an den auf chinesischer Seite ebenfalls ein Schutzgebiet anschließt, das einmal zu einem grenzüberschreitenden Naturreservat für Wildtiere zusammenwachsen soll. Es gilt vor allem dem Schutz des Königs der zentralasiatischen Gebirge, dem Schneeleoparden, der in seinem gesamten Verbreitungsgebiet bereits gefährdet ist. Die Hoffnung auf einen wirksamen Schutz allerdings relativiert sich bei einem Besuch im Bazar von Kashgar angesichts der vielen Schneeleopardenfelle, die trotz Verbots öffentlich verkauft werden. Schutzbedürftig sind auch andere, längst selten gewordene Wildtiere wie das Marco-Polo-Schaf, der Markhor – eine Wildziege – und der Himalaya-Steinbock. Südlich der Parkgrenze kommt die Straße an den Kilik-Fluß. Hier zweigt eine Piste ab, die über den Ort Misgar zum Mintaka-Paß hinaufführt. Daß diese Route früher auch benutzt wurde, beweisen Felszeichnungen, die Reisende in Höhlen hinterlassen haben. Nach Überquerung des Kilik-Baches, der bald darauf in den Hunza-Fluß einmündet, erreichen wir endlich die pakistanische Grenzstation Sost, in der die Einreiseformalitäten abgewickelt werden. Das Straßendorf, mit seiner Aneinanderreihung von Läden und Gästehäusern, lebt von den Reisenden und Händlern.

»Die letzte Vollendung der Gebirgspracht, das spektakulärste Land, das ich gesehen habe«, mit diesen Superlativen beschrieb der britische Himalayapionier Eric Shipton das obere Hunza-Tal. Er meinte damit das Amphitheater mit dem fast 8 000 Meter hohen Batura und der phantastischen Berggestalt des ebenso hohen Rakaposhi. In einer sehenswerten Galerie drängen sich die Gletscherströme nacheinander an den Karakorum-Highway heran, allen voran der mächtige Eiswulst des Batura-Gletschers. Über 50 Kilometer schiebt sich der Gletscher in das Tal vor, ein chaotisches Trümmerfeld aus Moränenschutt vor sich auftürmend. Von den Eisströmen der Batura- und Pasu-Gletscher förmlich eingekeilt, liegt der Ort Pasu, eine Ansammlung von ein paar Häusern und den verfallenen Baracken der chinesischen und pakistanischen Bautrupps. Der armselige Eindruck, den der Ort heute macht, mag allzuleicht hinwegtäuschen, daß Pasu einst der große Knotenpunkt des Hunza-Reiches war. Hier kreuzten sich die Karawanenwege nach Tibet, China, Ladakh und in den Wakhan-Korridor. Ein Netzwerk von Wasserläufen wurde hier dem Hunza-Fluß zugeführt. Mit ihren wechselnden Schmelzwassermengen, die abends ansteigen, verwandeln sie das Tal in ein Flußdelta. Aus ei-

»Man folgte der Kette nach Südwesten und marschierte 15 Tage lang. Diese Route ist außergewöhnlich schwierig und ermüdend, gespickt mit Behinderungen und gefährlichen Steilhängen. In diesen Bergen sieht man nur Felswände, die 8 000 Fuß Höhe haben. Wenn man sich ihnen nähert, verwirrt sich der Blick; und wenn der Fuß beim Vorwärtsschreiten ausgleiten sollte, so vermöchte ihn nichts zu halten.«

Faxian

Folgende Doppelseite: Atemberaubende Berggestalten wie der Ultar Peak oder Batura, deren mächtige Gletscher bis in die Täler fließen, schirmen Hunza zu allen Seiten hin ab.

»Die Ränder der Berge ragen wie Mauern empor. In einer dieser Steinwände, am östlichen Rand, findet sich eine breite und tiefe Höhle, die dem Drachen Gopala als Behausung dient. Der Pfad, der dorthin führt, ist schmal und eng; die Höhle ist dunkel und düster. Die Steine, die den Ostrand bilden, schwitzen beständig, und das Wasser, das herunterrinnt, gelangt bis zu diesen Pfad. Einst sah man dort den Schatten des Buddha, strahlend wie sein natürliches Antlitz und mit allen Zeichen der Schönheit; man hätte meinen können, es sei der leibhaftige Buddha. Seit den letzten Jahrhunderten ist er nicht mehr vollständig zu erkennen. Obgleich man etwas wahrnimmt, ist es nur eine schwache und zweifelhafte Ähnlichkeit. Wenn ein Mensch aufrichtigen Glaubens dort betet und wenn diesem eine geheime Empfindung zuteil wurde, sieht er ihn deutlich; doch lange kann er sich an seinem Anblick nicht erfreuen.«

XUANZANG

ner düsteren, von schwarzen Felszinnen bewehrten Schlucht tritt der Shimshal-Bach heraus. Talaufwärts leben bereits tibetischstämmige Bewohner. Sie sind Nachkommen jener tibetischen Soldaten, die im 8. Jahrhundert Hunza und Chitral von Wehrburgen aus beherrschten.

Mit jedem Kilometer, den wir nun dem Hunza-Fluß talwärts folgen, wird die Landschaft erhabener und drohender. Weiße Gletscherzungen lecken in die Flußniederung hinab. Darüber erheben sich die kalten Gipfel der Baturamauer, Shipspare und Ultar. Eine beeindruckende Kette von Siebentausendern steigt in den azurblauen Himmel auf, mit furchterregenden Hängegletschern gepanzert, mehr dem Himmel als der Erde zugehörig. In diese Urlandschaft aus Fels und Eis, zu der sich noch die Urgewalt Wasser gesellt, liegt eingesprenkelt die Oase Gulmit. Blühende Bergwiesen, schlanke Pappeln entlang schmaler Wasserläufe und Kletterpfade, die zu unbezwingbar erscheinenden Feldern hinaufführen. Hier versteht man, wenn die Hunza behaupten, daß ihre Kinder zuerst klettern lernen und dann gehen. Knapp hinter Gulmit verschwindet der Hunza-Fluß in einem gigantischen Canyon. Auf einer Strecke von 30 Kilometern durchbricht er den Karakorum zwischen den beiden Siebentausendern Ultar und Rakaposhi. Mehrere tausend Meter steigen die Wände zu beiden Seiten des Flußufers auf, aus denen die Trasse des Karakorum-Highways herausgesprengt wurde. Haushohe Felstrümmer liegen umher, als wären sie von Dämonen dorthin geschleudert worden. »Man konnte Geister beobachten«, berichtet Xuanzang schaudernd, »die über die Gipfel ritten. Manchmal scheint es, als sei eine Felswand der Breite nach gespalten, oder man entdeckt auf einem hohen Gipfel die Spuren eines Pferdes; aber bei all diesen Dingen trügt der Schein. Es sind die Spuren der Arhat (Heilige) oder Shramana (Asketen)« – tröstet er die gläubigen Buddhisten –, »die, in Scharen umherstreifend, um sich zu ergötzen, mit dem Finger Linien über die Felsen gezogen haben oder die, zu Pferde galoppierend, dort die Spuren ihrer Tritte hinterlassen haben«.

In der Tat macht die Schlucht den Eindruck, als hätte ein Prankenhieb das Gebirge gespalten. Aber nicht nur die mit übernatürlichen Fähigkeiten ausgestatteten Heiligen und Yogis haben hier ihre Spuren hinterlassen, sondern auch die Reisenden, die hier entlang des Weges kamen. Direkt am Straßenrand liegt der Heilige Felsen von Hunza. Er stellt eine Art Gästebuch der Seidenstraße dar, auf dem Vorbeikommende seit urdenklichen Zeiten sich eingetragen haben. Nachrichten in den nackten Fels geritzt, in vielen wichtigen, auf der Seidenstraße kommunizierten Sprachen – in Kharoshthi, Brahmi, Gupta, Sogdianisch, Chinesisch und Tibetisch. Sie stellen ein Monument der Geschichte des Hunza-Königreiches dar und verdeutlichen nicht zuletzt, daß hier ein lange verborgener Zweig des Fernhandelsweges hindurchführte, der erst durch Aurel Steins Entdeckungen in seiner Bedeutung erkannt wurde. Auf der anderen Seite des Hunza-Flusses ist zeitweise ein kühn in den Fels gehauener Saumpfad zu erkennen. Er zeigt den Verlauf der alten Seidenstraße an. Selbst heute noch, obwohl der Weg durch die Hunza-Schlucht durch chinesische Brücken und Stützbauten entschärft ist, läßt sich erahnen, wie schwierig diese Route für die Karawanen gewesen sein muß. Die Route war nicht nur Lawinen und Erdrutschen ausgesetzt, sondern auch einem Gelände, das immer wieder zu gefährlichen Flußüberquerungen zwang. Eine Vielzahl von Hängebrücken waren notwendig, um diese Route offenzuhalten. Der Hunza-Fluß bildete nicht nur ein schwieriges Hindernis für die Reisenden, er trennte auch zwei Reiche, in denen gutnachbarschaftliche Beziehungen nicht allzu groß geschrieben waren. Auf der einen Talseite ist Hunza, auf der anderen Nagar. Die Rivalität der beiden Nachbarn, die in Rufweite voneinander leben, ging in der Vergangenheit so weit, daß die Nagar Schiiten wurden, während die Hunzakutz die gemäßigte ismaelitische Form des Islam annahmen, die die fundamentalistische Interpretation ablehnt. In beiden Reichen bestand ein kultisches Königtum, dessen Repräsentanten von Trutzburgen aus ihr

Gebiet beherrschten. In Friedenszeiten betätigten sie sich gemeinsam als Karawanenräuber und Wegelagerer. Zum Glück für die Händler und Pilger war dies nicht allzuoft der Fall. Erst in jüngster Zeit, angesichts der Bedrohung durch die Engländer, die hier das »Große Spiel« gegen die Russen eröffneten, wurde aus der alten Feindschaft ein Bündnis. Beide Großmächte hatten das gleiche strategische Ziel: die Königreiche Hunza und Nagar, von wo aus sich der Solarplexus Asiens kontrollieren ließ. Ultimativ forderte London den König von Hunza auf, den Bau einer Straße durch sein Land zu genehmigen. Der alte Karawanenpfad war ungeeignet für militärische Operationen, wie sie die Briten planten. Aber der Mir, der König, lehnte ab. Hunzas Stärke war die Verkehrsfeindlichkeit und nicht der Verkehr. Hunzas Grenzwächter waren die Berge, seine Sicherheit beruhte auf nahezu unüberwindlichen Naturgrenzen. Am 1. Dezember 1891 kreuzten sich in dieser Gebirgsfestung zum ersten Mal die Schwerter. Die Briten überschritten bei Chalt die Steilklippen und veranstalteten einen »Indianerkrieg«. Mit 1 000 gut ausgerüsteten indischen Soldaten rückte Oberst Durand im Dezember 1891 gegen 200 mit Pfeil und Bogen bewaffnete Hunzakutz in Fort Nilt vor. Die überlegene Militärmacht siegte zwar, aber unter beträchtlichen Verlusten. Durand selbst wurde verwundet. Aber auf Druck Rußlands und Chinas mußten sich die Engländer wieder in ihr Mandatsgebiet nach Gilgit zurückziehen, bis 1947 Pakistan die Verwaltung über Hunza und Nagar übernahm. Die Straße, die die Konfrontation auslöste, konnten die Hunza noch verhindern. Sie wurde erst ein halbes Jahrhundert später gebaut – von den Chinesen.

Bei Ganesh, am Heiligen Hunza-Felsen, weitet sich die Schlucht zu einem breiten Tal, aus dem zu beiden Seiten Terrassenfelder wie Treppen ansteigen. Auf der südlichen Talseite, im Schatten der mächtigen Eis-

Hunza ist eine Gebirgswüste mit eingesprenkelten Oasen. Die Fruchtbarkeit hat hier überall ihre Grenzen, die Terrassenfelder sind nie mehr als Inseln inmitten einer von Unfruchtbarkeit und in hohen Lagen von Gletschern bestimmten Gebirgswelt.

»Er schaute nach allen Seiten und entdeckte Ebenen ohne Grenzen, auf denen man keine Spur eines Menschen oder eines Pferdes sah. In der Nacht ließen böse Geister Fackeln so zahlreich wie die Sterne leuchten; am Tag wirbelten schreckliche Winde den Sand auf und verschütteten ihn wie Regenströme. Bei all diesen grausamen Angriffen aber blieb sein Herz frei von Furcht.«

XUANZANG

bastion des Rakaposhi, liegen die Dörfer von Nagar. Auf der Nordseite verjüngen sich die Terrassen nach oben und verlieren sich dort mit ihren blühenden Säumen zwischen den Atriumhäusern von Karimabad. Vor dem Hintergrund des Ultargletschers zeichnet sich die Burg des Mir von Hunza ab. Der Blick von oben über das Hunza-Tal zeigt ein ungewöhnliches Bild. Was sich hier dem staunenden Auge des Betrachters offenbart, ist die glückliche Verbindung von zwei gegensätzlichen Landschaften: einer Gebirgswelt in ihrer kühnsten Form und einer Gartenkultur, die ihre hängenden Gärten zwischen den Zinnen der Eisgiganten zelebriert. Mehr als 5 000 Meter hoch steigen die schneeweißen geriffelten Eiswände des Rakaposhi über die Almen und Terrassenfelder auf, schieben sich die Gletscherzungen bis an die blühenden Obstgärten heran. Kaum ein Sonnenstrahl trifft den Ort Yal. Er liegt völlig im Schatten des Rakaposhi, während die Gipfel des »Drachenschwanz-Berges« bis zuletzt im goldenen Licht der Abendsonne baden. Ein uralter Mythos verbindet das Hunza-Königtum und den Rakaposhi, genauer gesagt mit der Gottheit, die dort residiert. In diesem hohen Eispalast thront die Peri, eine weibliche Naturgottheit, die über eine Horde von guten und bösen Geistern gebietet. »Ihre Wohnsitze sind rubinrot und jadegrün«, erzählen die Hunzakutz, »die Türen sind aus Türkis. Und diese Wohnsitze haben zwölf Tore. Und hinter den zwölf Toren sind sieben Häuser, und darin leben sieben Feen.« Zwölf als Maß für die höchste Vollkommenheit und sieben als Anzahl der spirituellen Kraftzentren.

Als die ersten abendländischen Bergsteiger auftauchten und der Nanga Parbat eine Reihe von Opfern forderte, waren die Hunza überzeugt, daß die Peri ihr Haupt schüttelte und sie mit Eis- und Schneelawinen vernichtete. »Nur wenn man den Feen nicht zu nahe tritt, sind sie schön«, weiß der Hunzakutz, der sein Leben lang damit beschäftigt ist, zu Füßen der Eisriesen die Grenzen menschlicher Leistungsfähigkeit auszuloten. Er kümmerte sich um seine Felder und Tiere und hoffte im übrigen, daß der König und der Schamane, die mit der Peri in Verbindung standen, erwirkten, daß sich die Kalamitäten in Grenzen hielten. Die Natur ist in Hunza die alles beherrschende Größe. Da verblaßt alles menschliche Machwerk, und selbst Baltit, die Königsburg, wirkt wie eine Miniatur inmitten der übermächtigen Berge.

An einer unscheinbaren Kreuzung führt eine schmale steile Straße hinauf nach Karimabad. An den abschüssigen Hängen kleben eine beträchtliche Anzahl von Lodges, kleinen Hotels und Gästehäusern, die alle mit »Mountain View« locken. Zu Ehren von Karim Aga Khan, dem Oberhaupt der Ismaeliten, trägt der Ort heute den Namen Karimabad – Stätte Karims. Hier befindet sich auch die neue, zeitgemäße Residenz des Mir von Hunza. Doch die Vergangenheit ist allgegenwärtig. Hoch über Karimabad thront wie eine Gralsburg das Fort Baltit. Ein Häuserring legt sich schützend um die Festung. Schmale holprige Pfade winden sich durch das Gewirr ineinander verschachtelter, fensterloser Häuserwürfel. Die einzige Lichtquelle in den Ein-Raum-Häusern ist ein rundes Loch im flachen Dach, durch das auch der Rauch entweicht. Auf den staubigen Dächern dörren Aprikosen in der Sonne – gelbe und orangene Farbklekse, die das Grün und Braun wirkungsvoll kontrastieren.

Von einem Schritt zum nächsten betritt man das Zwischenreich der Mythen und Legenden: Baltit, die letzte Sprosse der Himmelsleiter. Der Stammsitz der Ayescho-Dynastie ist die steinerne Manifestation eines Herrschertums, das sich als Mittler zwischen Himmel und Erde begreift. Seit dem 11. Jahrhundert wird das Königreich faktisch von einer einzigen Familie beherrscht. Bis zur Geburt Ayeschos, des Dynastie-Gründers, regierten acht Urkönige, heißt es in einer der vielen mythischen Überlieferungen. Nach einer anderen Legende soll die Königsfamilie von zwei persischen Prinzen abstammen, die hierher geflohen waren. Eine dritte stempelt die Hunza zu Nachkommen versprengter Soldaten aus dem Heer Alexanders des Großen. So widersprechend die Nachrichten über die Herkunft der Hunza auch sind, fest steht, daß sie sich von ihren Nachbarn

sprachlich und ethnisch deutlich unterscheiden. Sie haben auffallend indo-europäische Züge; helle Haut, blaue Augen, blonde bis rotbraune Haare, Adlernasen. Das in Zentralhunza gesprochene Burushaski ist mit keiner anderen Sprache der Welt verwandt. Bis in die Gegenwart blieb Hunza eine Oase des Altertums, ein letzter Rest Seidenstraßenkultur, der sich in der Abgeschiedenheit des Karakorum erhalten hat. Das Königreich spielte die Rolle eines Transitlandes und sog wie ein Schwamm verschiedene Einflüsse auf. Es kam sowohl mit den persischen Hochreligionen in Berührung als auch mit dem Buddhismus. Darüber breitete sich wie ein Mantel der Islam, ohne jedoch die Vergangenheit gänzlich auszulöschen. Bis heute haben sich schamanistische Traditionen erhalten. Hunzas Kultur hat viele Väter. Die Wegweiser deuten in verschiedene Richtungen: nach Persien, Ost-Turkestan und auch nach Tibet. Für Tibet barg Hunza das »Geheimnis des Lebens«; Baltit erinnert an ein tibetisches Bergkloster. Das Erdgeschoß diente als Getreidespeicher und Vorratsraum. Darüber befanden sich die Küche und Wohnräume. In der obersten Etage schließlich hatte der Mir sein Amtszimmer, von dessen Balkon sich ein herrlicher Blick über sein Reich bot. Einst aus der Mitgift einer Balti-Prinzessin im 16. Jahrhundert erbaut, hat es bis zum Jahre 1960 den Miren von Hunza als Residenz gedient. Seitdem hat sich der Verfall im Gebälk eingenistet. Die erdbebensichere Bauweise mit dämpfenden Schichten waagrechter Holzbalken widerstand zwar allen Erschütterungen, aber jetzt nagt der Zahn der Zeit an den Mauern. Der Putz bröckelt von den Decken, die Holzschnitzereien zerbröseln, durch Ritzen und Öffnungen pfeift die Peri, wenn sie sich vom Rakaposhi herabschwingt.

Von der Dachterrasse schweift der Blick über grüne, von Maulbeer- und Aprikosenbäumen gesäumte Gärten ins Tal, wo der Hunza-Fluß zwischen Steilwänden dahinschießt. Auf einer Felskanzel, die senkrecht zum Fluß abstürzt, steht die nicht minder eindrucksvolle, aber noch ältere, düstere Wehrburg Altit. Altit liefert das mystische Dekor für die Geschichte des Hunza-Königtums. Berg und Burg gehören zusammen. Sie bilden eine kultische Einheit als Kraftspeicher und geistige Festung, um die sich schuppenartig die Häuser gruppieren. Rauch steigt in dünnen Säulen aus den

Vom düsteren Fort Altit, hoch über dem Hunza-Fluß, beherrschten die Hunzakutz den wichtigen Zugang zum Pamir-Knoten, dem Solarplexus Asiens.

Unterhalb der Festung Altit haben Hunza Aprikosen in riesigen Schüsseln aus Weidengeflecht zum Trocknen ausgelegt.

»Volk ohne Krankheit« oder »Berg-Methusalems« wurden die Hunza wegen ihres ungewöhnlich hohen Alters bei guter Gesundheit genannt. Verantwortlich dafür war ihre Ernährung aus vorwiegend Getreide und Obst, wenig Fleisch, weil die Tiere hauptsächlich wegen der Milch gehalten wurden.

Dachöffnungen auf. Entlang der Felsterrasse, die zum Eingang der Festung führt, haben die Frauen große Weidengeflecht-Teller ausgelegt, auf denen sie Aprikosen trocknen. In der Vergangenheit, als das Hunza-Tal im Winter monatelang von der Außenwelt abgeschnitten war, dienten getrocknete Aprikosen und anderes Dörrobst als wichtige Nahrungs- und Vitaminquelle. Sie werden in über 20 nacheinander reifenden Sorten angebaut und gelten als heilige Frucht. Das Fruchtfleisch wird zur Zubereitung verschiedener Speisen verwendet, Aprikosenöl gilt als »Öl des Lebens«, das zum Kochen, als Brennstoff, aber auch als Schönheitsmittel verwendet wird.

Vor dem Bau des Karakorum-Highway lebten die Hunzakutz weitgehend autark. Ihre Ernährung aus überwiegend Getreide und Obst, wenig Fleisch, war der Schlüssel zu einer ungewöhnlich hohen Lebenserwartung. Schnell war ein neuer Mythos geboren – der vom »Volk ohne Krankheit«. Das Reich der »Roten Ritter«, deren Raubzüge von ihren Nachbarn gefürchtet waren und die die Karawanenwege verunsichert hatten, mutierte nach der britischen Eroberung zum Land der Bergbauern-Methusalems, das einen noch älteren Mythos des Abendländers weiter nährte: vom legendären Shangri-La, jenem verborgenen Paradies, das sich ihm sofort wieder entzog, sobald er es gefunden zu haben glaubte.

Hunza bildete darin keine Ausnahme. Die britische Eroberung zerstörte den Mythos, und seit der Eröffnung des Karakorum-Highways kommen immer mehr Konsum- und Luxusgüter in die einst isolierte Gebirgsoase, so daß die Hunzakutz auf dem besten Wege sind, genauso zahnweh- und herzinfarktanfällig zu werden, wie wir es sind. Das alte Wundermittel, die getrockneten Aprikosen, verkaufen Frauen in bunten Pluderhosen und blumenbestickten Kappen unten am Straßenrand an vorbeikommende Pauschaltouristen, die in klimatisierten Bussen von einem Shangri-La-Hotel zum nächsten zoomen.

Südlich der historischen Burgruine von Chalt, wo Briten und Hunzakutz erstmals die Klingen kreuzten, endet das alte Herrschaftsgebiet des Mir. Die betreffende Stelle markiert ein Engpaß, an dem die Felswände so nahe zusammentreten, daß der Fluß wie aus einem Tor heraustritt. Früher mußte ein erfahrener Führer an den Steilklippen abklettern und an großen hölzernen Pflöcken, die in Felsspalten getrieben worden waren, Seile befestigen. Nachdem die Reisenden die Stelle mit Seilhilfe überwunden hatten, wurde diese wieder entfernt und der Pfad dadurch wieder unpassierbar gemacht. Die Trasse des Karakorum-Highway mußte in dieser heiklen Passage aus den nackten Felsen gesprengt werden. Unberechenbar und zuweilen auch unpassierbar ist die Route geblieben.

Der Karakorum-Highway gehört zu den Straßen auf unserer Erde, die nie fertig werden. Lawinen und Erdrutsche verlegen immer wieder die Strecke. Einmal benötigte ich für die knapp 500 Kilometer lange Strecke von Abottabad nach Gilgit eine Woche. Wir überquerten ein gutes Dutzend Erdrutsche und bewältigten die Strecken zwischen den Blockaden mit eingeschlossenen Fahrzeugen, die hin und her pendelten, bis ihnen der Treibstoff ausging.

Die Straße ist nicht zuletzt deshalb so gefährdet, weil sie durch eine geologisch höchst labile Zone führt. Hier befindet sich jene Knautschzone, wo nach einem gigantischen interkontinentalen Auffahrunfall, der sich vor 40 Millionen Jahren ereignete, der indische Subkontinent mit der zentralasiatischen Platte kollidierte. Nach wie vor drückt und schiebt die indische Scholle gegen das asiatische Festland. Die Folge ist, daß hier etwa alle drei Minuten kaum spürbare Beben stattfinden, denen von Zeit zu Zeit größere Erschütterungen folgen, die immer wieder zu Bergstürzen und Erdrutschen führen.

Durch das Indus-Tal nach Gandhara

Südlich der Bruchzone öffnet sich die Hunza-Schlucht zu einer breiten Talfurche. Rechts vereinigt sich die schäumende Wasserstraße mit dem Gilgit. Er hat die Farbe eines Gletschers, in dem sich der Himmel spiegelt. Auf der anderen Seite, ein paar Kilometer flußaufwärts, liegt Gilgit, das antike Girigitta, Karawanserei der Seidenstraße. Außer Steinen gibt es hier nur zwei Dinge im Überfluß: Früchte und Nüsse, vor allem Aprikosen, Trauben, Äpfel und die Walnuß. Am Kreuzungspunkt von verschiedenen Karawanenrouten gelegen, war Gilgit immer schon wichtiger Handelsplatz, aber gleichzeitig auch begehrliches Ziel von Invasoren. Zuerst von iranischen Einwanderern geprägt, war der Oasenort vom 1. bis 3. Jahrhundert Teil des Kushan-Reiches. Später geriet Gilgit unter den Einfluß der Tang, die abgesehen von einem tibetischen Intermezzo im 8. Jahrhundert bis zum Ende der Dynastie die Oberhoheit behielten. Mit den Kushan kam auch der Buddhismus nach Gilgit, der erst im 11. Jahrhundert vom Islam verdrängt wurde. Ein Strang der Seidenstraße verband Gilgit mit Chitral und Swat, dem Territorium des alten Königreiches Udyana; der andere Zweig – er entspricht dem weiteren Verlauf des Karakorum-Highway – führte durch das Indus-Tal nach Taxila und Peshawar, den Zentren von Gandhara. Die chinesischen Pilgermönche Faxian und Sungyun haben lebhafte Berichte von den beiden Routen hinterlassen. Auch Xuanzang kam hier vorbei. Er nannte das Gebiet Polulo, und er fand nicht gerade schmeichelhafte Worte für die Bewohner: »Die Menschen sind roh und grob«, urteilte er. »Sie kennen keine Menschlichkeit und Gerechtigkeit; und von Höflichkeit hat man überhaupt noch nichts gehört. Das Aussehen ist barbarisch, und sie kleiden sich in Wolle. Ihre Schrift gleicht der indischen, aber ihre Sprache ist verschieden. Es gibt ungefähr 100 Klöster im Land mit etwa 1 000 Mönchen, die keinen großen Lerneifer zeigen und die Glaubensregeln wenig achten.« Xuanzangs Besuch fiel in die Zeit des erstar-

Junge aus Gilgit mit typischer Kopfbedeckung.

Kolossaler, aus dem Fels gemeißelter Buddha Sakyamuni, der über das Gilgit-Tal blickt und die Menschen mit der Ermutigungsgeste auffordert, näher zu treten.

kenden Hindutums, das den Buddhismus in seiner ursprünglichen Heimat schwer bedrängte. Die vom Pilger skizzierte Situation zeigt bereits deutlich die Symptome des Verfalls.

Nur wenige Kilometer außerhalb der modernen Stadt lokalisierte Aurel Stein einen aus dem Fels modellierten Riesenbuddha. Er ist auch heute noch zu sehen. Der Weg führt zunächst durch grüne Talauen den Gilgit-Fluß aufwärts und biegt dann oberhalb des Dorfes Basin in ein schmales Seitental ab. Vorbei an Bauernhäusern schlängelt sich der Pfad an einem dicht bewachsenen Geländerücken entlang, auf dem Ziegen und Schafe weiden. Gegenüber, jenseits der tief eingekerbten Talschlucht, erhebt sich eine glatte, senkrechte Felswand, von der ein monumentaler stehender Buddha herabblickt. Mit der Ermutigungsgeste fordert der Erleuchtete die Fernstehenden auf, näher zu treten und der Lehrunterweisung zu lauschen. An der Einrahmumg befinden sich in regelmäßigen Abständen rechteckige Löcher, die einstmals zur Verankerung von hölzernen Vorbauten dienten.

Nach einer lokalen Legende soll hier vorher eine Riesin namens Yakshini gehaust und die Menschen tyrannisiert haben. Als eines Tages ein Heiliger vorbeikam, baten sie ihn um Hilfe. Er bannte Yakshini an die Felswand und erklärte den Bewohnern, daß sie zeit seines Lebens nicht mehr freikommen würde. Nach seinem Tode aber sollten sie seinen Körper am Fuße des Felsens begraben, und dann wäre Yakshini für alle Zeiten unschädlich gemacht. Daraufhin töteten sie unverzüglich den Heiligen und begruben ihn am Fuße des Felsens.

Nicht weit davon entfernt, oberhalb des Dorfes Napur, liegen die Reste eines Stupa und die Grundmauern eines Tempelkomplexes. In den Ruinen wurde 1931 das sogenannte »Gilgit-Manuskript« entdeckt, ein auf Birkenrinde geschriebener Sanskrit-Text, der über die Herrschaft der buddhistischen Bolor-Dynastie (4.–8. Jahrhundert) berichtet, die zur Zeit des Xuanzang über Gilgit herrschte.

In der Stadt Gilgit selbst sind alle Spuren der buddhistischen Vergangenheit ausgelöscht. Sie ist ganz vom Islam geprägt und vom Handel, der dank des Karakorum-Highways wieder aufblüht. Seitdem rollen Kolonnen von unglaublich buntbemalten Lastwagen vom pakistanischen Tiefland nach Gilgit hinauf und beleben mit ihren Waren den Bazar. Mit ihren riesigen hölzernen Aufbauten, unter denen die Fahrerkabinen verschwinden, sehen sie aus wie die Behausungen moderner Nomaden.

50 Kilometer südlich von Gilgit trifft der Karakorum-Highway auf den Indus, der bereits einen langen Weg hinter sich hat. Von seiner Quelle am Weltenberg Kailash in Westtibet hat er die Himalaya-Kette durchbrochen, die Gebirgswüste Ladakhs mit lebensspendendem Wasser versorgt und den Karakorum überwunden. Nun stellt sich ihm ein weiteres Hindernis in den Weg: der Nanga Parbat. In einem weiten Bogen nach Westen weicht er dem Berggiganten, dessen Gipfel mehr als 6 000 Meter über dem Indus-Tal thronen. Zwischen den weiten Schwemmterrassen, die Mini-Oasen bilden, bedrohen Felsüberhänge mit lockerem Gestein die Straße. Felsstürze und abbröckelndes Geröll bearbeiten ständig die Straße, die pausenlos ausgebessert werden muß. Bei jedem stärkeren Regen geraten die Hänge in Bewegung und machen den Karakorum-Highway unpassierbar. Erst kurz vor Chilas treten die Wände wieder auseinander, öffnet sich das Tal in eine weite, vegetationslose Mondlandschaft. Wild schäumend, wälzt der Indus seine schmutzig-braunen Fluten durch eine mit haushohen Felstrümmern übersäte Steinwüste. Rotbrauner bis schwarzer Wüstenlack überzieht die Felsen und läßt sie metallisch schimmern. Kaum vorstellbar, daß gerade diese trostlose Öde die größte Fülle von Spuren der Seidenstraße konserviert hat. Hier gab es zwar keine reichen Oasen wie im Tarim-Becken, keine blühenden Kulturzentren, auch keinen weichen Sandstein, in den Mönche Höhlen schlagen konnten, sondern nur Steine. Auf ihnen haben Reisende aller Zeiten ihre Spuren hinterlassen: Tagebücher in Form von Felszeichnungen, von der Steinzeit bis in die Gegenwart. Die Spannweite reicht von einfachen Strichmännchen und Tierdarstellungen zum Zwecke der Jagdmagie bis zu komplexen Darstellungen buddhistischer Gottheiten und Botschaften in Sanskrit. Während die Sakralbauten Andersgläubiger samt Inventar durch fanatische Moslems zerstört wurden, blieben die Felsbilder unangetastet. Der Volksglaube, diese wären von Feen geschaffen, erwies sich stärker als jedes Dogma. Neben den antiken Felsbildern prangen neue. Ob sie allerdings ebenso lange überdauern werden wie die alten, ist zu bezweifeln. Sie werden nicht mehr mühevoll in den Stein geritzt, sondern aus Farbdosen aufgesprüht. Auch kennen sie nur noch eine Botschaft: den Kommerz. Grellfarbene Werbeslogans laden zu Flitterwochen ins Shangri-La.

Einen wirklichen »Bestseller« findet man 300 Kilometer weiter südlich, am Ende des Karakorum-Highways, wenn man in dieser Richtung unterwegs ist. Am Stadtrand von Mansehra befinden sich unmittelbar an der Straße drei Felsblöcke mit Edikten des Kaisers Ashoka. Sie datieren aus dem 3. Jahrhundet v. Chr. und stellen somit die ältesten historisch relevanten Inschriften auf dem indischen Subkontinent dar.

Ashoka (268–232 v. Chr.), der dritte Maurya-Herrscher, einst Feldherr blutigster Schlachten, wandelte sich zum glühenden Verehrer Buddhas und rief seine Untertanen zu Friedfertigkeit und Toleranz auf. Überall in seinem großen Reich ließ er Edikte mit Verhaltensmaßregeln zu einem Leben im Sinne der buddhistischen Lehre in Steine meißeln. Die Inschriften sind im altindischen Pali, der kanonischen Sprache des frühen Buddhismus, abgefaßt und in der linksläufigen Kharoshthi-Schrift ausgefertigt. Unter der kräftigen Protektion des Maurya-Königs kam es zu einer ersten Verbreitungswelle des Buddhismus, aber erst Jahrhunderte später, als sich die Mahayana-Lehre mit der Kunst von Gandhara vermählte, wurde daraus eine Weltreligion.

Der vielleicht wichtigste Ort, an dem sich die Lehre des Buddha zum erfolgreichen »Exportgut« formte, liegt inmitten eines fruchtbaren Hügellandes, nur 40 Kilometer westlich von Islamabad, der Retorten-Hauptstadt Pakistans. Taxila oder Takshasila, die Stadt auf dem Schlangenhügel, wie sie ursprünglich hieß, ist die älteste, ständig bewohnte

Seit der Eröffnung des Karakorum-Highway rollen unglaublich buntbemalte Lastwagen mit monströsen hölzernen Aufbauten entlang des Indus-Tales nach Gilgit hinauf. Jeder Quadratzentimeter Fläche ist an den hölzernen Aufbauten der Lastwagen phantasievoll bemalt.

In der Felsschlucht bei Chilas haben Reisende ein Tagebuch in Form von Felszeichnungen hinterlassen; die Spannweite reicht von der Steinzeit bis in die Gegenwart. Nebeneinander finden sich Buddhas, Bodhisattvas, heilige Symbole, steinzeitliche Jagdmagie und zeitgenössische Werbebotschaften.

Stadt Pakistans. Drei der bedeutendsten antiken Hochkulturen haben der Stadt ihren Stempel aufgedrückt: die indische, persische und griechische. Deshalb ist es nicht überraschend, daß hier drei nebeneinander liegende alte Städte freigelegt wurden, die für die drei wichtigsten Perioden der Metropole des Punjab stehen. Die älteste der drei ist Bhir Mound. Ursprünglich Zentrum eines eigenständigen Königreiches, wurde die Stadt zu Beginn des 6. Jahrhunderts vor unserer Zeit von den persischen Achämeniden erobert. Hier hielt Darius der Große 518 v. Chr. seinen triumphalen Einzug. Knapp 100 Jahre später geleitete Ambhi, König von Gandhara, seinen Verbündeten Alexander den Großen in die Stadt. Und hier regierte König Ashoka; vom Kriegsherren zum frommen Buddhisten geläutert, begann er sein Reich - wie die in Stein gemeißelten Edikte zeigen – in einen buddhistischen Musterstaat zu verwandeln. Bereits unter seinen Vorgängern begegneten sich, als Folgewirkung des Alexanderfeldzuges, Hellas und Indien auf dem Boden Taxilas. Griechische Künstler, Modellierer und Händler zogen in Scharen

zum attraktiven Hof der Maurya-Herrscher, wodurch Taxila zu einem geistigen und kulturellen Zentrum ersten Ranges aufstieg. Die Verschmelzung von indischen und griechischen Traditionen bildete den Nährboden für die Entstehung des Gandhara-Stils und die Hinwendung Ashokas zum Buddhismus schließlich den auslösenden Faktor.

In dieser Stadt soll sich ein ergreifendes Familiendrama abgespielt haben, das zum Bau eines monumentalen Stupa führte, der nach Kunala, dem Sohn Ashokas, benannt ist und dessen Ruinen einen Hügel östlich von Bhir Mound krönen. Nach der von Xuanzang überlieferten Legende soll Kunala so schöne Augen gehabt haben, daß ihm seine Stiefmutter eindeutige Avancen machte. Weil sie der Prinz jedoch zurückwies, sann sie auf Rache und überzeugte Ashoka, seinen inniggeliebten Sohn als Vizekönig nach Taxila zu schicken. Daraufhin fälschte sie einen Brief mit dem Siegel des Königs, der den Befehl enthielt, Kunala die Augen auszustechen. Der Königssohn war allerdings sehr beliebt, und so verweigerten die Soldaten, den Auftrag auszuführen. Kunala selbst aber befahl ihnen, der Anweisung seines Vaters Folge zu leisten, und so wurde er an dem Stupa geblendet. Erblindet bettelte er auf den großen Straßen Indiens um Almosen. Seine Schritte führten ihn auch zur Residenz Ashokas, wo er nahe beim kaiserlichen Palast nachts seine Leiden besang. Der König fuhr im Schlaf hoch und erkannte die Stimme seines verlorenen Sohnes. Als er die Geschichte erfuhr, ließ er seine Frau hinrichten. Der Kunala-Stupa aber wurde zu einem Wallfahrtsort für Blinde, und in Taxila befindet sich heute die wichtigste Augenklinik des Landes.

Im 2. Jahrhundert v. Chr. kehrte Hellas durch eine neue Welle von Einwanderern zurück. Die baktrischen Griechen gründeten neben Bhir Mound die Siedlung Sirkap als neuen Stadtteil. Während Bhir Mound eine natürlich gewachsene Stadt war, mit völlig willkürlich und unregelmäßig zusammengewürfelten Häusern, wurde Sirkap auf dem Reißbrett entworfen. Die Grundmauern der alten Stadtanlage haben sich noch erstaunlich gut erhalten. Wenn man, von Süden kommend, die kerzengerade verlaufende Hauptstraße entlanggeht, reihen sich links und rechts streng symmetrisch angeordnete Häuserreihen. Unmittelbar an der Straße, in den Toplagen, befanden sich Geschäfte und Sakralbauten, erst dahinter schlossen die Wohnhäuser an. Stein, Lehm und Holz waren die wichtigsten Baumaterialien. Erhalten haben sich allerdings nur noch die robusten Steinmauern, die bis zu einer Höhe von einem Meter die tragenden Fundamente bildeten. Alles in allem macht Sirkap den Eindruck einer Bazarstadt, die von Händlern

Südlich von Gilgit – wenn man von dieser Richtung kommt – trifft die Karakorum-Straße auf den Indus, der in einem weiten Bogen nach Westen das Nanga Parbat-Massiv umgeht.

»Er fuhr mit seinen Huldigungen fort, und nachdem er 200 weitere Ehrenbezeugungen vorgenommen hatte, wurde die ganze Grotte plötzlich von Licht überflutet, und der Schatten von Rulai zeichnete sich majestätisch auf der Wand ab, so wie wenn die Wolken sich öffnen und auf einen Blick das wunderbare Bild des Goldberges freigeben.«

XUANZANG

und Kaufleuten geprägt war. Sie entspricht ganz der Rolle, die die Baktrier und auch Sogdier in der Welt der Seidenstraße gespielt haben. Sie waren die großen Mittler im Warenaustausch zwischen China und dem Abendland. Baktrien und Sogdien gehörten zum Perserreich, das Alexander der Große erobert hatte. Ihre Territorien lagen im Zweistromland zwischen den Flüssen Oxus (Amu Darya) und Yaxartes (Sya Darya) im heutigen Usbekistan. Dort hatte Alexander Städte gegründet und Griechen angesiedelt. Ein Teil von ihnen empörte sich gegen ihn, weil sie in ihre Heimat zurück wollten, und nach seinem Tod im Jahre 323 v. Chr. machten sich Tausende auf, um den Rückmarsch nach Griechenland anzutreten. Gleichwohl blieben andere in Zentralasien und pflanzten die hellenistische Kultur ein, wo immer sie sich niederließen. So auch hier in Taxila. Die Geschichte dieses Raumes stellt sich, wie wir sie kennen, als ständiges Kommen und Gehen dar, als ein oft verwirrendes Mosaik von Völkern, deren Spuren sich nur schwer verfolgen lassen. Um die Verwirrung noch zu steigern, taucht hier ein Volk auf, das eigentlich ganz woanders sein müßte und wegen dem der Han-Kaiser Wudi seinen Kundschafter Zhang Qian losgeschickt hatte: die Yuezhi.

Ursprünglich Nachbarn der Chinesen in Gansu, wurden sie im 2. vorchristlichen Jahrhundert von den Xiongnu nach Nordwesten abgedrängt. Schließlich ließen sie sich in Baktrien nieder und übernahmen die dortige griechisch-iranisch geprägte Kultur. Inwieweit sie sich mit den Baktriern vermischten, ist unklar, fest steht jedoch, daß sie sich etablierten und einer ihrer Führer die Kushan-Dynastie begründete. Zunächst standen sie noch ganz in der Tradition der Kultur Baktriens. Sie adaptierten die ira-

Linke Seite und oben: Gandhara-Buddhas zieren den Sockel der Stupa von Jaulian im Gebiet von Taxila.

nische Sprache, die griechische Schrift und die persischen Götter. Erst im 2. Jahrhundert unserer Zeit, als Kadphises, der zweite und neben Kanishka bedeutendste Kushan-Herrscher, ein mächtiges Reich gründete, verstärkte sich der indische Einfluß. Die entscheidende Begegnung mit indischer Kultur, insbesondere mit dem Buddhismus, fand hier in Taxila statt. Nach der Eroberung von Sirkap übernahmen die Kushan als neue Herren die Stadt. Obwohl heute nur noch die Grundmauern zu sehen sind, läßt sich erkennen, daß Sirkap einstmals eine mächtige Stadt war. Erst recht weisen die vielen Funde an Schmuck, Münzen und kunstvollen Gebrauchsgegenstände auf ein blühendes Kulturzentrum hin. Und doch war alles innerhalb weniger Jahre vorbei. Um die Wende vom 1. zum 2. Jahrhundert vor unserer Zeit ließ Kadphises die Bewohner in die nur zwei Kilometer entfernte neugegründete Stadt Sirsukh umsiedeln. Über die Gründe kann man nur spekulieren. Glaubten die Kushan womöglich, Sirkap würde von bösen Dämonen beherrscht, nachdem erst ein gewaltiges Erdbeben die Stadt erschüttert und dann die Pest einen Teil der Bewohner hinweggerafft hatte? Oder genügte die Stadt ihren Ansprüchen nicht mehr, so daß sie sich ein eigenes Denkmal setzen wollten?

Von Sirsukh aus regierten die Kushan ein gewaltiges Reich, das sich neben den Parthern als zweite Macht zwischen China und Rom schob. Unter dem Patronat von Kanishka (232–260), der bekanntesten Herrschergestalt, fand hier das Vierte Buddhistische Konzil statt, und er war es, der eines der größten Tabus brach, indem er eine Goldmünze mit dem Bild des stehenden Buddha prägen ließ. Es war die erste figürliche Darstellung des Erleuchteten! Damit entfachte er eine Revolution, die zur Ausformung

Gandhara - Wo Buddha Gestalt annahm

Gandhara ist der Name eines Gebietes im heutigen Nord-Pakistan mit Taxila und Peshawar – das ehemalige Parshapura – als Zentren. Diese beiden Orte waren bereits Oasen der Gelehrsamkeit und Künste, als es hier zur schicksalhaften Begegnung zwischen der indischen und griechisch-römischen Kultur kam, religionsgeschichtlich gesprochen zwischen Buddha und Apollon. Alexander der Große hat Hellas weit in den indischen Subkontinent getragen, aber die Berührung wäre nur kurzlebig geblieben, hätten nicht die indischen Maurya-Könige die fremden Einflüsse in Verbindung mit der Lehre Buddhas zu einem Verschmelzungsprozeß gebracht. Vor allem Ashoka, der dritte Maurya-Herrscher, wurde zum wichtigsten Protegé des Buddhismus in der Phase seines Werdens zu einer Religion und der weiteren Verbreitung.

Allerdings verhinderte die heilige Scheu gegenüber dem Buddha zunächst noch die bildliche Darstellung. Die Anhänger des Erleuchteten hatten bisher den Buddha respektvoll nur symbolisch abgebildet, als Rad (der Lehre), Lotosblüte (der Reinheit), Fuß (Weg der Befreiung) oder – als bekanntestes Symbol – als Stupa, dem gestuften Weltenberg.

Daran hatte auch die Spaltung der buddhistischen Gemeinde in Hinayana und Mahayana nichts geändert. Um so mehr mußten die Gläubigen gestaunt haben, als der Kushan-Herrscher Kanishka, ein notorischer Tabu-Brecher, Goldmünzen mit dem Bild des Buddha prägen ließ – die erste figürliche Darstellung des Erleuchteten.

Ein Ereignis von unabsehbarer religions- und kunsthistorischer Bedeutung. Der Buddha hatte Gestalt angenommen, er war Bildwirklichkeit und damit vorstellbarer, menschlicher, geworden.

Nachdem einmal der Bann gebrochen war, gaben die Steinmetze von Gandhara ihrer Modellier-Freudigkeit Ausdruck, die Kanishka angeregt hatte. Das Thema war faszinierend: Ein indischer Prinz, durch meditative Kraft geläutert, hatte sich selbst aus dem Kreislauf von Tod und Wiedergeburt befreit. Dabei verschmolzen zwei Traditionen, zwei Welten – der voll entwickelte Kunststil der griechischen bzw. römischen Antike, den Alexander der Große nach Asien getragen hatte, mit der sich gerade formenden sakralen Kunst der indischen Buddhisten. Das Ergebnis ist die Geburt eines neuen Kunststil, der nach der Provinz benannt wurde, in der er entstand: Gandhara. Unter den geschickten Händen der Steinmetze von Taxila und Peshawar formte sich jenes Bild des Buddha, dessen unverwechselbare Merkmale bis auf den heutigen Tag Gültigkeit haben. Es zeigte sich über alle Dogmen, Schulen und Riten erhaben, und verkörpert bis heute den Buddhismus aller Färbungen.

Was ist nun das Unverwechselbare, das den Gandhara-Buddha prägte? Einige der »32 großen und 80 kleinen Merkmale des ›Vollendeten‹« sind:

- Die Usnisha: Der schneckenförmige Haarknoten mitten auf dem Kopf, als Zeichen der Weltüberwindung des Erleuchteten.
- Die Urna: Das dritte Auge des Erleuchteten.
- Der Nimbus: Eine Aureole des Lichtes und der spirituellen Leuchtkraft des Buddha.
- Die langen Ohren: Zeichen fürstlichen Geschlechts, das dem höfischen Luxus entsagte.
- Der Haarstil: Das gelockte Haar des Buddha – unter Asiaten unbekannt – ist Ausdruck des griechischen Einflusses.
- Der Thronsitz: Der Lotos- oder Löwenthron weist ihn als »König des Geistes« aus.
- Die Hand-Gesten: Die Mudras – »Siegel« oder »Zeichen« – sind die Sprache des Buddha und haben den Zweck, äußere Handlungen mit spirituellen Vorstellungen zu verbinden.

Im Laufe der Zeit wurde der Gandhara-Buddha zur Massenware, zur Handwerkskunst, die schablonenhaft ein und demselben Vorbild folgte. Er wurde kopiert und nicht mehr interpretiert. Die Perfektion der handwerklichen Ausfertigung zählte und nicht die eigene Inspiration. Für die Entwicklung und Verbreitung des Buddhismus war sie von immenser Bedeutung. Denn mit dem Gandhara-Buddha, dem Bild des schlichten Mönchs im Gepäck, des Heiligen, der ein Fürstentum verschenkte und die Armut wählte, reisten nun die Mönche und Kaufleute über die Routen der Seidenstraßen und streuten den Samen aus, der überall in den Oasen und Karawansereien aufging.

des Buddhabildes führte, das bis auf den heutigen Tag Gültigkeit hat.

Auf dem Höhepunkt seiner Macht dehnte sich das Kushan-Reich im Osten bis nach Ladakh aus, und im Westen umfaßte es das gesamte Zweistromland, das alte Baktrien mit den glanzvollen Handelsstädten Marakanda (Samarkand) und Buchara. Damit kontrollierten die Nachkommen der nomadischen Yuezhi nicht nur die Routen der Seidenstraße, die vom Tarim-Becken nach Indien führten, sondern auch die Hauptroute, die von Kashgar aus nach Westen verlief und über den Hohen Pamir, die Oasen Samarkand, Buchara – und durch Persien nach Europa führte.

Jahrzehntelang waren die Grenzen zwischen China und den angrenzenden sowjetischen Zentralasien-Republiken verschlossen. Nach dem Zerfall der Sowjetunion wurden aus diesen Republiken die unabhängigen Staaten Usbekistan, Kirgistan, Kasachstan, Tadjikistan und Turkmenistan.

Damit hat sich die Spannung, die über dieser Grenzlinie schwebte, an der sich die beiden Großmächte unmittelbar gegenüberstanden, gelöst. Uralte Verkehrswege und Pässe, über die einst die Landrouten der Seidenstraße führten, sind plötzlich wieder offen. Einer davon ist der Weg von Kashgar über den Torugart-Paß nach Usbekistan.

Sirkap war einst eine mächtige Stadt. Heute sind nur noch wenige Grundmauern zu sehen.

Kapitel 9 Turkestan

Alles, was ich über die Schönheit Samarkands gehört habe, ist wirklich wahr, nur mit einer Ausnahme: Es ist viel schöner, als ich es mir vorstellen konnte.

Alexander der Grosse

Rechte Seite:
Im Innenhof der Medrese Schir-dar, einer der drei islamischen Hochschulen, deren Prunkbauten den Registan von Samarkand bilden, füttert eine junge Usbekin Tauben, die als heilige Tiere gelten.

»Zwölf Tage lang führt der Weg über eine Hochebene. Sie wird Pamir genannt. Da man während der ganzen Zeit auf keine menschliche Ansiedlung trifft, muß man sich zuvor mit allem Nötigen versorgen. So hoch sind hier die Berge, daß man keine Vögel in der Nähe der Gipfel sieht, und es wurde sogar behauptet, daß Feuer, die man entzündet, wegen der Schärfe der Luft nicht dieselbe Hitze geben wie in niedrigen Gebieten, auch nicht so kräftig bei der Zubereitung der Speisen wirken.« Mit diesen Worten beschreibt der venezianische Kaufmann Marco Polo seinen Weg über das Pamir-Plateau. In der Tat gehörte die Überquerung des »Daches der Welt« wegen der großen Höhe und den klimatischen Extremen für die Reisenden auf der Seidenstraße zu den schwierigsten Etappen.

Bemerkenswert ist die Beobachtung Marco Polos, daß das Feuer in dieser Höhe von durchschnittlich 4 000 Metern weniger Leistung bringt. Wie wir heute wissen, verringert sich der Siedepunkt des Wassers proportional zum abnehmenden Luftdruck. Das Siedethermometer diente deshalb lange Zeit als verläßliches Instrument zur Höhenbestimmung im Gebirge. Auf welchem der damals benutzten Pässe der Venezianer den Pamir überquert hat, ist umstritten. Dem heutigen Reisenden stellt sich schon gar nicht die Frage, ob er den einen oder den anderen Paß bevorzugt, denn es gibt praktisch keine Auswahl. Nur eine einzige Pamir-Passage ist offen: der Weg über den Torugart-Paß.

Die heutige Straßenverbindung spaltet sich nur wenige Kilometer außerhalb von Kashgar von der Nordroute um die Takla Makan ab. Während die am Wüstenrand verlaufende Straße ostwärts über die uns bereits bekannten Oasen Aksu und Kucha führt, zieht die Pamir-Route nordwärts, der verheißungsvollen Kühle des Gebirges entgegen. Wie aus dem Nebel treten die Konturen der Berge hervor, zuerst nur als flimmernde

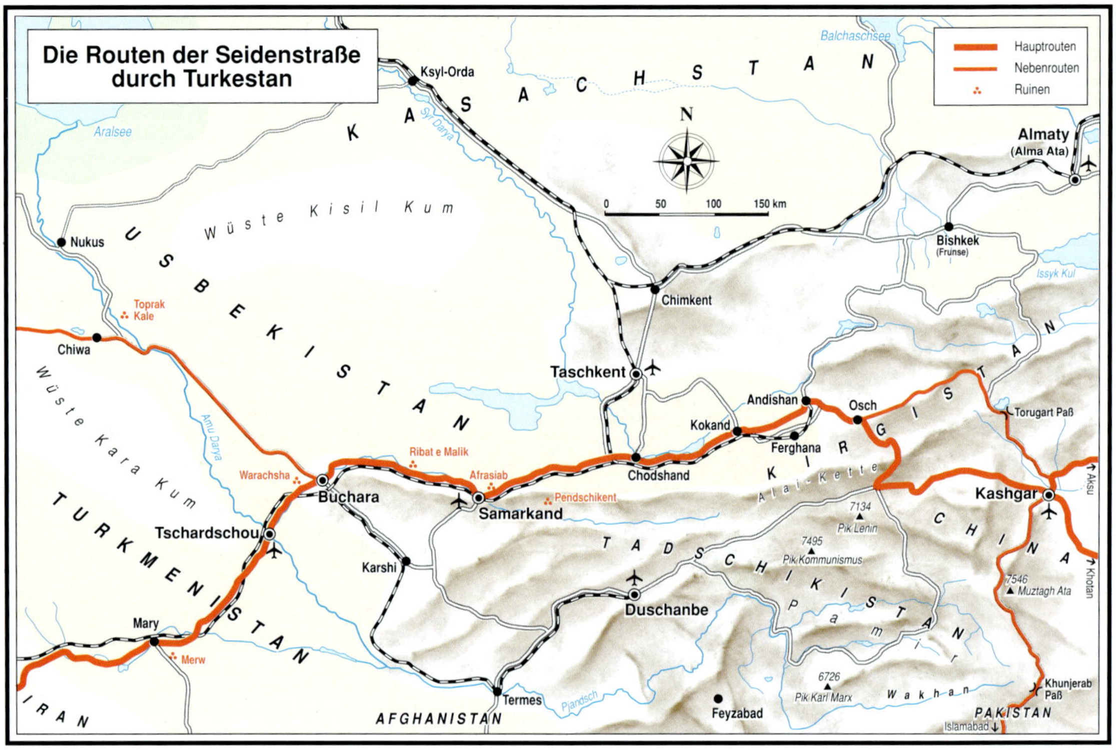

diffuse Linien, scheinen sie gleichsam erst zu Materie zu werden, indem wir uns ihnen nähern. Hinter den ersten Vorbergen erheben sich höhere Ketten, sie schieben sich kulissenartig ineinander und zwingen die Straße in ein gewundenes Flußtal hinein. Der Asphalt ist schon lange Schotter gewichen, da glatter Belag die Paßstraße in eine Eisbahn verwandeln würde. Mit zunehmender Höhe öffnet sich das Korsett der Berge zu einem weitläufigen Plateau, aus dem regellos verstreut einzelne Felsgipfel herausragen. Nach dem gelbbraunen Staubschleier des Tarim-Beckens verwöhnt nun frisches Grün, das als zarter Flaum die Landschaft bedeckt, das Auge. An bevorzugten Stellen, wo kleine Bäche aus Seitentälern treten, haben Kirgisen ihre Rundzelte aufgeschlagen. Der Torugart-Paß ist ein weites, sturmgepeitschtes Hochplateau, knapp 4 000 Meter hoch, auf dem die grauen Backsteinbaracken der chinesischen Grenzstation stehen. Grün-Uniformierte laufen zwischen den Lastwagen umher, die in zwei Reihen vor dem Schlagbaum auf die Zollabfertigung warten. Der Andrang hält sich allerdings in Grenzen. Verglichen mit der Vergangenheit der Seidenstraße nimmt sich der Grenzverkehr heute recht bescheiden aus. Die Torugart-Route hat bisher nicht mehr als lokale Bedeutung, als Verbindungsstrang zwischen den Kirgisen diesseits und jenseits der Grenze, den nun zunehmend Touristengruppen benutzen, die ins Tarim-Becken wollen oder von dort kommen. Hinter dem Grenzbalken, bei einem monumentalen, frei stehenden Torbogen, beginnt Kirgistan, ein Gebirgsland zwischen Tien Shan und Pamir-Alai. Wenig mehr als die Hälfte der etwa 4,5 Millionen Einwohner sind Kirgisen, der andere Teil Usbeken, Tadschiken und Russen.

Der Grenzübergang zwischen China und Kirgistan auf dem Torugart-Paß.

Die Kirgisen werden unter dem Namen Diankun bereits in den Annalen der Han erwähnt, die sie als rothaarig und blauäugig beschreiben. Demnach handelt es sich um ein indoeuropäisches Volk, das im Laufe seiner Geschichte immer mehr turkisiert wurde. Ihre genaue Herkunft und Wanderbewegungen liegen im dunkeln, aus dem sie im Jahre 840 auftauchten und ein für die Seidenstraße folgenschweres Ereignis auslösten. Sie zerschlugen das Steppenreich der Uiguren in der heutigen Mongolei, woraufhin diese in das Tarim-Becken einwanderten, und die Stadt Khocho in der Turfan-Oase zum neuen Zentrum ihres Reiches aus-

bauten. Später wurden die Kirgisen ihrerseits von den Mongolen in ihr heutiges Siedlungsgebiet, in die Hochsteppen und Bergregionen des Tien Shan und Pamir, abgedrängt.

Von der Höhe des Torugart-Passes windet sich die Straße vorbei an Sommerlagern der Kirgisen zu einer grünen, wasserreichen Grassteppe hinunter, in die weiter östlich der Issyk-Kul, einer der tiefsten Seen Zentralasiens, eingelagert ist. Von allen Seiten strömen Bäche herab und verwandeln das Plateau in ein riesiges Sammelbecken, das wie ein Schwamm die Schmelzwasser der umliegenden Gebirge aufnimmt. Eine Vielzahl von kleinen Tümpeln und Seen blitzen in der Sonne wie Sterne auf, wenn man von oben herabblickt. Sie sind Lebensquell für eine ganze Region. An diesem geheiligten Ort kam auch der Pilgermönch Xuanzang vorbei, nachdem er das Tien Shan-Gebirge überquert und an den Ufern des Issyk-Kul entlangezogen war. Bing Gol – Land der Tausend Quellen – hatten die Türken dieses Gebiet genannt, ein Name, der bis heute gilt. Xuanzangs Schilderungen suggerieren ein wahres Paradies. »Wie eine kostbare Stickerei erleuchten im letzten Monat des Frühlings die mannigfaltigsten Blumen. Die dort herrschende Feuchtigkeit verbreitet eine angenehme Frische. Dorthin zieht sich der Khan jedes Jahr zurück, um der Hitze des Sommers zu entfliehen. Man trifft auch auf Hirsche in großer Menge, geschmückt mit kleinen Glöckchen und Halsbändern. Vertraut mit den Menschen, fliehen sie keineswegs, wenn sie ihrer ansichtig werden. Der Khan liebt sie und hat Freude daran, sie zu beobachten. An seine Untertanen hat er ein Dekret gerichtet, das besagt, daß jeder, der es wagen sollte, einen von ihnen zu töten, mit dem Tode bestraft würde. Deshalb können alle diese Hirsche ihre Tage ungestört beschließen.«

Den Khan der Türken, den der Pilger in so glänzendem Licht, voller buddhistischem Mitgefühl gegenüber den Tieren, beschreibt, besuchte er in seinem nördlich gelegenen Heerlager. Wir erinnern uns, daß der König von Turfan, der den Pilgermönch nur widerwillig ziehen ließ, ihn mit einer Eskorte und Gesandtschaft für den Khan, mit dem er verschwägert war, ausstattete. Die Türken standen zu diesem Zeitpunkt auf dem Höhepunkt ihrer Macht, und Xuanzang ist sichtlich beeindruckt vom Khan, der inmit-

Das »Land der Tausend Quellen« ist ein riesiges Sammelbecken mit zahllosen kleinen Tümpeln und Seen, die von den Gletschern des Tien Shan und Pamir genährt werden.

ten der Steppe hofhielt: »Der Khan bewohnte ein großes Zelt, das mit goldenen Blumen verziert war, deren Glanz die Augen blendete. Seine Heerführer hatten an der Vorderfront lange Matten ausbreiten lassen, auf denen sie in zwei Reihen saßen; alle trugen glanzvolle Kostüme von durchwirkter Seide. Die Leibwache des Khans stand hinter ihnen. Der Rest der Truppen bestand aus Reitern, die auf Kamelen oder Pferden saßen, in Felle und in Stoffe aus feiner Wolle gekleidet waren und lange Lanzen, Banner und gerade Bogen trugen. Derart weit erstreckte sich ihre Menge, daß es dem Auge unmöglich war festzustellen, wo sie endete. Obwohl er ein Barbarenfürst war, der in einem Filzzelt wohnte, konnte man ihn nur mit dem Gefühl der Bewunderung und des Respektes betrachten.«

Xuanzang wurde Augenzeuge eines *Khuriltai*, einer großen Versammlung aller türkischen Stammesführer, die der Khan Yabgu Tung einberufen hatte. Es ist ein immer wiederkehrendes Geschehen in der Steppe, das hier im Jahre 630 vor den Augen Xuanzangs stattfindet, ein Ereignis jedoch, das den eigentlichen Rhythmus der Geschichte dieses Raumes darstellt. Und das macht den Bericht des Pilgers so wertvoll. Hier versammeln sich die Nomadenstämme unter einem starken Führer, um mit geballter Kraft aus der Tiefe der Steppe aufzutauchen, als unwiderstehliche Eroberer, die alles vernichten, was sich ihnen in den Weg stellt. So ist es vorher geschehen, und so wird es wieder sein – wenn Jahrhunderte später Chinghis Khan seine Reiterheere in ähnlicher Weise zusammenzieht.

Kein Zweifel, der Khan der Türken war ein mächtiger Mann. Selbst die Annalen der Tang, die gewöhnlich fremde Herrscher arrogant als Untertanen bezeichnen, zollen Yabgu Tung großen Respekt. »Er besaß«, so berichten die offiziellen Chroniken, »die Hegemonie über die Landstriche des Westens. Den Königen dieser Länder schickte er seine Vertreter, um sie zu überwachen und Steuern wie Tribute zu erheben. Niemals waren die Barbaren des Westens derart mächtig gewesen.« In der Tat beherrschte der Khan ein gewaltiges Territorium. Nachdem die Türken die Hephtaliten, ein anderes Nomadenvolk, das oft als »Weiße Hunnen« bezeichnet wird, besiegt hatten, reichte ihre Macht von Gandhara bis ins Tarim-Becken. Mit Byzanz, das gegen Persien Krieg führte, gab es einen regen diplomatischen Austausch, und beinahe wäre es zu einem Militärbündnis gekommen. Aber während sich das türkische Reich noch im Glanze seiner Macht sonnte, zogen bereits bedrohliche Wolken am Horizont auf, von denen keiner etwas ahnte, der der großen Heerschau in der Steppe beiwohnte. Die Parade des Jahres 630 sollte ein letztes Mal diese türkischen Stämme versammelt sehen. Denn das türkische Reich wird sich auflösen. Schon bald nach Xuanzangs Besuch wird der Khan durch die Hand eines Meuchelmörders sterben, und die Banner werden sich zerstreuen. Ab nun werden sich die Wege der Ost- und Westtürken ein für allemal trennen, jeder wird seinem eigenen Schicksal entgegenreiten und sein eigenes Epos schreiben. Aber noch ist es nicht soweit. Der Khan, obwohl selbst Anhänger der persischen Lehre des Zarathustra, erwies sich, wenn man dem Pilger glauben darf, der buddhistischen Lehre gegenüber sehr aufgeschlossen, stattete Xuanzang großzügig mit einer Eskorte und Begleitschreiben an die ihm untergebenen lokalen Herrscher aus. Westlich der »Tausend Quellen« betrat der Pilgermönch eines aus der Sicht Chinas bekanntesten Landstriche Zentralasiens: das Ferghana-Tal. Seit den Exkursionen des Zhang Qian und den Feldzügen des Li Guangli zur Beschaffung der »Himmelsrosse« für den ehrgeizigen Han-Kaiser Wudi, war Ferghana Synonym für begehrte Kostbarkeiten des Westens. Es gibt kaum ein Land des Westens, dem soviel Aufmerksamkeit geschenkt wurde und von dem die chinesischen Chroniken so ausführlich berichten. Heute ist das Ferghana-Tal auf die beiden Staaten Usbekistan und Tadschikistan aufgeteilt. Wenn man vom Torugart-Paß kommt, zweigt die Piste bei der Stadt Naryn nach Ferghana ab. Jenseits der »Tausend Quellen« überqueren wir die über 4 000 Meter hohe Ferghana-Kette, die das Tal gegen

Rechte Seite: In den Wirren nach dem Zusammenbruch des mongolischen Reiches besetzten türkische Stämme weite Teile der Steppen nördlich des Syr Darya. Sie wuchsen zu einem Volk zusammen, das man heute Usbeken nennt und deren Namen von Khan Usbek (1313–1341) abstammt.
Sie eroberten schließlich Transoxanien und stellen heute das Staatsvolk Usbekistans.

Osten abriegelt. Jenseits des Gebirges schließt ein karges Hochplateau an. Weit, hügelig und verbrannt liegt die Steppenlandschaft vor uns. Goldenes Licht überflutet eine Sinfonie von Pastelltönen. Dann verengt sich das Kara Darya-Tal zu einem schmalen Durchschlupf, der den östlichen Eingang in das Ferghana-Tal bildet. Hier führte auch der Hauptweg der Seidenstraße hindurch und ließ sich leicht überwachen. Das war wohl auch der Grund, weshalb hier schon sehr früh eine Festung entstand, aus der später die Stadt Uskent, das heutige Usgen, erwuchs. Der Kleinstadt sieht man kaum noch an, daß sie im 11. Jahrhundert sogar das Machtzentrum der Kharakhaniden war, die – in der Nachfolge der Samaniden – bis zum verhängnisvollen Mongolensturm über Turkestan herrschten. Wie durch ein Wunder haben hier einige der vormongolischen islamischen Bauwerke der allgemeinen Zerstörung durch Chinghis Khan überlebt. Die drei Mausoleen und ein Minarett gehören zu den bedeutendsten frühislamischen Bauten, weil hier vermutlich erstmals Fassaden und Säulenhallen besonders betont wurden, die später in der Stadt Samarkand zu höchster Vollendung kamen. Stets am südlichen Rand des Ferghana-Beckens entlang verläuft die Straße nach Osch. Nichts mehr erinnert in dieser von grauer Sowjet-Architektur geprägten Industriestadt, daß dieser Ort zu den ältesten Städten Zentralasiens gehört. Bereits im ersten vorchristlichen Jahrhundert befand sich hier eine größere Siedlung, und in den Jahrhunderten danach lag sie an der Handelsstraße, die die Städte des Mittelmeerraumes mit China verband. Alle Spuren aus dieser Zeit wurden jedoch ausradiert. Nur in Kuwa, einer kleinen, etwa zwölf Kilometer entfernten Siedlung, fanden Archäologen noch Überreste eines buddhistischen Tempels, den eine Feuersbrunst vernichtete. Die Bruchstücke und Torsi von Gottheiten, die in den verkohlten Mauern geborgen wurden, beweisen, daß in dieser Zeit im Ferghana-Tal der Mahayana-Buddhismus neben der persischen Zarathustra-Lehre eine wichtige Rolle spielte.

»Nicht die Erde spendet Leben, sondern das Wasser.«

Turkmenisches Sprichwort

Südlich von Osch eröffnet sich die vielgerühmte »Perle Usbekistans«, eine 300 Kilometer lange und 150 Kilometer breite Ebene, die ringsum von Gebirgsketten eingeschlossen ist. Abgeschirmt von den kalten Nordwinden, die meiste Zeit des Jahres über sonnendurchflutet und durch ein engmaschiges Netz von Kanälen bewässert, gleicht diese riesige Schüssel einem überdimensionalen Garten mit reichen Obst- und Gemüseplantagen, Wäldern von Maulbeerbäumen und weiten Baumwollfeldern. Auch zur Zeit der Seidenstraße war das Ferghana-Tal bereits eine der größten Oasen Zentralasiens, wenngleich die Ausdehnung, Besiedlungsdichte und Nutzung noch in keinem Verhältnis zu heute stand. Neben riesigen Monokulturen von Baumwolle prägen vor allem Bohr- und Fördertürme das gegenwärtige Bild dieser Landschaft und künden vom neuen Reichtum. Aber dieser Reichtum muß teuer erkauft werden, mit einer ökologischen Katastrophe, deren Folgen für die Zukunft noch gar nicht abzusehen sind. Die »Perle Usbekistans« ist gleichzeitig ein Moloch. Zunächst wurde der Bau des im Jahre 1940 fertiggestellten, 350 Kilometer langen Ferghana-Kanals sowie des weitverzweigten Netzes an künstlichen Bewässerungskanälen, die vor allem vom Syr Darya gespeist werden, als besondere Pionierleistung gefeiert. Aber schon bald wurde offenkundig, daß der exzessive Wasserverbrauch an anderer Stelle eine ganze Region zerstört.

Das »Weiße Gold« der Baumwolle, das nach den sowjetischen Planwirtschaftlern nicht nur den eigenen Bedarf im Lande befriedigen, sondern auch Exporterlöse hätte bringen sollen, erweist sich als Fluch. Kaum einer der vielen Bäche, die von den umliegenden Gebirgen in das Ferghana-Tal hinunter fließen, erreicht mehr den Hauptstrom des Syr Darya. Der Syr Darya aber, den bereits Herodot unter dem Namen Jaxartes kennt, speiste mit seinem Wasser, das nun zur Bewässerung der Baumwollplantagen und zur Versorgung der in den letzten Jahrzehnten rasch gewachsenen Bevölkerung im Ferghana-Tal dient, den riesigen Aral-See. Die Wassermenge, die der Syr Darya dem See zuführte, wurde beständig weniger, zu wenig, um den Binnensee am Leben zu erhalten. Nachdem auch der zweite große Zufluß des Sees, der Amu Darya, aus demselben Grund sogar schon vorher in der Wüste versiegt, ist der Aral-See drauf und dran zu verschwinden wie der Lop Nor. Hier bahnt sich eine Tragödie ohnegleichen an, verschärft durch eine verhängnisvolle Kettenreaktion, die letztlich auch die Verursacher treffen wird. Schon weht der Wind das Salz aus dem ausgetrockneten Seebett bis zu den hohen Gebirgen am Rande des Ferghana-Tals und bringt die Gletscher zum Schmelzen, die wiederum die Quellen von Amu und Syr Darya nähren. Es ist zu befürchten, daß in absehbarer Zeit auch die beiden Flüsse versanden. Dann könnte sich das Zweistromland schnell in eine Wüste verwandeln. Vielleicht sehe ich da zu schwarz, aber alles deutet im Moment darauf hin, denn der Widerspruch zwischen den Interessen der Menschen und der Natur scheint unüberbrückbar.

Die alten Kulturzentren von Ferghana – Margilan und Kokand – sind heute Industriestädte mit mächtigen Seiden- und Baumwollkombinaten. Das gilt auch für das von Alexander dem Großen im Jahre 329 v. Chr. unter dem Namen Alexandreia Eschate gegründete Chodschend. Die Stadt liegt im westlichen Teil des Tales, das seit dem Jahre 1991 zum unabhängigen Staat Tadschikistan gehört. Westlich von Chodschend verengt sich das Tal des Syr Darya zu einem neun Kilometer breiten Durchschlupf, dem berühmten Ferghana-Tor, durch das die große Seidenstraße zwischen Kashgar und Samarkand hindurchführte. Jenseits des Engpasses erstreckt sich die »Hungersteppe«, die südöstlichen Ausläufer der Wüste Kizil Kum. Mit dem Wasser des Syr Darya und dank moderner Verkehrswege – Straße und Bahn – hat der Mensch die Wüste besiegt, so scheint es, wenn man nicht wüßte, daß sie sich dafür an anderer Stelle das verlorene Terrain wieder holt.

Für Xuanzang, der auf seinem Weg nach Samarkand diesen Landstrich durchqueren mußte, war der Weg noch voller Schrecken und Gefahren, wie seine lebhafte Schilderung widerspiegelt: »Das ist eine große Sandwüste, in der es weder Wasser noch Gras gibt«, charakterisiert er die »Hungersteppe«. »Soweit das Auge reicht, zieht sich der Weg hin, und es ist unmöglich, sein Ende auszumachen. Man muß nach irgendeinem Berg in der Ferne Ausschau halten und nach Knochenresten suchen, um sich zu orientieren und den Weg zu erkennen, dem man folgen muß.« Schließlich erreichte er den Fluß Serafschan, an dessen Ufer Afrasiab lag, besser bekannt unter dem Namen Samarkand.

Samarkand – Stadt aus Tausendundeiner Nacht

»Samarkand, das schönste Antlitz, das die Erde der Sonne je zugewandt hat«, wie ein Dichter formulierte, war vielleicht das größte und älteste Kulturzentrum Zentralasiens. Die Bedeutung dieser Stadt in der Welt der Seidenstraße kann nicht hoch genug eingeschätzt werden. Es war die große Drehscheibe zwischen Ost und West, nicht nur ein wichtiger Umschlagplatz für Waren aller Art, sondern vor allem ein Mittler von Technologien, Gedankengut, Religionen und Kunststilen. Nahezu alle an der Seidenstraße praktizierten Glaubensbekenntnisse waren in Samarkand vertreten und wurden durch das Händlervolk der Sogdier bis in den Osten Chinas getragen. Von chinesischen Kriegsgefangenen hatten die Araber das Verfahren, aus Lumpen Papier herzustellen, kennengelernt. Bereits im Jahre 751 gab es in Samarkand eine Papiermanufaktur, von wo aus sich diese bedeutende technische Errungenschaft allmählich nach Europa verbreitete. Während die Oasen im Tarim-Becken mit der Seidenstraße untergingen

Die Medrese Tella-kari im Licht der untergehenden Sonne.

Afrasiab oder Marakanda, das alte Samarkand, ist nach der Zerstörung durch Chinghis Khan nie mehr aufgebaut worden. Nur mit dem Wissen und der Vorstellungskraft eines Archäologen läßt sich aus diesen Ruinen noch etwas Glanz der alten sogdischen Metropole erkennen.

und die Blüte der buddhistischen Kultur keine Nachfolge mehr fand, erlebte Samarkand noch im 14. und 15. Jahrhundert einen weiteren Höhepunkt als geistiges und kulturelles Zentrum der gesamten islamischen Welt. Das macht die Einzigartigkeit dieser Stadt aus, in der nicht zufällig, wie man weiß, die Märchen aus »Tausendundeiner Nacht« ihren Anfang nahmen.

Freilich, der erste Anblick von Samarkand, wenn man durch die Vorstädte mit ihren einförmigen Wohnsilos und Fabrikschloten fährt, ist nicht gerade märchenhaft schön. Es läßt sich nicht verkennen, daß die Sowjet-Kommunisten alles getan haben, um die Stadt bis zur Unkenntlichkeit aufzuräumen und ihr den Anstrich eines aufstrebenden Industriezentrums zu geben, in welcher die Vergangenheit längst überholt ist. Die alten Mauern und Stadttore sind längst hinweggefegt. Durch das Gewirr der engen, gewundenen Gassen hat man eine Anzahl breiter, baumbestandener Boulevards gezogen. Und in der Nähe des Registan, dem Paradeplatz des Weltenherrschers Timur, steht nun ein mächtiger Wasserturm. Und doch finde ich auf Schritt und Tritt Erinnerungen an die Vergangenheit. Zwischen den Betonbauten ragen granatförmige Kuppeln, blau und türkisfarben glänzend wie aufgesetzte Edelsteine, monumentale Fassaden mit einer Orgie von Farben, Arabesken und Ziselierungen, flankiert von schlanken, sich nach oben hin verjüngenden Minaretten aus feinsten Mosaiken. Überall wird das Alte liebevoll restauriert und gepflegt. Seit Usbekistan das sowjetische Joch abgestreift hat, ist die Vergangenheit wieder salonfähig geworden, und der junge Staat besinnt sich seiner historischen Wurzeln.

Das vom Islam geprägte Samarkand, wie wir es heute kennen, ist nicht identisch mit jener Stadt, die zur Zeit der Seidenstraße blühte. Das alte Samarkand, das Marakanda der Griechen, ist ebensoalt wie das antike Rom und liegt nordöstlich des Stadtzentrums auf dem Hügel Afrasiab. Wer auf dem weiten Ruinenfeld ohne entsprechende Hintergrundinformationen und Wissen um die historischen und kulturellen Zusammenhänge Zentralasiens umherwandert, wird darin kaum mehr als einen graubraunen Sandhügel erkennen, dessen Oberfläche durch Gräben zu einem undurchschaubaren Labyrinth zerfurcht ist. Er wird Mühe haben, in einer Erhebung aus gelbem Lehm die Burg Alexanders des Großen zu identifizieren, oder beim Anblick kahler Grundmauern sich sogdische Herrschaftshäuser vorzustellen, deren Innenwände mit erlesenen Malereien ausgestaltet waren. Noch weniger lassen sich Xuanzangs Beschreibungen, die ein Land im Überfluß beschwören, mit den armseligen Überresten in Einklang bringen. Als der Pilger am Jahreswechsel 630/631 hier eintraf, fand er noch eine von Persien geprägte Kultur vor. Die Sprache – das Sogdische – war iranischen Ursprungs, genauso wie die Religion – der Mazdaismus –, der die Mehrheit der Bewohner anhing. »Der König und das Volk glauben keineswegs an die Gesetze Buddhas«, empört sich der Pilgermönch, »ihre Religion besteht vielmehr im Feuerkult.« Trotzdem dürfte es auch buddhistische, manichäische und wohl auch nestorianische Gemeinden gegeben haben. Als der mazdaistische Pöbel Xuanzang, den buddhistischen Mönch, mit brennenden Holzscheiten verfolgt, stellt ihn der König unter seinen persönlichen Schutz. Die Aggressivität der sogdischen Bewohner mag erstaunen, und läßt sich vielleicht dadurch erklären, daß Xuanzangs Besuch genau in eine Phase mazdaistischer Reaktion fällt. Gerade den Sogdiern, diesem geheimnisvollen, längst verschwundenen Volk, das als Händler und Karawanenführer auf der Seidenstraße eine große Rolle spielte, begegnen wir allerorts als Kosmopoliten, die außerordentlich offen gegenüber allem Fremden waren. Selbst Fremde in den Orten, in denen sie Handel trieben, waren sie auf Toleranz angewiesen und übten sie selbst. Sie waren es, die im Zuge ihrer ausgedehnten Handelsreisen den Dialog der Kulturen wesentlich förderten. In allen bedeutenden Stationen der Seidenstraße, bis in die chinesische Hauptstadt Changan, unterhielten sie eigene Handelsniederlassungen. Die Hauptstadt ihres Reiches – Afrasiab –, vor deren Trümmern wir nun ste-

Die Sogdier - ein untergegangenes Mittlervolk

»Die Leute dieses Landes«, weiß die Geschichte der Tang zu berichten, »verstehen sich ganz ausgezeichnet auf den Handel und vergöttern den Gewinn. Sobald ein Mann 20 Jahre alt ist, geht er fort in die benachbarten Königreiche. Wo immer es etwas zu verdienen gibt, dorthin ist dieses Volk gegangen.«
Treffender kann das tief verwurzelte händlerische Element der Bewohner von Sogdiana nicht beschrieben werden. Zweifellos waren die Sogdier ein Volk fahrender Händler und Karawanenführer, aber auch Träger einer verfeinerten Kultur, einer Mischkultur freilich, die sich im Schmelztiegel der Sogdiana, im Zweistromland zwischen Amu Darya und Syr Darya, im heutigen Usbekistan also, herausbildete. Obwohl sie nur für kurze Zeit über ein eigenes Reich verfügten, sind sie in der Welt der Seidenstraße allgegenwärtig. Es gab kaum eine größere Oase oder Karawanserei entlang der gesamten Routen in Mittel- und Zentralasien und in China, in denen nicht Sogdier lebten oder zumindest regelmäßig verkehrten. An wichtigen Handelsplätzen unterhielten sie eigene Niederlassungen. Mit den vielfältigen kulturellen und religiösen Traditionen entlang dieser riesigen Strecke in ständiger Berührung, waren sie die Kosmopoliten der Seidenstraße und Vermittler zugleich. Nichts kann ihre Rolle und ihr Wirken besser beschreiben als die ärgerliche Reaktion der chinesischen Hofannalen über die aufklärerische Tätigkeit der gebildeten sogdischen Kaufleute bei den Steppenvölkern, die ihnen, neben religiösem Gedankengut, Schrift und vor allem Technologien brachten. So lehrten die Sogdier die Uiguren die komplizierte Technik des Baus von unterirdischen Bewässerungskanälen, die berühmten Karez, ferner die Herstellung metallener Rüstungen und die Glasfabrikation; aber auch die Weinrebe wurde von ihnen in China eingeführt.
In ihrem Stammland, in Transoxanien, taten sie sich als Städtebauer hervor. Afrasiab oder Marakanda, das alte Samarkand, war eine sogdische Stadt, ebenso Pendschikent und Warachscha nahe Buchara. In den großen Fresken von Pendschikent treten sie uns als indoeuropäischer Menschenschlag entgegen: Schmale Gesichter, große, fein geformte Nasen, tiefliegende Augen, dichte, dunkle Bärte. So sahen die Männer aus, die mit ihren zotteligen Kamelen vom reichen Zweistromland (Usbekistan) bis zum Jadetor und weiter bis in die kaiserliche Hauptstadt Changan zogen, die Männer aus dem »Land der Kanäle« mit seinen Obst- und Weingärten und den umwallten Städten. Aber sie waren auch in der Gegenrichtung unterwegs. So leitete ein Sogdier namens Maniach im 6. Jahrhundert eine türkische Gesandtschaft nach Byzanz. Ihre Spuren in Form von Inschriften finden sich in der Mongolei genauso wie im oberen Indus-Tal bei Gilgit und sogar in Ladakh. Der Mythos vom reinen Volk von Händlern, Künstlern und Handwerkern relativiert sich, wenn man die Fresken von Pendschikent genauer betrachtet. Neben den bezaubernden Frauen mit überschlanken Taillen und anmutig gedrehten Hüften finden sich ebensooft schwerbewaffnete Krieger und Schlachtenszenen. Ein weiterer Widerspruch liegt darin, daß die Texte in Dunhuang den Anschein erwecken, die Sogdier seien vor allem Buddhisten und Manichäer. Das mag zwar bei den in der Diaspora lebenden der Fall gewesen sein, aber in ihrem Kernland waren sie überzeugte Anhänger der Lehre Zarathustras. Deshalb ist es nicht verwunderlich, daß sie sich der Zwangsislamisierung vehement widersetzten und nur durch Lock- und Drohmittel – nach mehrmaligen »Rückfall«, wie arabische Quellen betonen – dazu bekehrt wurden. »Die Spuren des Unglaubens und die Gesetze der Feueranbeter«, so berichtet der Narshakhis, »wurden gewaltsam ausgelöscht.« Die sogdischen Herrscher unterlagen den arabischen Heeren; der letzte Herrscher von Pendschikent flüchtete nach der Niederlage in die Burg Mugh, eine Festung am Serafshan-Fluß, wo er im Jahre 722 gefangengenommen und hingerichtet wurde. Sogdische Dokumente, die in der zerstörten Burg gefunden wurden, berichten von diesen letzten Tagen sogdischer Kultur.

hen, war lange Zeit über ein Schmelztiegel, der von allen Richtungen Einflüsse aufnahm und transformierte. Wenn auch zur Zeit des Xuanzang die Westtürken herrschten, so blieb die verfeinerte sogdische Kultur das bestimmende Element. Um eine Vorstellung davon zu bekommen, braucht man nur das kleine Museum am Rande des Ruinenfeldes aufzusuchen. Hier finden sich an den Wänden Reste von Malereien, die aus den Gebäudetrümmern abgelöst und wie ein Puzzle zusammengesetzt wurden. Sie sind Meisterwerke der sogdischen Kunst, die alles übertreffen, was man bisher an Vermächtnis dieses Volkes gefunden hat. Die Wandbilder zeigen in szenischer

Sogdisches Wandgemälde aus den Ruinen von Afrasiab, das die Gesandtschaft eines kleinen benachbarten Reiches zeigt, die dem Herrscher von Marakanda Tribute bringt. In ihrem Gefolge befand sich auch eine Prinzessin.

Abfolge die Ankunft einer Gesandtschaft. Vor hellblauem Hintergrund zieht der Troß von Gestalten in weißen, roten und schwarzen Farben dargestellt wie ein Film vor den Augen des Betrachters vorbei. Der feierlichen Prozession voran schreitet ein Elefant, auf dem Rücken eine Sänfte, in der eine Prinzessin mit ihrer Dienerin sitzt. Begleitet wird der Zug von würdevoll aussehenden Männern mit langen weißen Gewändern und bärtigen Gesichtern. Auf eines der prunkvollen Seidengewänder der ranghohen Würdenträger ist sogar die Botschaft, die sie zu übermitteln hatten, in sogdischer Schrift aufgemalt. Demnach handelt es sich um eine Gesandtschaft eines kleinen Nachbarreiches, dessen Souverän dem Herrscher von Samarkand – wie es damals üblich war – zum Zwecke gut nachbarschaftlicher Beziehungen eine Braut als Geschenk überbringen ließ. Ganz im Jargon eines tributpflichtigen Untertanen, lautet die Botschaft, die auf dem Rock des Gesandten zu lesen ist: »...Und nun erscheine ich vor dem Herrscher, erfüllt von Ehrfurcht. Ich bin wohl unterrichtet über eure Götter und Schriften und bin der Verehrung für euren mächtigen Herrscher erfüllt...«

Im 7. Jahrhundert, zur Zeit der Durchreise von Xuanzang, hatte die Stadt bereits eine lange Geschichte hinter sich. Dem Abendland wurde diese Region durch die Feldzüge des persischen Großkönigs Kyros und des Mazedoniers Alexander des Großen bekannt. Ersterer fand im Jahre 530 v. Chr. in der Nähe der heutigen Stadt Tashkent den Schlachtentod, und letzterer überlebte die Eroberung von Marakanda nicht sehr lange, und sein Weltreich brach genauso schnell auseinander, wie es entstand. Transoxanien, das Land jenseits des Oxus, wurde das Gebiet zwischen den Flüssen Amu Darya und Syr Darya in der Antike genannt. Wobei mit Oxus der Amu Darya gemeint ist. Alexander der Große hat den Oxus überschritten und im Jahre 329 v. Chr. Marakanda erobert. Nachdem er den lokalen König besiegt hatte, vermählte er sich mit dessen Tochter Roxane, und auch seine Soldaten verheiratete er mit einheimischen Frauen. Alexanders Vision war es, Europa und Asien durch Heiratsbande und gemeinsame Nachkommen zu verbinden. Hier in Marakanda wurde die physische Ehe vollzogen, die geistige sollte erst viel später folgen, nach dem Tode Alexanders, wenn sich auf dem Boden von Gandhaara Hellas mit Indien verbindet und Buddha im Gewand eines griechischen Apollon über die Seidenstraße nach Osten zieht. Nach Alexanders Tod bemächtigte sich sein

General Seleukos der östlichen Länder, aber die Herrschaft der Seleukiden in diesem Gebiet währte nicht lange. Etwas mehr als ein halbes Jahrhundert später verloren sie wieder die Kontrolle über Transoxanien, weil die Parther sich als neue Macht zwischen dem Iran und Sogdien und Baktrien etablierten. Unruhen an der Westgrenze des chinesischen Han-Reiches, das sich mit dem Bau der Mauer und militärischer Expansion gegen die Bedrohung aus der Steppe wehrte, löste eine Kette von Völkerwanderungen aus. Dabei gelangten im Jahre 176 v. Chr. fünf Stämme der Yuezhi nach Transoxanien, darunter die Kushan, denen es gelang, ein mächtiges Reich zu gründen. Das Kushan-Reich erlag spätestens im Jahre 360 den hunnischen Hephtaliten, die wiederum nach turbulenten Ereignissen an den Grenzen Chinas aus der Tiefe der Steppe aufgetaucht waren. In der Folgezeit wogte der Kampf zwischen dem persischen Reich der Sassaniden, die die vierhundertjährige Fremdherrschaft durch die Parther beendet hatten, und den Hephtaliten hin und her. Mal war Transoxanien unter iranischer Kontrolle, mal unter hunnischer. Erst im Jahre 577 gelang es dem Perserkönig Chosro I. mit Hilfe der nördlich der Hunnen neu aufgekommenen Macht der Türken, die Hephtaliten endgültig zu besiegen. Das Gebiet der Besiegten wurde unter den Siegern aufgeteilt. Die Türken erhielten Transoxanien und ersetzten nun die herrschende hephtalitische Oberschicht, während die Sogdier als Kulturträger bestimmend blieben. Es ist die Zeit, in der Xuanzang Marakanda oder Afrasiab – wie immer man die Stadt nennen will – auf seinem Weg nach Indien besuchte. Der Pilgermönch erlebte die letzte und vielleicht größte Blüte sogdischer Kultur am Vorabend des Einbruchs des Islam in die Welt der Seidenstraße. Während der Pilgermönch noch mit Anhängern der persischen Feuerreligion disputierte, bereiteten die Araber bereits den entscheidenden Schlag gegen das iranische Sassanidenreich vor. In den Jahren 651–652 standen sie bereits an der bedeutenden Flußoase Merw, dem Ort Mary im heutigen Turkmenistan. Damit war Ma wara an-nahr, »Was hinter dem Fluß ist« wie die Araber Transoxanien nannten, in Sichtweite der muslimischen Heere gerückt. Bereits 676 kamen etwa 4 000 Araber, darunter ein Vetter des Propheten Mohammed, dessen Grab bis heute als Heiligtum verehrt wird, nach Marakanda. Diesen Vorboten folgte bald das Eroberungsheer. Im Jahre 712 fällt Samarkand in die Hände von Qutaiba Ibn Muslim, dem Heerführer des Kalifen von Bagdad. Mit den arabischen Eroberern kam auch der Islam. Schritt für Schritt werden die anderen Religionen verdrängt – notfalls mit Gewalt. Der Versuch Chinas, den Einfluß der Araber zurückzudrängen, endet im Jahre 751 mit einer verheerenden Niederlage nahe der Stadt Talas. Die Schlacht war nicht nur von politischer, sondern auch von immenser kulturpolitischer Bedeutung, denn nach dem Bericht des arabischen Chronisten erbeuteten die Sieger eine im Troß der Chinesen mitgeführte Papiermanufaktur, deren Handwerker in Marakanda angesiedelt wurden. In der Folgezeit entwickelte sich Samarkand, wie auch die westlich gelegene Oase Buchara, zu einem Zentrum islamischer Kultur, die unter der Herrschaft der Samaniden einen ersten Höhepunkt erreichte. Diese Epoche nahm ein jähes und schreckliches Ende, als im Jahre 1220 die Mongolen unter Chinghis Khan vor den Toren der Stadt auftauchten. Marakanda war trotz seiner Wehrmauern durch die Wasserversorgung aus künstlichen Kanälen verwundbar und konnte dem Mongolenheer nicht lange widerstehen. Die Stadt wurde bis auf das letzte Bauwerk zerstört, ein großer Teil der Bewohner hingerichtet, die anderen versklavt oder als Handwerker in Fron gezwungen. Es war das Ende der Stadt und ihrer mehr als 1 500 Jahre alten Geschichte. Marakanda wurde nie mehr wiederaufgebaut, die neue Stadt – Samarkand – entwickelte sich weiter südlich, und bereits 150 Jahre nach dieser Katastrophe gewann die Stadt wieder ihre einstige Bedeutung zurück, als Timur, ein Nachkomme Chinghis Khans, sie zum Zentrum seines Weltreiches machte. Ganz im Stile seines berüchtigten Vorfahren hatte er durch grausame Eroberungsfeldzüge Reiche und

»Er ist's, der entsandt hat seinen Gesandten mit der Leitung und der Religion der Wahrheit, um sie sichtbar zu machen über jede andere Religion, auch wenn es den Ungläubigen zuwider ist.«

Koran; Sure 14.33

»Timur hat stets den Handel gefördert, damit seine Hauptstadt die edelste aller Städte werde, und er hat auf allen seinen Eroberungszügen, wo immer er hinkam, die besten Leute mitgenommen, um Samarkand zu bevölkern, und so Meisterhandwerker aller Völker an einem Ort zusammengebracht.«

Ruy Gonzales de Clavijo

Städte vernichtet und ganze Landstriche entvölkert. Nur Gelehrte, Handwerker und Künstler verschonte er, um sie nach Samarkand zu bringen, wenn es nicht anders ging, mit Gewalt. Sie sollten die Stadt zur würdigen Metropole eines Weltenherrschers ausbauen. Mit einer Geschwindigkeit, wie es nur in einer Despotie mit uneingeschränkter Machtfülle möglich ist, entstanden Bauwerke von noch nie gesehener Größe und Komplexität: Moscheen, Medresen, Mausoleen, Karawansereien und Bazare. Diese fieberhafte Bautätigkeit wurde von seinem Nachfolger Ulugh Beg fortgesetzt. Einige dieser Prunkbauten haben sich bis heute erhalten, sie gehören zum Großartigsten, was die islamische Welt zu bieten hat, und repräsentieren das schönste Antlitz, das Samarkand seinen Besuchern heute zuzuwenden vermag.

»Es kam alljährlich viel Handelsware nach Samarkand aus China, Indien, der Tatarei und vielen anderen Gegenden der Welt, aber es gab bisher innerhalb der Stadt keinen Platz, wo man diese Waren in geeigneter Weise hätte speichern, zur Schau stellen und feilbieten können.« So begründet Ruy Gonzalez de Clavijo, der in den Jahren 1403/1404 als Gesandter des Königs von Kastilien am Hofe Timurs weilte, die Absicht des Herrschers, den Registan-Platz als Mittelpunkt der Stadt auszubauen und eine Marktstraße anzulegen, die kerzengerade durch die Stadt, von einem Ende zum anderen führen sollte. Der Befehl dazu ließ an Deutlichkeit nichts zu wünschen übrig. »Er beauftragte zwei der großen Herren mit der Durchführung«, berichtet Clavijo, »und ließ wissen, wenn sie es an Eifer und Sorgfalt fehlen ließen, würden sie mit ihren Köpfen dafür bezahlen.« Bezahlen mußten in jedem Fall die unglücklichen Anwohner. Sie wurden einfach fortgejagt und konnten von ihrem Hab und Gut nur mitnehmen, was sie imstande waren fortzutragen. »Kaum noch waren alle diese Häuser eingerissen«, erzählt

der spanische Augenzeuge, »da kamen schon die Baumeister und legten die neue breite Straße an und errichteten Kaufläden auf beiden Seiten. Jeder Laden hatte zwei Kammern, vorn und rückwärts, und die Straße selbst war mit einem Kuppeldach überdeckt, in dem sich Fenster befanden, um das Licht hereinzulassen. Auf diese Weise wurde binnen 20 Tagen die ganze Straße ausgeführt. Wahrhaftig ein staunenswerter Anblick«, fügt Clavijo sichtlich beeindruckt hinzu. Ursprünglich war auch der Registan, von dem strahlenförmig die Bazarstraßen ausgingen, nichts anderes als ein überkuppelter Marktplatz mit einer Karawanserei. Aber bereits Timurs Nachfolger Ulugh Beg, der Philosoph auf dem Herrscherthron, begann, den Registan umzugestalten, indem er dem Zentrum des Handels und Handwerks einen geistig-spirituellen Pol entgegensetzte. Die reich mit Fayencen geschmückte Medrese Ulugh Beg gehört nicht nur zu den ältesten islamischen Hochschulen Zentralasiens, sondern auch zu den außergewöhnlichsten und harmonischsten Bauwerken ihrer Art. Später, als die Bauten Timurs zu verfallen begannen, erfuhr der Registan seine letzte und bis heute gültige Gestaltung. Aus Gründen der Symmetrie oder mangelnder Kreativität wurde Anfang des 17. Jahrhunderts die Medrese Schir-dar jener von Ulugh Beg wie gespiegelt gegenübergestellt. Und schließlich vollendete die Medrese Tella-kari, die »Goldgeschmückte«, eines der hervorragendsten Bauensembles der Welt.
Wenn man sich dem Registan nähert, sieht man zunächst nur ein Gewirr von unglaublich buntgemusterten, schlanken Minaretts, glänzenden Kuppeln und hochstrebenden Fassaden. Aber plötzlich ordnen sich die Bauwerke zur Einheit des Dreigestirns der Medresen, die sich rechtwinkelig gegenüberstehen und einen im Vergleich zu den monumentalen Fassaden winzigen Platz einschließen. Im ersten Augenblick hat man das Gefühl, die Proportionen würden nicht

Der Registan in Samarkand mit seinem in der islamischen Welt einmaligen Bauensemble der Medresen Ulugh Beg (links), Tella-kari (Mitte) und Schir-dar (rechts).

Abgeflachte Spitze des Schmuckminaretts der Medrese Ulugh Beg.

»Nur der Adler des Gedankens vermag den Gipfel dieser Medrese zu erfliegen.«

Inschrift auf der Medrese Schir-dar

stimmen, denn die Fassaden scheinen nach vorne zu stürzen, den Platz mit ihren schwellenden Fassaden förmlich zu erdrücken. Mit den hohen, nach innen gerichteten Portalen, wirkt das Ensemble wie eine uneinnehmbare Glaubensfestung, die sich von der Außenwelt abgrenzt. Diesen Eindruck aber wischt die ungeheure Farbenpracht sofort wieder weg. Großflächige geometrische Muster in Türkis, Lila und Blau auf hellem Untergrund. Inschriften in Kufi, Sterne und Blumenmuster mit Farben und Glasuren von höchster Qualität. Und dann die schlanken Schmuckminaretts zu beiden Seiten des Portals mit ihren gekappten Spitzen.
Mit ihrem Dekor gleichen sie in Teppiche gewickelten Säulen. Es scheint so, als wollte Ulugh mit dieser Medrese nicht nur den Zweckbau einer islamischen Hochschule schaffen, sondern gleichsam den überragenden Leistungsstand von Kunst, Wissenschaft und Architektur unter seiner Herrschaft dokumentieren.

In diesen Tagen des Frühsommers 1996 ist der Registan eine einzige Baustelle. Der gesamte Platz wird rundum erneuert. Bis ins 19. Jahrhundert diente er als Marktplatz, auf dem sich das orientalische Volksleben entfaltete, wo die Märchenerzähler, Derwische und Taschenspieler um Aufmerksamkeit buhlten und Garköche und Barbiere ihrem Handwerk nachgingen. Es war der Ort, an dem vor den Augen der neugierigen Menge öffentliche Hinrichtungen vollzogen wurden und die Herrscher von Samarkand ihre Paraden abhielten. Jetzt soll er anläßlich eines besonderen Ereignisses in neuem Glanz erstrahlen. Die Republik Usbekistan bereitet die Gedenkfeiern zu Ehren Timurs vor, der vor 600 Jahren Samarkand zur Weltstadt machte. Timur gilt heute wieder als Vorbild, und seine Statuen, die ihn als Eroberer auf Pferderücken zeigen, haben die alten Götter wie Marx und Lenin, die die Russen nach Zentralasien brachten, längst vom Sockel gestoßen. Auch die drei Prunkbauten des

Registan werden zu diesem Anlaß gründlich restauriert. Dies ist auch notwendig, denn infolge schädlicher Witterungseinflüsse beginnen sich an den Wänden die Kacheln abzulösen, Industrie- und Autosmog rauben den Farben ihre Leuchtkraft. Am späten Nachmittag, als die Handwerker abgezogen sind, steigen wir mit einem der Wächter über eine steile Wendeltreppe zur Spitze des Minaretts hinauf. Dem Muezzin blieb dieser beschwerliche Gang erspart, denn das Minarett diente nur der Optik, als schlankes Gegengewicht zum massiven Portal. Von seiner Spitze eröffnen sich neue Perspektiven, nicht nur auf den darunterliegenden Registan, sondern auch auf die türkisfarbene Monsterkuppel der Moschee Bibi Chanum, die in einiger Entfernung aus dem braunen Häusergewirr der Altstadt hervorleuchtet. Wenn man auf die gegenüberliegende Medrese Schir-dar blickt, glaubt man im ersten Augenblick in einen Spiegel zu schauen, so sehr gleicht sie dem zwei hundert Jahre älteren Vorbild von Ulugh Beg. Aber, wie gesagt, nur im ersten Augenblick. Bei näherem Hinsehen werden schnell Unterschiede erkennbar. Sie erreicht nicht mehr die handwerkliche Qualität wie ihr Gegenüber und ihr Dekor wirkt vergleichsweise grob und weniger harmonisch in der Abstimmung ihrer Farben. Auch wenn ihr Bauherr, der Usbeken-Khan Yalangtasch, selbstbewußt auf den Sockel malen ließ, daß sie so perfekt herausgearbeitet war, »daß sich sogar die Himmel daran verletzten, weil sie das Portal für einen Mond hielten«. Als gelungene Spiegelbilder zeigen sich die beiden flankierenden Minaretts. Form, Musterung und Spitze gleichen sich wie ein Ei dem anderen. Sie ersteigen zu wollen wäre freilich ein hoffnungsloses Unterfangen, heißt es doch in der dazugehörigen Inschrift: »Niemals in allen Jahrhunderten wird ein Künstler der Akrobat des Gedankens, am Seile der Phantasie den unnahbaren Gipfel des Minaretts erreichen.«

Fayencen mit zwei gestreiften Araltigern, über deren Rücken die Sonne mit menschlichem Gesicht aufgeht, zieren das Portal der Medrese Schir-dar.

Im Wechselspiel des Lichtes gewinnen die polychromen Fliesen mit ihrer betörenden Vielfalt an Mustern und Dessins eine weitere Qualität – sie verändern sich, beginnen zu leben.

Hoch oben, unter der Krönung der Fassade, strahlt das Licht der untergehenden Sonne etwas ganz Ungewöhnliches an: zwei »Araltiger«, die sich eine Hirschkuh greifen und über denen die Sonne in Form eines menschlichen Gesichtes aufgeht. Dieses in der islamischen Welt einmalige Motiv könnte als Symboltier jenes Usbeken-Herrschers interpretiert werden, der die Medrese in Auftrag gab. Wie vielerorts ist auch der Registan nur noch eine museale Sehenswürdigkeit. In den engen Zellen, wo früher die Studenten ihren Koran lernten, haben sich heute Souvenir-Verkäufer und Folklore-Handwerker eingerichtet. Aber wenn die Andenken-Läden ihre Pforten schließen und die Bautrupps abgezogen sind, dann nehmen wieder gläubige Muslims für kurze Zeit den Platz in Besitz. Alte Männer tasten sich langsamen Schrittes an den Mauern entlang, eine jung verheiratete Frau, die Kindersegen wünscht, kommt in die »Tiger«-Medrese, um die heiligen Tauben zu füttern. Im wechselnden Licht der untergehenden Sonne beginnen die Bauwerke zu leben. Jetzt erst blühen die polychromen, in bis zu sieben Farben ausgefertigten Fayencen, und das Licht bringt die unerschöpflichen Muster zu ihrer vollen Entfaltung. Selbst als die Sonne längst hinter dem Horizont verschwunden ist, strahlen die Farbmosaike weiter, als würden sie mit dem sich verfärbenden Himmel darüber wetteifern. In keiner anderen Kultur hat sich ein derartiger Reichtum an Mustern entwickelt wie im Islam. »Wie in Tausendundeiner Nacht oder dem Papageienbuch kein Märchen in sich sein Ende findet«, schreibt der Kunsthistoriker Cohn-Wiener, »jedes zugleich Teil einer anderen Erzählung ist, die es umrahmt und weiterleitet, wie in ihnen nichts logisch, aus Gründen, alles wie aus dem Spieltrieb des Dichters geschieht, auch die islamische Kunst ein bezauberndes Spiel phantastischer Formschöpfung ist.« Da figürliche Darstellungen und Bilder von Heiligen oder gar Allah selbst im Islam abgelehnt werden, hat sich die schöpferische Kraft der Künstler vor allem auf die Ornamentik konzentriert und diese zur Perfektion gebracht.

Es beginnt bereits dunkel zu werden, und wir sind gerade im Begriff, den Registan zu verlassen, da kommt einer der Wächter mit

Taschenlampe hinter uns hergelaufen und bedeutet uns, ihm zu folgen. Er führt uns durch den hohen Portalbogen in das Innere der Medrese Tella-kari. Wir folgen ihm und dem flackernden Schein der Taschenlampe durch einen langen Gang und kommen in eine dunkle Halle, in der sich nur schemenhaft eine gemusterte Auskleidung erkennen läßt. Der Führer verschwindet in einer Kammer, Minuten vergehen, dann geht eine Lampe nach der anderen an, wir kommen aus dem Staunen nicht mehr heraus. Wir finden uns in einer Schatzkammer wieder, die weder mit Bildern noch mit Worten zu beschreiben ist. Wohin wir auch, uns im Kreis drehend, wenden, zu allen Seiten, oben und unten, werden wir von goldüberzogenen Mustern geblendet, die den gesamten überkuppelten Raum ausfüllen. Tella-kari, die »Goldgeschmückte« wie man sie nennt, ist nicht übertrieben; sie läßt alles vergessen, was wir bisher sahen. Goldauftrag auf Holz vor blauem Hintergrund in allen erdenklichen floralen Mustern bedecken Wände und Wölbungen.

Zu unserer Überraschung stehen wir vor dem Allerheiligsten einer Moschee, jenem Ort »wo man sich«, wie es heißt, »vor Allah niederwirft«. Zu beiden Seiten des Mihrab, jener halbrunden Nische mit dem Halbkuppelgewölbe darüber, die als Pforte des Himmels gilt, befinden sich zwei kleine reliefartige Nischen, die im strahlendsten Gold leuchten. »Allah ist das Licht der Himmel und der Erde. Sein Licht ist gleich einer Nische«, heißt es in einer Koran-Sure. Getarnt im architektonischen Gewand einer Medrese zeigt sich hier eindrucksvoll die wahre Bestimmung von Tella-kari. Sie ist eine Moschee, ein »Ort zum Beten« und kein Studienkolleg wie die anderen beiden Bauwerke des Registan. Ihr Erbauer hat sie als Freitagsmoschee konzipiert, nachdem Bibi Chanum, die große Moschee Samarkands aus der Zeit Timurs, zu verfallen begann. Aber aus Gründen der Harmonie gegenüber den beiden bestehenden Bauwerken des Registan hat man Tella-kari das äußere Erscheinungsbild einer Medrese gegeben. »Wer eine Moschee baut, dem baut Gott ein Haus im Paradies.« Diesen Vers aus dem Hadith dürften die Erbauer im Auge gehabt haben, denn wie sonst ließe sich die überirdische Schönheit der »Goldgeschmückten« erklären.

Am nächsten Tag folgen wir der alten Bazarstraße, die Timur vom ursprünglich als Handelsplatz genutzten Registan als Achse hat anlegen lassen, vorbei an einer überkuppelten Markthalle, in Richtung Nordosten, wo sich zwischen Häuserblocks die Reste der Moschee Bibi Chanum befinden. Sie wurde als die größte Moschee des mittelalterlichen Orient gerühmt und – wie eine der vielen Legenden zu berichten weiß – nach dem Vorbild der Tausendsäuligen Moschee in Delhi ausgeführt.

Timur hat den Bau unmittelbar nach der Rückkehr von seinem Indienfeldzug um das Jahr 1399 in Auftrag gegeben. Offenbar

Eine Sinfonie von goldüberzogenen Mustern füllt Decken und Wände der Moschee Tella-kari.

Folgende Doppelseite: Tella-kari, die »Goldgeschmückte«, ist in Wirklichkeit eine Freitagsmoschee, der man aus architektonischen Erwägungen das äußere Erscheinungsbild einer Medrese gab. Das Allerheiligste der Moschee, vollkommen in Gold gehalten, erscheint wie die Vorwegnahme des islamischen Himmels.

»Auf der einen Seite von Samarkand steht die Burg, die nicht auf einer Anhöhe erbaut ist, aber auf allen Seiten von tiefen Schluchten geschützt ist, und durch diese fließt Wasser, welches die Lage der Burg uneinnehmbar macht. In ihren Mauern hält Timur mehr als tausend Handwerker in Gefangenschaft und Knechtschaft; sie fertigen Rüstungen und Helme, Bogen und Pfeile, und zu diesem Geschäft sind sie im Dienst seiner Hoheit ein Leben lang gehalten.«

RUY GONZALES DE CLAVIJO

wurde der Bauherr dabei nicht nur von indischer Architektur inspiriert, sondern auch die Mittel für das Projekt stammten aus der Kriegsbeute des vorangegangenen Feldzuges. Ungewöhnlich für islamische Moscheegründungen ist, daß es zu Ehren einer Frau, nämlich der mongolischen Prinzessin Sarai Mulk (Bibi) Chanum, geschah. Über die Grundsteinlegung, deren genauer Zeitpunkt traditionell vom Hofastrologen ermittelt wurde, heißt es: »Am letzten Sonntag des Ramadan 801/1399 legten zu glücklicher Stunde und zur Zeit des günstigsten Standes der Sternbilder kunstfertige Architekten und erfahrene Baumeister den Grundstein zu diesem Bau.«
Und über den Baubeginn fährt die zeitgenössische Quelle fort: »Fünfhundert Steinmetze aus Adharbaidschan, Fars, Hindustan und anderen Gegenden waren zum Bau dieser Moschee herangezogen worden, abgesehen von jenen Arbeitern, die in den Bergen Steine zu brechen und in die Stadt zu bringen hatten. Spezialisten der verschiedensten Künste und Maler, die ihrerseits innerhalb ihrer Zunft ihr allerbestes Können an den Tag legten, versammelten sich in der Residenz, aus allen Erdteilen kommend. Um das Baumaterial auf die Baustelle zu bringen, war die Arbeit von 95 Elefanten nötig, die aus Indien nach Samarkand gebracht wurden, indem sie unter Beihilfe vieler Menschen die gewaltigen Steinblöcke rollten. Timur, unterstützt von seinen Prinzen und Emiren, leitete die Arbeiten selbst.«
Aber der Weltenherrscher begnügte sich nicht damit, nur den Fortgang des Baues zu überwachen, er griff – wie der spanische Augenzeuge Clavijo anschaulich berichtet – auch selbst ein, wenn er mit der einen oder anderen Lösung nicht zufrieden war oder wenn es ihm – was nicht selten der Fall war – zu langsam ging. Zum Schrecken der Baumeister und Architekten befahl er, das fertige Portal, das ihm zu klein erschien, wieder abzureißen. Weil es niemand wagte, offen gegen ihn Klage zu führen, wandten sich die Opfer und Enteigneten seiner Großbaustellen an die Derwische, denen Timur gewöhnlich ein offenes Ohr lieh. Aber Timur schmetterte ihr Anliegen barsch mit den Worten ab: »Diese Stadt gehört mir, ich habe sie mit meinem Geld gekauft ...« Mit dem Geld aus seinen Raubzügen, müßte man richtigerweise hinzufügen. Aber Skrupel gehörten nicht unbedingt zur Gefühlstastatur von Herrschergestalten solchen Kalibers. Jeden Tag ließ er sich in einer Sänfte zur Baustelle tragen, um die Arbeiten voranzutreiben. Geschwächt durch immer wieder neue Krankheiten und wohl ahnend, daß ihm nicht mehr viel Zeit blieb, spornte er die Handwerker und Frondiener bis zur Erschöpfung an. Mit der Methode von Zuckerbrot und Peitsche bestrafte er jeden, der seinen Ansprüchen nicht genügte und belohnte das Heer der Kulis und Arbeiter mit Geldprämien. »Er ließ dann auch viel gekochtes Fleisch heranschaffen«, konnte Clavijo beobachten, »das man den Arbeitern in den Hallen von oben herabwarf, wie man es jungen Hunden vorwerfen würde. Auch er warf ihnen eigenhändig etwas zu.«
In nur vier Jahren Bauzeit war die Moschee fertig. Die Höflinge Timurs überschlagen sich in Lobeshymnen und finden keine irdischen Vergleiche: »Die Kuppel könnte wohl einzigartig sein, wenn es da nicht das Himmelszelt gäbe«, lesen wir bei Yazdi, und er fügt noch hinzu: »Einzig in seiner Art wäre auch der Bogen des Iwan, wenn er nicht durch die Milchstraße zurückgesetzt würde. Verbunden mit den farbigen Fassaden erheben sich an den vier Ecken Minarette, die ihr Haupt in den Himmel erheben. Die Sufis senden ihren Ruf in alle vier Himmelsrichtungen. Der Klang der großen metallenen Tore, die aus einer Legierung von sieben Metallen gegossen wurden, rufen die Gläubigen aus den sieben Klimata in das Haus des Islam.«
Dieses »Haus des Islam« sollte nun nach Timurs Willen die Hauptmoschee Samarkands sein, wo sich die Gläubigen zum Freitagsgebet versammeln, wo in der Predigt die Taten des Herrschers gepriesen und auf seinen Namen Allahs Segen herabgefleht werden sollte. Aber die Eile, mit der Bibi Chanum aus dem Boden gestampft wurde, rächte sich. Schon kurz nach der Vollendung begannen

die Mauern bereits abzubröckeln. Viel zu überstürzt waren die Arbeiten ausgeführt worden, um von Dauer zu sein, außerdem hatte man nicht sorgfältig genug die Erdbeben-Anfälligkeit des Bodens geprüft. So kam, was kommen mußte. Stück für Stück ist sie eingestürzt – zuletzt, im Jahre 1882, ein Teil der Kuppel. Im letzten Jahrzehnt wurde ein Teil der verfallenen Größe mit modernsten Mitteln restauriert. Nun reckt die kolossale Kuppel wieder ihr stolzes Haupt gegen den Himmel, in einem Türkis, neben dem selbst das Blau des Firmaments verblaßt. Darunter erkennt man ein riesiges Band von weißen, dunkelblau umrahmten Fliesen mit Kufi-Buchstaben. Unübertroffen ist die Vielfalt der Fayencemosaiken, deren Linienschwung die äußerst komplizierte Technik ihrer Herstellung verleugnen und wie mit Pinselstrichen aufgemalt erscheinen. Dort wo früher Hunderte runder Marmorsäulen und Stützpfeiler mehr als 400 Kuppeln trugen, gibt es heute einen schattenspendenden Hain, in dem ein gemeißelter pultartiger Steintisch steht. Er war dazu bestimmt, den Koran Osmans zu tragen, und aus einer Inschrift geht hervor, daß Ulugh Beg den Stein aus der Mongolei herbeischaffen ließ. Obwohl heute nur noch ein schwacher Abglanz einstiger Größe zu sehen, läßt sich diese allein am Portal mit seinen achteckigen Minaretts erahnen. Vielleicht war der wahre Grund des Verfalls nicht schlampige Planung und Ausführung wegen des Zeitdrucks, sondern hatten die besten Architekten, Künstler und Baumeister des Orients, die daran beteiligt waren, in der Synthese ihrer schöpferischen Kraft einfach die Grenzen der damaligen Möglichkeiten und der zur Verfügung stehenden Materialien erreicht.

Aber Bibi Chanum war nicht das einzige Großbauwerk, das Timur in Angriff genommen hatte. Gleichzeitig baute er ein in seiner Dimension für die damalige Zeit einzigartiges Mausoleum. Man glaubt, einen Ballon zu sehen, wenn man sich dem Bauwerk nähert und die gerippelte Melonenkuppel über den braunen Dächern aufsteigen sieht. Davor befindet sich eine überwölbte Halle, ein Iwan, der zum Teil zerfallen, wiederaufgebaut und gerade restauriert wird. Durch eine mit Schriftzeichen und Arabesken umrahmte Türöffnung gelangt man schließlich in das Innere des Kuppelbaus. Hier stehen mehrere Grabblöcke, allen voran der kostbare Kenotaph Timurs, ein großer polierter Nephritblock. Timur hatte das gigantische Grabmal – Gur-e Mir – nicht für sich selbst bauen lassen, sondern als letzte Ruhestätte für seinen Neffen und Thronerben Sultan Muhammed vorgesehen. Dieser starb jedoch bereits im Jahre 1403, angeblich an den Folgen von Verletzungen, die er sich bei der Schlacht gegen die Türken zugezogen hatte. Als Timur im Jahre 1404 von diesem Feldzug nach Samarkand zurückkehrte, ließ er seinen Enkel darin bestatten, zuvor befahl er, noch einen Umbau vorzunehmen, der in unglaublicher Schnelligkeit ausgeführt wurde – in nur zehn Tagen, wie Clavijo betont, den Timur zu den Begräbnisfeierlichkeiten eingeladen hatte. Kurze Zeit später, Anfang des Jahres 1405, starb auch Timur, auf dem Höhepunkt seiner Macht, die mit Samarkand – »seiner Stadt« – als glanzvollem Mittelpunkt untrennbar verbunden war. »Glücklich ist, der die Welt verläßt, bevor die Welt auf ihn verzichtet«, steht in kufischen Lettern auf dem Sockel des Portals von Gur-e Mir.

Wie Chinghis Khan, als dessen Erbe er sich verstand, wurde Timur von seinen Zeitgenossen verehrt und gehaßt. Die Legitimation seines Anspruchs suchte er einerseits durch die Heirat mit zwei mongolischen Prinzessinnen zu fördern und andererseits durch blutige Eroberungsfeldzüge abzusichern. Auch er strebte nach Weltherrschaft, und seine Kriegszüge vollzogen sich im Stile des Mongolenherrschers. Die eroberten Städte und Zitadellen ließ er systematisch zerstören. Die Bevölkerung, gleichgültig, ob sie sich wehrte oder nicht, wurde erbarmungslos abgeschlachtet. Nur Handwerker, Händler, Baumeister und Künstler verschonte er, um sie nach Samarkand zu verschleppen, zum Ausbau seiner Metropole. Aber anders als Chinghis Khan gehörte Timur nicht mehr der Welt der Steppe an, sondern war

»Demgemäß entsandten wir zu euch einen Gesandten, um euch unsere Zeichen zu verlesen und euch zu reinigen und euch das Buch und die Weisheit zu lehren und euch zu lehren, was ihr nicht wußtet.«

KORAN; SURE 2.146

Timur (1336–1405) als Reiterstandbild in Tashkent, der Hauptstadt Usbekistans.

Die Sternwarte des Ulugh Beg als künstlerisch inspirierte Rekonstruktion.

Ulugh Beg (1409–1449), der Gelehrte am Herrscherthron von Samarkand, auf einem Gemälde im Museum der zerstörten Sternwarte.

Nach Ulugh Begs Ermordung durch seinen eigenen Sohn versank das Land in Blut und Chaos. Unersetzliche Bücher und wissenschaftliche Werke fielen zusammen mit der Sternwarte dem Vandalismus zum Opfer.

Rechte Seite: Schah-e Sende ist eine Stadt der Toten, die Timur im Umkreis vom Mausoleum Kusams, einem Verwandten Mohammeds, der hier als Märtyrer starb, anlegen ließ.

ein muslimischer Städter. Das christliche Abendland sah in ihm einen Verbündeten, der die Türken besiegte, die zuvor die Kreuzritter vernichtend geschlagen hatten und Konstantinopel bedrohten. Aus den Berichten des spanischen Gesandten Clavijo, der mehrfach von Timur empfangen wurde, sind deutlich Worte der Bewunderung herauszuhören, ja er verglich Samarkand sogar mit dem Paris jener Zeit. Daß Timur von Kunst und insbesondere von Architektur etwas verstehen mußte, beweisen seine persönliche Anwesenheit auf den Baustellen und das Eingreifen in die Arbeiten. Wie aber läßt sich Timur als Baumeister und Gestalter einmaliger Kunstwerke mit Timur als Feldherrn blutigster Schlachten vereinbaren? Timur – ein Mensch im Widerspruch? Oder die einzige Möglichkeit in einer Zeit, in der Kämpfe jeder gegen jeden an der Tagesordnung waren? Wie man gesehen hat, ging er auch mit seiner eigenen Bevölkerung in Samarkand nicht zimperlich um. Immerhin brachten die rigiden Eingriffe und Baumaßnahmen der Stadt einen wirtschaftlichen Aufschwung, der Ost-West-Handel florierte und die Seidenstraße blühte ein letztes Mal auf – wenn auch nur für kurze Zeit. Aber nach Timurs Tod folgte keine »Pax Mongolica«, gab es keine Nachfolger, die die eroberten Gebiete auf Dauer halten konnten. Sein Riesenreich begann genauso schnell abzubröckeln wie die Mauern von Bibi Chanum. Schon in den Kämpfen um seine Nachfolge wurde das Reich praktisch geteilt. Sein Sohn Schahruch (1407–1447) übernahm die Gebiete von Persien und Afghanistan, während sein Enkel Ulugh Beg (1409–1449) von Samarkand aus über Transoxanien herrschte. Mit Ulugh Beg kam ein Mann an die Macht, der weniger die territoriale Weltherrschaft anstrebte als vielmehr die des Geistes. Selbst Gelehrter, Wissenschaftler, Astronom und Mathematiker, ließ er ein für seine Zeit einmaliges Observatorium errichten, mit dessen Hilfe astronomische Berechnungen durchgeführt wurden, die auch in der westlichen Welt Gültigkeit hatten. Nie zuvor und nie mehr danach wurde den exakten Wissenschaften in der islamischen Welt eine derartige Bedeutung eingeräumt. Er ließ sowohl in Samarkand als auch in Buchara Medresen bauen, um die Gelehrsamkeit zu fördern. Aber seine Neigungen, die ihn mehr und mehr die Regierungsgeschäfte vernachlässigen ließen, fanden in seiner Umgebung nicht überall Gefallen. Vor allem die muslimische Geistlichkeit verfolgte ihn mit unversöhnlichem Haß. Ulugh Beg, der Gelehrte auf dem Herrscherthron, wollte weise regieren. Er predigte Toleranz und erntete Verrat. Sein eigener Sohn setzte sich an die Spitze einer Verschwörung und ermordete ihn. »Das Haupt des Mannes, der Samarkands geistige Berühmtheit im Morgenlande begründet, wurde wie zum Hohne über dem Portal der von ihm gegründeten Hochschule befestigt.« Wieder einmal wiederholte sich die Geschichte, zeigte die Seidenstraße ihr anderes Gesicht. Eine Zeit höchster kultureller Blüte endete in Blut, Zerstörung, Chaos und Anarchie. Das geistige Vermächtnis Ulugh Begs – die Bücher, astronomischen Tabellen, kurzum die gesamten wissenschaftlichen Erkenntnisse – wurden ausgetilgt, genauso wie das berühmte Observatorium. So vollständig war die Zerstörung, daß Archäologen lange Zeit vergeblich nach den Spuren der Sternwarte gesucht haben, bis man auf einem Hügel im nördlichen Außenbezirk von Samarkand, tief unter der Erde, Teile eines gewaltigen, in einen Felsen getriebenen Sextanten fand – das Herzstück des Observatoriums. Wenn man heute den Hügel Tall-e Rasad hinaufsteigt, findet man neben einem kleinen Museum einen tiefen, in das Erdinnere führenden Schacht, der letzte Rest eines Sextanten von 40 Metern Durchmesser. Außer diesem und der Medrese am Registan sind aus Ulugh Begs Zeit nur noch Gräber geblieben – eine ganze Nekropole sogar. Während er selbst neben Timur im Gur-e Mir bestattet wurde, liegen seine Freunde und Weggefährten, vor allem auch sein einstiger Lehrer, der hochberühmte Astronom Rumi in Schah-e Sende. Er ist dort in bester Gesellschaft, denn hier ruht Kusam Ibn Abbas, ein Vetter Mohammeds, der als Märtyrer in die Geschichte einging. Seitdem gilt Schah-e Sende als Pforte zum Paradies.

Kusam kam in der Begleitung von 4 000 Mann, sozusagen als Vorhut nachfolgender arabischer Eroberungsheere, im Jahre 676 nach Marakanda. In blindem Glaubenseifer versuchte er, die sogdischen Feueranbeter (Anhänger der Lehre Zarathustras) mit Gewalt zu bekehren. Seine Mannen wurden jedoch vernichtend geschlagen, und Kusam verbarg sich in einer Höhle in der Nähe der Hügel von Afrasiab, wo er nach legendenhafter Überlieferung noch immer betend und fastend leben soll. Gläubige haben später an diesem Hügel ein Mausoleum mit Opfer- und Gebetsräumen errichtet. Es wurde zur Keimzelle von Schah-e Sende, dem »lebenden Schah«, einer Stadt der Toten, an der ein Friedhof anschließt, der auch heute noch benutzt wird. Bis zum Beginn des Jahrhunderts war das Betreten der Gräberstraße, an der sich zu beiden Seiten mehr als ein Dutzend überkuppelte Mausoleen reihen, Andersgläubigen verboten. Wenn man sich über den alten Stadtgraben der Nekropole nähert, sieht man schon aus weiter Entfernung das Gewirr türkisfarbener Kuppeln. »Beim Anblick von Schah-e Sende«, schwärmt Abu Tahir Hodscha, »haben die lasurblauen Himmel verzückt auf das Antlitz der Erde geschaut.« Die Stadt der Toten ist voller Leben. Sie hat nichts von ihrer Anziehungskraft auf die Gläubigen eingebüßt. Es herrscht ein ständiges Kommen und Gehen. Man sieht Familien mit ihren Kindern andächtig von einem Mausoleum zum nächsten pilgern. Im Schatten des Eingangsportals hat sich ein Bettler niedergelassen. Ein alter Mann im knöchellangen gestreiften Mantel und schweren Schaftstiefeln bewegt sich o-beinig, auf einen Stock gestützt, an den Gemäuern entlang, die mit vielfarbenen erlesenen Fayencen geschmückt sind. Die Farbenpracht von Schah-e Sende vermittelt das Bild einer Gartenoase; die Muster und Ornamentik spiegeln die Fülle des Lebens wider und sollen den Gläubigen einen Vorgeschmack vermitteln auf das zukünftige Paradies. »Beeilet Euch, früher das Gebet zu verrichten, damit Ihr die Zeit nicht versäumt, beeilet Euch, früher Reue zu tun, bevor der Tod kommt«, verkündet Mohammed in Kufi-

Buchstaben von den Mauern des Mausoleums Tuman Aka. Die Restaurateure müssen sich beeilen, sollen die Worte des Propheten auf der abbröckelnden Mosaikverkleidung die Zeit überdauern.

Buchara - Die Edle

Am westlichen Stadtrand von Samarkand beginnt die sogenannte »Königliche Straße«, der uralte Verbindungsweg nach Buchara. Zur Blütezeit der Seidenstraße verkehrten hier die Handelskarawanen, die die Nordroute gewählt hatten, im Mittelalter war die Strecke in sechs bis sieben Tagen zu bewältigen, heute ist es nur noch eine fünf- bis sechsstündige Fahrt auf einer geteerten Autostraße. Die vorbeiziehende Landschaft zeigt kaum Abwechslung, sie stellt den hoffnungslosen Versuch dar, dort Leben zu schaffen, wo die Natur Wüste vorgesehen hatte. Ein weitverzweigtes Netz von künstlichen Bewässerungskanälen sollte, ähnlich wie im Ferghana-Tal, mit dem Wasser des Amu Darya und Serafshan das Ödland in profitable Monokulturen - vor allem für Baumwolle - verwandeln. Mit der zunehmenden Wasserknappheit der Flüsse versiegten auch die Kanäle.

Auf halber Strecke nach Buchara, inmitten der Wüste, steht ein monumentales Tor, das ins Nichts führt. Es ist der letzte Rest einer Karawanserei, von der nur noch das Portal und ein überkuppelter Wasserspeicher übriggeblieben sind. Dazwischen durch führt die große Seidenstraße, heute eine mehrspurige Überlandstraße. Unmittelbar neben dem alten Wasserspeicher, an der früher die Karawaniers ihre Kamele tränkten, hat ein Usbeke eine Imbißbude eröffnet. Davor gibt es einen großen Parkplatz. Hier stehen sie nun, die modernen »Karawanenführer« mit ihren tonnenschweren Sattelschleppern aus Rußland, der Türkei und Persien. Sie transportieren Waren aller Art auf dem Landweg von Europa nach Zentralasien. Wie früher führt die Route wieder - dank ihrer Vorzugslage - über Buchara und Samarkand. Auf dem Rückweg nehmen sie von den Märkten in Tashkent und Alma Ata Güter aus China mit - darunter auch Seide. Ungeachtet der Grenzen und ideologischen Unterschiede floriert der Handel. Timur träumte von der Wiederbelebung der Seidenstraße, mit Samarkand

Die Fernfahrer sind die modernen Karawaniers der Seidenstraße, die wahren Erben der Sogdier, die so wie damals auf dem Landwege Waren zwischen China und Europa transportieren - über Gebirge, durch Wüsten, von Oasenstadt zu Oasenstadt, trotz Bürokratismus und absurder politischer Grenzen.

Rechts: Auf halber Strecke zwischen Samarkand und Buchara befinden sich die Reste einer Karawanserei, von der nur noch ein monumentales Tor und ein überkuppelter Wasserspeicher vorhanden sind.

Folgende Doppelseite: Chiwa, einst ein Nest von Karawanenräubern, ist heute ein einzigartiges Juwel islamischer Architektur.
Ein vollkommen geschlossener Mauerring mit Zinnen, Türmen und Bastionen umgibt die Altstadt.

als Drehscheibe – ein Traum, den sich auch die Führung der jungen Republik Usbekistan zu eigen gemacht hat. Aber auch die anderen zentralasiatischen Staaten, die aus den Trümmern der Sowjetunion hervorgegangen sind, betrachten sich als Erben der Seidenstraße. Und manches spricht dafür, daß sie dieses Erbe in Zukunft auch wirklich antreten werden.

Chronik der Seidenstraße

China und Zentralasien

210 v. Chr. Tod des Ersten Kaisers Qin Shihuangdi	Die Zeit der »Streitenden Reiche« beendete der Fürst Zheng von Qin (259–210 v. Chr.), der nach dem Sieg über die anderen sechs Reiche das Land einte und sich zum Qin Shihuangdi, zum »Ersten Kaiser von China«, ernannte. Er begründete damit die Qin-Dynastie (221–206 v. Chr.), unter der die Schrift reformiert, die Maße vereinheitlicht und mit dem Bau eines Vorläufers der großen Mauer begonnen wurde. Vom Ersten Kaiser stammt die berühmte Terrakotta-Armee in Xian.
206 Beginn der Dynastie der Han	Die Han-Dynastie folgte 206 v. Chr. auf die kurze Dynastie der Qin und unterteilte sich in die der Westlichen Han, von 206 v. Chr. bis 8 n. Chr., und die der Östlichen Han, von 25 bis 220 n. Chr. Unterbrochen wurde sie durch ein Interregnum des Wang Meng und seiner Xin-Dynastie von 9 bis 23 n. Chr.
165 Die Yuezhi lassen sich in Baktrien nieder	Die Yuezhi, in der europäischen Geschichtsschreibung besser als Tocharer bekannt, wurden von den Hunnen unter Mao Dun, dem »Kaiser der Steppen«, Begründer des Reiches der Xiongnu (204–43 v. Chr.), aus Gansu, im westlichen China, vertrieben. Die Yuezhi ließen sich weiter im Westen, etwa im heutigen Afghanistan, nieder und gründeten dort das mächtige Kushan-Reich, das sich als dritte Macht zwischen die Römer und Parther im Westen und China im Osten schob.
139 Beginn der Reisen des Zhang Qian	Der Han-Kaiser Wu sandte 139 v. Chr. eine Delegation unter Zhang Qian, dem wohl berühmtesten chinesischen Reisenden, aus, um die aus Gansu vertriebenen Yuezhi zu finden und sie als Verbündete zu gewinnen. Nach 13 Jahren kehrte Zhang Qian nach Changan, dem heutigen Xian, mit den ersten genauen Berichten über die »Westlande« und die »Himmlischen Rosse« von Ferghana und einem erfüllten Auftrag zurück. 119 v. Chr. bricht er zu einer zweiten Reise in Richtung Westen auf.
129 Seidenstraße unter Kaiser Wu erschlossen	Die Reise und die Erkenntnisse des Zhang Qian führten unter Kaiser Wu nicht nur zu Eroberungsfeldzügen gegen die Xiongnu, sondern auch zur Erschließung und zum Ausbau der Ansätze der Handelsrouten Richtung Westen. Im Zuge der Eroberungen und der Schaffung eines Generalprotektorats der Westgebiete, in das Hunderttausende von Wehrbauern umgesiedelt wurden, entstand in Gansu ein Korridor Richtung Westen, in dem der Handel einen schnellen Aufschwung nehmen konnte. Schon bald führten die Handelsstraßen bis nach Rom.
104 Feldzug des Li Guangli	Bis 100 v. Chr. unternahm Li Guangli mehrere Feldzüge nach Ferghana, im heutigen Usbekistan, um einige Exemplare der begehrten »Himmlischen Pferde«, die an Schnelligkeit und Stärke unübertroffen waren, zu erbeuten.
50 v. Chr. Erstmals Seide in Rom	Seide avancierte auf den deshalb nach ihr benannten Karawanenwegen zum kostbarsten Handelsgut und zum bedeutendsten Exportgut Chinas. Zur Herstellung von Kleidung, Fahnen, Wandteppichen und Decken stieg die Nachfrage bei den Völkern Mittelasiens und Europas. Große Manufakturen statt der herkömmlichen Familienbetriebe stellten sie her, und Preis, Qualität, Gewicht und die Art der Verpackung wurden reglementiert. In Rollen kam die Seide auf die Märkte der Welt – so auch in Rom.
73 n. Chr. China beginnt Eroberung von Turfan	Ein halbes Jahrhundert nach dem Sturz des Wang Meng, dessen rückschrittliche Reformen einen Niedergang Chinas bewirkt hatten, konnte an eine Rückeroberung des Tarim-Beckens gedacht werden. Die einzelnen dort bestehenden Staaten wurden dabei in ihrer Unabhängigkeit nicht angetastet, gehörten also nicht zum eigentlichen chinesischen Hoheitsgebiet. Damit endete die Zollhoheit Chinas an der Großen Mauer bei Dunhuang.
97 Reise des Gan Ying	Gan Ying reiste als chinesischer Gesandter zum Persischen Golf und weiter ins Römische Reich. Viele Gesandtschaften waren in dieser Zeit zwischen den Handel treibenden Ländern unterwegs. So war z.B. im Jahr 100 eine indische Gesandtschaft in Rom, 87 eine parthische in China oder von 58 bis 75 eine chinesische in Indien.
105 Erfindung des Papiers durch Qai Lun	Qai Lun war ein kaiserlicher Hofbeamter der Dynastie der Östlichen Han. Nach chinesischer Überlieferung wurde Papier zum ersten Mal durch ihn hergestellt. Erst 1000 Jahre später gelangte die Kunst der Papierherstellung über den Orient und Nordafrika nach Europa.
163 Das Parthische Reich kontrolliert die Handelsrouten nach China	Der Beginn des Partherreiches, die Zeit der Arsakiden, wird auf 247 v. Chr. datiert. Es war neben dem Römischen Reich, dem Reich der Kushan und dem Chinesischen Reich eines der Großmächte dieser Zeit. Unter Mithridates I. (171–138 v. Chr.) dehnte das Reich seine Macht nach Westen aus. Unter Mithridates II. reichte der Herrschaftsbereich der Arsakiden im Osten bis zum Industal, im Westen bis an die westlichen Grenzen Mesopotamiens und im Norden weit in die turanische Tiefebene. 224 n. Chr. lösten die Sassaniden die Parther in ihrer Vorherrschaft über dieses Gebiet ab.
166 Römische Kaufleute in China	Mit der Entstehung des römischen Weltreiches, besonders nach der Zerstörung Karthagos im Jahr 146, erfuhr der Fernhandel einen großen Aufschwung, nicht so sehr durch die Handelsaktivitäten Roms, sondern vielmehr durch die entstehende Sicherheit der Handelsrouten und durch Vereinheitlichungen von Münzen, Maßen und Gewichten. Außerdem war von China aus, u.a. durch die Schaffung des Generalprotektorats der Westgebiete, ein Korridor Richtung Westen erschlossen worden, der einen Handel bis nach Rom ermöglichte sowie preistreibenden Zwischenhandel und Zollerhebungen in Zentralasien weitgehend ausschaltete.

Westliche Welt

327 v. Chr.
Alexander der Große beendet seinen Zug nach Indien

216
Römische Niederlage gegen Hannibal im 2. Punischen Krieg

146
Zerstörung Karthagos

100
Hippalos begründet Seefahrt in den Indischen Ozean

44
Ermordung Cäsars

7 v. Chr.
Errichtung der römischen Provinz Germanien

16 n. Chr.
Dekret in Rom gegen das Tragen von Seide

64
Brand Roms löst Christenverfolgungen aus

80
Kolosseum in Rom erbaut

China und Zentralasien		Westliche Welt
220 Sturz der Han-Dynastie – Vorrübergehender Niedergang der Seidenstraße	Schon mit dem Aufstand der daoistischen Gelben Turbane im Jahre 184 kündigte sich der Sturz der Han-Dynastie an. Der Feldherr Cao Cao trug entscheidend zu diesem Sturz bei und begründete den Staat Wei im Norden Chinas. Mit dem Staat Shu im Süden und dem Staat Wu im Südosten begann die Zeit der Drei Reiche, die sich untereinander bekämpften. Der damit verbundene wirtschaftliche Einbruch zwang zum Rückzug aus dem Tarim-Becken. Das entstehende Machtvakuum füllten unzählige lokale Königreiche oder vordringende Steppenvölker, die sich untereinander bekriegten. Den Drei Reichen folgte nach der kurzen Herrschaft der Westlichen und der Östlichen Jin die Zeit der 16 Staaten – der Beginn einer fast 300 Jahre andauernden Periode, die China in eine unter Fremdherrschaft stehende Nord- und eine von einheimischen Dynastien regierte Südhälfte spaltete. Ein lohnender Handel wurde somit unmöglich, und es begann der vorrübergehende Niedergang der Seidenstraße.	
227 Untergang des Kushan-Reiches der Yuezhi	Fast gleichzeitig mit der Han-Dynastie in China ging auch das Kushan-Reich der Yuezhi unter. Xiongnu, Mongolen und andere Nomadenstämme beherrschten in rascher Folge weite Teile Zentralasiens. Die Yuezhi wurden zunächst von den Sassaniden abgelöst, die ihrerseits von den Xiongnu bedroht wurden, die weite Teile Asiens kontrollierten und bis nach Europa drängten. Die Ruanruan, als Awaren bekannt, beherrschten die Region um Turfan und den Norden Chinas.	313 Christentum wird Staatsreligion
366 Grotten von Mogao bei Dunhuang	Die erste Grotte wurde im Jahr 366 durch den Mönch Le Zun angelegt. Die Legende erzählt, daß er auf seinem Weg Richtung Westen am Fuß des Shaming Shan in der Nähe von Dunhuang anlangte und in der Abendsonne dort den Sanwei-Berg so golden glänzen sah, als ob tausend Buddhas in goldenen Strahlen erschienen. Le Zun beschloß, hier eine Grotte zu bauen, da er den Platz für einen heiligen Ort hielt, und sich in Meditation zu vervollkommnen. Ein weiterer Mönch, Fa Liang, baute etwas später eine zweite Grotte, und bis zum 14. Jahrhundert entstanden am Shaming Shan in der Nähe von Dunhuang tausend dieser Höhlen.	
399 Beginn der Pilgerreise des chinesischen Mönchs Faxian nach Indien	Faxian war der erste der chinesischen Pilgermönche, die die gefahrvolle Reise nach Indien zu den Quellen des Buddhismus wagte. Sein Weg führte von Changan, dem heutigen Xian, nach Westen, der Nordroute der Seidenstraße folgend. Er durchquerte die Wüste Takla Makan und erreichte so Khotan. Über das Karakorum-Gebirge gelangte er schließlich nach Indien.	476 Ende des Weströmischen Reiches
518 Reise des Chinesen Sung Yun von Dunhuang nach Indien	Der Pilgermönch Sung Yun reiste von Dunhuang nach Indien und kehrte auch auf dem Landweg wieder dorthin zurück. Von ihm stammen eindrucksvolle Berichte über das buddhistisch geprägte Leben einiger Oasen der Südroute der Seidenstraße.	
550 Geheimnis der Seidenfabrikation gelangt nach Khotan	Khotan war Hauptstadt des Königreiches Yutian. Ein König, der eine Han-Prinzessin geheiratet hatte, brachte diese dazu, Seidenraupen aus China ins Königreich zu schmuggeln, worauf zu dieser Zeit die Todesstrafe stand. Es gelang der Prinzessin, und so wurde nach über zwei Jahrtausenden das Geheimnis der Seidenproduktion außerhalb Chinas bekannt.	
552 Ost- und Westtürkisches Reich entstehen	Seit 525 tauchte an den chinesischen Grenzen eine neue Großmacht auf, die Tujue – die chinesische Bezeichnung für »Türk«, was »Kraft« bedeutet. Das türkische Reich begründete Bumin Kaghan, der die mongolische Herrschaft überwand und seine Residenz in Ak Dagh, nördlich von Kucha, errichtete. Nach seinem Tod wurde das Reich unter seinen beiden Söhnen aufgeteilt. Es entstand das Osttürkische Reich (552 – 657) und das Westtürkische Reich (552 – 630).	
552 Seidenraupe gelangt nach Byzanz	Indem das Geheimnis der Seidenraupenzucht und die ersten Eier des Seidenspinners im Jahr 550 aus China nach Khotan gelangt waren, wurde es möglich, diese weiter nach Westen zu bringen. Nestorianische Mönche sollen die Eier des Maulbeer-Seidenspinners und Samen des Maulbeerbaumes in einem hohlen Stab versteckt nach Byzanz geschmuggelt haben.	
581 Beginn der Dynastie der Sui	Durch einen Staatsstreich gelangte Yang Jian, Oberhaupt der Aristokratie des Wei-Tals und Ost-Gansus, auf den Thron und erreichte 589 eine Wiederherstellung der Einheit Chinas. Als Kaiser Wen der Sui-Dynastie regierte er bis 604. Ihm folgte Kaiser Yang, der die Einheit des Reiches bis 618 weiter festigte.	590 Gregor I., der Große, läßt sich zum Papst krönen
618 Beginn der Tang-Dynastie – Blüte der Seidenstraße	Der Sui- folgte die Tang-Dynastie mit 20 Kaisern bis zum Jahr 907. Unter den Herrschern der Tang dehnte sich China in gewaltigem Expansionsbestreben in alle Richtungen aus. Zwischen 630 und 645 drangen sie weit nach Zentralasien bis ins Westtürkische Reich vor, das sie besetzten. China wurde zur herrschenden Macht Asiens, und das Herrschaftsgebiet der Tang reichte von Korea bis Persien, wo es an die zweite Großmacht dieser Zeit, die Araber, stieß. Für die Seidenstraße bedeutete dies eine erneute Blüte. Sie führte nun durch zwei Großreiche anstatt durch viele kleine, sich bekämpfende Einzelreiche. Handelskarawanen, Pilger, Gesandtschaften und Missionare bereisten die Handelswege. Die chinesische Hauptstadt Changan wurde von Türken, Uiguren, Tibetern, Koreanern, Indern, Persern, Arabern und vielen anderen bevölkert, mit denen ihre Kunst, Religion und Mode ins Land kam. Erfindungen Chinas, wie z. B. die Papierherstellung, fanden ihren Weg in Richtung Westen.	
629 Reise Xuanzangs nach Zentralasien und Indien	Xuanzang, der »Meister des Gesetzes«, war der bedeutendste buddhistische Pilgermönch Chinas und lebte etwa von 600 bis 664. Die Geschichtsschreibung nennt ihn im selben Atemzug mit dem großen Tang-Kaiser Taizong. Er bereiste die nördliche und die südliche Route der Seiden-	

China und Zentralasien		Westliche Welt
	straße und fast den gesamten indischen Kontinent. In Changan übersetzte er nach seiner Reise, die bis 645 andauerte, 19 Jahre lang unzählige Schriftrollen, die er mitgebracht hatte, darunter 675 Sanskritrollen – das unverfälschte Vermächtnis Buddhas – derentwegen er die unglaubliche Reise unternommen hatte. Das Leben und das Werk Xuanzangs fanden starken Eingang in Chinas schriftliche Tradition, und durch seine Übersetzungen durchdringt die Lehre Buddhas ein Weltreich von unglaublichen Ausmaßen.	
631 Die Nestorianer bringen das Christentum nach China	Der Nestorianer Aluoben kommt 631 in Changan, der Hauptstadt des Tang-Reiches, an. Die Nestorianer waren Christen aus dem persisch-sassanidischen Reich und gehen auf Nestorius (381–451) zurück, Patriarch von Konstantinopel. Auf dem Konzil von Ephesus im Jahr 431 wurde er zusammen mit seiner Lehre verurteilt, und seine Anhänger wanderten daraufhin in das Sassanidenreich aus. 483 vollzogen sie die endgültige Trennung von der Reichskirche. Seine Blüte erlebte der Nestorianismus im 13. und 14. Jahrhundert.	632 Tod Mohammeds 697 Wahl des ersten Dogen von Venedig
750 Tibetisches Reich erobert die südliche Seidenstraße	Das Reich der Tang-Dynastie war so riesig, daß sein Zerfall unvermeidlich war. Es überstieg im Laufe der Zeit die Kräfte Chinas und sein Niedergang begann. Von größter Bedeutung für die südliche Seidenstraße war das Bündnis der Tibeter mit den Arabern. Die Tibeter fielen ins Tarim-Becken ein, eroberten die vier wichtigsten Oasen-Königreiche und besetzten die Handelsstraßen durch den Gansu-Korridor. Im Jahr 751 vernichteten die beiden Verbündeten das große chinesische Heer bei Talas.	735 Einführung der christlichen Zeitrechnung
755 Aufstand An Lushans beginnt	An Lushan (693–757) war General und Militärgouverneur der Tang-Zeit und stammte aus türkisch-sogdischer Familie. In seiner Hand lag die militärische Macht Chinas. Seine Militärrevolte, die bis 763 andauerte, war eine der großen Erschütterungen in der chinesischen Geschichte und führte in seiner Folge zu einer Veränderung Chinas. Mit ihr begann der unaufhörliche Niedergang der Tang-Dynastie.	
785 Beginn der Materialsammlung des Jia Dan	Jia Dan war ein Geograph, der von 785 bis 805 Material über die Wege zwischen Kanton und dem Persischen Golf sammelte.	786 Harun al-Raschid wird Kalif von Bagdad
815 Reise Ibn Wahabs nach China		800 Karl der Große wird zum Römischen Kaiser gekrönt
845 Große Buddhistenverfolgung in China	Seine Blütezeit erlebte der Buddhismus in China während der Tang-Zeit. Vom Kaiser gefördert, entstanden riesige Klöster, die großen Einfluß und Macht in politischer und finanzieller Hinsicht besaßen und durch Landschenkungen und Steuerfreiheit diese stetig ausbauen konnten. Tausende wurden zu Mönchen, um Arbeits- oder Kriegsdiensten sowie Steuerzahlungen zu entgehen. Eine solche Machtkonzentration konnten die Herrscher schließlich nicht mehr hinnehmen, und 845 kam es zur dritten und größten Buddhistenverfolgung in China. 40 000 Heiligtümer, 4 600 Tempel und Hunderttausende von Kunstwerken wurden zerstört und mehr als eine Viertelmillionen Mönche und Nonnen in den Laienstand zurückversetzt. Danach spielte der Buddhismus in China keine politisch bedeutende Rolle mehr, war aber weiterhin eine beliebte Religion. Durch den erneuten Niedergang der Handelswege in Richtung Westen als Begleitumstand des Zusammenbruchs des Tang-Reiches wurde der Buddhismus außerdem von seinen Quellen abgeschnitten und entwickelte sich kaum noch weiter.	
851 Chinesen beherrschen wieder Gansu	Die Wende in der tibetischen Vorherrschaft über Zentralasien brachte die Ermordung des tibetischen Königs im Jahre 842, die Ergebnis einer religiösen Spaltung zwischen Buddhismus und Bön-Religion gewesen war. Dem folgte bald der politische Untergang. In der Provinz Gansu und im Tarim-Becken verließen die tibetischen Gefolgschaften ihre Garnisonen. Die Chinesen vertrieben die Tibeter aus Dunhuang und übernahmen wieder die Herrschaft über Gansu.	900 Entdeckung Grönlands durch die Wikinger
907 Beginn der Epoche der Fünf Dynastien	Nach dem Aufstand Lushans konnten die Tang-Herrscher trotz Maßnahmen zur Neuverteilung des Bodens den Landankauf des Adels, der Beamten und der Klöster nicht beschränken. Die Notlage der unteren Schichten führte zu einem Aufstand unter Huang Chao, durch den die Provinzgouverneure so erstarkten, daß das Tang-Reich sich ab 885 auflöste. Das chinesische Reich wurde danach ab 907 unter der kurzen Herrschaft der Fünf Dynastien zum dritten Mal geteilt. Diese waren die Späten Liang (907–923), die Späten Tang (923–937), die Späten Jin (937–946), die Späten Han (947–950) und die Späten Zhou (951–960) im Norden Chinas. Der Süden wurde von Zehn Königreichen regiert.	
960 Die Karakhaniden in Kashgar bekennen sich zum Islam	Die Ausbreitung des arabischen Reiches bis an die Grenzen des expandierenden Tang-Reiches öffnete dem Islam den Weg nach Zentralasien und China. Arabische Händler trugen ihren Glauben Richtung Osten, aber auch gewaltsame Missionierung gab es. In der Mitte des 10. Jahrhunderts hatte die türkische Dynastie der Kharakhaniden Kashgar erobert und die Stadt zur Residenz ihrer Khane gemacht. Auch sie bekannten sich nun zum Islam. 982 eroberte Harun I. Bughra Khan, der Herrscher der Kharakhaniden, die Oase Khotan und in den folgenden Jahren den größten Teil des südlichen und westlichen Tarim-Beckens. Samarkand und Buchara wurden von ihnen eingenommen. Im Tarim-Becken verließen die buddhistischen Mönche ihre Klöster, um nach Ladakh zu flüchten. Der Islam wurde zur beherrschenden Religion im Tarim-Becken.	1000 Leif Erikson landet in Amerika

China und Zentralasien

1040
Beginn der Eroberungen der Seldschuken

Die Seldschuken waren eine türkische Dynastie, die von Seldschuk, einem Häuptling der Ogusen, abstammte. Von 1040 bis bis 1092 drangen die Seldschuken von Turkestan auf der Südroute der Seidenstraße nach Westen vor. Sie dehnten ihr Reich über Syrien bis zur Ägäis aus und wurden damit zum mächtigsten Staat im Vorderen Orient. Das Reich zerfiel etwa 1157.

1215
Chinghis Khan erobert Peking

Temüdchin, aus dem Mongolenclan Bordchigid, gelang es 1206, die einzelnen nomadischen Stämme aus verschiedenen Ethnien und Sprachgruppen zu den Mongolen zu vereinen, und wird von diesen Chinghis Khan genannt. Unter ihm erobern die Mongolen Choresm, Turkestan, Gansu und das Tarim-Becken. 1215 unterwirft Chinghis Khan die nordchinesischen Teilstaaten und erobert Peking. 1227 stirbt er, und das Reich wird geteilt

1260
Kubilai Khan besteigt den Thron der Mongolen

Kubilai Khan, dem neuen Herrscher der Mongolen, gelang es 1279, auch das südchinesische Reich der Song-Dynastie zu erobern. Er begründete damit die Yuan-Dynastie in China, die bis 1368 über China und ein Reich herrschte, das vom Pazifik bis nach Osteuropa reichte. Dies belebte wieder den Handel auf der Seidenstraße, und unter Kubilai Khan wurde dieser durch Unterstützung des Kaufmannsstandes, die Verbesserung des Verkehrs und Papiergeld als Standardwährung besonders gefördert.

1271
Marco Polo in Peking

Im Jahr 1260 waren bereits Marco Polos Vater und Onkel zu einer Reise nach China aufgebrochen. Kubilai Khan hatte sie aufgefordert, mit mehr Männern an den Mongolenhof zurückzukehren, und 1271 machten sie sich erneut auf den Weg nach Khanbalig, dem Hof des Khans in der Nähe des heutigen Beijing, im Gepäck eine Botschaft des Papstes Gregor X. an den Kubilai Khan. Marco Polo (1254–1324) nahm an dieser erneuten Reise auf der Seidenstraße nach China teil, und im Jahr 1275 trafen sie an ihrem Ziel ein. Marco Polo blieb dort bis 1292 und kehrte 1295 nach Venedig zurück.
Eine Reise wie die Marco Polos war möglich durch die Pax Mongolica, die einen bis dahin nicht gekannten transkontinentalen Verkehr auf der Seidenstraße ermöglichte: Nicht nur venezianische Kaufleute kamen nach Peking, auch mongolische Gesandte fanden sich in Bordeaux oder französische Handwerker in Karakorum.

1279
Ende der Song-Dynastie

Die Song-Dynastie war 960 begründet worden und einte durch einen Heerführer von Nord-Chou China zum vierten Mal. Die Song-Zeit bestand aus den Nördlichen Song von 960 bis 1127 und den Südlichen Song von 1127 bis 1279, als diese von der mongolischen Yuan-Dynastie unter Kubilai Khan abgelöst wurde. Gleichzeitig existierten von 907 bis 1125 der Teilstaat Liao der Fremddynastie der Kitan, von 1032 bis 1227 der der Westlichen Xia-Dynastie der Tanguten und der Chin-Staat der Jin-Dynastie von 1115 bis 1234, der 1127 den Staat Liao und Teile Zentralasiens unterwirft.

1368
Ende der mongolischen Yuan-Dynastie und Beginn der Ming-Dynastie

Eines der ersten Länder, die sich erfolgreich gegen die mongolische Herrschaft widersetzten, war China. Hongwu gründete als erster Ming-Kaiser die Ming-Dynastie, unter der bis 1644 17 Kaiser China beherrschten. Die Bürokratie der Song-Zeit wurde reduziert, der Kaiser übernahm die Kontrolle der Ministerien und errichtete wieder eine absolute Monarchie. 1424 wurde die Gesetzessammlung der Ming verkündet, zwischen 1426 und 1436 schickte man Handelsexpeditionen nach Java, Sumatra und Ceylon und baute die Große Mauer aus. Weiter wurden während der Ming-Zeit Buddhismus und Daoismus Volksreligionen, die berühmte Wu-Schule des Malers Shen Chou wurde gegründet und Europäer verbreiteten die Kenntnis des Christentums und der abendländischen Wissenschaften.

1433
Ende der chinesischen See-Expeditionen bis nach Afrika

Im Jahr 1405 brach der Eunuch Cheng Ho zu der ersten seiner sieben Handelsexpeditionen per Schiff auf, die ihn nach Südostasien und bis nach Ostafrika führten.

1498
Vasco da Gama entdeckt den Seeweg nach Indien – Niedergang der Seidenstraße

Der Portugiese Vasco da Gama (1468 oder 1469–1524), Graf von Vidigueira, wurde 1497 von König Emmanuel I. mit vier Schiffen ausgeschickt, um einen Seeweg nach Indien zu finden. Er umsegelte Afrika und gelangte im Jahr 1498 über Malindi nach Calicut in Vorderindien und kehrte 1499 nach Lissabon zurück. Nach einer zweiten Fahrt 1502 bis 1504 wurde er 1524 zum Vizekönig von Indien ernannt.
Mit der Entdeckung des Seeweges von Europa nach Indien, der schon bald bis nach China ausgedehnt wurde, wurde Zentralasien, einst Treffpunkt des Handels aus aller Welt, zu einer bedeutungslosen Region. Die Verlagerung auf den sichereren Seeweg bedeutete das Ende des Karawanenhandels und damit der Seidenstraße und anderer Handelsrouten und den Niedergang des Reichtums und der Macht der Reiche, die entlang dieser Routen lagen.

1644
Ende der Ming-Dynastie und erster Mandschu-Kaiser

In den Jahren zwischen 1506 und 1522 gab es unter dem Ming-Kaiser Zhengde einen ersten Verfall der Kaisergewalt in China, die aber nach dessen Herrschaft von Kaiser Jianjing konsolidiert werden konnte. Unter dem Kaiser Tianqi von 1621 bis 1628 leitete der Aufstand der Sekte »Weißer Lotos« in Shantung eine erneute Periode der Schwäche der Ming ein. Von 1628 bis 1644 herrschte mit Chongzhen der letzte Ming-Kaiser über China, und mit ihm geht die letzte nationale Dynastie in China unter.
Die Truppen der Mandschuren, einem halbnomadischen Volk, eroberten 1644, mit Hilfe des Verrats durch einen Ming-General, Peking und errichteten die Mandschu-Dynastie unter dem Namen Qing. Ihr erster Kaiser war Shunzi bis 1662. Bis zum Ende des Kaiserreiches im Jahre 1911 stand China damit unter einer Fremdherrschaft. In bezug auf Sitten, Sprache und Nationalcharakter wurden die Mandschuren allerdings immer stärker von den Chinesen absorbiert.

Westliche Welt

1096
Erster Kreuzzug

1150
Erste Papierherstellung in Europa

1195
Seekompaß wird in Europa verwendet

1241
Mongolen werden von deutsch-polnischem Heer bei Liegnitz geschlagen

1294
Gründung der Hanse

1339
Beginn des Hundertjährigen Krieges

1425
Carpini im Auftrag des Papstes am Mongolenhof in Karakorum

1441
Portugal beginnt den Handel mit Sklaven

1453
Eroberung Konstantinopels durch die Türken

1492
Christoph Kolumbus entdeckt Amerika

1519
Erste Weltumsegelung Magellans

1543
Begründung des heliozentrischen Weltbildes nach Kopernikus

1600
Englisch-Ostindische Handelskompagnie gegründet

1618
Beginn des Dreißigjährigen Krieges

China und Zentralasien

1759
Besetzung des Tarim-Beckens und der Dsungarei durch Zhao Hui

Auf die Übergriffe der Nomadenvölker reagierten die Mandschus mit der größten Expansionswelle Chinas. Ziel war vor allem die Ausdehnung der Grenzen nach Zentralasien. In einem 1755 begonnenen Feldzug eroberte der General Zhao Hui die Dsungarei und 1759 das Tarim-Becken. In Urumqi und Yarkand wurde eine Zivilverwaltung für diese Regionen eingesetzt. Bis 1697 wurde ganz Zentralasien unterworfen, Tibet wurde annektiert, Birma und Annam wurden tributpflichtig, und das chinesische Reich erfuhr die größte territoriale Ausdehnuntg seiner Geschichte.

1840
Beginn des Opiumkrieges

In Indien und am Südrand Zentralasiens hatte sich das Britische Empire zu Beginn des 19. Jahrhunderts etabliert. Die intensiven militärischen und ökonomischen Interventionen des Westens, wie die Ausdehnung des von der Britisch-Ostindischen Kompagnie betriebenen Opiumhandels, führte zu einer Verschlechterung der chinesischen Wirtschaft. 1834 schloß China seine Häfen für den europäischen Handel. Das führte 1840 zum Opiumkrieg der Briten, den die Briten gewannen: Hongkong wurde an Großbritannien abgetreten, fünf Häfen geöffnetund China mußte eine Kriegsentschädigung von 21 Millionen mexikanischen Dollar bezahlen.

1860 drangen britische und französische Truppen in Peking ein und zerstörten dabei den Sommerpalast. In neuen Verträgen mußten die Chinesen Gesandtschaften in Peking zulassen, weitere Häfen öffnen, Handelsfreiheit für Kaufleute und Missionsfreiheit gewähren und anderes mehr. Diese Konzessionen galten für Briten, Franzosen und Russen.

1867
Generalgouvernement Turkestan des Russischen Reiches

Die Schwäche der chinesischen Macht in Zentralasien nutzte Rußland für sich. Im Laufe des 19. Jahrhunderts wurden die dortigen Königreiche eins nach dem anderen vom russischen Reich annektiert. Mit einem kaiserlichen Dekret wurde 1867 das Generalgouvernement Turkestan ausgerufen, das Zentrum war Taschkent. Zum ersten Generalgouverneur wurde K. P. von Kaufmann ernannt, der durch weitere Annektionen mehr und mehr Gebiete ins russische Reich eingliederte.

1870
Beginn der Forschungsexpeditionen von N. M. Przevalskij

Der Russe Nikolaj M. Przevalskij begann 1870 die erste von vier ausgedehnten Forschungsexpeditionen nach Zentralasien, in die Mongolei und nach Nordtibet. Er bestätigte die Existenz des von Marco Polo erstmals erwähnten Sees Lop Nor und entdeckte das Altyntagh-Gebirge. Er erkundete das Quellgebiet des gelben Flusses und den Oberlauf des Jangtsekiang. Er betrieb auf seinen Reisen kartographische, geologische, astronomische und zoologische Studien. Dabei entdeckte er das Wildkamel und eine Rasse von Wildpferden, die später nach ihm benannt wurden.

1873
Yakub Beg wird Herrscher über Kashgarien

Zusätzlich zu Angriffen Großbritanniens und Rußlands wurde China seit 1850 durch innenpolitische Unruhen erschüttert. Der Taiping-Aufstand, der bis 1864 anhielt, sammelte im Laufe der Zeit über eine Million aufständische Bauern. Durch diese Schwächungen des Reiches wurden die Unabhängigkeitsbestrebungen in den Oasen des Westens neu entfacht und äußerten sich in vielen blutigen Rebellionen. Yakub Beg (1820–1877), ein Abenteurer, nutzte diese Situation für sich und eroberte 1873 das Gebiet südlich des Tian Shan und ernannte sich zum Herrscher Kashgariens. Die kaiserlichen Armeen Chinas, unter dem Befehl des Gouverneurs der Provinzen Gansu und Shanxi, Zou Zongtang, eroberten 1876 jedoch die Dsungarei zurück, und 1877 gelang es den Truppen schließlich Yakub Beg zu schlagen. 1878 war Kashgarien vollkommen vernichtet.

1884
Gründung der Provinz Xinjiang

1871 hatte Rußland unter General Kaufmann Teile des chinesischen Ili-Gebietes annektiert, auf das China nun seine Ansprüche geltend machte. Nach einigem diplomatischem Hin und Her gelang es China schließlich, wohl auch dank der Intervention der Briten, die einen Krieg zu vermeiden suchten, am 24. Februar 1884 den Vertrag von St. Petersburg abzuschließen. Nach diesem erhielt China die Gebiete in Ostturkestan zurück, mußte aber erhebliche Entschädigungen zahlen. Am 11. November desselben Jahres wurde formell die Provinz Xinjiang gegründet, die bis zur Revolution 1911 bestand.

1894
P. K. Kozlov in Dunhuang

Der Russe Pietr K. Koslov besuchte die Höhlen von Dunhuang und stellte dabei fest, daß zahlreiche Statuen während eines Moslemaufstandes kurz zuvor stark beschädigt worden waren.

1895
Sven Hedin beginnt seine erste Expedition nach Zentralasien

Der schwedische Forscherpionier Sven Hedin (1865-1952), Schüler des deutschen Geographen Ferdinand von Richthofen, versuchte, die Takla Makan vom Westrand bis zum Khotan Darya zu durchqueren, was in einem Desaster endete. Die Karawane ging unter, und nur er selbst und einer seiner Begleiter überlebten. Danach rüstete er sich 1896 in Kashgar zu einem abermaligen Vorstoß in die Takla Makan. Einheimische Schatzsucher brachten ihn dabei auf die Spur antiker Ruinen. Inmitten der Sandwüste entdeckte er die untergegangene Stadt Dandanoilik.

1899 unternahm Hedin eine dritte Expedition, auf der er das Rätsel des wandernden Lop Nor löste und die Ruinen von Loulan entdeckte. Hedins letztes Unternehmen war eine motorisierte Expedition von 1928 bis 1934 nach Ostturkestan.

1900
Beginn des Boxeraufstandes

Unter dem Eindruck der Aufteilung Chinas durch die imperialistischen Großmächte im 19. Jahrhundert brach im Mai 1900, in einer Woge von Fremdenhaß, der Boxeraufstand aus.

1887 hatten deutsche Missionare aus buddhistischen Tempeln katholische Kirchen gemacht, was zur Gründung des antichristlichen, antieuropäischen Geheimbundes Yihe Quan führte. Die Namensgebung knüpfte an einen alten Faustkampf an – Quan bedeutet Faust, Boxen – und meinte Gerechtigkeit und Harmonie. Die Europäer nannten den Bund deshalb »Boxer«. Unterstützung fand die Bewegung auch durch antidynastische Strömungen im Lande und in der Landbevölkerung, die im Norden Chinas durch die Industriebetriebe der Ausländer immer mehr ins Elend gestürzt wurde. Möglich wurde der Boxeraufstand durch die Unterstützung der Kaiserinwitwe und

Westliche Welt

1789
Beginn der Französischen Revolution

1804
Napoleon zum Kaiser gekrönt

China und Zentralasien		Westliche Welt
	der reaktionären Kräfte am Hofe, die jegliche Reformkräfte im Lande auszuschalten suchten. Christliche Missionarsstationen und Eisenbahnlinien wurden zerstört und Christen und Ausländer ermordet. Im Juni erklärte die Kaiserin allen ausländischen Mächten den Krieg. Daraufhin nahm die Vereinigte Armee der acht Staaten Beijing ein und schlug den Aufstand 1901 nieder. China mußte das sogenannte Boxerprotokoll unterzeichnen, das es u. a. zu einer Zahlung von 450 Millionen Silbertaels verpflichtete. Dies bedeutete für China den finanziellen Ruin.	
1901 Ende der ersten archäologischen Expedition von Sir A. Stein	Diese erste archäologische Expedition führte Sir Aurel Stein (1862–1934) ab 1900 nach Chinesisch-Turkestan. Der gebürtige Ungar, der im Dienste Großbritanniens stand, war der erfolgreichste Archäologe in Zentralasien. Er grub in den Ruinen von Dandanoilik, Karadong und Niya und kehrte mit wertvollen Handschriften in Brahmi, Khotanisch und Chinesisch sowie zahlreichen Holztäfelchen mit Kharoshti-Inschriften nach London zurück, wo er sie dem Britischen Museum übergab.	
1908 Zweite Ost-Turkestan Expedition von Graf Otani	1902 und 1903 hatte der japanische Graf Otani eine erste Expedition in die Gegend um Kucha organisiert. Diese zweite führte nach Ostturkestan, wo die Japaner Tachibana Zuicho und Nomura Elizaburo in Turfan, Kucha, Loulan, Niya und Khotan gruben.	
1912 Gründung der Republik China	Im Jahr 1900 gründete Sun Yat-sen seine revolutionäre Bewegung, deren Programm Nationalismus, Demokratie und Volkswohlstand forderte. Die Revolution von 1911 führte zur Bildung eine Regierung in Nanking, deren erster Präsident Sun Yat-sen war, und 1912 mußte dann der letzte Mandschu-Kaiser der Qing-Dynastie, Xuantong (Pu Yi), abdanken, und die Republik China wurde gegründet.	
1913 Vierte deutsche Expedition nach Ost-Turkestan	1902 und 1903 fand die erste deutsche Ostturkestan-Expedition des Berliner Völkerkundemuseums unter der Leitung des Indologen Albert Grünwedel statt. Ihr Ziel war die Gegend um Turfan, insbesondere Kharakhoja. Aufgrund des großen Erfolges dieser Expedition wurde von 1904 bis 1907 sofort eine zweite und dritte nach Turfan organisiert. Zusammen mit Albert von LeCoq (1860–1930) wurden während der zweiten Expedition Grabungen in Kharakhoja durchgeführt und in der buddhistischen Höhlenanlage von Bezeklik Malereien abgelöst und nach Berlin gebracht. Die dritte Expedition galt der Oase Kucha und ihrer Umgebung. Die vierte und letzte deutsche Expedition unter der Führung LeCoqs dauerte bis 1914 und führte zu den Relikten des alten Königreiches Kucha.	1914 Beginn des Ersten Weltkrieges
1926 Mildred Cable durchquert als erste Frau die Gobi	Die Missionarin Mildred Cable durchquerte 1926 als erste Frau, in Begleitung von Francesca und Evangeline French, ebenfalls Missionarinnen, die Wüste Gobi. In zwölf Jahren wiederholten sie dieses Wagnis fünfmal.	
1949 Proklamation der Volksrepublik China unter Mao Zedong	Die von Sun Yat-sen gegründete Nationale Volkspartei, Kuomintang, konnte sich zunächst nicht gegen das von Yüan Shih-k'ai geführte Militärregime behaupten. Nach dessen Ermordung 1916 herrschte in China bis 1927 Bürgerkrieg. 1921 wurde die Kommunistische Partei Chinas gegründet. Nach dem Bruch Tschiang Kai-scheks mit der Nationalregierung kämpfte er in einem Bürgerkrieg gegen die Kommunisten. Diese schickten 1934 bis 1935 die Rote Armee auf den sogenannten Langen Marsch nach Yanan in Shaanxi. Nach einer vorübergehenden Einheitsfront Tschiang Kai-scheks und der Kommunisten gegen die Japaner kam es nach der Kapitulation dieser im Jahr 1945 zum erneuten Bürgerkrieg, der mit dem Sieg der Kommunisten und der Proklamation der Volksrepublik China durch Mao Zedong endete.	1939 Beginn des Zweiten Weltkrieges

Literaturhinweise

Baumann, Bruno: »Takla Makan. Mein Weg durch die Wüste des Todes.« München 1990
– : »Gobi. Durch das Land ohne Wasser.« München 1995
– : »Abenteuer Seidenstraße.« CD-ROM, München 1996
– : »Tibet-Kailas-Seidenstraße.« Graz 1988
Baumer, Christoph: »Geisterstädte der Südlichen Seidenstraße.« Stuttgart 1996
Beal, Samuel: »The Life of Xuan Zang by the Shaman Hui-Li.« London 1914
Boulnois, Luce: »Die Straßen der Seide.« Wien Berlin Stuttgart 1964
Cable, Mildred / French, Francesca: »The Gobi Desert.« London 1942
Drege, Jean-Pierre: »Marco Polo und die Seidenstraße.« Ravensburg 1992
Drege, Jean-Pierre / Bührer, Emil M.: »Seidenstraße.« Köln 1993
Giles, H.H.: »The Travels of Fah-sien.« London 1959
Gottschalk, Gisela: »Chinas große Kaiser.« München 1982
Grousset, René: »Reise in den Westen.« Köln 1986
Grünwedel, Albert: »Altbuddhistische Kultstätten in Chinesisch-Turkestan.« Berlin 1912
Haussig, Hans Wilhelm: »Die Geschichte der Seidenstraße in vorislamischer Zeit.« Darmstadt 1983
– : »Die Geschichte der Seidenstraße in islamischer Zeit.« Darmstadt 1988
– : »Archäologie und Kunst der Seidenstraße.« Darmstadt 1992
Hedin, Sven: »Durch Asiens Wüsten.« Leipzig 1899
– : »Die Seidenstraße.« Leipzig 1936
– : »Der wandernde See.« Leipzig 1937
Kopkirk, Peter: »Die Seidenstraße.« München 1986
Härtel, H./Yaldiz, M.: »Die Seidenstraße.« Berlin 1987
Huc, Regis Evariste: »Reise durch die Mongolei nach Tibet und China (1844–1846).« Frankfurt/M. 1986
Kalter, Johannes / Pavaloi Margareta: »Usbekistan. Erben der Seidenstraße.« Stuttgart 1995
Klimkeit, Hans-Joachim: »Die Seidenstraße.« Köln 1988
Knobloch, Edgar: »Turkestan.« München 1973
Koslow, Pjotr K.: »Die Mongolei, Amdo und die tote Stadt Chara-choto.« Leipzig 1955
LeCoq, Albert von: »Auf Hellas Spuren in Ostturkestan.« Leipzig 1929
Maillart, Ella: »Turkestan Solo.« Stuttgart 1990
Pander, Klaus: »Zentralasien.« Köln 1996
Pjotrowskij, Michail (Hrsg.): »Die Schwarze Stadt an der Seidenstraße.« Mailand 1993
Polo, Marco: »Von Venedig nach China.« Tübingen 1972
Przewalskij, Nikolai M.: »In das Land der wilden Kamele.« Leipzig 1954
– : »Mongolia, The Tangut Country and the Solitudes of Northern Tibet.« 2 Bde. London 1876
Rowland, Benjamin: »Zentralasien.« Baden-Baden 1970
Rüsseler, Harald: »Die Seidenstraße. Karakorum-Highway.« Haina/Kloster 1992
Salzmann, Erich von: »Im Sattel durch Zentralasien.« Berlin 1903
Schafer, Edward H.: »Das alte China.« Time-Life 1968
Schmidt-Glintzer, Helmut: »Das alte China.« München 1995
Stein, Aurel: »Innermost Asia.« 4 Bde. Dehli 1981
– : »Ruins of Desert Cathay.« 2 Bde. London 1912
– : »Ancient Khotan.« Oxford 1907
– : »On Ancient Asian Tracks.« London 1933
Uhlig, Helmut: »Die Seidenstraße.« Bergisch-Gladbach 1986
Zabern, Philipp von: »Zwischen Gandhara und den Seidenstrassen.« Mainz 1985
Zürcher, E.: »The Buddhist Conquest of China.« 2 Bde. Leiden 1972

Als erster Mensch durchquerte Bruno Baumann zu Fuß die Wüste Gobi. Die einzigartigen Fotos, die er davon mitbrachte, und die faszinierende Beschreibung der gefahrvollen Bezwingung des extremsten Wüstengebiets der Erde machen dieses Buch zu einer einmaligen Dokumentation.

Bruno Baumann
GOBI
Durch das Land ohne Wasser
192 Seiten, 140 Farbfotos,
Schmuckschuber,
ISBN 3-7766-1918-X

Bruno Baumann lädt Sie auf eine multimediale Reise ein: 30 Minuten Videos über Wüstendurchquerungen, Landschaften, Kultur und Sehenswürdigkeiten. Interaktives Kartenmaterial mit Reiserouten und größter Themenvielfalt. Ein Besuch in Usbekistan. Historische Reisen von Xuan Zang, über Marco Polo bis Sven Hedin und Emil Trinkler. Der Soundtrack von Jean-Pierre Garattoni und Originalmusik von Aras & Gülay.

Abenteuer Seidenstraße
Mit Bruno Baumann durch
Asiens Wüsten
CD-ROM · ISBN: 3-8032-8923-9

Deluxe Version
ISBN: 3-8032-8935-1
(1 CD-ROM, 1 Audio CD)

Monatelang streifte Bruno Baumann auf verbotenen Wegen durch Tibet. Er durchquerte bisher kaum bekannte Regionen, entdeckte alte Klöster und Kultstätten, lebte bei Nomaden und nahm an geheimnisvollen Festen teil. Das erste Buch über das ganze Tibet und Standardwerk für alle, die sich mit Tibet beschäftigen.

Bruno Baumann
Die Götter werden siegen - Das verbotene Tibet
288 Seiten, ISBN 3-7766-1692-X